子ども虐待対応における
保護者との協働関係の構築

家族と支援者への
インタビューから学ぶ実践モデル

鈴木浩之

明石書店

はじめに

　子ども虐待対応の現場はここ数年の中で、かつてないほどの大きな変革期を迎えている。2016年には、社会保障審議会児童部会による「新たな子ども家庭福祉の在り方に関する専門委員会報告（提言）」がなされた。ここでは、子ども虐待対応における市町村と児童相談所の役割について、児童相談所が危機介入に特化し、市町村は「支援」に重点を置くことが提言されている。2017年に発出された「新しい社会的養育ビジョン」においては、今後の社会的養育の在り方として施設養護から里親委託における家庭養育に舵がきられ、里親委託を実施する具体的な数値目標が示されたことで、現場に多くの議論が起きている。2018年には、目黒区で起きた痛ましい虐待死亡事件をきっかけに、厚生労働省において緊急総合対策が示された。その中でも警察との情報共有の具体的基準はこれまでにない踏み込んだものであり、児童福祉司2,000人の増員は政府の子ども虐待に対する対応姿勢を示している。さらに、野田市における虐待死亡事例を受け緊急総合対策の総合対策「さらなる徹底」にかかる通知が発出された。わが国の虐待対応システムは、このように多くの事件への反省から構築されてきている。いうまでもなく、ソーシャルワークの最優先事項は子どもの命と安全・安心を守ることである。

　一方で、子どもの命と安全を守るという目標は、子ども虐待に対応するソーシャルワークだけが、他の分野のソーシャルワークと異質なものであるかのように取り上げられることがある。しかし、私たちが支援者であることの課題は、他分野のソーシャルワークがそうであるように、子どもや家族の願いを実現するために家族の持っている潜在的なストレングスを、子どもや家族がよりよく生きていくために動員していくことであり、子ども、家族と支援者はそのことを目標として共に歩んでいくためのパートナーシップ（協働）関係を構築することを通して実現していくことに変わりはない。ところが、児童相談所等の子ども虐待対応機関は、子どもの命

3

と安全を守るための危機介入の権限、一時保護の権限を持っていることなどから、初めての保護者との出会いがパートナーシップ（協働）関係とは、おおよそ異なる対峙的な関係から始まらざるを得ないなど、混乱した、複雑な状況から始まることが少なくない。支援者は、勢い指導的な対応となり、家族は指導を受ける立場におかれ、ディスパワーされるか、対峙的な関係が続くことになってしまう。しかし、いうまでもなく、真に安全が創られるとするならば、それは家族自身が主体者として取り組まない限りは実現するものではないのではないだろうか。

　本書で論じているのは、子ども虐待ソーシャルワークにおける協働関係の構築である。保護者が主体者として児童相談所が対峙的な関係から子どもと家族がよりよく生きていくための目標に向かって進んでいくための協働関係をいかに創っていくのかというテーマである。さらに、そのよりよく生きていくための目標は、社会が家族に求める「子どもの安全」というテーマを内包したものでなければならない。つまり、子どもの安全が担保された家族にとってのより良い未来を構築するために保護者と支援者が協働していくにはどうすればよいのか、ということである。

　このことを実現するための方策は、どこにあるのか。それは、現場の中にある。日々、まさに、このことに果敢に取り組んでいる保護者、家族、子ども、支援者のチャレンジの中にこそ、私たちが進んでいかなければならないテーマがあると考えている。

　子ども虐待分野において保護者や子どもの声を直接聴いてそれを研究の手続きにおいてまとめることはこれまでほとんどなされてこなかった。対峙的な関係になっている保護者に、「何が児童相談所との協働を実現させたのか」を教えてもらうことは、簡単なことではない。しかし、真に協働のテーマを追求するのであれば、まずは保護者の方から直接お話を聴かせて、教えてもらうことは必須なのであり、そこでしかわからないものがあるのである。

　本書では、保護者とのパートナーシップを形成することについて、子ども虐待ソーシャルワークにおける「支援」と定義している。このことは「新たな子ども家庭福祉の在り方に関する専門委員会報告」（2016 社会保障審議会児童部会提言）における危機介入と支援の市町村、児童相談所における役割分担とはニュアンスが異なる。もっともここでいう危機介入と支援の

定義を明確にしなければ議論は交わらない。危機介入と支援を機能別に明確に分けることの議論の背景には、とりわけ児童相談所が危機介入と支援を混在させてしまうことで、子どもの安全を図るために危機介入したにもかかわらず、保護者へ対応が支援という方法論にすり替えられることで子どもの安全が脅かされてしまうことがしばしば起こっていることによる。本書における支援の中核は、子どもの安全ということを内包した目標に向かって家族、保護者と児童相談所が協働（パートナーシップ）をいかに形成することができるのかというソーシャルワークの課題を論じている。危機介入機関だからこそ、そこで生じる対峙、対立的関係から協働（パートナーシップ）関係に展開するための固有の、独自性のある「支援」なのである。この子どもの安全を創るために協働するという関係が土台にない限りは、その上にどんな有効な支援を積み上げたところで、効果は少ない。

　本書は現場で児童福祉司として実践をしてきた立場からの1つの子ども虐待ソーシャルワーク論である。子ども虐待ソーシャルワークに限らないが、ソーシャルワークの分野では、現場からの発信と、研究分野からの発信が必ずしも効果的に融合されているとはいえない印象がある。現場では、日々の実践の中で様々なことを感じ、考え実践を進めている。保護者との素晴らしい協働実践がありながら、それらの実践に共通するものをまとめたり、多くの実践家が共有できるように理論化していくことには、現場の日々の忙しさもあり必ずしも積極的ではない。研究においても、現場から遠く離れたところからの発信では、現場に響くものは少ない。実践と理論の融合はこれまでもたびたび議論されてきているが、この大きな児童相談所の変革期にあって改めて問われるものであろう。

　本書は、現場の実践の中での保護者の声を集め、その協働のために日々奮闘している実践者の声から質的研究の方法論、統計的な分析の方法論により実践モデルをまとめることに取り組んでいる。現場に貢献できるモデルを提示することが目的であり、少しでもそれに近づけたのであれば幸いである。

鈴木浩之

目次

はじめに　3

序　章　13

第1節　研究の目的　13

　1　危機介入から始まる保護者と児童相談所の関係　13

　2　強いられた「協働」は主体者としての「協働」に変わることが
　　できるのか　15

　3　保護者が主体者であるための新たな実践モデルの構築の
　　可能性　18

第2節　先行研究　19

　1　子どもの保護と家族機能の維持　20

　2　保護者の属性研究　21

　3　保護者と支援者の関係性に焦点を当てた研究　23

　4　保護者と支援者の「協働」に焦点を当てた実証的研究　25

　5　ソーシャルワークにおける「協働」　27

第3節　研究の方法　29

第4節　各章の構成と結果の概要　32

第1章　子ども虐待対応における現状と課題　39

第1節　子ども虐待対応の難しさ　39

　1　子ども虐待対応件数の顕著な増加とその背景　39

　2　子ども虐待対応の発展段階　47

　3　ソーシャルワークにおける子ども虐待対応の独自性　51

　4　子ども虐待対応の体系　52

第2節　危機介入と支援のはざまにおいて　58

　1　子ども虐待対応における危機介入と支援をめぐる論点　58

　2　子ども虐待対応における危機介入と支援をめぐる実践の
　　　変遷　63

　3　パターナリズムと当事者参画　66

　4　子ども虐待対応における4つの「協働」レベル　68

　おわりに　72

第2章　子ども虐待に伴う不本意な一時保護を経験した　保護者の「折り合い」のプロセスと構造　75

第1節　研究方法　75

　1　グラウンデッド・セオリーについて　75

　2　研究協力者　78

　3　インタビューにおける質問　79

　4　倫理的配慮　79

第2節　コンセプトとカテゴリーの概要　80

第3節　「折り合い」のプロセスとその構造　83

　1　〔失う〕ステージ　84

　2　〔折り合い〕のステージ　85

　3　〔引き取る〕ステージ　86

　4　小括　87

第4節　「折り合い」の実際　88

　1　〔失う〕ステージ　88

　2　〔折り合い〕のステージ　90

　3　〔引き取る〕ステージ　93

第5節　まとめ──実践への示唆・グラウンデッド・アクションへの
　　　展開　95

第6節　研究の限界　97

　おわりに　97

第3章　不本意な一時保護を体験している保護者と対峙する
　　　　場面での児童相談所職員の意識・態度の統計的分析
　　　　と自由記述の質的分析及びその比較　99

第1節　調査の目的と方法・調査対象者の属性　99
　1　調査方法　99
　2　倫理的配慮　100
　3　調査対象者の属性等　100

第2節　質問肢アンケートの統計的分析　103
　1　支援者が一時保護をされた保護者に対して行う優先的虐待対応尺
　　　度の分析　103
　2　研究の限界と今後の課題　116

第3節　アンケート自由記載にかかわる KJ 法による統合　117
　1　検討の方法　117
　2　手続き　117
　3　結果──KJ 法 B 型叙述化の手続きに従って　122
　4　考察　134
　5　研究の限界　135

第4節　アンケートの統計的分析結果と KJ 法 A 型図解化
　　　　の比較　136
　1　アンケート分析結果と KJ 法 A 型図解化の比較　136
　2　共分散構造分析モデル図と KJ 法 A 型図解化の比較検討　137
　3　まとめ　142
　4　研究の限界　143

　おわりに　143

第4章　子ども虐待に伴い不本意な一時保護を体験した保護
　　　　者への「つなげる」支援のプロセスと構造　145

第1節　研究方法　145
　1　グラウンデッド・セオリーについて　145

2　研究協力者　146

　3　インタビューにおける質問　147

第2節　倫理的配慮　147

第3節　結　果　147

第4節　「つなげる」支援の実際　155

　1　〔対話ができる関係を創る〕ステージ　156

　2　〔つなげていく〕ステージ　159

　3　〔寄り添う〕ステージ　162

第5節　まとめ——グラウンデッド・アクション、実践への示唆　164

第6節　研究の限界と今後の課題　166

　おわりに　166

第5章　子ども虐待ソーシャルワークにおける「協働」関係
　　　　の構築——保護者の「折り合い」への「つなげる」支援の
　　　　交互作用理論　169

第1節　研究方法　169

　1　グラウンデッド・セオリーについて　170

　2　研究協力者　170

第2節　倫理的配慮　172

第3節　結　果　172

　1　2つのグラウンデッド・セオリーの比較　172

　2　2つのグラウンデッド・セオリーの統合　178

第4節　保護者の「折り合い」への「つなげる」支援の
　　　　実際　181

　1　対話ができる関係を創っていく　182

　2　「折り合い」への「つなげる」支援　185

　3　折り合おうとする保護者に寄り添う　189

第5節　まとめ——「『折り合い』と『つなげる』支援の交互作用理論」
　　　　と実践への示唆　192

第6節　研究の限界　193

　おわりに　194

第6章　新しい実践モデルの構築
　　　　──「対話ができる関係を創る・『折り合い』への『つなげる』支援媒介モデル」　195

第1節　「協働関係構築のための『対話の構築／希望・見通し・目標の共有』媒介モデル」に「『折り合い』への『つなげる』支援」の交互作用理論」を組み入れる　196

第2節　「対話ができる関係を創る・『折り合い』への『つなげる』支援媒介モデル」の可能性──2つの事例に対する家族へのインタビューから学ぶ　199

　1　サインズ・オブ・セーフティ（SofS）による安全づくりのプロセス　200

　2　実践1「一時保護をきっかけに合同ミーティングを重ね『もう、家族で話し合っていける』という言葉によって終結した事例における協働」　203

　3　実践2「親族間の対立を乗り越えて子どもの安全を創り『大切にしているものは絆』と訴えた家族との協働」　220

　おわりに　237

終　章　239

第1節　結　論　239
　1　研究のまとめ　239
　2　「協働」するということ　243

第2節　研究の限界　249

第3節　本書のおわりに　251

初出一覧　255
引用文献　257

参考文献　262

謝　辞　272

資料　275
　　1　保護者インタビューから抽出されたインシデント　276
　　2　支援者インタビューから抽出されたインシデント　290
　　3　児童相談所ソーシャルワーカーの意識調査　332

序　章

第1節　研究の目的

　今日、児童相談所に通告される子ども虐待の件数は、都市圏の児童相談所を中心に著しい増加を示している。

　子どもの権利条約の批准等により、子どもの有する権利が大人と全く同等のものであると社会で認識されるようになった。そして、2000年に議員立法によって児童虐待防止法が制定され、これまで何度かの法改正が行われ、虐待の定義が拡大された。その間にもマスコミに取り上げられる様々な悲惨な虐待事件が社会の関心を集めてきた。これらは、子ども虐待対応の第一線機関である児童相談所の社会的責任を厳しく問うこととなり、そして、児童相談所の子どもを守るための法的権限がさらに強化されていった。また、児童相談所の子どもの命と安全を守るシステムの不備を補うために、重大な事故の度に厚生労働省から通知等が発出され、児童相談所システムのメンテナンスが行われてきている。この二十数年間の中で児童相談所の業務は大きく変貌し、これからも変わっていく。そして、子ども虐待の通告件数を示す右肩上がりのグラフが児童相談所の業務の著しい量的な増大を示し、未だよく見えない子ども虐待対応の未来と重なる。

1　危機介入から始まる保護者と児童相談所の関係

　児童相談所運営指針[1]には通告に伴う48時間以内[2]の児童に対する目視による安全確認のルールが示され、子どもの安全が脅かされているなら

13

ば躊躇なく法的な強制介入により子どもを保護することが求められている。

　一方で、児童虐待防止法第4条「児童虐待を行った保護者に対する親子の再統合の促進への配慮その他の児童虐待を受けた児童が家庭（家庭における養育環境と同様の養育環境及び良好な家庭的環境を含む。）で生活するために必要な配慮をした適切な指導及び支援を行う」ことが規定され、また、同11条には「児童虐待を行った保護者について児童福祉法第二十七条第一項第二号[3]の規定により行われる指導は、親子の再統合への配慮その他の児童虐待を受けた児童が家庭（家庭における養育環境と同様の養育環境及び良好な家庭的環境を含む。）で生活するために必要な配慮の下に適切に行われなければならない」とある。

　このように、児童虐待防止法には子どもの命と安全を守るための危機介入、そして、家族の再統合への配慮、支援が謳われているが、これらの2つの社会的役割をいかに実現していくのかは、子ども虐待対応における最も困難で、しかし最も重要且つ喫緊の課題の1つとなっている。

　いうまでもなく、児童相談所に課せられた責務の絶対的な優先事項は子どもの命と安全を守ることである。したがって、子ども虐待対応における時間軸の中で、まず行われることは子どもの安全の確保である。　このことは、多くの場合、保護者[4]にとっては児童相談所とのかかわりが、不本意な関係として始まることとなる。相談動機が乏しいか、全くない中で「相談」が展開される。激しい対立もある。この時、児童相談所が保護者に求めるものは子どもの安全な生活である。しかし、保護者にとっては外部からの子育ての在り方への指摘について受け入れ難いものであり、児童相談所から示される子どもの安全を創るという目標についても「いらないお世話」として捉えられることが多い。

　児童相談所は保護者との子どもの養育をめぐる認識の相違、目標の不一致があったとしても、子ども虐待対応における絶対的優先事項である子どもの安全を守るという社会的な責務を実現するために、この場面において保護者の意向を否定せざるを得なくなる。そして、保護者にすれば強大な権限において、子どもや保護者の意向に反してでも子どもを一時保護されるなどの法的な対応がなされる。しかし、保護者が児童相談所の対応に反発したとしても、結局、子ども「取り返す」ためには、最終的には児童相

談所とその権威に従わざるを得ないことになっていく。

　ここにある保護者と児童相談所の関係はいわば、法に基づく「強いられた関係」である。

2　強いられた「協働」は主体者としての「協働」に変わることができるのか

　本来、子どもの安全を守り、未来を創ることは、家族固有のテーマのはずである。周りから何かをいわれるものでもなければ、権威によって強制されるものでもないはずであった。しかし、何らかの事情や理由によって子ども虐待が生じたことによって保護者と児童相談所との関係は、子どもの安全を創らなければならないとされた保護者と、そのことを指導・支援しなければならない児童相談所との間の「強いられた関係」が始まることとなった。しかし、この「強いられた関係」から、果たして保護者と児童相談所は子どもの安全と未来を創っていくことに向かっていくのであろうか。

　図序-1は、子ども虐待対応の時間軸の中で、児童相談所による職権による一時保護をされたことから始まらざるを得ない保護者と児童相談所との関係の変遷の可能性を示したものである。

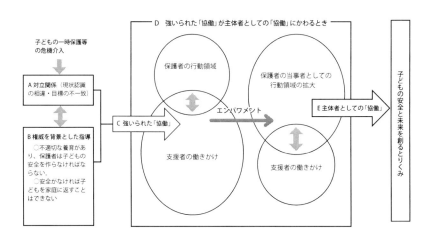

図序-1　「強いられた『協働』から主体者としての『協働』へ」

ここで「協働」と示したのは、子ども虐待対応における保護者と児童相談所との関係を表している。保護者と児童相談所はこの関係性の中で、子どもの養育を考え、実現していくことを求められる。本書では「協働」について「子どもの安全、安心という目標、目的に対して、子どもにかかわる機関と保護者等がこれを共有し、このことの実現に向かって歩んでいく関係性とそのプロセス」と操作的な定義を与え、「協働」を考察していく。

　図序-1の通り、子ども虐待の発生に伴い児童相談所による一時保護等を含む危機介入がなされる。保護者にすれば、児童相談所によって告げられた危機介入の理由とされる不適切な養育についての現状認識の相違と、子どもの安全を創るという児童相談所が求める目標に対しての相違が生まれる。そして、そのことが「A 対立関係」となることも珍しくない。対立の中、児童相談所は権威を背景として保護者に、「不適切な養育があり、保護者は子どもの安全を創らなければならない」ことを伝え、そして、「安全が確保できなければ子どもを家庭に返すことはできない」と「B 権威を背景とした指導」により迫る。保護者は、いったんは対峙的な関係を示したとしても、「子どもを取り返すためには」法的対応に応じざるを得ず、児童相談所による「子どもの安全と未来を一緒に創っていきましょう」というさしのべられた「支援」に対して、児童相談所と「C 強いられた協働」関係を結ぶことになっていく。

　しかし、「C 強いられた協働」関係は、保護者にとっては子どもを取り返すためにせざるを得ない関係であることが多い。そこでは、子どもを引き取るという利那の願いだけが目的となることもあるため、児童相談所が求めるものに対し、表面的には同じ目標として示す態度も、真に納得しているわけではないことが多い。したがって、児童相談所が了解できるほどの態度で働きかけに応じる、偽りの従順を示しているのかもしれない。そうであれば、児童相談所という公的関与がなくなれば、またこれまで同様の元の関係の中で子どもを養育し、生活することを考えるであろう。結局、子どもの安全と未来を創るというテーマは、「C 強いられた協働」の段階では保護者のテーマとはなりえていないのである。

　保護者が「C 強いられた協働」関係にとどまるとき、子どもの安全も未来も創っていくことは難しい。また、どんな優れた支援プログラムがあったとしても、保護者が主体者として、あるいは当事者としてここでおきて

16

いる「子どもの養育が不適切だ」とされた課題に関与しなければ、子どもの安全も未来を創っていくという点において、ほとんど何も変わらないであろう。

　図序-1は「C強いられた協働」が「E当事者としての協働」に変化していくことを示している。点線のボックスは「何が起きれば変化は起きうるのか」の部分であり「D強いられた『協働』が主体者としての『協働』に変わるとき」として示した。このことの検討が本書の研究テーマである。

　「C強いられた協働」の中では、2つのサークルが交わる「保護者の行動領域」と「支援者の働きかけ」の領域がある。左側の2つのサークルにおいて「支援者の働きかけ」のサークルは「保護者の行動領域」のサークルに比べ相対的に小さい。しかし、保護者と支援者による相互の働きかけは存在する。小さな双方向の矢印はそれを示す。「C強いられた協働」の始まりでは、保護者と支援者の関係は支援者の働きかけが優位な関係として表すことができる。

　そして、「E主体者としての協働」に移るためには、2つのサークルは「保護者の当事者としての行動領域の拡大」が起こり、相対的に「支援者の働きかけ」は小さくなる、2つのサークルにおこる双方向の矢印が大きくなっていく。つまり、保護者にとって意味のある相互交流が増えてくることを示している。左側の2つのサークルの交わりが、右側の2つのサークルの交わりに移っていくためには、保護者自身が何らかの形でエンパワメントのプロセスの中に存在していることが仮説として考えられる。これらのプロセスを経ることによって「C強いられた協働」は「E主体者としての協働」となり、保護者自身が「子どもの安全と未来」を創っていくのではないか、という仮説である。ボックスの中で、何が行われるのか、今はよくわからない。

　そして、どうしてもここで検討しなければならないのは、ここで扱われている「協働」は児童相談所の側から捉えれば「支援する」ということであるということである。しかし、すでに述べたように保護者と児童相談所との関係は「強いられた協働」として始まる。そこには、児童相談所には絶対的な権威があり、決して対等にはなりえない関係がある。支援者を標榜しながらも権威がなければ成り立ちがたい関係に、子ども虐待対応の

難しさと、実践的な課題がある。果たして、対等になりえない関係からの「協働」が実現できるのかについても「協働」を考えるときの避けられない研究テーマとなる。

3 保護者が主体者であるための新たな実践モデル構築の可能性

以上述べた通り、今、子ども虐待対応の現場では子どもの命と安全を守るための危機介入と、子どもが再び安心して家族の元に戻る家族再統合への配慮の2つを、「調和的」に実現し、保護者が当事者として子どもの安全と未来を構築していくことに向かう新たな実践モデルが求められている。

本研究では、保護者と支援者が、対立的な関係から、いかに「子どもの安全」という目標に向かって「協働」するのか検討し、その形成プロセスについて明らかにし、現場に有効な実践モデルを提起することが目的である。

なお、子ども虐待対応は、いうまでもなく児童相談所だけで行われるのではなく、市町村をはじめとしたあらゆる機関とのネットワークによって実現され、適切な役割分担が求められる。児童相談所の現場では、多くの場面で危機介入と支援のはざまにおいて実践が進められている。支援領域は市町村が担うという考えもあるが、子どもの一時保護をはじめとした強大な親権を制限する権限を持って家族と対峙する児童相談所だからこそ、そこに生じる対立を克服し、子どもの安全に向けて「協働」するプロセスの中で、保護者の当事者性、主体性が構築されていく「危機介入と不可分の支援領域」が存在する[5]。

保護者にとっては、児童相談所が自分たちの未来を左右する権限を有する機関であることに対しては、いかなる局面においても変わらない存在である。支援者が児童相談所の組織の一員である以上、ここでいう「協働」も、この権限下における関係であることから自由になることはない。保護者もこの「協働」に参画せざるを得ないという側面を常に有している。対等性を標榜したとしても、対話の技術的問題で克服されない関係性がある。

本書では、以上の避けられない不均衡な関係性を前提として、それでもその中でいかに、子どもの命と安全を守るための危機介入と、子どもが再び安心して家族の元に戻る家族再統合への配慮の2つの矛盾しがちなテーマに対して「協働」というプロセスを経て、保護者自身が子どもの安全と未来を構築していく当事者、主体者となっていくための実践モデルの可能性について論ずる。

第2節　先行研究

　わが国での子ども虐待研究の歴史は長くない。アメリカのケンプ（Kempe 1961）による The Battered Child Syndrome が被殴打児症候群として紹介されたのは1970年代の始めであった。そして、いくつかのアメリカでの子ども虐待に関わるルポルタージュが紹介され関心を集めた。子ども虐待に関する研究として注目されるのは、稲村博の「子殺し――その精神病理」（稲村 1978）がある。1980年代においては、池田由子の「児童虐待――ゆがんだ親子関係」（池田 1987）があるが、子ども虐待に関する調査、研究はごく限られたものであった。当時の全国的な調査としては、1970年代の始めにコインロッカーに乳児が遺棄されることが相次ぎ[6]、当時の厚生省が「児童の虐待・遺棄・殺害調査報告」（厚生省 1975）を調査報告している。

　その後、子どもの権利条約の批准による子どもの権利についての社会的認識の高揚を受け、2000年の児童虐待防止法の成立を迎え、子ども虐待分野における研究は飛躍的に増大することになっていく。

　今日、子ども虐待分野の研究はきわめて多岐にわたっている。社会福祉学、教育学、心理学、医学、看護・保健、法律、政治、経済、行政、危機管理、組織マネージメントなどに及ぶ。

　本書は、子ども虐待対応における保護者との「協働」関係の形成過程を論じるものである。子ども虐待に関する研究体系の中では、家族機能の維持、再生、対人援助のありかたに属するものである。本書では社会福祉分野からの考察を行うが、教育学、心理学、医学、法律、行政、危機管理など他の研究領域と重なる分野でもある。もっとも、子ども虐待対応は、優

序章　**19**

れて現実的な実践研究であり、あらゆる学際的な研究が動員されて実現されるものである。

1 子どもの保護と家族機能の維持

　子ども虐待対応は子どもの命と安全を守るための危機介入と、子どもが再び安全のもとで暮らすことの支援の2つの視点によって構成される。そして、この矛盾しがちな2つの視点の構成のされ方とその色合いの強さによって子ども虐待対応の性格は変わってくる。子ども虐待対応の変遷は、この2つのあいだを揺れ動いていく歴史でもある。この2つの極の間において、子どもの保護か、子どもの在宅での生活を維持していくのかという議論が繰り広げられる。

　北米では、先述したケンプによる The Battered Child Syndrome が1961年に報告されたことを受け、「子ども虐待の防止と治療に関する法律」（Child Abuse Prevention and Treatment Act of 1964）が制定された。虐待を受けている子どもの発見と、里親へのプレースメントが積極的に行われるようになっていった。一方で、原家族から分離される子どもの育ちの在り方が社会問題となっていった。ここにおいて、ファミリー・プリザーベンション（家族保全）の考え方が生まれ、実践されていくこととなった。この経過について渋谷は「里親へのプレースメントに先立って親子分離の必要性を予防・軽減するために、そして親子分離がなされた場合には家族が再統合されるために『合理的な努力』（reasonable efforts）をすること、パーマネンシー計画を立てるにあたっては子どもに最も制約の少ない環境（the least restrictive environment）を保障すること（原家族に最も近い環境とされ、プレースメントの形態に関する優先順位で見ると、家族再統合が最も優先度が高く、次に養子縁組、後見人選定、最後が長期里親ケアとされる）が規定された。これによって、里親ケアの役割は限定的なものとなり、代わりに在宅支援を通した家族の子育て能力の強化と、家族再統合が難しい場合に養子縁組を速やかに活用すべきことが課題とされるようになった（この方向性は、1997年に制定された『養子縁組と安全な家族に関する法律』（Adoption and Safe Families Act of1997）でも支持されている）」と述べている（渋谷 2003: 285）。

もちろん、在宅での生活を維持することが困難なリスクの高いケースもある。これらのケースにおいては、アメリカではフォスターケアーがなされ、わが国では里親委託、児童養護施設等に措置される。しかし、そこに至るまでに支援者がどれだけ「合理的な努力」（reasonable efforts）をしたのかが問われてくるのである。

　家族保全について、わが国での適用を検討している澁谷はその定義として「親子分離のリスクを抱えている虐待家族のもとに子どもを留め置いたままで、子どものパーマネンシーを保障しようとする、子ども家庭福祉実践の理念及び方法。親子分離を必要とするほどの虐待がすでに発生している家族はサーヴィス対象とはならないが、家族再統合を具体的な目標としてサーヴィスを受けている家族（一時保護を経て、あるいは繰り返しながら家族再統合を目指す家族も含む）、当該定義に準ずる性質を一定程度帯びていると考えられることから、家族保全の対象家族に該当する」としている（澁谷 2004）。さらに我が国の特徴として、北米では、行き過ぎた里親へのプレースメントに対する反省からファミリー・プリザーベンションの考え方が発展してきたのに対し、日本の現場では、子ども虐待対応における関係性を追求する姿勢から、子どもの安全と子どもの分離保護を見極めるまで家族との関係性を構築することに努める姿勢があるとの指摘（渋谷 2005: 243）は、興味深い。

　本書も、子ども虐待対応における保護者との「協働」関係構築が研究テーマであり、子どもの安全と子どもの分離保護を見極めるまで家族との関係性を構築することに努める姿勢を具現化しようとする家族保全の研究に属する。社会福祉における価値、子どもの願い、家族の願いを実現しようとする姿勢として「合理的な努力」（reasonable fforts）がいかになされたのかが問われるのである。

2　保護者の属性研究

　家族保全をはじめとした、子ども虐待に至る家族への支援を考え、保護者といかに関わるべきかの研究は、子ども虐待に至る保護者とは一体、どのような保護者であるのかという属性研究から始まっていった。

　才村は、児童相談所に対する広範な調査によって、子ども虐待対応に

よって生じる関係性の中から、保護者が示す態度について明らかにしている。そして、そこに激しい対立、攻撃が生じやすいことに言及している（才村 2002）。

　また、家庭裁判所が行った虐待にかかわる家事事件等を実証的に研究したものとして家庭裁判所調査官研修所の調査研究があり、虐待が生じる家族や親の特徴が分析されている。同調査では、虐待に至る保護者のタイプを9つに分類している。つまり、①保護者を育児不安から乳児を虐待する親、②完全主義の親、③子どもへの愛情が欠如している親、④独善的で常識を超えた躾をする親、暴力の衝動をコントロールできない親、⑤人格的に幼く、基本的な社会性に欠けている親、⑥性格障害のある親（対人関係にさまざまな問題を持ち、社会的に適応が悪く、他者に対して敵意や不信感を隠さない親）、⑦激しい暴力衝動を持つ親、⑧明らかな精神障害による虐待、⑨性的虐待の親、である（神戸家庭裁判所 2000）。

　「社会保障審議会児童部会児童虐待等要保護事例の検証に関する専門委員会報告」では、年度ごとに子どもの死亡事例、重大事例の検証を行い、保護者の属性を報告している。特に、第10次報告では、0日・0カ月で虐待によって子どもが殺された事例を特集し、加害者の属性を分析している。心中以外の死亡事例で0歳児が占める割合は4割以上あり、加害者は実母が9割、19歳以下の実母が3割、母子健康手帳の未発行、妊婦健康診査未受診が9割、望まない妊娠が7割などが指摘された。また、過去の死亡事例の検証から保護者の一定割合に精神疾患が認められたことから、保健・医療・福祉の連携の大切さが指摘された。

　そして、才村は全国で取り組み始めた保護者への指導法について研究を進め、児童相談所の子ども虐待対応の指針となる「子ども虐待対応の手引き」に、その研究成果を反映させていった（才村 2004）。

　保護者の属性研究により、子ども虐待に至る保護者の特徴が示されていく一方で、多くの虐待に至る保護者が、子育てを経験した多くの保護者が経験した当たり前の養育不安の延長の中で虐待を発生させてしまったものであることが指摘され、育児支援の重要性が強調されていった。

　大日向は1歳6カ月までの赤ちゃんを持つ母親にアンケート調査を行い、75％の母親が子どもを叩いた経験があることを示した（大日向 1993）。また、その理由として「育児が不安、心細い」と答えた母親が73％おり、

次いで50％が「夫が非協力的」と答えている。大日向の調査研究をはじめとして、子育ての孤立化を虐待の背景として捉える調査研究が、母子保健、看護、保育分野において数多く発表された（小林 2002；大原 2002；小橋他 2011；橋本他 2008；橋本他 2009）。

　そして、子育て支援のあり方の議論は母子保健、子育て支援、保育などにわたる地域での子育て支援のシステムづくりが謳われるようになっていった。子育て支援センターが設置され、乳児全戸家庭訪問事業、養育支援訪問事業が法定化されるようになっていった。さらに、要保護児童対策地域協議会では、より身近な市町村による特定妊婦、要保護児童、要支援児童に対しての支援が行われ、それぞれの地域の特性を生かした子育て支援のプログラムが開発、実施されるようになっていった。

　また、一方では保護者の属性、子どもと保護者の関係などの心理的な要因だけに虐待の原因を捉えるのではなく、貧困など社会、経済的な要因から子ども虐待を捉えるようになっていった（山野 2008）。

3　保護者と支援者の関係性に焦点を当てた研究

　子ども虐待における危機介入において生じる保護者との対立関係も含めての支援のあり方については、これまで保護者の属性についての研究から、保護者をタイプに分け、タイプに応じた支援のあり方等が論じられることが多かった。また、支援のプログラムについても、諸外国で行われている支援の方法を導入し、わが国での適用が論じられてきた。支援プログラムの開発も、基本的には、相談動機のある変容を求める保護者を前提としたものが多く、それに至る以前の子ども虐待対応における危機介入によって生じやすい対立から保護者と支援者が、いかに、その局面を乗り越えていくのか、その関係性に触れた研究は少ない。

　その中でも、津崎は「父性的ソーシャルワーク」という概念を取り出して、子ども虐待対応における危機介入と支援について「（保護者を）力で押さえ込めといっているのではない。そうではなく、彼らの行動特性や背後にある心理メカニズムを十分にわきまえ、逸脱行動には断固とした壁と父性的な力強さを体感させることによって、習癖化した問題解決パターンに歯止めをかけ、次のステップで、彼らがこれまで体験し、あるいは今もっ

て背負っている苦労や悲しみに思いを馳せ、その気持ちを汲み取って、より現実にかなう行動を彼らが選択できることによって問題への適切な対処が取れるよう、励まし導くことが重要」であると説明している（津崎2003）。

才村も親の態度変容のメカニズムとして津崎を引用しつつ、ソフトアプローチとハードアプローチの理論的な統合を「効果的な援助を行うためには、ハードアプローチによるクライエントの態度変容のメカニズムを解明するとともに、援助関係形成論の観点からソフトアプローチとハードアプローチを理論的に整理し統合する必要がある。しかし、現状ではこのことに関連した文献はほとんど見当たらない」と論じている（才村 2005: 16-19）。

山本も児童相談所における2つの専門性として「支援的ケースワーク」と「介入的ソーシャルワーク」の在り方を「支援的ケースワークと介入的ソーシャルワークは項目内容だけを見ると、一部共通・重複している。しかし実務的には全く異なる価値と優先順位に基づく手順である。2つのあり方は理念の共通性だけで統合すべき事柄ではなく、同時並行的な別の作業として区別すべき事柄である。従来の議論ではしばしば『介入から始まる支援』という言葉が散見され、そうした時系列的な対応のイメージも想定されてきたが、結果的に対応全体が介入から支援に移行することで、保護者支援の本来的な課題がすり替えられたり、そもそも介入的な判断から開始された作業の意義がきちんと評価されないまま、支援名目の関係性だけが一人歩きしてしまったりするなどの問題が浮かび上がることとなってきた」と論じている（柳沢・山本 2011; 山本 2013）。

本書の研究分野は、子ども虐待対応における危機介入によって生じやすい対立から保護者と支援者がいかに「協働」できるのかという点についてである。「父性的ソーシャルワーク」と「母性的ソーシャルワーク」、「ソフトアプローチ」と「ハードアプローチ」の理論的な統合、児童相談所における2つの専門性としての「支援的ケースワーク」と「介入的ソーシャルワーク」も、本書でいう「協働」のありかたを論じたものである。

4 保護者と支援者の「協働」に焦点を当てた実証的研究

　これまで自発的な相談を求めない保護者を、多問題家族、接近困難なクライエント、あるいはインヴォランタリー・クライエントとして、その実践が検討されてきた。伊藤はルーニイによるインヴォランタリー・クライエントへの実践を紹介し、クライエントが持つ心理的リアクタンス（Psychological reactance 抵抗反応）を軽減させる方策として、特定の変化に焦点を当てること、現在の行動のどれかが維持されること、自由を取り戻すための契約をすること、選択の幅を広げるなどを紹介している（伊藤1999）。また、副田はインヴォランタリー・クライエントについての支援にかかる文献を精査し、動機一致戦略論、関係基盤実践論、解決志向アプローチ実践論の3つに分類しその中で、解決志向アプローチ実践論が倫理的で支援者にとって負担感が相対的に小さく、汎用性があり、援助技法としてわかりやすい、という指摘をした（副田 2015）。

　副田がインヴォランタリー・クライエントへの支援に有効であると指摘した解決志向アプローチは、1970代の終わりにアメリカのミルウォーキにあったブリーフ・ファミリー・セラピー・センター（Brief Family Therapy Center　BFTC）において、スティーブ・ディ・シェイザー、インスー・キム・バーグらによって始められたものである（Insoo=1997）。

　さらに、ターネルは解決志向アプローチを子ども虐待対応における安全づくりに導入し、サインズ・オブ・セーフティとする実践モデルを提案した。初期の著作には12の実践原理と6つの実践技法が紹介されている。すなわち、実践原理として、①一緒に取り組むのに値するパートナーとして利用者を尊重すること、②虐待に協力するのではなく、人と協力すること、③強制が必要な場合であっても、協力は可能であると認識すること、④すべての家族が安全のサインを持っていると認識すること、⑤安全に焦点を合わせ続けること、⑥利用者が望んでいることを教えてもらうこと、⑦常に細部まで調査すること、⑧小さな変化を生み出すことに焦点を合わせること、⑨ケースの詳細と判断とを混同しないこと、⑩選択肢を提供すること、⑪面接を変化に向けた対話の場として扱うこと、⑫実践原理を前提としてではなく、望ましい姿として扱うこと。実践技法として、①家族一人ひとりのポジションを理解すること、②マルトリートメントに対する

例外を見つけること、③家族の強さと資源を発見すること、④ゴールに焦点を合わせること、⑤安全や改善を尺度で評価すること、⑥家族の意欲、自身、力量を評価すること、である（Turnell=2004）。

　先に、才村が援助関係形成論の観点からソフトアプローチとハードアプローチを理論的に整理し統合する必要性を述べ、しかし、現状ではこれらの研究がほとんどなされていないことの指摘があった。才村の指摘から10年以上が経過する中でわが国でもいくつかの研究が主には、臨床心理学の分野を中心に提出されている。

　千賀は「家族再統合に向けた協働的な心理援助モデル」を「柔軟な相談構造の構築」「ホールディングの環境整備」「多次元多層的な見立て」の相関として示している（千賀 2015）。

　高岡は、「対峙的関係へのアプローチモデル」を「譲れない法的対応」「怒りへの対応」「ニーズの引き出し」「養育者への情緒的関わり」「対話の限界」「最低限の子どもの安全保障の約束」によるストーリーラインとして示した（高岡 2013）。

　さらに本書で述べるように、鈴木は保護者支援を「つなげる」支援のプロセスとし「対話ができる関係を創る」「つなげていく」「寄り添う」の3つのステージを示した（鈴木 2017a）。さらに鈴木は、保護者インタビューの分析から「協働」関係を論じ、保護者との「協働」のプロセスを「折り合い」のプロセスとし、これを実現する要件として「見通し」「支えられる」「担当者との関係」「話し合いの場」「子どもへの思い」「期待」の6つを提起した（鈴木 2016）[7]。Takaoka は、児童保護機関によるアウトリーチの体験を受けた保護者に対してのインタビュー調査から、対峙的関係を軽減させる実践モデルを提起している（Takaoka 2016）。これらの研究はいずれも、グラウンデッド・セオリーによる質的な分析が行われ、領域密着理論として、支援モデルが示されている。

　また、量的調査研究として、畠山は在宅支援を行う児童福祉司に対しての意識調査から、支援者が在宅支援において重要であると考えているものとして、「生活の中での具体的な援助」「家族の状況の理解と対応」「臨床ソーシャルワーク」「援助のタイミング」の4つの因子を抽出し、支援のあり方を論じている（畠山 2016）。

　鈴木は、児童相談所職員に対して、保護者との「協働」関係構築のため

に優先的に取り組む支援の課題等についてアンケート調査を行い、探索的因子分析で抽出された４つの因子「目標・目的の共有」「スキル・治療・助言」「子育ての対話」「現実受入れ支援」の関係性を考察し、共分散構造分析により不本意な一時保護を体験している保護者との「協働関係構築実践モデル」[8]を提起した（鈴木 2017b、鈴木 2017c）。さらに、山本等の介入と支援をめぐる調査研究があり、児童相談所が常に直面している危機介入と支援のあり方について、安易な統合に警鐘を鳴らしている（山本ほか 2011）。諸外国の研究では、児童保護の体験を保護者に直接、インタビューした研究が紹介されている（Palmer, et al. 2006: 812-824）。

　山本等は、虐待を理由として施設に入所している児童、やはり同じ理由によって一時保護されている事例の広範な分析、調査を行い「段階的親子再接触アプローチ」に注目し、そのあり方を論じている（山本ほか 2010；山本ほか 2012）。

　高橋等は、ファミリープリザベーションにおける子ども虐待対応におけるソーシャルワークの実践モデルを開発すべく、特にニュージーランドから始まり、形を変え世界的な広がりを見せているファミリーグループ・カンファレンスのわが国の導入について研究している（高橋ほか 2008；高橋ほか 2009；高橋ほか 2010）。

　さらに加藤は、児童相談所等において行われている家族再統合のための親支援プログラム等について調査研究し、現場で活用されているプログラムの実態を明らかにし、家族支援のあり方を論じている（加藤ほか 2013；加藤ほか 2014）。

　以上のような研究や、子ども虐待対応における保護者と支援者の対峙する場面での対応のあり方についての議論は様々な場面で行われているが、やはり実証的な研究は非常に少ない。さらに、研究方法としてインタビュー調査等による質的研究については支援者を対象としたものが上記の通りいくつかあるが、当事者である保護者、子どもに対してのものは限られている。

5　ソーシャルワークにおける「協働」

　ソーシャルワークにおける「協働」はジェネラリスト・ソーシャルワー

クの中で特に強調されている。

　ジェネラリスト・ソーシャルワークはストレングス視点に基づくエンパワメントが中核にあるが、「協働」あるいはパートナーシップの形成はそれを実現していくための根源的なプロセスといってよい。

　ジェネラリスト・ソーシャル・ワークにおける「協働」については「問題解決課程に沿って目標を決め計画的に援助を進めていく過程である。問題解決過程は、①情報収集とアセスメント、②目標の計画作成、③計画の実施、④評価、⑤終結、という位相で進む。ワーカーが一方的にこの過程を進めていくのではなくクライエントとの協働（collaboration）によって進行させていくのが原則である」としている（副田 2005）。そして、ジェネラリスト・ソーシャルワークでは、ソーシャルワーカーとクライエントの相互の尊重、対等な関係性の中で「協働」関係が営まれていく。

　しかし、本書で考察する子ども虐待対応では、児童相談所の有する権限に基づいて職権による一時保護等が実施される。少なくともその場面において、ジェネラリスト・ソーシャル・ワークでいう対等な関係があるとはいい難い。さらに、不本意な一時保護を体験している保護者とは、対立的な関係になることも珍しくない。ソーシャルワーカーとクライエントの相互に尊重し合う関係を創るのは容易ではない。

　子ども虐待対応をソーシャルワークとして捉えるとき、ジェネラリスト・ソーシャルワークでいう「協働」について、いかに、理論的に、また実践的整合性を図っていくのかが課題となっている。

　ここまで、子どもの虐待にかかる保護者との関係「協働」についての研究分野を概観してきた。子ども虐待対応における家族への支援は、子どもの命と安全を守ることのテーマと隣り合わせで行われるものである。私たちには、自らが有する権限を背景とした対応によって、子どもの命と安全を守ることが求められる。一方で、保護者に対しての毅然とした態度は、ときに保護者を指導すべき対象として捉え、私たちとは遠い存在として対象化することがある。しかし、ソーシャルワークはクライエントの持っている潜在的な力を、クライエントの夢や願いにつなげる支援を通じて、それを実現することの支援が本質である。従って、研究においても、当事者である子ども、保護者の内なる声に耳を傾けることから研究が始まってい

かなければならないと思う。当事者不在の研究であってはならない。

第3節　研究の方法

　図序-2は研究のデザインを示している。本書では、子ども虐待対応において、職権一時保護をされるような保護者にとっては不本意な児童相談所との出会いを経験しながらも、子どもの安全と豊かな未来を構築していくために、そこで生じる対立関係を克服し、「協働」していくためには、支援者はどのような実践を進めればよいか、そのための実践モデルを提起することが目的である。

　子ども虐待ソーシャルワークにおいて「協働」関係とは、いうまでもなく当事者である保護者と支援者の「協働」関係であり、ソーシャルワークにおいては両者の交互作用[9]の中にその営みがある。したがって、後述するようにこれまでの研究の多くが支援者の側からの考察であったものに対して、本書では当事者の言葉から真摯に「協働」について学ばせていただくという視点から研究を始め、そして、それに対して支援者が捉える「協働」を照合し、比較検討を進める中で、両者の接点における交互作用を明らかにしていく。

　研究の始まりとしてフェイズ１は、当事者である保護者に対しての「協働」についてインタビュー調査を実施した。グレイザー派（クラシック）グラウンデット・セオリーにより領域密着理論を創出した。

　そして、フェイズ２としてさらに、これらの質的な研究と並行して、保護者インタビュー、支援者インタビュー（フェイズ４）で得られたコンセプト等を参考に、また先行研究を加味して支援者に対しての定量的調査としてのアンケート調査質問紙を作成し、虐待対応件数全国３位[10]にあり典型的な都市型の児童相談所である神奈川県の児童相談所職員の中で保護者との職権一時保護によって対峙した経験のある職員に対しての悉皆調査を実施した。

　なお、アンケート調査は、ライカート法による定量的な調査に加え、自由記述による質的な調査が加えられている。そこで、定量的な調査で得られた統計的な分析の中で、特に共分散構造分析[11]により示唆された子ど

序章　29

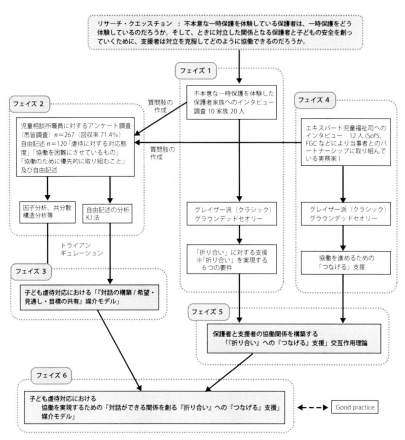

図序-2　研究の６つのフェイズ

も虐待対応における「協働」関係構築のパス図を、自由記載で得られた質的データに対してのKJ法によるA型図解化と比較検討するトライアンギュレーション[12]による、新たな「協働」関係構築の実践モデル（実践モデルのフレームワーク）をまとめた。これをフェイズ３とした。

次にフェイズ４として、支援者が捉える「協働」についてインタビュー調査を実施した。ここでは保護者インタビューと同一の手続きによる調査、分析を進め、保護者インタビューから得られたものと同様の領域密着理論を創出した。フェイズ４はフェイズ２と並行して行われ、フェイズ２の中で行われたアンケート調査の質問肢作成の資料とした。

そして、フェイズ5として、フェイズ1で得られた当事者である保護者に対しての「協働」についてのインタビューから創出された領域密着理論（グラウンデッド・セオリー）とフェイズ4で得られた支援者に対しての「協働」についてのインタビューから創出された同じく領域密着理論（グラウンデッド・セオリー）を統合し新たな領域密着理論の創出を行った。つまり、保護者の視点から捉えた「協働」と支援者から捉えた「協働」の質的な統合を図った。

　ここまでの研究で、フェイズ1によって保護者からの「協働」に関するグラウンデッド・セオリー、フェイズ4による支援者からの「協働」に関するグラウンデッド・セオリーが創出され、保護者と支援者に対する質的研究の統合から子ども虐待対応における「協働」にかかわる領域密着理論が創出された。

　一方でフェイズ2、フェイズ3を通じて、統計的な分析と、自由記述のデータの質的分析のトライアンギュレーションにより子ども虐待対応における「協働」の実践モデルの枠組みが示された。

　本書における研究の最後のフェイズは、これらの2つの研究を統合することである。フェイズ2、フェイズ3から導かれた実践モデルはアンケート調査におけるモデルであって、実践モデルの枠組みが示されたものである。

　実際、媒介モデルにあって媒介される領域の中での実践的な営み、つまり、人間、環境、時間、空間の交互作用[13]は必ずしも豊かには示されていない。実践モデルとしての提案がなされるのであれば、媒介される領域にある保護者と、支援者の「協働」の営みが示されることが必須となる。そこで、このフェイズでは、量的調査によって明らかになり、自由記述に対する質的分析によって補完された実践モデルと、保護者と、支援者に対する質的な調査によって明らかとなった統合理論をさらに統合することで、本書での「『折り合い』への『つなげる』支援媒介モデル」とした。これを最後のフェイズ6とした。

　そして、ここで創出された「『折り合い』への『つなげる』支援媒介モデル」が、実際の事例においては、どのように活用できるのかを、2つの事例をレビューすることで検討した。

　以下、本書ではフェイズ1からフェイズ6までの研究を論述する。

序　章　　31

第4節　各章の構成と結果の概要

　通告から始まることの多い子ども虐待対応において、保護者と支援者はどのようにそこで起きる対立を克服して、子どもの安全に向かって「協働」できるのだろうか。

　まず、「協働」関係の構築を「子どもの安全、安心という目標、目的に対して、子どもにかかわる機関と保護者等がこれを共有し、このことの実現に向かって歩んでいく関係性とそのプロセス」と定義し、考察を進めた。

○序章

　序章では、すでに述べた通り、「研究の目的」「先行研究」「研究の方法」「各章の構成と結果の概要」を示した。特に、本書の研究テーマである「強いられた『協働』」は「主体者としての『協働』」になりえるのか、権力を持った児童相談所が保護者に対して行う「支援」は成立するのかという問題提起から考察を始めることとした。

○第1章　子ども虐待対応における現状と課題

　第1章では、子ども虐待対応の今日的な課題を論述した。児童相談所に通告される子ども虐待の著しい増加の背景を考察し、わが国の今後の見通しを「子ども虐待対応の6段階」を手掛かりに、性的虐待の潜在化といういまだ成熟しない子ども虐待対応のシステムの中で今後も右肩上がりの通告件数の増加を予測した。

　さらに、子ども虐待対応が子どもの安全を守ることと、再び子どもが安全に家族の元で暮らすための再統合支援という矛盾するとされる役割を担う中での現場の混乱と、現場の取り組みを「安全を構築しようとする動機」を横軸に「当事者参画の程度」を縦軸にしたマトリックスとして「協働関係構築の4つのステージ」を示した。そして、対峙的関係から始まることが多い子ども虐待対応において、いかに対立を克服して「協働」関係を構築していくのかが、子ども虐待ソーシャルワークの喫緊の課題である

ことを論じた。

○第2章　子ども虐待に伴う不本意な一時保護を経験した保護者の「折り合い」のプロセスと構造（研究フェイズ1）

　第2章では、子ども虐待ソーシャルワークにおける「協働」関係の構築を研究するため、まず、不本意な一時保護を体験した保護者にインタビューし、当事者の言葉から教えていただくことから研究を始めた。「協働」関係とは、当然のことながら、保護者と支援者のそれぞれの子どもの安全づくりの営みにおける、その接点において起きている関係性をいう。

　インタビューデータをグラウンデッド・セオリーにより分析をしたところ、コア・コンセプトとして「折り合い」が浮上した。そして、この「折り合い」が保護者の側から捉えた「協働」のプロセスであることが示唆された。また、保護者が「折り合い」を実現するためには6つの要件があることが示唆された。つまり、【見通し】【支えられる】【担当者との関係】【話し合いの場】【子どもへの思い】【期待】の6つである。ここでいう「折り合い」とは「不本意な一時保護に伴い生じる喪失感と様々な感情及び、関係機関への不信を抱き、児童相談所等と対峙する局面を経験しつつ、さらに、虐待者とされた自己に対する疑念と、子育てアイデンティティーの混乱を抱えながらも、児童相談所との『協働』関係が進む中で、子どもを引き取るという現実的な課題や目標を実現するために保護者自身が受け入れ難い現実に調和していくプロセス」とした。

○第3章　不本意な一時保護を体験している保護者と対峙する場面での児童相談所職員の意識・態度の統計的分析と自由記述の質的分析及びその比較——子ども虐待対応における「協働」を実現するための「『対話の構築・希望・見通し・目標の共有』媒介[14]モデル」の提起——（研究フェイズ2、3）

　第3章では、支援者の側から「協働」はどのように捉えられるのかを分析した。実際、現場で保護者と対峙しながら「協働」の実務を担当している支援者に対して、アンケート調査を行い、統計的な分析等を行うことで、児童相談所総体としての「協働」のプロセスと構造を捉えることを試みた。

序章　33

ここでは支援者が優先的に取り組む「協働」にかかわる課題の探索的因子分析で抽出された4つの因子（1. 目標・目的の共有　2. スキル・治療・助言　3. 子育ての対話　4. 現実受け入れ支援）に対し共分散構造分析を行った結果、「協働関係構築実践モデル」（パス図）が示された。このモデルでは、対立的な関係から「現実の受け入れ」に展開するためには「子育ての対話」→「目標・目的の共有」→「現実の受け入れ」と展開することが「協働」関係構築のプロセスであることが示唆された。「スキル・治療・助言」については、危機介入場面では「子育ての対話」を媒介させることによって保護者自身に主体的な動機が生まれ効果が認められることが示唆された。

　さらに、同じアンケート調査で得られた自由記述について、KJ法によって「まとめ」を行った。A型図解化、B型叙述化を通じた分析によって、保護者と児童相談所が「協働」していくプロセスとしてシンボルマーク「1 一時保護を伝えることから始まる」→「3 まずは対話できる関係を創る」→「5 希望が見通しとなり目標を共有していく」→「7 現実の受け入れと子どもの安全の話し合い」の展開が示唆された。

　さらに、実践モデルを構築するために、量的分析の結果としての共分散構造分析のパス図の構造と、質的分析の結果であるKJ法によるA型図解化の構造をトライアンギュレーションとして比較検討した。

　そして、対立的な局面から、保護者が現実を受け入れて子どもの安全に取り組んでいくためには『対話』『目標・目的の共有』を媒介することが有効であることが示唆された。そして、この2つを統合したモデルとして、「子ども虐待対応における協働を実現するための「『対話の構築／希望・見通し・目標の共有』媒介モデル」」を示した。

○第4章　子ども虐待に伴い不本意な一時保護を体験した保護者への「つなげる」支援のプロセスと構造（研究フェイズ4）

　第4章では、支援者から捉えた「協働」関係についてさらに考察するため積極的に当事者参画を進める支援者へのインタビューを行った。

　第3章で示された媒介モデルは、現場職員への悉皆アンケート調査から得られた結果であり、児童相談所総体に対しての調査を通じて実践における骨組みが示されたといえる。

そこでの『対話』『目標・目的の共有』を媒介させるとは、いったい実践の中ではどのように保護者と支援者において人間、環境、時間、空間の交互作用が展開するのかについては、さらなる詳細な質的な検討が必要であると考えた。

　そこで、次の検討として、当事者参画による優れた実践を進めている実務家から、媒介モデルの、その媒介の中で保護者と支援者においてどのような営みが行われているのか、何が起きているのかを教えてもらうべくインタビューを実施し、グラウンデッド・セオリーによって分析した。その結果、コア・コンセプトとして「つなげる」が浮上した。そして、この「つなげる」支援は6つの支援によって構成されていることが示唆された。つまり、「希望につなげる」「見通しを立てる」「リフレイムを探す」「親子の思いの伝え合い」「親族や友人との再会」「新たな対話が生まれる」の支援である。そして「つなげる」支援を定義し「不本意な一時保護を体験し、児童相談所と対峙的な関係にある保護者に対して、対話を構築し、支援者が保護者等に対して、人、対話、思い、場所（空間）、時間などをつなげることによって、子どもの未来に希望を持つことで、主体者となろうとする保護者に寄り添い子どもの安全という目標に向かって児童相談所と協働していくプロセスを創ること」とした。

○第5章　子ども虐待ソーシャルワークにおける「協働」関係の構築—保護者の「折り合い」への「つなげる」支援の交互作用理論（研究フェイズ5）
　第5章では「折り合い」のグラウンデッド・セオリーと「つなげる」支援のグラウンデッド・セオリーの比較、統合を行った。

　「折り合い」は保護者から捉えた「協働」のプロセスであり、「つなげる」支援は支援者から捉えた「協働」のプロセスである。そこで、「折り合い」の6つの要件と「つなげる」支援の6つの側面を比較したところ、6つの領域はシンクロしており、それぞれが交互作用の中で「協働」を実現していることが示唆された。つまり、保護者の「折り合い」の領域と、支援者の「つなげる」支援は、先に定義した「協働」つまり「子どもの安全、安心という目標、目的に対して、子どもにかかわる機関と保護者等がこれを共有し、このことの実現に向かって歩んでいく関係性とそのプロセス」における、それぞれの側から「協働」に向かう営みであることが示唆

序章　35

された。そして、ここでいう「協働」を定義し、「子ども虐待ソーシャルワークにおける『協働』とは子どもの安全、安心という目標、目的に対して、子どもにかかわる機関と保護者等がこれを共有し、これらを実現するための保護者の『折り合い』のプロセスに、支援者が『つなげる』支援によって関与・参画し、保護者の人、時間、場所、対話、思いなどを『つなげる』ことを通して、更にはそこに流れる交互作用によって子どもの安全、安心の実現に向かって歩んでいく関係性を構築すること」とし、グラウンデッド・セオリーの比較から、新たなグラウンデッド・セオリーが創出され、これを、領域密着理論としての、保護者と支援者の協働関係を構築する「『折り合い』に対する『つなげる』支援」の交互作用理論とした。

○第6章　新しい実践モデルの構築へ（グラウンデッド・アクション）
「対話ができる関係を創る・『折り合い』への『つなげる』支援媒介モデル」の提起──（研究フェイズ6）
　第6章ではここまで行ってきた、調査研究の統合を試みた。具体的には第3章で示唆された「媒介モデル」に第5章で示唆された「『折り合い』に対する『つなげる』支援」の交互作用理論」を組み入れた。
　「子ども虐待対応における協働を実現するための「『対話の構築／希望・見通し・目標の共有』媒介モデル」（以下、「媒介モデル」）と保護者と支援者の協働関係を構築する「『折り合い』に対する『つなげる』支援」の交互作用理論（以下「折り合い・つなげる交互作用理論」）を比較した。
　媒介モデルでは、「対峙的関係」→「対話の構築」→「希望・見通し・目標の共有」→「現実の受け入れと子どもの安全づくり」と展開する。交互作用理論では、大きくステージが「対話ができる関係を創っていく」→「『折り合い』への『つなげる』支援」→「折り合おうとする保護者に寄り添う」と展開する。「交互作用理論」と「媒介モデル」のこれらの「協働」関係構築はプロセスとして重なり合い、媒介モデルの「希望・見通し・目標の共有」は交互作用理論の「『折り合い』への『つなげる』支援の交互作用理論」に相当することが示唆された。特に、交互作用理論では、「見通し」「希望」が、統合されたコンセプトの中心にあって、これらが保護者と支援者の「『折り合い』への『つなげる』支援」を展開する動因になるとしているが、媒介モデルにおいても「見通し」「希望」がやはり重要

なテーマとされ、その他の多くの課題は「『折り合い』への『つなげる』支援」における「協働」を進展させる6領域と重なっている。

　以上のことから「媒介モデル」において媒介される「『対話』『目標・目的の共有』の部分が、質的研究で明らかとなった実際の保護者と支援者の中で営まれる「折り合い・つなげる交互作用理論」を示していることが示唆された。そこで、本書における結論として、「折り合い・つなげる交互作用理論」を「媒介モデル」に組み入れることで、「対話ができる関係を創る・『折り合い』への『つなげる』支援媒介モデル」を示すことができた。

　そして、「対話ができる関係を創る・『折り合い』への『つなげる』支援媒介モデル」が、実際の現場の中で、いかに応用できるのかを2つの事例と当事者へのインタビューによってレビューした。

○終章
　終章では、これまでの研究を振り返り、不本意な一時保護等によって対峙的な関係になった保護者と「協働」関係を構築するための実践モデルとして「対話ができる関係を創る・『折り合い』への『つなげる』支援媒介モデル」を示したことが本書の結論であるとした。そして、序章の中で問題提起した「強いられた『協働』」は「主体者としての『協働』」になりえるのか、権力を持った児童相談所が保護者に対して行う「支援」は成立するのかについて、考察した。

　さらに、本研究について、実践者が自らのフィールドを研究することの意義と、権威を有する立場の者による研究の限界を示した。

[注]
1　児童相談所運営指針は厚生労働省から示されている。児童相談所の現場では、児童相談所運営指針と「子ども虐待対応の手引き」の2つが子ども虐待対応のよりどころとなっている。
2　自治体によっては24時間としているところもある。
3　行政処分としての児童福祉司指導。任意に相談契約を結ぶ「継続指導」に対して、一定の強制力を伴わせることができる。
4　虐待防止法における指導の対象は保護者である。本書では、保護者との「協働」について論じるが、子ども、同居者を含めた支援の対象を示す場合は家族とする。子

どもと保護者の関係を示す場合は親子として表記する。

5 危機介入と支援にかかる役割分担の議論については、それぞれの定義が不明確なまま行われることで、現場の中に混乱があり、ここでいう支援についての定義は後述する。

6 1973 年には 46 件のいわゆるコインロッカーベイビーが報告されている。

7 （鈴木 2016）については本書で詳述。

8 （鈴木 2017b、鈴木 2017c）については本書で詳述。

9 交互作用（transaction）は、生態学的な概念によれば個人と環境が継続的なやり取りを通して、相互に影響し合うことである。相互作用（interaction）は、2 者の関係性を示している。子ども虐待対応においては、二者の対立構造から始まることが多いが、「協働」の展開の中では多くの人、時間、空間等との相互に影響し合う関係性が生じていくことから「交互作用」として説明している。

10 28 年度の厚生労働省統計では大阪府、東京都、神奈川県の順である。

11 実際は観測できない事象（ここでは保護者と児童相談所が子どもの安全について協働していくプロセス）潜在変数を導入し、潜在変数と観測変数との間の因果関係を明らかにすることによってその事象を理解しようとする統計的アプローチ。因子分析と多重回帰分の組み合わせによりパス図として示すことができる。

12 ある現象について、ここでは子ども虐待対応における保護者と児童相談所との協働について、異なるデータの収集方法、分析手法等を組み合わせて分析を進めていく研究プロセス

13 佐藤はジェネラリスト・ソーシャルワークにおけるクライエントとソーシャルワーカーの営みを人間：環境：時間：空間の交互作用として捉えた（佐藤 2001）。

14 「媒介」とは、「双方の間に立ってとりもつこと。なかだち。とりもち」（広辞苑）とされる。ここでは、対立関係から「協働」関係につなげていくことを「媒介」すると説明した。

第1章

子ども虐待対応における現状と課題

第1節　子ども虐待対応の難しさ

　第1章では、本書の研究目的である子ども虐待対応における「協働」について論じる前提として、子ども虐待の現状と課題を概観する。そして児童相談所と保護者が、子ども虐待対応の歴史の中で、どのように「協働」に向けて関係を創ろうとしているのかを考察する。特に、「当事者参画」の視点を取り上げ「協働」に至るプロセスに言及する。

1　子ども虐待対応件数の顕著な増加とその背景

（1）子ども虐待の実態

　全国の児童相談所が受け付けた子ども虐待相談の件数は児童虐待防止法制定の前年の平成11年の11,631件から29年には133,778件と11.5倍に増加している。平成12年は児童虐待防止法が施行された年であり、これ以後の顕著な増加を示し続けている。図1-1の通り、右肩上がりのグラフは、おおよそ今後も維持されることが予想され、アメリカが1990年代に通告件数のピークをうち、ネグレクトを除くそれぞれの虐待通告件数が半減されたことが、いつ日本において実現されるのかは見通しすら立たない。[1]

　平成29年度の虐待の受理件数は133,778件である。その内訳は身体的虐待33,223件（24.8%）ネグレクト26,821件（20.0%）心理的虐待72,197件（54.0%）性的虐待1,537件（1.1%）である。心理的虐待が半数を超えてい

39

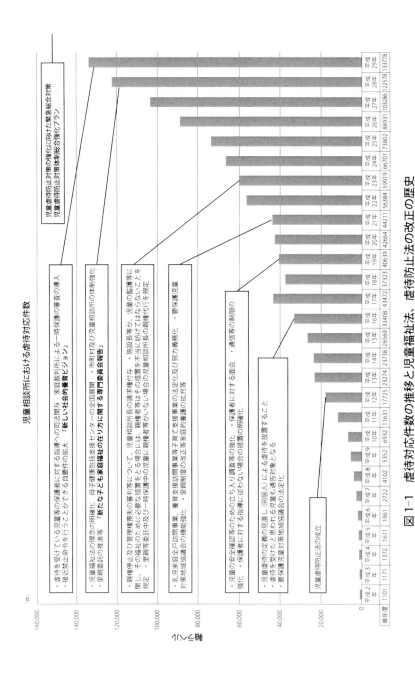

図 1-1 虐待対応件数の推移と児童福祉法、虐待防止法の改正の歴史

るのは、子どもに対する夫婦間面前暴力の目撃、DV に伴う警察からの通告が顕著に増加しているからである。

市町村の受付件数も、児童福祉法改正により、平成 16 年に市町村が児童相談の一義的な相談窓口となって、平成 17 年の 40,222 件から平成 29 年には 106,615 件と増加している。やはり、児童相談所同様、その増加割合はいくらか緩やかであっても、増加の一途を示している。さらに、児童相談所統計において子ども虐待の総通告件数の内、実に 5 割が、都市圏の 5 つの自治体の通告件数で占めているという実態がある。都市圏の子ども虐待対応の顕著な増加が特徴である。しかし、これほどまでに都市部と地方での子ども虐待の発生率に大きな差があるとは考えにくく、虐待通報に対する認識、関係機関との連携の在り方、システムの地方間での格差があること、あるいは統計の取り方の差が推定される。

通告された虐待種別の中で性的虐待は 1.1% である。心理的虐待は性的虐待と同様に発見されにくい虐待である。アメリカでは全体の虐待種別の内、心理的虐待は 7% 程度である。我が国において心理的虐待がこれほどの割合の大きさは先述したとおり警察からの通告が背景にある。ちなみにアメリカでの性的虐待の割合は 8% 程度であり、アメリカでは心理的虐待より性的虐待が多いのである。さらにいえば、アメリカでは虐待を受理した後、虐待を認定したケースの 3 倍以上のケースが虐待非認定とされ、認定に関しては厳格な運用がなされている。

わが国では、虐待統計の在り方、虐待の認定の在り方もあいまいであり、課題として指摘されている（2016 社会保障審議会児童部会「新たな子ども家庭福祉の在り方に関する専門委員会報告（提言）」）。

虐待相談の経路別件数としては、先に述べたような事情により警察からの通告が 49% と近年の虐待対応件数を増加させている大きな要因となっている。警察からの通告が平成 18 年度には 7% であったことと比較すれば、いかに警察が徹底して子どもに対する夫婦間の面前暴力、DV 下におかれた子どもを被虐待児童としての疑いにより通告しているかがよくわかる。ついで、近隣知人 13%、家族 7% である。児童本人からはわずか 1% である。児童本人が学校の先生に訴えたことによって、学校が児童相談所に通告すれば、学校からの通告と計上されるため、子どもからが相談経路となる割合が少ないこともあるが、やはり、子ども自身が被害を訴えるこ

との割合を増やしていく努力が必要である。特に、学校教育等の中で、被害を受けている子どもはあなただけではないとノーマライズして、子どもが訴えることができる環境を創っていくことが極めて大切である。

主たる虐待者は実母が 46.9％、実父が 40.7％で、養父母、継父母の順となる。養育の主たる担い手となっている母親が、子どもとの関係の行き詰まりの中で、孤立し、虐待に発展している姿がうかがえる。

虐待を受ける子どもの年齢は、幼児期で 45.7％、小学生 33.3％、中学生 14.0％、高校生等が 7.1％である。平成 11 年度に高校生の割合が 5％であったものが平成 29 年度では 7.1％となっていることに特徴がある。これまでは、幼い子どもに対する虐待が注目され、高年齢児についてはかつて虐待されていたことの二次的症状、問題としての非行、神経症圏の症状等として取り扱われていたものが、今、まさに生活の中で虐待を受けた被害児として対応されることになっていることを示している。

虐待相談として受理された後の子どもの生活の場所について、平成 29 年度の虐待相談の受理件数 133,778 件のうち、一時保護[2]となったのは 21,268 件であり 15.89％であった。通告に基づく一時保護は、保護者の同意を前提としない職権による一時保護になるため、本書の研究テーマの 1 つとなっているように、保護者は多くの場合、不本意な形での一時保護を体験することになる。一時保護件数が 21,268 件であり 15.89％という数字は、児童相談所とすれば、日常的に職権の一時保護がなされている感覚を覚える。さらに、児童養護施設等など社会的な養護の対象となったのは、4,579 件であり 3.42％である。

つまり、一時保護された子どもの 22％程度が社会的養護として里親、施設入所に至るということになる。

一方では、虐待相談として受理したケースのうち、96％以上は家庭復帰しているということでもある。これは、全国統計であるが、都市圏の児童相談所、特に全国の通告件数の 8 割を占める 5 つの自治体では、通告件数自体の母数が大きいため、社会的養護の対象となって、里親、施設に措置委託される割合はさらに低くなっている。

平成 29 年度中の児童福祉法第 28 条[3]による施設入所の承認審判により承認されて施設入所となったのは全国で 182 件であった。都市圏においても 28 条承認申請の件数には格差がある。

42

（2）子ども虐待通告件数増加の背景とその対応

　子ども虐待の通告件数の顕著な増加の背景には我が国の子どもの権利についての意識の変化がある。我が国の子どもの権利条約の批准は1994年であり、決して早くなかったが、このこと等によって、徐々に子どもにおいても大人と全く同等の権利があることが社会的に認識されるようになっていった。そして、これまで、子どもへの権利の侵害と捉えられていなかったことが、権利侵害であるという認識を持たれるようになっていった。子どもへの暴力は、懲戒権の逸脱とされるようになっていった。かつてのスポ根漫画などに描かれている暴力シーン、子どもへのかかわりは、今では明らかに子ども虐待である。

　1980年代は子どもの権利条約につながる子ども虐待発見の時代と呼ばれることがある。それ以前に子どもへの権利侵害がなかったかといえば、そんなことはない。江戸時代に行われた間引きは、バースコントロールができない時代の子殺しである。人減らしのために人身売買が行われたこともそれほど古い歴史ではない。子どもが労働力とみなされていた時代でもあった。1970年代には、コインロッカーに嬰児の死体が発見されるという痛ましい事件が発生し、年を追うごとに類似犯が増し、1973年には46件もの類似の事件が発生した。

　アメリカでは、ケンプが受診してくる子どもの中に説明がつかないけがをしている子どもたちの一群がいることに気づき、The Battered Child Syndromeとして虐待の存在を世に知らせた（Kempe, C, H 1968）。

　日本にも紹介され、注目を浴びるようになっていった。

　子ども虐待は、これまでなかったものが新たに見つかったのではなく、1980年代からの子どもの権利意識の高揚に伴って、わが国においても重大な子どもの権利侵害があり、子ども虐待があること、そして、この社会問題に対して社会が直面し、あらゆる英知によって解決を目指すことの認識がなされた年であるといってよい。

　そして、2000年に児童虐待防止法が議員立法によって成立したことによって、わが国は子ども虐待への対応を本格化させていくことになる。この間に、社会の関心を集める痛ましい虐待事案がマスコミに取り上げられていった。死亡事例検証（児童虐待等要保護事例の検証に関する専門委員会）にあるように、それらの事例の中には、明らかに児童相談所等、子どもの

福祉を守るはずの第一線機関による瑕疵と思われる事案があった。児童相談所は厳しい社会の批判を浴びていった歴史でもある。この間に、子ども虐待の定義の見直し、「虐待を受けたと思われる児童」も通告対象とする通告義務の範囲の拡大、市町村が一義的な児童相談の窓口となること、要保護児童対策地域協議会の法定化、立ち入り調査の強化、保護者に対する面会通信等の制限の強化、乳児家庭全戸訪問事業、養育支援訪問事業等子育て支援事業の法定化、里親制度の改正等家庭的養護の拡充、民法改正による親権停止制度の新設などが次々に実施された。28 年度にも児童福祉法の改正がなされた。

　さらに、この間に起きた社会的に注目された痛ましい子ども虐待事件を契機として、様々な通知が厚生労働省から発出された。これらは、児童相談所職員としての行動の指針となる「児童相談所運営指針」や「子ども虐待対応の手引き」[4] に反映されている。例えば、通告を受けた場合、48 時間以内の目視による子どもの安全確認が求められている。当然、休日や夜間を挟んでの対応も求められている。また、施設から家庭復帰する際に、一定期間の児童相談所によるモニター指導が課せられ、居所不明児童の中に重篤な虐待事例が潜んでいることから徹底した児童の追跡調査等が行われている。

　そして、今日の子ども虐待対応の仕組みが作られていった。社会の子どもの権利に対する認識はさらに高まり、子どもが示す小さなサインも見逃さない努力がなされ、子ども虐待の通告は、右肩上がりの増加を示していくことになるのである。

　一方で、批判が集中した児童相談所の実態も明らかになることとなっていった。地区を担当する児童福祉司が一人 100 件以上の担当を抱えて、身動きが取れない状態も浮き彫りになっていった。マスコミも、児童相談所の瑕疵だけを追求していっても、問題の本質的な解決にならないことから、瑕疵が起きる仕組みの変容に論調を変える動きもみられる。

　厚生労働省も児童相談所強化プランを打ち出し、児童相談所の近未来像を示している。児童福祉司の配置を 2022 年度までに 2000 人程度の増員を図ることで、児童福祉司一人当たりの業務量が、児童虐待相談およびそれ以外の相談と合わせて児童虐待相談 40 ケース相当の業務量となっていくことを目指していくとされる。しかし、現場は常に緊急の子ども対応に追

われ、48 時間以内の子どもの安全確認と、職権の一時保護、膨大な警察からの通告に翻弄されているというのが実態である。また、これらの対応職員が、採用間もない職員が行わなければならない実態があり、専門性の確保、職員の育成においても大きな課題を残している（鈴木 2017 b）。

（3）子ども虐待における死亡事例検証

　子ども虐待による死亡事例については、平成 16 年 10 月に社会保障審議会児童部会の下に「児童虐待等要保護事例の検証に関する専門委員会」が設置され、年に一度、死亡事例について事例を分析、検証し、明らかとなった問題点や、課題となったことについて提言がなされている。

　子ども虐待対応の絶対的な優先事項は、子どもの命と安全を守ることである。子ども虐待の諸課題を論じる場合は、この絶対的な優先事項を前提としなければいけない。本書も同様である。

　第 1 次から第 14 次報告までの死亡事例の検証件数の合計は 685 件であり、きょうだいケースも含まれるため対象人数は 727 人となっている。親子心中[5] による死亡事例の検証は平成 28 年度までに第 2 次検証から第 14 次報告まで実施されており、検証件数の合計は 372 件であり、対象人数は 514 人である。死亡事例については、死亡にいたる家族の類型、加害の状況、加害者の特徴、加害の動機、死亡した子どもの生育歴、特徴、妊娠期、周産期の問題、関係機関の関与などあらゆる視点からの分析が行われ、課題を抽出し、国、自治体等への提言がなされている。特に、第 10 次報告では、死亡にいたる虐待事例の中で、出生後 0 日、0 カ月で命を絶たれてしまった事例が、心中事例以外で 44.7％に及ぶとして注目し、特に妊娠から出産にいたるまでの切れ目のない相談、支援体制の整備を提言している。また、精神疾患のある養育者が子どもを死亡に至らしめてしまうことが心中事例、心中以外の事例において優位に高いことから、地域における保健、医療、福祉のネットワークを活用した支援を提言している。

　死亡事例の中で、児童相談所が関与していた事例は、心中以外の虐待死では、第 14 次報告までに 169 件、24.7％であり、心中事例では 61 件、16.4％であった。

　死亡事例検証は、統計的な調査と、事例を通じた横断的な課題に対しての提言がまとめられているが、子どもの虹情報研修センターがまとめた

「児童虐待に関する文献研究　児童虐待重大事例の分析」として、死亡事例に限らず、重大な結果を生じさせた事例について事例のプロフィールが紹介され、分析されている（増沢他 2012）。

　「児童虐待重大事例」は、マスコミに大きく取り上げられた事例も少なくない。特に本書で注目しなければならないのは、児童相談所が関与しながら重大な結果を生じさせてしまったもの、さらに、一時保護や施設入所などを実施した後に、家族再統合、家庭復帰を実施した事例である。

　2004 年 9 月に栃木県小山市で 4 歳と 3 歳の兄弟が、同居男性によって殺され川に投げこまれた事件が発生した。2 人は、同年の 7 月に同居男性による虐待によって一時保護されたが、児童相談所は父方祖父母宅で養育することを条件に家庭引き取りとしたが、実父は引き取り後すぐに男性宅に戻ってしまい、事件が発生した。実父と男性は暴走族グループの上下関係にあり、実父が男性に兄弟の世話をさせていた。また、覚せい剤を通した癒着した関係でもあった。この事件では、児童相談所が、一時保護を解除した後、男性宅での同居が再開したにもかかわらず、家庭訪問等適切な対応をしなかったことで、厳しい批判を浴びた。この事件をきっかけに民間の虐待防止活動団体「カンガルー OYAMA」が発足、オレンジリボンを虐待防止の象徴として、リボンを配布しながらの虐待防止キャンペーンが始まった。各地で行われているオレンジリボンキャンペーンのきっかけとなった事件であった。

　2006 年 2 月には群馬県渋川市で 3 歳の男児が実父母から暴行を受けて死亡した事件が発生した。児童は神奈川県の児童養護施設に入所中だった。2005 年 12 月に群馬県内に住む実父母の元に 1 週間の予定で一時帰宅していた。施設に戻る予定の前日実父から電話で帰宅の延長の希望が出され、児童相談所担当者はやむを得ず了承した。しかし、期間延長後の期日になっても帰園せず、事件に至った。死亡当日実父母は本児に対して約一時間、素手やモップの柄で殴打した後に、本児が謝り、許しを求めたにもかかわらず、冷水をためた浴槽に 2 時間にわたって正座させ、全身打撲による外傷性ショックにより本児を死に至らしめたのである。

　本児は、出生後すぐに乳児院に入所し、その後児童養護施設で生活していた。両親は一時帰宅までに本児と 3 回面会しただけであった。面会時の様子は楽しそうにしていたという。経済的に困窮していた両親に遺産が入

り、生活の目処が立ったことで引取りを望んでいた。父は「一緒に暮らすのが念願だった」といい、母も「温かい家庭をつくろうと思っていた」と述べた。

本件では、児童相談所の組織的な判断がなされていないこと、子どもの視点での一時帰宅のプログラムを作成する視点が欠けていたと厳しい批判を受け、「業務上の瑕疵がある」とされた。

いずれも、児童相談所の判断が、子どもの命にかかわった事例として極めて重大である。

死亡事例検証は、幼くして亡くなってしまった子ども達を、守れなかった大人たちが、真摯に振り返り、せめてその死を無駄にしないために、少しでも虐待死を減らすことを目的に行われるものである。

本書は子ども虐待における「協働」関係の構築について論じている。「協働」関係を構築することによって子どもの安全を確保し、家族の再統合、家庭復帰を目指していくものである。これらの支援を進める時、何より優先するのは子どもの安全である。1週間に一人の子どもが殺されている現実を常に意識して、家族との「協働」を進めていくことを忘れてはならない。

2　子ども虐待対応の発展段階

図1-2は子ども虐待対応を6段階で示したものである（小林 2004）。第一段階は「虐待の否認」の段階、第二段階は「虐待の存在に気付く」段階、第三段階は「法整備、積極的な母子分離」の段階、第四段階は「親への援助の開始」の段階、第五段階は「性的虐待が生涯の傷となることの発見」の段階、第6段階は「再び発生予防、3歳までのボンディング」段階、とされている。

虐待先進国とされる欧米の歴史等を振り返り、社会が子ども虐待にどのように取り組んでいくのかはおおよそ、この6段階で説明されるといわれている。

わが国は長い間、第一段階の「虐待の否認」の段階にあったが、先述したとおり1980年代に第二段階の「虐待の存在に気付く」段階に歴史が動いていった。そして、2000年の議員立法による児童虐待防止法の成立に

第1章 子ども虐待対応における現状と課題　47

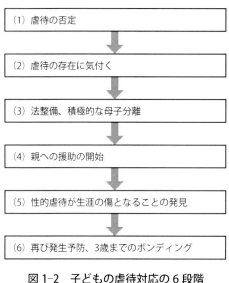

図1-2 子どもの虐待対応の6段階

より、第三段階の「法整備、積極的な母子分離」にステージは移っていった。第三段階では、社会的な権限によって子どもを救い出すということが行われる。通告のシステムを成熟させ、子どもの保護機関は何より早く子どものもとに駆けつけ、子どもを救い出すことが求められた。児童相談所の運営指針には48時間以内の子どもの目視による安全確認が、努力目標とされている。そして、子どもの安全が脅かされているならば躊躇のない職権による一時保護が求められている。

しかし、やがて社会は子どもを家庭から離すだけでは子ども虐待の解決にならないという認識を持つようになっていく。先述したとおり、子ども虐待対応の全国統計によれば平成29年度の通告件数133,778件の内、実際に一時保護となったのは21,268件であり15.89%となる、さらに社会的養護つまり、児童養護施設や里親委託となった件数は4,579件であり、通告件数の3.42%なのである。また、施設、里親を利用した場合においても後述する通り再統合支援によって、家庭に復帰するケースもある。また、家庭復帰に至らないとしても、多くのケースは親子間の交流が維持されている。このような実態を考えれば、第三段階にとどまっていては、子ども虐待の解決には到底至らないことが社会の認識となっていく。これらの認識が高まっていくと、子ども虐待対応のベクトルは、次の第4段階の親への援助の開始の段階に移っていく。しかし、この段階の支援は容易ではなく、職権による一時保護という厳しい場面を経ての親への援助ということとなり困難を極める。本書は、この段階以降の保護者との「協働」について論じている。

わが国の子ども虐待対応のステージは、第三段階の「積極的な法整備、

母子分離」の段階と第四段階「親への援助の開始」の２つに主たる足場があるように思われる。米国の子ども虐待対応の歴史からすれば20年とも30年とも遅れて歴史が繰り返されるといわれることもあるが、1980年代からのいわば虐待対応の歴史を凝縮した時間の流れの中で、わが国は虐待対応の６段階を駆け足で駆け上がっている印象がある。

しかし、第四段階までの歴史は駆け足で上がってきたとしても第５段階以降の虐待対応のステージに移行するためには我が国の虐待対応システムの一定程度の成熟を待たなければならないと考えられる。つまり、第五段階は「性的虐待が生涯の傷となることの発見」の段階である。子ども虐待の通告件数の内、性的虐待の割合は、全国統計で1.5％である。都市部では、この割合はさらに小さい。米国ではおおよそ、10％近くが性的虐待である。WHOは、児童時代に受けた性被害の推計値[6]を上げているが、わが国において児童相談所が認知する性的虐待の割合は、極端に小さな数字であるといえる。

欧米では、子ども虐待の受付件数のピークは、1990年代の初めにピークを迎え、現在ではネグレクトを除いて半減している。このことについてフィンケルフォーは、米国において取り組んできた虐待対応のシステム、学校教育での子どもへの教育、予防的取組の成果がこれらの結果を生んだとしている（Finkelhor 2008）。そして、欧米では虐待対応の通告件数がピークになろうとするとき、性的虐待の通告件数が顕著に増加することを経験している。

わが国では、子ども虐待対応の様々な取り組みによって、近年では児童相談所全国ナビダイヤル、通称189などによって通告を呼び掛け、警察が認知した夫婦間の子どもへの面前暴力事例の児童相談所への通告などによって、通告件数が顕著な増加を毎年続け、右肩上がりのグラフを形成し続けている。今や、全通告の内、警察からの心理的虐待による通告は40％を超えている。一方で、性的虐待は緩やかに増加しているとはいえ、他の３つの虐待種別の顕著な増加割合には到底追いつかず、性的虐待の相対的な割合は1％程度と、かつては3％で推移していた割合がさらに低下している。このことは、わが国が取り組んでいる子ども虐待対応は、身体的虐待、心理的虐待、ネグレクトの３つの虐待種別の通告件数の増加につながるが、性的虐待については十分に効果的とはいえないということであ

第1章 子ども虐待対応における現状と課題　49

る。つまり、現在の虐待対応では潜在化している性的虐待を顕在化させることはできないということである。

　性的虐待はシークレット・トラウマといわれるように秘密性を他の虐待種別より強く備えている。児童相談所の現場で出会う性的虐待を受けた子どもは、被害を受けているであろう子どもの氷山の一角の片隅の点くらいでしかない。多くの被害を受けている子どもは、「性的虐待順応症候群」（Summit 1983）の中にあって、被害を受け続ける環境でしか生活することを許されず、なんとか生き延びるためにはそこに順応すること以外に道はなくなってしまうのである。小さなころから加害者によって、手なずけられ（グルーミング）、加害者によって秘密を共有する共犯者としたてられる。自分自身がこの状況を受け止めさえすれば、我慢すれば家族の生活は維持されると加害者から教育される。抜け出そうと思っても見えない出口の中では抜け出すことができず、子どもはその環境に順応するしか生きていく術を失うのである。そして、今も小さな声すらあげることができずにいるのである。

　欧米の子ども虐待対応のシステムの一定の成熟が、性的虐待の通告件数を増加させたと考えるのであれば、わが国の子ども虐待対応のシステムはいまだ成熟の途上といえる。性的虐待を顕在化させること、通告件数の増加はわが国の虐待対応のシステムの成熟度を示す1つの指標になるのではないかと考えている。したがって、欧米が性的虐待の通告件数の顕著な増加をみて、右肩上がりの通告件数の増加のピークを迎え、その後、ネグレクトを除いて半減していったことを考えれば、わが国のピークはまだ先であり、性的虐待の相対的割合から考えれば、虐待対応件数の増加は今後も続いていくことが予想される。

　子ども虐待対応の6段階は子ども虐待の発生予防である。子ども虐待が起きて、どのようにそのことに対応するかという歴史を経て、発生予防の原点に戻るのである。

　子ども虐待対応の6段階はわが国の虐待対応の歴史と、今いる位置を捉えることに有効である。筆者は、日本の現状を第三段階の「積極的な法整備、母子分離」の段階および、第四段階の「保護者への支援の段階」の2つにあると考えている。次の段階に進むのであれば、第4段階の「性的虐待が生涯の傷となることの発見の段階」を志向することである。性的虐待

は、被害が潜在化することで最も危機介入が難しい種別の虐待である。この困難な危機介入に対応できるようになると、子ども虐待対応全般に質的な変化を与えることになる。しかし、だからこそ、難しい虐待対応なのである。

　2015年の10月に、子どもに負担をかけないための協同面接にかかわる通知[7]が、検察庁、警察庁、厚生労働省から同時期に発出された。協同面接は、必ずしも性的虐待だけに対応するものではないが、欧米では当然のごとく行われている多機関連携（MDT = Multi disciplinary team）に基づく司法面接の実施を考慮した取り組みである。3機関が子ども虐待をめぐって協同することは、今まではほとんどなかったことを考えれば、我が国も新しい虐待対応のシステムづくりに取り組み始めたといってよいのかもしれない。

3　ソーシャルワークにおける子ども虐待対応の独自性

　わが国は、子ども虐待対応の中で、第三段階の「法整備、積極的な母子分離」の段階および、第四段階の「親への支援の開始」の2つに足場を置いて、虐待対応を進めている。

　この間、児童虐待防止法が制定され、児童福祉法も含めて何度かの法改正がなされ、その度に児童相談所には子どもを守るための強力な権限が与えられてきた（図1-1参照）。法律は児童相談所に何より子どもの命と安全を守ることを求めている。そのため、児童相談所はときに保護者の意向とは異なる介入を行わざるを得ず、そのことによる対立的な関係から保護者と児童相談所の「出会い」が始まることも増えている。そして、強制的な危機介入の一方、児童虐待防止法第4条では「児童虐待を行った保護者に対する親子の再統合の促進への配慮」と定め、児童相談所は同一機関の中で、強制的な危機介入と同時に家族支援を矛盾することなく、調和的に行うことが求められている。さらには、これらの児童保護システムのほとんどは欧米のように司法の指揮下に置かれることはなく、危機介入における強い権限と裏腹にその後の児童の分離保護、家族支援、指導については行政処分・指導として行わざるを得ない課題を担っている。私たちは、強制的危機介入と、家族支援を同時に進めるという難題を前に様々な試行錯誤

第1章　子ども虐待対応における現状と課題　　51

を重ね、今も行っている。

　ソーシャルワークにおける子ども虐待対応の独自性はまさにここにある。子どもの命と安全を守ることと子どもが再び家族のもとで生活することの支援を同一機関である児童相談所で行うことは難しいという議論がある。社会保障審議会児童部会「新たな子ども家庭福祉の在り方に関する専門委員会報告（提言）」では、「虐待通告数が毎年大きく増大している現状において、対応の限界にきており、機能強化が優先課題になっている。保護機能と支援機能を同一機関が担うことによって、保護後の保護者との関係を考慮するあまり必要な保護が躊躇され、場合によっては子どもを死に至らしめるといった事態が生じていることは、国が実施している重大事例検証委員会報告書においても指摘されている。また、親の意向に反する一時保護を行った結果、その後の支援が円滑に進まないといった事態も従来指摘されてきた。児童相談所が有する通告受理、調査、評価、一時保護・アセスメント、措置等の機能に関して、高度に専門的な機関として担うためには、その機能を明確に分離する抜本的な見直しが必要である。その際『新たな子ども家庭福祉体制の全体像』で述べたように、ニードに基づく相談機能を市民に身近な市区町村が中心となって担っていくことが望ましい」（社会保障審議会児童部会報告 2016: 12）とし、児童相談所と市町村の役割分担の下に、危機介入と支援を分ける提言がなされている。

4　子ども虐待対応の体系

　図1-3「通告（相談）から危機介入・施設入所家庭復帰までのフローチャート」（2014 厚生労働省 雇用均等・児童家庭局 家庭福祉課[8]）は、わが国の児童相談における相談体系を図示したものである。

　児童相談所は子どもにかかわるあらゆる相談に対応することを標榜している。実際は、他機関と連携し、必要なリファーを行いながら相談者のニーズにこたえている。本図は、相談の種別ごとの性格とその後の展開を左から、右に流れる時間軸に沿って示している。

　子どもにかかわる様々な個人、機関からの相談は大きくは、市町村と児童相談所に相談が寄せられる。一般的には、子どもにかかわる身近な相談をまず、市町村の児童相談窓口が受理し、相談を受け付ける。その中で、

52

一時保護や施設入所、児童福祉司指導などの行政処分による指導、支援が必要なもの、また、より専門的な支援が必要とされるものについては児童相談所が相談を受け付けることとされている。しかし、実際は相談者の側による相談機関の選択は難しいことから、受付の時点で相談内容による明確な選別がなされてはいない。市町村が受け付けた相談のうち、児童相談所の関与が必要とされるものについては市町村から児童相談所への送致ができる仕組みになっている。近時の児童相談所の虐待相談件数の4割を占める警察からの通告、特に子どもに対する面前暴力については、現状ではすべてが児童相談所に通告されることとされているため、児童相談所が業務に忙殺されている1つの要因を作っている。夫婦間暴力については市町村のDV対応窓口との連携によって一義的には市町村が受理することに合理性があると思われるが、現実には、もっぱら児童相談所に通告がなされている。28年度の児童福祉法の改正では、児童相談所から市町村への送致の仕組みが示されている。しかし、送致をするためにも、送致の根拠となる最低限の調査は必要であり、最も送致の可能性がある警察からの通告については、多くのケースが家庭訪問を含めた数回の調査、指導で終結していることを考えれば、あえて、市町村への送致の手続きを取ることで業務が煩雑となり、どれほどの件数が送致に至るのか、実効性には課題が少なくない。

　図1-3にあるように、ここでは児童相談所に寄せられて相談、通告を大きく3つの流れとして説明した。上段から「①養護相談、障害相談、育成相談等」「②非行事例等に対する介入」「③虐待事例に対する危機介入」の3つである。

　「①養護相談、障害相談、育成相談等」は基本的には任意の相談である。相談者の意思によって来談され、子どもにかかわる課題、問題等の解決を目指す。一時保護、施設利用なども同意に基づいて行われる。

　「②非行事例等に対する介入」では、任意の相談と警察からの要保護児童や家庭裁判所による児童相談所長送致など強制力を伴ったものがある。また、家庭裁判所の審判により、児童自立支援施設送致となって支援・指導が開始される場合もある。また、児童相談所が関与しているケースの中で、児童福祉法の枠組みだけでは非行を抑止できないと判断されるときは、児童相談所は児童を家庭裁判所に送致して審判を求めることができる

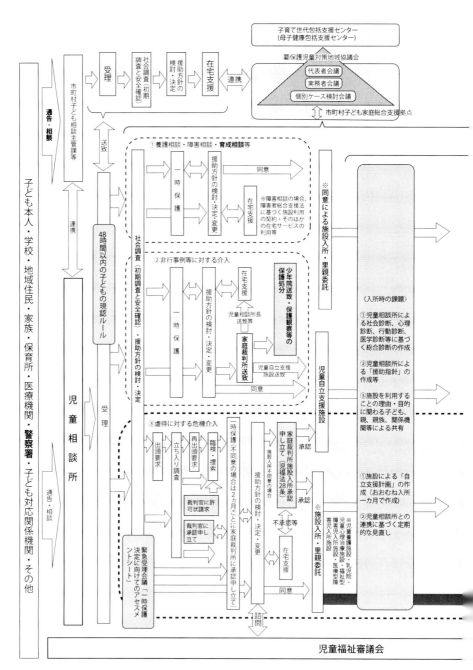

図1-3　通告（相談）から危機介入・施設入所家庭復帰までのフローチャート

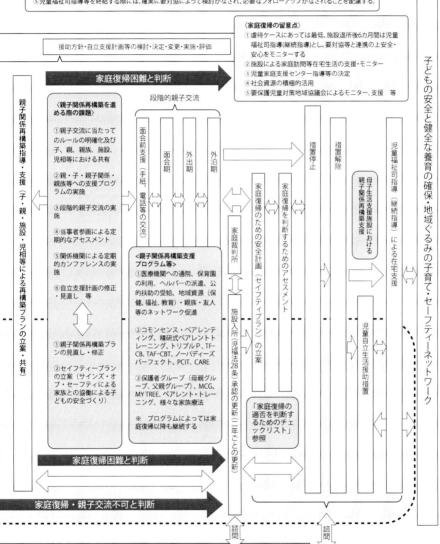

第1章 子ども虐待対応における現状と課題

権限を有している。

　そして、「③虐待事例に対する危機介入」である。虐待にかかわる相談も、非行事例等に対する介入と同様に任意の相談と、保護者の意思と必ずしも関係のない危機介入の2つがある。特に、虐待相談の場合は、本人以外の通告という形で児童相談所が受理をすることが圧倒的に多く、上記の相談との性格の違いがある。虐待通告の場合は、通告があってから子どもの安全確認のために48時間以内の目視による現認が求められている。したがって、通告を受けた児童相談所は限られた情報の中で、家族と接し、子どもの安全を判断しなければならない。子どもの安全が脅かされているのであれば、児童相談所は躊躇のない一時保護が求められている。

　子どもの安否が確認できない場合は出頭要求により子どもを児童相談所に連れてくることを命じることもできる。立ち入り調査によって、子どもが生活する居所に立ち入り安否確認がなされる。居所への立ち入りを拒否する場合は、さらなる強い権限において臨検捜索を行うことができる。これらの強制的行為を実施するために、虐待防止法に基づく警察への援助依頼をすることもできる。

　実際、臨検捜索は全国の児童相談所でも数件であり、現状では必ずしも日常の業務とはいえない。立ち入り調査についても平成29年度において全国で75件であった。しかし、職権による一時保護は日常的な行為であり、現行の虐待対応の体制の中では最悪の事態を想定しての一時保護となるため、より一層保護者と対峙する場面は増えざるを得ないのである。

　虐待通告された児童の内、一時保護等を経て家庭復帰する割合は95％以上であることは示した。さらに、施設入所に至るのは全体の4％である。子ども虐待対応による危機介入によって分離された親子が再び暮らすことは「親子の再統合」といわれる。「親子の再統合」について児童虐待防止法第四条一項において「……児童虐待を行った保護者に対する親子の再統合の促進への配慮その他の児童虐待を受けた児童が良好な家庭的環境で生活するために必要な配慮をした適切な指導及び支援を行うため……」としている。そして、実際、施設措置に至る事例の中で、家庭復帰を目指せるケースは15％から17％程度とされている（山本他 2010）。つまり、虐待として通告されたケースの内4％が里親、施設措置となるがその内、15％から17％は家庭復帰の可能性を残しているということである。

56

施設入所となれば、さらにフローチャートは右に進んでいく。家族再統合の可能性のあるケースへの様々な支援とともに、家族再統合に至らないとしても、親子の交流が図られているケースについては親子関係の再構築のための支援が行われる。親子の交流もできないケースについては、児童の自立を支援する関わりがなされる。

　施設入所は一時保護の期間では家庭復帰が望めないことから、長期間の家庭からの分離を果たすものである。一時保護は原則2カ月以内であるが、28年度の児童福祉法改正により、保護者が一時保護を不同意のまま保護期間が2カ月を超える場合は裁判所の承認を必要とされることとなった。親権者が施設入所を不同意する場合は、児童相談所は家庭裁判所に対して児童福祉法第28条による施設入所の承認の申し立てをする。これも、法改正（30年施行）によって第28条の承認、不承認に関わらず家庭裁判所が保護者の支援、指導に関して児童相談所に対して勧告することができるとされている。児童相談所への勧告が、どれほど効果があるかはわからないが、例え、児童福祉法第28条に基づく施設入所であっても、対立を克服して保護者といかに「協働」するのかの実践課題がある。さらに、児童福祉法第28条の承認による施設入所の場合も、2年ごとの更新承認が必要であり、その2年間に保護者に対していかに指導、支援をしたのかが問われる。

　そして、一時保護に至ったケースの96％以上は家庭復帰し、里親・施設入所となった3％のケースもその内15％から17％程度が家庭復帰をする。在宅に戻った後も、児童相談所の支援、指導モニターは続き、要保護児童対策地域協議会に集まる市町村をはじめとする機関によって在宅支援がなされ、子どもの安全が見守られていく。

　以上のように、子ども虐待対応における通告から始まる関係性は、いくつものプロセス、いくつもの分岐点を経て多くのケースは家庭復帰を果たしていく。保護者と児童相談所との関係性には、通告、一時保護、施設措置、家庭復帰、在宅支援などの局面において、いかに子どもの安全を創るのかという目標を実現するための「協働」の課題がある。

第1章　子ども虐待対応における現状と課題　57

第2節　危機介入と支援のはざまにおいて

1　子ども虐待対応における危機介入と支援をめぐる論点

　これまで述べた通り、子ども虐待対応は、現行法制の中では通告に伴う危機介入と支援を同一の機関である児童相談所が行うという2つの矛盾しがちな役割が担わされているということがある。1つは、子どもの命と安全・安心を守るための危機介入としての役割である（48時間以内の目視による安全確認、職権一時保護、立ち入り調査、臨検捜索、28条申立て、親権停止、親権喪失等）。そして、もう1つは家族が再び安心して暮らせるための支援（「児童虐待の防止等に関する法律」第11条「児童虐待を行った保護者に対する指導」として「……指導は、親子の再統合への配慮その他の児童虐待を受けた児童が良好な家庭環境で生活するために必要な配慮のもとに適切に行われなければならない。」）である。

　そして、社会保障審議会児童部会「新たな子ども家庭福祉の在り方に関する専門委員会　報告（提言）」では、児童相談所と市町村の役割分担が謳われ、児童相談所は通告に伴う危機介入機関としての性格を強化し、市町村は民間機関と共に家族に対する支援機関としての性格を強化していく方向を打ち出している。これらの機関の役割分担、機能の強化はさらに進められていくことになる。

　これらの子ども虐待対応における危機介入と支援の機能分化が謳われる背景には、これらの機能は、子どもの命と安全を守るための機能と、家族が再び虐待を生じさせないための支援は異質のもので、同一の機関が行うことは難しいという考えがある。さらに、危機介入機能と支援機能の混在や、安易に（危機）介入から始まった虐待対応が「支援」に移行することで、「保護者支援の本来的な課題がすりかえられたり、そもそも介入的な判断から開始された作業の意義がきちんと評価されないまま、支援名目の関係性だけが一人歩きしてしまったりするなどの問題が浮かび上がることとなってきた」（山本　2013）という指摘がある。つまり、危機介入に安易な判断で支援を持ち込むことで子どもの命と安全が脅かされるということ

58

である。

　また、職権一時保護、立ち入り調査、臨検捜索などの危機介入の強力な権限と、その後の「支援」が、ほとんどすべてを児童相談所が行わなければならず、司法的な関与は児童福祉法第28条のような限られたケースでしかないということがある。したがって、司法的なコントロール下において「支援」が成立することはほとんどない。司法機関が手綱を握って、その元で福祉的な支援が行われるという事情はないため、余計に危機介入と支援が混在することになってしまう。

　先述の「介入的な判断から開始された作業の意義がきちんと評価されないまま、支援名目の関係性だけが一人歩きしてしまったりする」のは、先述したとおりの複雑な子ども虐待対応の時間軸の中で、ここに示した2つの矛盾しがちな役割が、危機介入から「支援」に根拠も乏しくいつしか、変わってしまう場面である。その結果、子どもの安全に焦点を合わせていたはずが、「保護者支援の本来的な課題」を見失った「支援」の中で、子どもの安全のテーマがあいまいになってしまうのである。

　現実の虐待対応の場面に目を向ければ、危機介入が「支援」にすり替わったり、あいまいになってしまう事情として、以下が考えられる。

・危機介入に伴う虐待の告知は、児童福祉司にとっては相当ストレスフルなものであり、知らず知らずにストレスを逓減するような方向にベクトルが向いてしまう。常に、保護者に安全を問いかけていくことは容易ではない。
・長い関係性の中で支援者は親を「信頼したい」という思いが生じてしまう。相談関係を維持しようとする気持ちは時に冷静なリスクアセスメントを阻害してしまうことがある。
・児童福祉司は、泣き声通告や警察からのDVにかかわる心理的虐待の通告の安全確認に忙殺されており、丁寧な対応をしたくてもできない現実がある。
・そして、「支援的」「介入的」といっても、多くの場合は児童福祉司が、2つの役割を担わざるを得ない。頭では理解しても、実務的に線をなかなか引けないということが生まれる。職場組織の中で、役割分担をする場合もあろうがそれであっても、同一の機関である。小さな

児童相談所であれば、そのことすら困難である。

　しかし、どんな脆弱な体制の中で子ども虐待対応をしなければならないとしても、子ども虐待ソーシャルワークにおいて、子どもの安全を前提としない「保護者支援」は成立しない、ということである。また、「保護者支援」という枠組みが子どもの安全から焦点が外れるのであれば、たとえ、どれだけ優れた保護者支援「プログラム」があったとしても、もはやそれは「保護者支援」とはいえない。ここでいう「保護者支援の本来的な課題」とは「子どもの安全の追及」であることに他ならない。

　図1-4は、危機介入と支援の関係をまとめたものである。子ども虐待対応における絶対的な最優先事項は子どもの命と安全を守ることである。それに従い「A　子どもの安全のための職権による一時保護等の危機介入」が行われる。保護者にとっては突然の一時保護は大変な混乱と不安を与え、このことによって児童相談所との対立関係が生まれやすい。激しい攻撃を受ける場合もある。支援者は日々、保護者と対峙し、激しい攻撃にさらされていく。

　児童相談所等の援助方針会議では、保護者が虐待を認め、児童相談所の指導に従うということが方針決定の前提になることが多い。担当者は保護者の「どうしたら子どもを返してくれるんだ」という求めに、「○○トレーニングを受けてください」「病院に通ってください」「児童相談所に通所してください」などのいわゆる支援メニューを提示する。そして、児童相談所の指導に従うことを条件に家庭引取りがなされる。

　図1-4においては、AからD「個の変容への支援」の矢印がこのことを示している。AからDは、保護者にとっては子どもを引き取る目的のためにだけ児童相談所の要求を受け入れるという場合も少なくない。子どもの安全を創っていこうとする動機は乏しく、様々な有効とされるプログラムへも主体的な取り組みはなされない。子どもを引き取るために、児童相談所が提示した条件を飲むという側面が強い。何より課題と思われることは子どもの安全を個人の変容に託していることである。個人の変容は、子どもの安全にとって極めて重要な要素だが、例えば、それまで、子どもにかかわること自体ができなかったお母さんが、何らかのセラピーや子育てプログラムによって変容し、子どもにかかわることができるようになっ

60

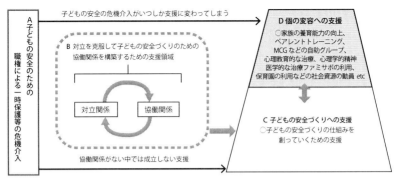

図1-4 危機介入と2つの支援領域

たとき、そのときの子どもの態度や、反応によって、今まで経験したことのないようなイライラが生じて、子どもを叩いてしまうというような新たなリスクが生まれることがある。どこまで変われば、安全であるともいえない。個人の変容は、子どもの安全づくりに重要なファクターであるが、安全とイコールにはならない。

AからDの矢印は、子どもの安全に対しての危機介入だったはずが、いつしか支援にすり替わってしまう典型例を示している。

必要なのは「A 子どもの安全のための職権による一時保護等の危機介入」において生じた保護者と支援者の対立的関係は「B 対立を克服して子どもの安全づくりのための協働関係を構築するための支援領域」を経ることである。このプロセスを経ることによって、保護者が今ある困難と現実を受け止め、子どもの安全を創るという目的を支援者と共有し、支援者、支援機関と「協働」していこうとするのである。このことが本書の研究テーマであり、2章以降でこのプロセスについて詳述する。

このプロセスを経ることによって、「C 子どもの安全づくりの支援」に移行する。台形の上には「D 個の変容への支援」がある、様々な支援プログラムが開発されており、1つひとつはとても有益な支援であることは間違いない。しかし、ペアレントトレーニングや、心理学的、医学的治療等の個の変容や保育園利用等の社会資源の動員、児童相談所の指導に従うといった忠誠は必ずしも子どもの安全づくりとイコールではない。台形の下部「C 子どもの安全づくりの支援」と台形の上部「D 個の変容への支援」の間には双方向の矢印がある。これは、個の変容が子どもの安全づくりに

密接に関係していることを表している。優れた「個の変容への支援」は、子どもの安全づくりのためになされるとの保護者の主体的な動機があって効果的なのである。

危機介入の目的は子どもの命と安全を守ることであり、それ以上でも以下でもない。では、子ども虐待ソーシャルワークにおいて支援とは何かというと、図にある通り支援には2つの支援があると考えられる。1つは、図1-4にある「D 個の変容への支援」であり、今1つは「B 対立を克服して子どもの安全づくりのための協働関係を構築するための支援領域」である。

「B 対立を克服して子どもの安全づくりのための協働関係を構築するための支援領域」は危機介入を行った機関だからこその「支援」である。子どもを職権で一時保護されれば、子どもを引き取るためにはそこにある対立を克服して、子どもの安全づくりのために保護者と児童相談所は「協働」していかなければならない。保護者は危機介入機関として子どもの引取り等をめぐって対峙するところから、関係が始まらざるを得ないのである。対立を克服して、子どもの安全にいかに「協働」できるかというテーマである。

これからは社会保障審議会児童部会「新たな子ども家庭福祉の在り方に関する専門委員会 報告（提言）」が指し示すように、児童相談所は危機介入機関として、市町村や民間機関、NPO は支援的機関としてその性格が強化されていくだろう（さらに、2019 年の児童福祉法改正においては、児童相談所内においても一時保護などの「介入」に関わる職員と保護者の「支援」に関わる職員と担当を分けることなどが盛り込まれた）。しかし、危機介入機関だからこそ、行われる子どもの安全づくりのための「支援」は、これから危機介入と支援という役割分担が強化されたとしても、さらには、強化されればされるほど独自の「支援」領域とし、保護者と支援者の「協働」関係構築のテーマとなっていく。また、危機介入と「B 対立を克服して子どもの安全づくりのための「協働」関係を構築するための支援領域」は連続したものであり、そこに明確な境界線があるわけでもない。

2 子ども虐待対応における危機介入と支援をめぐる実践の変遷

　前述したように児童相談所は、子ども虐待対応の第一線機関とされ、その中で子どもの命を守る危機介入と再び子どもが家族の元で暮らせるための支援を行う。このため、この2つの機能をいかに調和的に進めていくのかに関わる実践の歴史を持っている。図1-5は児童相談所の行う強制的危機介入と支援のはざまの中で取り組んできた家族との関係性とそのことに伴う実践の変遷を4つの段階にまとめたものである（鈴木 2010: 47）。

　まず、第一段階は「相談関係優先型アプローチ」とした。虐待通告に対して、あえて虐待を告知することをためらい、保護者が受け止められる範囲の課題を示すことで、相談を展開しようとした段階である。保護者との穏やかな「相談」関係を重視するあまり、親子関係の不調としての虐待に保護者も児童相談所も直面することを回避したアプローチといえる。虐待に変わる相談、つまり代替的な相談テーマとして「難しい子どもへの対応」を設定して、間接的に家族の問題にアプローチしたものである。もちろん、ケースによっては今も行われ、有効な支援である場合もある。しかし、子どもの安全にかかわるリスクが高まった時の介入が遅れたり、保護者自身の虐待にかかわる課題へのアプローチに必ずしもたどりつかないこともあった。さらに相談関係優先型アプローチから突然危機介入に児童相談所のスタンスが変わると、保護者は「信頼していたはずの児童相談所に裏切られた」という思いを強くする場合もあり、その後の関係の維持ができなくなっていった。

　第二段階は「安全優先型アプローチ」である。児童虐待防止法が成立し、マスコミや世論の厳しい「期待」に応えることが何よりの課題となった段階といえる。もちろん安全が最優先の課題だが、それだけにとどまりがちであった段階のアプローチである。虐待防止法等の成立、改正も踏まえ、子どもの安全を最優先し保護者の意思に反してでも強制的な介入を進めた段階である。児童相談所の歴史の中では、大きな変革の時期であったと思うが、支援者として、危機介入と支援の切り替えがうまくできず、社会的な要請が先行し、何より子どもの命と安全を重視した危機介入を優先したが、強制介入後の保護者への対応が十分にできなかった。保護者の

「何をしたら子どもを返してくれるんだ」との刹那的求めに、保護者、児童相談所の両者が合意できる見通しを共有することができなかった。何が安全を担保するのか、保護者にとっても、児童相談所にとってもよくわからず、先の見通しが見えない中で不安だけが募り、対立が解消されないケースも少なくなかった。また、危機介入と支援という、統合しがたいテーマを抱え続けることで、支援者としてのアイデンティティーが揺らぎ始めることを感じる段階でもあった。

　第三段階は「再統合・構築指導アプローチ」である。保護者との対立の中で、何とか保護者とかかわる接点を見つけだそうとした段階である。保護者の「何をすれば子どもを返すんだ」という不安と怒りの入り混じった切なる訴えに児童相談所が主体となって保護者に指導事項を示した段階である。（再統合などの）見通しが示される中で、不満は残りつつも保護者も児童相談所が示した土俵にあがることを始めた段階でもある。指導の中で保護者の家族再生の動機や主体性が生まれる場合もあったが、児童相談所から示されたので取り組むに過ぎないということにとどまるケースも少なくなかった。私たちは、子ども虐待において強力な指導が必要であると感じつつも、また、その一方で、当事者であるはずの家族が、ただ指導を受ける存在として受身の立場におかれているように思える場面を体験した。自分たちの課題であるにも関わらず、当事者ではないかのようにしている、そのことに違和感を覚えることもあった。そして、その様なケースを重ねる中で、家族が主体者、当事者となるための家族支援は、どうあるべきか実践を通じ検討するようになった。

　そして、第四段階は、「当事者参画アプローチ」である。子ども虐待への取り組み、家族の安全・安心の担保は保護者が主体性をもって、取り組まなければ解消されないという認識に立ち、保護者の相談動機を構成し、主体性、当事者性を導くことを目指し、当事者参画を積極的に展開しようとした。ストレングスベースドなアプローチ、エンパワメントアプローチ、ナラティブ・プラクティスなどの実践モデルを積極的に展開し、保護者の潜在的な力を引き出そうとしている段階といえる。援助の形態としては、家族合同ミーティング、サインズ・オブ・セーフティアプローチ（Turnell 2012）など当事者参画を促進させる家族支援の形態がとられるようになっていった。ここでは保護者と児童相談所の「対等性」「協働」関

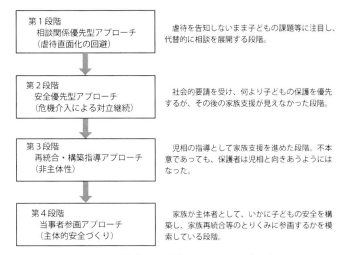

図1-5 危機介入と支援をめぐる実践の変遷

係、パートナーシップが重視されるようになってきた。

　図1-5では示していないが、第五段階があるとすれば、ニュージーランドのマオリ族を起源とするファミリーグループ・カンファレンス（林・鈴木 2011）のように、家族自らの進む道の決定を家族自身にゆだねる段階であり、当事者参画を高度に具現化した実践段階といえる。

　第1段階から第4段階の変遷は児童相談所における児童相談業務に「子ども虐待対応」が組み入れられていくプロセスの中での児童相談所における保護者への対応の変化を示したものである。いわば、従来の相談関係を優先した児童相談から、「子ども虐待対応」における子どもの安全を最優先としながらの児童相談への転換を示したものである。これらのプロセスを経ることによって、単に、児童相談所が法的権限だけで保護者に指導することにとどまらず、子どもの安全づくりに保護者が主体者として参画（当事者参画）できるように支援することこそが、「子ども虐待対応」における児童相談としての支援目標となったのである。

3　パターナリズムと当事者参画

　先述したような児童相談所における家族支援の変遷は、児童相談所による家族に対してのパターナリスティックな指導から、家族と児童相談所のパートナーシップ（「協働」）に基づく当事者参画に至るプロセスとしてまとめることができる。

　パターナリズムは「専門職がアセスメントの結果を踏まえて意思決定を行うという考え方に基づいており、あくまでも意思決定の主体は専門職である。意思決定過程における専門職中心主義として位置付けることができる。家族員の意向は反映されるが、科学性や客観性が強調され『ノーマティブニーズ』が実践される。……『善意の支配』『烙印化（stigmatized）』と表現できるように、当事者を『対象化』し、意思決定過程から排除してしまうことがある」（林 2008: 26）とされる。いわば、専門職が良かれと思って行う支援が、当事者を無力化さえしてしまうのである。一方、当事者参画とは「適切な意思決定に必要な当事者自らの情報の顕在化を促すと同時に、当事者に意思決定過程に積極的にかかわる機会を提供することで、エンパワーし、『誇り』と『有用感（自尊感情）』を獲得し、当事者は自らが考えた課題に対し、積極的にかかわる意欲を高める傾向にある。」（林 2008: 26）とされる。

　子ども虐待対応においては、場面によってパターナリスティックな介入は決して否定されるものではない。職権による一時保護はまさにパターナリズムであり、子ども虐待対応の諸局面においては、どうしても必要となる。しかし、これらのパターナリズムは、恒久的に親子の交流を制限したり、親権喪失、親権停止を実施するような場合を除けば、当事者家族を指導される立場に固定化し、「無力化」させるプロセスをたどっていくことになる。保護者が、これらの場面で攻撃的になるのは、無力化された自己に対して、憤る以外に方法が見いだせなくなるからではないだろうか。

　保護者が主体的に問題に対峙し、児童相談所と「協働」し、子どもの安全を創っていくためには当事者として、子どもの安全づくりのプロセスに参画していくことが不可欠である。このことは 図1-6（鈴木 2010: 47）に示したように、個別のケースの展開の中でも家族支援における強制的危機介入の段階から当事者参画のプロセスについて、あるいは、パターナリス

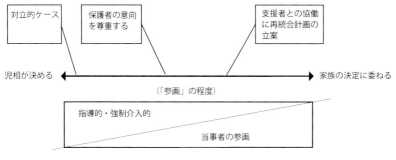

図1-6 パターナリズムと当事者参画のスペクトラム

ティックな指導からファミリーグループ・カンファレンスに至る段階としてまとめられる。

　私たちが求める当事者参画は子ども虐待への介入の様々な局面に応じ、その参画の「程度」は異なる。虐待が発生してまもない強制介入の初期段階では児童相談所の判断が優先されパターナリスティックな指導が行われるのは、子どもの命と安全を守るためには必要な判断である。しかし、ケースの展開の中で、何らかの対話を通じ、保護者と児童相談所における「協働」関係が進展していけば、家族再統合を積極的に進める段階では参画の程度は大きくなる。

　図1-6は左軸にすすめば児童相談所の指導の色合いが強く、右軸にすすめば当事者参画の程度が拡大していくことを示してある。左が、パターナリズムの傾向が強く、右は当事者性が高いといえる。当事者参画の領域が大きくなれば、児童相談所との「協働」の領域も増大してくる。児童相談所による家族支援は、ある場面では児童相談所の指導的色合いが強く、ある場面では家族の当事者参画の程度が高くなり、どちらが優れているというように、単純に理解するものではない。

　さらにいえば、パターナリスティックな危機介入と当事者参画の実践は相反する、対立する実践と捉えがちであるが、一連のプロセス、スペクトラムとして理解することが大切である。つまり、パターナリスティックな介入によって家族と児童相談所の関係が対立的となり、激しい怒りが表出されたとしても、その対立が永遠に続くものではなく、それは家族支援に至るプロセスの1つの段階であり、やがて当事者参画により家族と児童相談所の間には「協働」関係が構築されるという見通しを持てる実践モデル

をもつことが大切である。

　「当事者参画」とは、ソーシャルワークでは普遍的な原理であるが、子ども虐待ソーシャルワークにおいては例外として扱われてきた点は否めない。児童相談所の権限下の危機介入において、意に反して子どもを保護され、無力化され、そのことを怒りでしか表現できない状況に追いやられているからこそ、主体者としての復権を図る必要があり、これを実現するプロセスが、「当事者参画」である。そして、この当事者参画のプロセスにおいて、当事者家族と児童相談所が構築する関係が「協働」関係である。

4　子ども虐待対応における4つの「協働」レベル

　ここでは、これまで述べてきた、パターナリズムから当事者参画に実践が展開する中で、保護者と支援者の中で営まれる「協働」について、整理する。

　図1-7のマトリックスは「4つの協働レベル」を示している（鈴木2005）。縦軸は保護者の子どもの安全づくりに向けた協働への当事者参画の程度を示している。上に行けば当事者参画の程度は高く、児童相談所との対話を継続的に結ぶことができている。下に行けば、児童相談所とは対立的で、当事者参画の程度は低く、場面によっては何らかの強制的な介入が必要なレベルということになる。横軸は、保護者の子どもの安全を構築しようとする動機のレベルを示している。右に行けば、保護者の子どもの安全を構築しようとする動機は高く自己の責任に自覚的だが、左に行けば保護者の子どもの安全を構築しようとする動機は低く、被害的、他罰的な態度が考えられる（ただし、図1-7は虐待の重症度は考慮されておらず、もっぱら保護者の当事者参画の程度と子どもの安全を構築しようとする動機のレベルに焦点を当てた。子どもの安全を構築しようとする動機が高く、当事者参画の程度が高いとしても虐待の重症度が低いとはいえない）。

　I「協働レベル」の保護者は、子どもの安全を構築していこうとする動機が高く、児童相談所との子どもの安全づくりの「協働」領域に積極的に参画していこうとしている。自身の虐待行為に自覚があり、問題を解決したいとの動機が高く、相談の意欲もある。虐待への直面化は、行政行為としての告知に終わらず、自己の内面における気づきとして相談が進められ

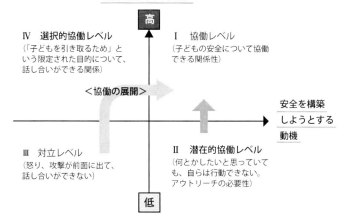

図1-7 4つの「協働」レベルのマトリックス

る。ここでは、保護者自身の育ちと親子関係不調についての洞察を進める心理療法等が行われる。MCGなどのグループ療法の中で仲間に支えられながら自身の歴史を整理したり、グリーフワークが進められたりもする。子どもとの愛着形成を促す養育態度を形成し、育児場面での対処行動を高めるための心理教育的なアプローチ、怒りやストレスのマネージメントもこのレベルは有効である。

Ⅱ「潜在的協働レベル」は子どもの安全を求める態度は高く、何とかしたいと思っている。虐待の認知、自覚はあるものの、そのことを誰かに相談しようとはしない、できない保護者である。一人で自責感に駆られ、鬱々と悩むといったことから逃れられない状況である。保護者と子どもとの関係は狭い心理的、物理的空間の中で凝集され、そのままの状況が続けば虐待関係が一層進むということにもなりかねない。しかし、保護者は外部に積極的に相談はしないものの自己の行為には不全感があり、適切なアプローチがあれば、相談関係がもてる「潜在的協働レベル」にある保護者といえる。地域の中で、孤立している家族、うつ状態にあって相談の意欲を持てない保護者などがその典型であろう。このレベルでは、保護者自身の相談動機を高め、維持することが課題となる。相談することの安心感が生まれることでⅠ群「協働関係レベル」の課題に取り組むことが可能となる。

Ⅲ「対立レベル」の保護者は職権による一時保護を実施すると、強烈な怒りを持って一時保護所に子どもを奪い返しに来るような保護者を想定している。このような場合であると、児童相談所と関係を創ることは、すぐには困難であるため、毅然とした行政的、法的対応が必要になる。時に警察の援助を依頼することになることもあるが、暴力や脅迫では動き難い関係がそこには厳然とあるということを示すことが必要である。このレベルは、保護者に児童相談所との関係は、単なる二者関係ではなく、もっと大きな枠組み（法律、制度）に位置づけられていることを認識してもらい、対立していても保護者自身の訴え、目的が何も解消されないということを認識するよう支援を行うことが課題である。その認識が生まれることで、初めて成り立つ可能性のある関係である。攻撃的ではないにしても、虐待を認めず、児童相談所に一方的な被害感を持つ場合も「対立レベル」といえる。

　そして、最後に示すのがⅣ「選択的協働レベル」である。Ⅳはこの時点では、子どもの安全を創っていく動機は高くなく、主体的相談動機はないが、子どもを引き取り、もとの生活に戻るためには児童相談所と関わらざるを得ない状況におかれた保護者である。児童相談所の介入により一時保護となり、指導に従わなければ、子どもの在宅生活を認めないとされている場合などである。「選択的協働レベル」としたのは、「子どもをかえしてほしい」「児童相談所との関係を早く切りたい」など保護者にとって限定的「選択的」なテーマに限り、保護者と児童相談所が行動を共にする「協働」関係が結べる可能性があることからである。

　Ⅱ「潜在的協働レベル」からⅠ「協働レベル」への矢印は、保護者との関係性の変化を目指している。たとえば通告などによる保護者にとっては不本意な出会いであっても、そのことが保護者の「孤独な子育て」を吐露するきっかけになったりする。支援者が養育者の子育ての苦労を傾聴し、ねぎらう。どうしてそのような中、一人で耐えてこられたのかを聴く。辛い思いを告白したことの勇気を讃えつつ、一人の子育ては時に行き詰まってしまうことを話し、これからは児童相談所と「協働」する関係の中で、問題を解決していくことを促していくのである。

　第3節「対立レベル」からⅣ「選択的協働レベル」への矢印は保護者との関係性の変化を期待している。Ⅲ「対立レベル」は場面によって法の

70

強制力に基づく介入が実施される。職権による一時保護等に対して、その現実を直面することに抵抗を示す保護者にあっては、更なる怒りや攻撃性が生まれるが、それに対して児童相談所は法律的根拠に基づき毅然とした対応をすることになるだろう。一方その怒りや攻撃性の背景にある不安に関わっていく。やがて保護者は、児童相談所との対立が法律の枠組みの中にあることを理解することで、その現実に直面せざるをえなくなると「どうすれば、子どもを帰してくれるんだ」など、保護者として妥協できる現実的解決を求める態度に変わっていく。このような態度と、児童相談所との関係性の変化を矢印は示している。我が国の場合、欧米で行われているような裁判所による治療命令等はない。強力なペナルティーの存在や、権威という背景が乏しい中では、児童相談所がとる法的枠組みの中で実践を展開していかなければならない。

図1-8「対立関係から対話ができる関係を創るための外在化」は保護者と支援者が対立関係にあるときに、支援者が保護者との対話をするための糸口を見つけていくための方法として考えたものである（鈴木 2005）。対立関係にある時、支援者は「動いている法律システム」というメタファーを使い、「法律のシステムは動いています。止めるのは私たちです」と働きかける。保護者も支援者も法律のもとにおかれている関係で

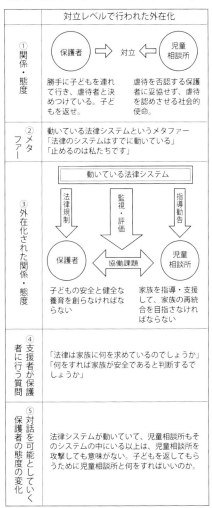

図1-8 対立関係から対話ができる関係を創るための外在化

あると関係を外在化[9]し、2者で対立していても何も始まらず、子どもは帰ってこない。子どもを取り戻すためには法の要請にこたえていくしかない。支援者は保護者に「法律は家族に何を求めているのでしょうか」「何をすれば家族が安全であると判断するのでしょうか」と問いかけ対話を創っていく。「法律システムが動いていて、児童相談所もそのシステムの中にいる以上は、児童相談所を攻撃しても意味がない。子どもを返してもらうために児童相談所と何をすればいいのか」と保護者は「協働」関係を進展させ、矢印はⅢ「対立レベル」からⅣ「選択的協働レベル」にベクトルを移していく。

Ⅳ「選択的協働レベル」における児童相談所との「協働」への参画動機は、児童相談所の介入によって生じた選択的な「協働」動機である。保護者にとっては児童相談所との関係を積極的に持ちたいとは思っていないことの方が多い。しかし、児童相談所としては、保護者の「関わらざるを得ない」この関係を手がかりに、この間に少しでも、保護者自身が親子関係について考え、子どもへの影響を振り返り、保護者自らが真に問題を解決しようと動き出すように支援することが実践課題となる。

矢印は、「協働」関係の進展を示している。当事者参画の程度としての縦軸と、子どもの安全を構築していく動機の横軸の交差するいくつもの点の中に、「協働」関係の営みがある。この矢印をいかに進めていくのかが本章のテーマである。

おわりに

ここまで第1章では子ども虐待対応における現状と独自の課題について論じてきた。子ども虐待対応は子どもの命と安全を守るということと、並行して子どもの家族への再統合への配慮の2つの矛盾するとされる役割を同一の機関が担うというわが国の独自の制度の中で行われる。

児童相談所が出会う多くの保護者、特に職権で一時保護をされる事態を経験する保護者は、そのことを不本意に感じ、ときに児童相談所と対峙的な関係から支援が始まらざるを得ない。子ども虐待対応における絶対的な優先事項は、子どもの命と安全を守ることであり、どんな時でもそのことの優先順位が変わることはない。児童相談所は子どもの命と安全を守る

ための極めて強い権限を有する機関であり、子どもの命と安全を守るためには保護者のいかなる態度にも毅然と対応し、子どもの一時保護などの権限を発動しなければならない。一方で、再び子どもが家族のもとで安心して暮らせるような支援を行わなければならない。このことの2つの役割をいかに進めていくのかは、児童相談所の現場の最も困難な課題の1つである。

　職権による危機介入は、児童相談所の有する絶大な権威を背景とした指導によってなされる。子ども死亡事例検証が示す課題を、子ども虐待にかかわる実務家は念頭に置かなければならない。そのときある情報の中で、最悪の事態を想定して対応することは、保護者の強い反発や、様々な批判があったとしてもしなければならない場面はある。しかし、多くの子ども虐待事例は再び家族との生活に戻る。施設に行ったとしても、家庭復帰を目指して親子交流を進め、たとえ家庭復帰が叶わないとしても親子の交流は続いていく。

　子ども虐待対応は、最悪の事態を想定して危機介入するため、保護者にとっては大変な痛み、傷つきを持って体験される。また強い権限によって、従わざるを得ない状況下におかれる。いわば、子どもを育てる主体者として無力化されるところから支援が始まらざるを得ない。対立や怒りの表出は、無力化された保護者の裏返しの態度といえるかもしれない。

　現象として、対立から始まらざるを得ない関係の中からいかに主体者として当事者参画し子どもの安全づくりに進んでいくのか、子ども虐待対応の最も重要な課題の1つである。

　本書では、子ども虐待ソーシャルワークにおける「協働」関係について「子どもの安全、安心という目標、目的に対して、子どもにかかわる機関と保護者等がこれを共有し、このことの実現に向かって歩んでいく関係性とそのプロセス」と定義して論述している。子ども虐待対応は、その性質から対立関係から始まらざるを得ないことの多いソーシャルワークである。また、保護者にとっては、児童相談所は絶大な権威をもって対峙してくる存在である。児童相談所の行ういかなる指導、支援は、その権威を背景にして存在していることは否めない事実である。このような背景がありながらも、真に子どもの安全と安心が守られ子どもの福祉を実現していくためには、当事者である保護者が主体者となって、子どもの安全づくりの

第1章　子ども虐待対応における現状と課題　│　73

プロセスに参画していくことが必須となる。そして、当事者参画の取り組みの中で、保護者は子どもの安全を創っていくという動機を高めていくのである。

　現場では、極めて厳しい環境におかれながらも、子どもの安全を守るための「協働」の実践に保護者と取り組んでいる。

　以下の章では、当事者である家族、支援者の声に真摯に耳を傾けることから「協働」を実現する実践モデルの検討を進めていきたい。

[注]

1　U.S.Department of Health and Human Service, Administration on Children, Youth and Families, Child Maltreatment.

2　児童福祉法第33条による行政処分。児童相談所は保護者の意思に反しても子どもの安全を図る目的において一時保護を実施する。平成30年度より保護者の意思に反して一時保護し2カ月を超える場合は裁判所による承認が必要になった。

3　里親、施設に措置委託する場合に親権者の同意が取れない場合は、児童相談所は家庭裁判所に対し施設に入所することの承認の審判を申し立てる。承認される期間は2年間であり、更新する場合にはさらに更新審判を申し立てる必要がある。

4　厚生労働省ホームページ参照 http://www.mhlw.go.jp/bunya/kodomo/dv12/00.html

5　「親子心中」という表現を使うことには様々な意見があるが、最も深刻な虐待の一類型であり、予見が難しく対策が求められている。

6　世界保健機構WHOおよび国際子ども虐待防止学会IPSCAN、2006によれば、おおよそ20％の女性、ならびに5-10％の男性が、子どもの頃、性虐待（家庭内、家庭外）の被害を受けていると報告している。

7　平成27年10月28日付 厚生労働省雇用均等・児童家庭局総務課長「子どもの心理的負担等に配慮した面接の取組に向けた警察・検察との更なる連携強化について」

8　ワーキンググループにより鈴木が作成したもの、本書で一部改正。

9　外在化。ナラティブ・セラピー等において、当事者が抱えるテーマを自分自身に備わったものとしてではなく、自分の外に置き、それにどう対処すればよいのか問いかけ、対話を創っていく。例えば、子どもに対してイライラが収まらないお母さんに、お母さんの中にイライラ虫がいるのでどう駆除しましょうかとユニークな質問を使って問いかけていく。ここでは法律の下におかれた保護者と支援者というメタファーを使って対立関係にある保護者と対話を創ろうとしたものである。虐待対応においてセラピーを取り入れているのではないが、関係づくりには有効である。

第2章

子ども虐待に伴う不本意な一時保護を経験した保護者の「折り合い」のプロセスと構造

　第2章では、保護者から捉えた「協働」について論述する。これまで、先行研究で示した通り、子ども虐待対応にかかわる「協働」関係構築についての研究は、支援者に対する統計的な調査、支援者に対するインタビューに基づく質的研究がいくつかある。その中には、対峙する保護者の属性に基づく対応のあり方、保護者と対峙する場面でのタイプや、保護者の心理的特性、病理から分類し、やはりタイプに基づく対応を論じるものがある。これまでは、保護者を支援者の側から客体として捉え、いかに治療的、指導的対応を進めるかといった研究が多かった。当事者に対する直接の調査はほとんどない。

　本章では、不本意な一時保護を体験している保護者と児童相談所との「協働」関係構築に対しての研究であることから、まずは、当事者である保護者から子ども虐待対応場面での「協働」について、保護者にとってはどのような体験として捉えられ、どのように対処していったのか、保護者から直接話を聴くことから、調査を始めることとする。

第1節　研究方法

1　グラウンデッド・セオリーについて

　以上のことから、本研究では最も対立的な関係になりやすい、不本意な一時保護（児童福祉法第33条による保護者の意向に反しての職権一時保護、以下

75

同じ）を体験した保護者等にインタビューを実施した。さらに、新たな実践モデル構築の仮説生成を目的とした基礎的研究との位置づけから、グラウンデッド・セオリーによる質的分析を行った。

　グラウンデッド・セオリーには、いくつかの方法論があるが、本研究ではグレイザー派（クラシックグラウンデッド・セオリー）の手順に従い分析を実施した。グレイザー派グラウンデッド・セオリーは可能な限り予見を持たずに、データが教えようとするものを探索していくことを強調する。「①このデータは何を研究させるものだろうか　②このインシデントはどんな領域を指し示そうとしているのか　③データにおいて実際に何が起こっているのか」(Glaser 1998: 17)とデータと対話しながら、データが教えようとするものを探索していくことを強調する。

　分析では、コーディングしたインシデントを繰り返し比較分析し、パターンを見つけ図2-1の「概念指針モデル」(Glaser 1978: 62)によりコンセプトとしていく。ここではコンセプトを創発させるが、解釈ではなく、概念的な名前を付与する。これは、調査者の経験や考えが安易に挿入することを避け、あくまでデータに密着し、データが指し示す意味を捉えようとするためである。

　概念指針モデルによって見つけられたコンセプトを比較分析し、上位のコンセプトを生成する（オープンコーディング）。

　そして、「オープンコーディングの過程で理論を作り上げるための核となる概念（core variable）、すなわち継続的に浮上し、かつどのインシデン

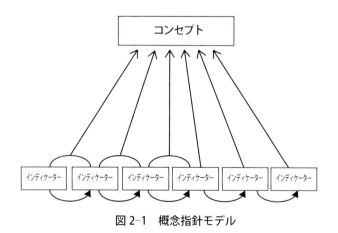

図2-1　概念指針モデル

トにもかかわるコードの浮上を期待」（志村 2008a: 54）し、そのコードの浮上が叶うと、次に、この核概念に関するコーディングを行っていく（選択的コーディング）。

そして、核概念に基づく選択的コーディングを継続することで、さらに新たなデータを求め、核概念を中心とした理論化が進められていく（理論的コーディング）。Glaser は理論的コーディングを「当該領域でのコードが理論に統合されるために仮説的にどのように相互に関係しているのか概念化するものである」（Glaser 1978: 72）としている。理論的コーディングの過程をサポートするものとしてコーディングファミリーが存在し「6つのC」は代表的なものである（図2-2）。

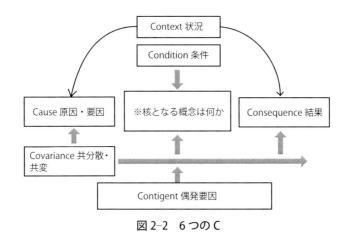

図2-2　6つのC

そして、そこで生まれた理論について、志村（2008b: 55）は、Glaser（1998: 17）が述べている「生成された理論の品質」を引用しつつ「①その理論は調査領域の関連する行動を説明するのに使えるか、②その理論は調査領域の人々に関連性を持たせるか、③その調査領域に適合するか、④その理論は新たなデータが浮上した際に容易に修正できるか」の諸点を「理論的飽和を確認する際の基準としても利用でき」る、と述べている。

グレイザー派グラウンデッド・セオリーの特徴について Simmons（＝2017: 30）は「グラウンデッド・セオリーの方法は、当所から先入観を最小化するように、理論が体系的にデータから直接創発されることを確実にするためにデザインされた理論が可能な限り完全にデータに根ざしていることを

確実にするために研究者が入れ込んでくる構成主義的要素を研究のプロセスから徹頭徹尾排除するようにデザインされたのである」と述べている。

先入観を可能な限り排除し、よりデータに密着した理論化を進めているグレイザー派グラウンデッド・セオリーによる分析によって、これまでの経験論にない現場実践への示唆が期待されることから、本研究の分析方法として適していると考えた。

2 研究協力者

表2-1 インタビュー協力者

	協力者	子どもの年齢層	概要	所在
1	父、母、姉、子	中学生	母子で家出	在宅
2	父、母	小学生きょうだい	DV、父による暴力	在宅
3	母	乳幼児	頭部外傷、入院	在宅
4	母、祖母、伯母	乳幼児きょうだい	母アルコール依存、子どもを放置	在宅
5	母、祖母	小学生と幼児のきょうだい	母精神疾患、奇異な行動、入院	在宅
6	父、母	乳幼児	両親精神疾患、入所継続に不満	施設
7	父、母	小学生幼児のきょうだい	DV、シェルター	在宅
8	母	乳幼児	刃物を子に見せる、警察からの身柄付通告	在宅
9	母、伯父	乳幼児	養育者不在の中で頭部のケガ	在宅
10	母	乳幼児きょうだい	母の養育能力、不注意による落下	施設

※所在はインタビュー当時の子どもの所在

筆者の所属する都市圏型の特徴を備えた中規模児童相談所において、子ども虐待に伴う不本意な一時保護を経験し、その後、家庭引取りとなったケース、および、同じく、不本意な一時保護を経験しつつも、その後、同意による施設入所となった家族に対しての個人および家族員に対するインタビューを実施した。分析対象は保護者（児童、親族は除く）。児童相談所係属中のケースで、一時保護解除後にインタビューを行った。筆者は、ケース担当者ではないため、それまで継続的な関与はなかった。調査の協力を得られた家族は表2-1の通り、10家族20人、うち分析対象は16人。子

どもの年齢は乳児から中学生。ネグレクト6家族、身体的虐待3家族、心理的虐待1家族である。7家族15人については筆者がインタビューしたが、3家族5人については、面接場面等の設定の都合により他の職員等（危機介入時は担当者ではない）が実施し、最小限度の質問を共有した。インタビューの場所は児童相談所の面接室、家庭訪問による研究協力者自宅、研究協力者が指定した場所（駅）であった。インタビュー時間は30分から2時間で、平均は1時間程度である。調査期間は平成26年8月より27年8月である。

3　インタビューにおける質問

　グレイザー派グラウンデッド・セオリーでは、なるべく問題を絞り込まずに、広く質問（グランドツアークエッション）していくため、インタビューガイドを持つことは奨励されない。本研究では、最低限の質問の方向性として次の質問を用意してインタビューを実施した。
　①今回の児童相談所のかかわりについてご意見をください。
　②子どもを一時保護されるという困難な体験をいかに克服されたのでしょうか。
　③児童相談所との関係は何によって創られたのでしょうか。あるいは関係構築を困難にさせたものは何でしょうか。

4　倫理的配慮

　本研究では研究協力者に個人情報は一切言及しないことを約束した上で研究の趣旨を説明し、賛同していただける方のみに書面で同意をいただき、インタビューを実施した。インタビューは許可を得て録音し、逐語化した。本研究については、筆者が所属していた児童相談所長の決裁を受けた。

第2節　コンセプトとカテゴリーの概要

　逐語化したインタビュー分析の結果、表2-1の通り33のコンセプトが抽出され、その内、7つのコンセプトに対極例が認められた。33のコンセプトは12のカテゴリーにまとめられた。核概念は「折り合い」である。さらに、「折り合い」のプロセスとその構造を説明するため〔失う〕〔折り合い〕〔ひきとる〕の3つのステージに整理した。

表2-2　カテゴリー、コンセプト、主なインディケーター

ステージ	No	カテゴリー	コンセプト	主なインディケーター
失う	1	喪失と傷つき	混乱・困惑	一時保護っていう意味も最初よく分からなくて……一時保護とかいってるけど『あれ。これやばいのかな』みたいな、『もう○○に会えないのかな』とか。
			無力・傷つき	理不尽だなと思いました。でもまあ私たちみたいな弱い人間、何にも出来ないから、それは従うしかない。
			不運	そういうの（虐待死亡事例）があると、何でそういうのは保護しないで、うちのだけ、って。＊（　）筆者加筆
			時間の剥奪	本当に時間とか決められるっていうのとかは、やっぱりまあ、仕方ないんだなあって。
			怒り	もううちとしては信頼してた人たちに裏切られたっていう感覚だったんで、まさかそこまでやられるとは。
			あきらめ	保護されるっていうことに関しては別に。『ああ、やっちゃったな』自分にめっちゃ反省しました、『失敗したな』って。
			自分を責め続ける	なんか自分だけが悪いことしちゃったって感じで、そういう思いが強くなっちゃって、自分を責めることしかなくなっちゃう。
	2	関係機関不信	つながっていない機関	警察はある時、こういいました。『この案件は児相に移りました。なので、警察はもうとやかくいえません』縦割り行政ですよね。丸投げ。
			情報からの遮断	ただ、意思を知りたいと。どういう思いでいるのかっていう意思を知りたかったんですけど、その意思を知る術がなかった。
			わからない保護理由	明確なご説明もなく、一番最初も、こういっちゃ大変申し訳ないんですけど、だまし討ちに遭ったような感じに感じたよね。
			動かない児相	どんなにうちらが動いても、児相は、そんなにその時は動いてくれなかった。

失う	3	選択肢なき選択	手続きの押し付け	児相が入って子ども連れてった時も、毎日会いたいけど、手続きを踏まなきゃ会えない、会えない会えないって、手続き踏んでくれ、踏んでくれって、すんごい長いじゃないですか。
			選択肢のない選択	法的に、もうこれは決まりだから、どうにもなりませんよっていわれましたから、そこです。じゃあもう諦めるしかないですよね。
折り合い	4	見通し	保健所のイメージ	選択肢がそれしかない状態で行くんだったら、ああいうふうに安心して（保健所に）送り出せるような話し合いの場があったっていうのは、すごい救いでした。＊（ ）筆者が加筆
			※これからの見通し ※は対極例 《 》	《見通しを持てることが安心につながる》ええ、ステップをね、ちゃんと示して。何もステップなしで、一体いつまで続くのかなっていう気持ちをあれするよりは、ちゃんと予定をちゃんと作っていただくと、それは分かりやすくて良かったですね←→《見通しが見えない不安》今、こうなってるじゃないですか、面会行ったりしてるのに、結局いまだに帰るのが未定な状態じゃないですか。
	5	支えられる	※親族・友人の支え	《家族、友人、知人から支えられていく》なんか、やっぱりいろいろ相談のってくれるようになったり、電話も結構かかってきて、大丈夫？　平気？　とか、私のそばに、つらい時ずっとそばにいてくれたんで……←→《家族、友人、知人に非難される》子どもと離れるっていうこと自体かなりの心を痛めた出来事であるのに、そこをまた掘り返して人にお話しできるほど、まだ復活してないっていうか……それはやっぱり一番こたえましたかね。
			第三者からの助言	第三者を、早く見つけていただいて。その方の客観的な視点を早くつかんでいただければ、当事者はやっぱり、カッカカッカしてるし、あせってるし、もう目先のことしか考えていない部分があると思うので……。
	6	担当者との関係	※担当者との関係	《担当者との関係が信頼を作り始めていく》話してた人が自分と相性が良かったのかとか、そういうのもいろいろ、きっと人間だからあるんだろうけど、自分のこともお話ししてくださって、「親なんだから、僕だってこういう仕事をしてるけど、怒ることあるんですよ」みたいな、一人の人間として普通に話をしてくださったし←→《担当者に不信感を抱いていて》あまり何の人間味もなく、紙にかいてあるとか、教科書に書いてあることの結果だけをべらべら、べらべらしゃべったところで、多分誰の心にも響かない。
			勝手に来る担当者	こっちが頼んでないのに勝手に来るんだけど、中には迷惑っていう人いるかもしれないけど、私みたいに忙しくて、……そういうひとには、すごいありがたいです。
			担当者以外の存在	なんか○○さんにいいにくいことがあったら、○○さんに、っていうお話、できたので。

ステージ	No	カテゴリー	コンセプト	主なインディケータ
	7	話し合いの場	※対話するための枠組み	《話し合いの枠組みがあるから話し合える》確かに、このミーティングをやることによって、前向きにはなれたよね、若干、うん←→《十分な話し合いができない》まあ時間もあるんですけど、深くは結局話せないじゃないですか。だから表面のことしか結局
折り合い	8	子どもへの思い	※子どもと会えることの安心	《子どもと会えることの安心》○○さんが○○を連れてきてくれて、帰ってきてママって言って飛びついてきてくれたときに本当にほっとして、ああ、よかったみたいな。そこまでは本当に、正直生きた心地がしないな。どうしたらいいか分からなくて、もう←→《子どもと会えない不安》（会えなければ）多分きっと何もできない。生活できなくなっちゃうと思う。自分はその子のことで一杯で。毎日悲しみに明け暮れてた感じですね。＊（　）筆者が加筆
			子どもへの思い	こうなって初めて分かったんですよね。親も気がつかないもんですね。もっと客観的に見ないと分からない。
	9	期待	※親子関係をやり直す期待	《親子関係をやり直す期待》少しずつでも、親子関係を取り戻せるという気持ちがあったから、児相の方と多少話し合いの中で、ちょっと嫌な思いしたりとか、させたりとかあったかもしれないですけど、そういう子どもを頼むっていうような考えがあったからこそ、今までついてきたのかなと思いますけど←→《親子関係をやり直せるのか不安》○○が「もうママのところには戻りたくない」っていったらやばいなと思って。大嫌いなわけでもなかったし、それはすごい悲しいなと思って。
			自分を励ます	子どもの将来を考える。今を頑張れば、後はもうずっと子どもと一緒にいれる。
引き取る	10	自分から動く	自ら折れる	ちゃんとしてくれれば早く、出来るだけこちらも動きますよ、ってそういうなんだろう、誠実な答えを教えてくださったので、じゃあこっちもそういう態度を見せたらお互いうまく動けるのかなと思って、こっちが折れて、ついてこうと思ってやりました。
			児相からの信頼	だから、少しでも、ちょっとずつでも児相さんの印象が良くなれば、早く戻れるのかなっていう考えは。だから、それだけの努力はしていると思いますけど。
	11	虐待者とされた自分への対峙	※虐待者とされたことへの疑念	《私は虐待者なのか》自分が当たり前って思ったことが虐待って疑われちゃって、それでまさかこんなことになるとは思ってもいなかった→＊（「虐待」とされたことの一般化）、虐待っていうのはどこからですか、って私聞いたことがあるんですよ。叩いたら、子どもが嫌だと思ったら虐待ですよっていわれて、でも、悪いことをしたら悪いし、それはやっぱり叩いて、叩いてうちらは教えたいっていうのもあって→＊（虐待のリフレイム）、子どもの立場に立った時っていうのも、何でそんな簡単なこと忘れてたのかなって思った→＊（虐待の自己宣言）←→《虐待はしていない》実際、問題は……ないっていうことは、そこで分かったんです。でも……もう決定が

	11			下った後だったんで、もううちらにどうすることもできない→＊（現実対処）
			傷つけた子ども	結局連れて帰るんだったら、安心させてあげないといけないし、まず、多分傷付いてるだろうから。それを彼女に見せてあげなきゃいけない。
引き取る	12	これからの子育て	子育てアイデンティティーの混乱	今までやってたことは駄目なんだな、っていう部分もあったんで、そこは改善しようっていうのはあるんですけど、でも本当の理想っていうのは、なんなんだろう。
			変えたくない子育て	やっぱりお父さんは怖い存在で、今まで通りいてほしい。優しい時は優しい、でも怒ったりする時は怖い、……私はそれは変えないでほしいんですよ。
			新しい子育ての始まり	これからもう１回子育てをスタートさせる第一歩にはなったので、良かったのかなあと思って。
			子どもを保護される不安	最初の１カ月ぐらいは、怒ることが今度はできなくなっちゃいました、怖くて。

※対極例　＊（　）の箇所を筆者が加筆

第3節　「折り合い」のプロセスとその構造

　図2-3の「『折り合い』のプロセスとその構造」はグラウンデッド・セオリーとして創出された、不本意な一時保護をされた保護者が、子どもの安全のために児童相談所と「協働」し、困難な現実に対処していくプロセスとその構造を示したものである。

　〔A 失う〕〔B 折り合い〕そして、〔C 引き取る〕の３つのステージにはそれぞれ３つのサークルがあり、それぞれが循環している。〔A 失う〕は不本意な一時保護に伴う保護者の体験を表している。そして、〔B 折り合い〕は「B-1 折り合いを促す６要件」を保護者と児童相談所が「B-2（子どもの安全という目標を共有し）折り合いを展開させるための協働関係」に参画することで展開していく。そして、保護者によって「B-3 さまざまな困難に対しての『折り合い』」が実現されると、ステージは〔C 引き取る〕に移る。本書では〔A 失う〕〔B 折り合い〕そして、〔C 引き取る〕の３つのステージへの移行過程をプロセスとして示し、ステージを進める「折り合い」の機序を構造として考察する。

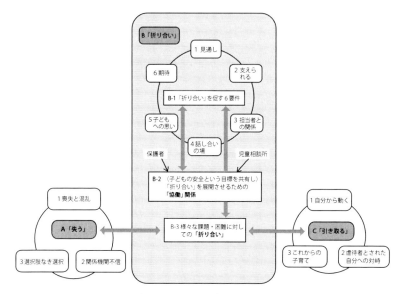

図2-3 「折り合い」のプロセスとその構造

　ここでいう「折り合い」とは「不本意な一時保護に伴い生じる喪失感と様々な感情及び、関係機関への不信を抱き、児童相談所等と対峙する局面を経験しつつ、さらに、虐待者とされた自己に対する疑念と、子育てアイデンティティーの混乱を抱えながらも、児童相談所との『協働』関係が進む中で、子どもを引き取るという現実的な課題や目標を実現するために保護者自身が受け入れ難い現実に調和していくプロセス」とする。

　以下、カテゴリー【　】コンセプト〈　〉対極例《　》具体例（インディケーター）を［　］として示す。ステージは記述の通り〔　〕で示す。

1　〔失う〕ステージ

　〔A 失う〕ステージは、子ども虐待（疑い）における児童相談所による子どもの職権一時保護に伴う、保護者の「不本意な一時保護の体験」を表している。そして、保護者は「失う」ことを体験する。この時、保護者が「失う」ものは、まさに一時保護をされた子どもである。さらに、虐待者としての疑念を向けられたことによる信頼の喪失であり、それまでの子育てを否定された誇りの喪失などである。ここで「失う」ことに伴い保護者は、コン

セプトにある〈混乱・困惑〉〈無力・傷つき〉〈不運〉〈時間の剥奪〉〈怒り〉〈あきらめ〉〈自分を責め続ける〉など【喪失と傷つき】のカテゴリーとしてまとめられる様々な感情を抱く。

　そして、【喪失と傷つき】の体験は、そこで対峙している児童相談所等に対して〈つながっていない機関〉〈情報からの遮断〉〈わからない保護理由〉〈動かない児童相談所〉などの【関係機関不信】を抱かせる。次に保護者は、子どもを奪われた現実の中で、児童相談所により行われる調査、指導に対して、〈手続きの押し付け〉〈選択肢のない選択〉などの不本意な体験をする。いわば、無力感を感じながらも、子どもを「引き取る」ためには【選択肢なき選択】を迫られ、これに従わざるを得ない状況におかれる。これらの3つのカテゴリーと13のコンセプトによってAの「失う」サークルが構成される。仮に、この「失う」サークルだけの循環にとどまるならば、保護者と児童相談所は対立関係が続くか、児童相談所のパターナリスティックな指導に保護者が表面的に従うという関係にとどまることになる。

2 〔折り合い〕のステージ

　保護者は「失う」ことに伴う感情とその表裏の児童相談所への不信感を抱えながらも子どもを「引き取る」ためには、【選択肢なき選択】を迫られる。この現実に対処していくプロセスが、先述した本書のグラウンデッド・セオリーにおける核概念の「折り合い」である。ここで、保護者の「折り合い」を進めるものが「B-1『折り合い』を促す6要件」である。つまり【見通し】【支えられる】【担当者との関係】【話し合いの場】【子どもへの思い】【期待】の6つのカテゴリーとそれを構成する12のコンセプトである。

　「失う」サークルにいる保護者にとって必要なのは、何をすれば子どもが帰ってくるのかの【見通し】が持てることである。ここで示される【見通し】は保護者にとっては非常に困難な見通しである場合もある。困難な課題に直面し、これにチャレンジしていくためには様々な人たちから【支えられる】ことが不可欠である。しかし、虐待に至るような家族の場合、親族等との確執もあり、この関係を再生していくことも課題となる。そして、【担当者との関係】は、児童相談所との「協働」を進めるための課題となるが、保護者にとっては不信感がどうしても拭えない場合もある。こ

こでは、たとえ、対立関係が続いても【話し合いの場】が継続して保障され、「対話」が継続することが最低限の課題となる。さらに、保護者のこれらの困難な取り組みに挑む動機は【子どもへの思い】から生まれる。実際、保護された子どもと会えて、気持ちを改めて聴く体験を得る。そして、保護者は子どもとの再会を通じて、子どもを引き取ること、関係をやり直す【期待】を抱くようになっていくのである。ここでいう6つの要件は循環的、相乗的な関係にある。順序ではなく、構成要件であり、らせん階段を昇るように、少しずつ、形となり現実に対処していく。そして、この6つの要件は、保護者と児童相談所が「B-2（子どもの安全という目標を共有し）『折り合い』を展開するための協働関係」を通じて実現する。この「協働」関係こそが、子ども虐待ソーシャルワークの課題となる。つまり、「折り合い」の6つの要件をソーシャルワーク関係の中で実現することである。

　これらのソーシャルワークが展開していくと、保護者は「B-3 様々な課題、困難に対しての『折り合い』」を実現させていく。ここで、折り合うものは多様である。〔A 失う〕サークルにある、子どもを一時保護された【喪失と傷つき】や【関係機関不信】【選択肢なき選択】に対して、「折り合い」をつけていく。また、疎遠であった親族との確執に「折り合い」をつけたり、担当者との関係、さらには、子どもとの関係に「折り合い」をつけたりもする。そして「D さまざまな困難に対しての『折り合い』」が展開することで、〔C ひきとる〕サークルにステージは展開していく。

3　〔引き取る〕ステージ

　これらの「折り合い」が展開していくと、一時保護された子どもを〔引き取る〕という局面に保護者は立つ。Cのステージは〔引き取る〕サークルであり、【自分から動く】【虐待者とされた自分への対峙】【これからの子育て】のカテゴリーと8つのコンセプトで構成される。

　Cのサークルで「引き取る」のは、子どもだけではない。Aのサークルにある不本意な一時保護に伴う喪失体験による様々な感情等を「折り合って」引き取るのである。さらに、児童相談所が求める子どもの安全の課題を「折り合って」引き取るのである。さらに、〔A 失う〕→〔B1 ↔ B2 ↔ B3

折り合い〕→〔C引き取る〕というプロセスを通じて、保護者の中で渦巻いているのは、虐待者とされたことから来る自分自身への疑念であり、それと並行して子育てアイデンティーの混乱というテーマがある。そして、様々な「折り合い」を経たのちに、保護者は、これらの虐待者とされた疑念と、これからの子育てというテーマに「折り合い」をつけていく。

4　小括

(1)「折り合い」のプロセスへの参画と保護者と児童相談所の「協働」関係

　以上を踏まえ、本書で先に定義した保護者と児童相談所の「協働」関係を「折り合い」という核概念を加えて再定義すると「子ども虐待ソーシャルワークにおける『協働』とは、子どもの安全、安心という目標・目的に対して、子どもにかかわる機関と保護者等がこれを共有し、これらを実現するための『折り合い』のプロセスにそれぞれが参画することを通じて、このことの実現に向かって歩んでいく関係性とそのプロセス」となる。

(2)「折り合い」の研究領域

　本章では子ども虐待における不本意な一時保護をされた保護者が児童相談所と「協働」していくプロセスを「折り合い」という核概念として理論化した。そこで「折り合い」ないし「折り合う」ことの研究領域を見ると、いくつかの先行研究が認められた。多くは看護学、臨床心理学の分野であり、病気との折り合い、障害、自己との折り合いなど、人生の困難にいかに対処するのかその心理学的力動について言及していた。「折り合う」「折り合い」などは「受容」、「洞察」や「気づき」などに達する認知レベルも含むが、本書で言及しているような、それ以前の、あるいはそれとは異なる様々な人生の困難における独自の対処方法として位置づいている可能性があり、これに基づく対人援助の方法論の発展が期待された。これらの領域密着理論を横断していくフォーマル理論生成の可能性が示唆される。

第4節 「折り合い」の実際

　グラウンデッド・セオリー創出のためのデータ分析は、抽出されたインシデントを概念指針モデルを使ってコンセプトとしてまとめ、そのコンセプトを比較する中で、さらに上位のカテゴリーにまとめていった。そして、カテゴリー間の関係性を検討する際、保護者が様々な局面での体験を説明する時に繰り返し使われていた「失う」「引き取る」という意味に注目した。ここでいわれる「失う」「引き取る」はいわゆる in vivo codes といわれるものであると考えた。in vivo codes とは、研究協力者特有の用語であり、「発話や意図の象徴的な目印としての役目を果たし」さらに、「用語を紐解いていくことは潜在する意味や行為を理解する素晴らしい機会を与えてくれるだけでなく、データと創発するカテゴリーを比較することも可能にする」(Charmaz = 2008: 65) とされている。そして、この in vivo codes を手がかりに、カテゴリー間の関係を整理し、「継続的に浮上し、かつどのインシデントにもかかわる」核概念 (core variable) として「折り合い」が創出された。「折り合い」の定義は既述のとおりである。そして、「折り合い」のプロセスとして研究協力者の体験と in vivo codes に沿って〔A 失う〕→〔B 折り合い〕→〔C 引き取る〕としてカテゴリーがつながり、このプロセスを展開させるための原動力となる「折り合い」を構成する要件として、その構造が示された。以下に、創出されたグラウンデッド・セオリーについて、コーディングされたカテゴリーと主要なコンセプトを概観し、「折り合い」のプロセスとその構造における実際を詳述する。

1 〔失う〕ステージ

　多くの場合、一時保護は保護者にとって、突然の出来事として体験された。そこで起きている差し迫った事実、つまりケガをしている、子どもがおびえている、一人にされているという事実に基づき疑わしきは保護し、調査されるということになった。これらの場面での感情と体験をまとめたものが【喪失と傷つき】のカテゴリーであり、保護者の共通する体験はい

88

くつかのコンセプトにまとめられた。

（1）【喪失と傷つき】──喪失を体験しながら自己の感情に向き合う

〈混乱・困惑〉は保護者にとっては、一時保護という未知の体験そのものがよくわからないまま、実際に子どもが連れさられるという現実に直面して、徐々に深刻な事態が今まさに起きているという実感が、保護者に押し寄せてくる体験として語られた。〈無力・傷つき〉は、職権による一時保護に対して、どんなに抗議しても何も受け入れられず、弁明の機会もない、という体験が、無力さを感じさせ、傷つきを深めることであった。また、権力の前では［私たちみたいな弱い人間、何にもできないから、それは従うしかない］と無力化される体験でもあった。〈不運〉は、どうしてうちだけ、たくさんある家庭の中で、どうして、と不運を嘆くことであった。〈時間の剥奪〉とは、いつ子どもが帰ってくるかもわからない不安の中で、見通しも見えず、その悲しみの瞬間を永遠に感じる体験と、これからの子どもとの交流が児童相談所によって管理され、時間を奪われてしまうような感覚に陥ることであった。〈怒り〉は、様々な場面で様々な機関に表現されていた。既に児童相談所との関係がある場合は［裏切られた］と捉えられる場合もあった。一方で、これらの現実を前にして、［ああ、やっちゃったな］と〈あきらめ〉たり、自分がしてしまったことで〈自分を責め続ける〉保護者の態度が存在した。

（2）【関係機関不信】──児童相談所とその関係機関への不信が生まれていく

保護者は【喪失と傷つき】にある様々な感情が整理されないままに児童相談所と対峙していった。激しい対立が起きることも珍しくなかった。この段階では、保護者の不信感の目から見えてくるものがこれらのコンセプトにまとめられた。〈つながっていない機関〉とは、一時保護される場面で、実際、市町村、警察、児童相談所など様々な機関が問題の発生した時間、場所によって関与し、対応の主体が変わるため、それらの機関がバラバラで、何ら連携のないものとして映ってしまう体験であった。〈情報からの遮断〉とは、子どもが一時保護された時の子どもの気持ちや意向が保護者に伝わらないジレンマであり、DVで逃げた母子に至っては、どこで

何をしているのか全く分からない状態となることなどであった。また、この時、児童相談所が何を調査していて、何を疑っているのかわからず、不安と不信が募っていく状態であった。〈わからない保護理由〉とは、誰が通告したのか、なぜこんな事態になったのか、何をもって一時保護と判断したのかわからないことで一層不信感を強めることであった。〈動かない児童相談所〉とは、保護者が期待するように児童相談所が動かないということであった。かつて一時保護を要請し、助けを求めた時には動かず、今回のように求めてもいない時に動いて一時保護する。また、自分たちがこれまでの事情を説明しようとしても、児童相談所の事情で、話し合いが設定されてしまう、という不満であった。

(3)【選択肢なき選択】——行き詰まりの中で選択肢のない選択を迫られていく

　保護者は、児童相談所と関係機関への不信を抱きながらも、子どもと会いたい、返してほしいという希望を伝えた。児童相談所は必要な調査に協力することを約束させ、子どもと会うための手続き、子どもを引き取るための条件を保護者に示した。この場面において、わが子であっても［手続きを踏まなきゃ（子どもにすら）会えない］ことが、権威的と捉えられ〈手続きの押し付け〉と受け取られていた。そのうえ、受け入れない限り子どもは帰ってこない、No という選択肢は無いという〈選択肢なき選択〉を迫られるような感覚に陥っていた。否応なく、子どもを一時保護され、子どもを引き取るためには児童相談所に従う以外にないという無力感を感じていた。一方で、この選択しかないという判断を迫られることで保護者は［それは現実に受け止めるしかない］と「折り合い」をつけて一歩前に出ていこうともした。

2 〔折り合い〕のステージ

　保護者の「失う」体験と、これに伴う様々な困難に対処していくプロセスが「折り合い」であり、これを実現するのがここにある「折り合い」を促す6つの要件である。

（1）【見通し】──不安のただ中で、少しこの先の見通しが見えてくるようになる

　保護者は、不安と不信の中で、子どもが一時保護されたという現実に打ちのめされていた。〈保護所のイメージ〉とは、いずれかの場面で保護者が、子どもが生活することになる一時保護所の生活を説明される機会を得ることであった。そして、少なくとも一時保護所が、子どもが安心して生活することが配慮された場所であることを知り、不安は消えなくとも子どもがそこで生活していることをイメージできることであった。そして、これから自分たちに対してどんな調査が行われ、どのようなことが引き取りの条件になるのか、そのためには実際どのくらいの期間を要するのかなどがわかってくることであった。〈これからの見通し〉を少しでも持てるか否かは、保護者が困難に立ち向かう動機を構成する大きな要素となっていた。

（2）【支えられる】──身近な人から支えられていく

　子ども虐待に至る家族は親族や地域から孤立している場合が多い。また、これまでの歴史の中で親族との深い軋轢（あつれき）がある場合も少なくない。それでも、子どもが突然、家からいなくなるという現実に直面した家族は、自分達だけでは対処できない状況におかれ、親族や知人のサポートを受け入れざるを得なくなっていった。児童相談所もそれを求めた。〈親族・友人の支え〉とは、これまで保護者だけで抱えていた子育てのテーマを、勇気をもって親族に伝えていくことであった。少し心を開き、過去の葛藤に「折り合い」をつけていくことで、つながっていく関係であった。〈第三者からの助言〉とは、家族や親族以外の中立的な第三者であり、自分の置かれている状況を客観的な立場から助言してくれる存在であった。また、インターネットで調べて情報を整理することが、保護者としてのこの先の進路を決めていく際にサポートになっている場合もあった。

（3）【担当者との関係】──担当者との関係を創っていく

　〈担当者の関係〉は「協働」を進める前提となる。しかし、担当者は子どもを職権保護した、時に許しがたい相手であり、児童相談所を代表して〈選択肢のない選択〉を迫ってくる、最も身近な攻撃の対象であった。一方で、一時保護されてから保護者と最も長い時間を過ごす相手でもあった。

保護者は児童相談所への不信感を抱きつつも、担当者との対話は続いた。保護者は担当者の細かな言動に敏感になっていった。ここで、保護者が教えてくれた担当者への信頼の始まりは［親身であった］［冷静］［感情的でない］［子どもの将来を真剣に考えてくれている］［うちらのことを考えている］［対応が早い］［人間味を感じる］［丁寧］［相性］［話しやすさ］［ずっと子どものことを見てくれた］さらに、「怒っちゃ駄目って分かっていても、どうしても声を荒げちゃう時だってあるし」というような担当者による自己開示などとしてまとめられるエピソードであった。一方、不信感を抱かせたのは、［担当者の何かを気づかせようとする言動］［連絡が来ない］［担当者が変わる］［その都度説明しなければならない］［目標を示さない］あるいは、［何の人間味も感じられない説明］としてまとめられるエピソードであった。〈担当者以外の存在〉とは、担当者との関係が行き詰った時に、他に話せる職員がいることで、関係を維持した体験として語られた。また、担当者にはいいにくいこと、時には不満などについても、他の職員にはいえる、ということもあった。〈勝手に来る担当者〉とは、少々おせっかいでも足を運び家庭訪問する担当者のことを指していた。家庭訪問は人によって、必ずしも望まない体験でもあったが、アウトリーチとしてのおせっかいが、担当者への信頼、自分たちを思いやる態度として受け入れられている場合もあった。

(4)【話し合いの場】——話し合いを続けられる場所と機会がある

　対立的な関係になると、話し合いそのものが難しくなる。ここでは、対立的な関係にあっても対話が継続される構造と、それに保護者、子どもが参画し、意思表明できるシステムがテーマとなっていた。〈対話する枠組み〉は、保護者と子ども、担当者による面接、家庭訪問等による対話、そして家族、親族やそのほかのインフォーマルなメンバーを含んだミーティング、たとえば合同ミーティングやサインズ・オブ・セイティー（Turnell 2012）、ファミリーグループ・カンファレンス（林・鈴木 2011）などがある。これらのミーティングの構造があることで［話し合える］［整理がつく］［前向きになる］などが実感できていた。一方で［子どものこと以外でも話し合いたいことがあった］という話し合い後の不全感を持ったり、［構造そのものが、専門家から圧倒されるような威圧感を感じる］というもの

もあった。

（5）【子どもへの思い】——離れてしまった子どもと再会し、気持ちを確かめる

　ある日突然の一時保護により、それまで一緒に暮らしていた子どもに会うこと自体が児童相談所の判断に委ねられていた。そして、それらの体験にある保護者が、手続きを経て、子どもと会えるようになり、そして、我が子と会って、飛びついてくるような場面を迎えることで、親子であることを再確認していった。そして、改めて〈子どもに会えることの安心〉を感じていた。〈子どもへの思い〉とは、離れてしまった子どもと再会し、子どもへの思いを確かめ、今もつながっていることに安心し、保護者なりにこれからの生活を考えることであった。

（6）【期待】——再び子どもと生活することへの期待を抱いていく

　子どもとの面会等が認められ、様々な「折り合い」が展開していくと保護者は保護者なりの〈親子関係をやり直す期待〉を持つようになっていった。

　そして、現実に子どもがいないという耐え難い心情の中で、自分を励まし未来に期待を寄せていったのである。〈自分を励ます言葉〉は、耐え難い状況に対する自身を鼓舞する言葉であった。

3　〔引き取る〕ステージ

　「折り合い」の展開が進むと、現実に子どもの家庭引取りが検討されることで、やがてステージは「引き取る」に移っていった。

（1）【自分から動く】——何とかしようと保護者から働きかける

　〈自ら折れる〉というのは、危機介入された時の感情はいまだ残っているものの、「折り合い」の6つの要件が整う中で、子どもを引き取り、再び子どもと生活を送るために、今ある現実に折り合いをつけ、いかにすれば「児童相談所の信頼」を得ることができるのか考え、保護者から児童相談所に対して「自ら折れて」働きかけるプロセスであった。〈児童相談所

からの信頼〉を得る、というのは、児童相談所からの肯定的な評価、良い印象を得るための保護者の努力であった。一方で［対立していてもしょうがない］という現実的な判断でもあった。

(2)【虐待者とされた自分への対峙】——虐待者とされた自分自身との「折り合い」

　保護者は子どもが保護されたという現実の中で「引き取る」という目標に向かって、児童相談所から求められる不適切な養育を改めることの課題に向き合ってきた。一方で多くの保護者は子どもが一時保護をされてから〈虐待者とされたことへの疑念〉と対峙していた。保護者は、自身の行ったとされる行為について、あるいは、虐待であるとされたことについて、いくつかの特徴的な捉え方があった。すなわち、①虐待とされた行為を、どこの家でも少なからずあることとして、一般化して捉えようとすること（「虐待」とされたことの一般化）、②虐待の定義を自分なりに持ち、子どもを傷つけたことはあっても、これは虐待ではないと捉え直すこと（「虐待」のリフレイム）、③自分の行為は虐待であると自ら宣言すること（「虐待」の自己宣言）、④虐待はしていないけれどもうここまで来たのならどうしようもないでしょう、と考えること（論争回避、現実対処優先）であった。

　虐待を保護者が認識することについては、3つのレベルの認識があるとされる（西澤 2004: 45）。つまり「虐待行為そのものの認識」「虐待行為によって子どもを心身にわたって傷つけたという認識」「子どもを虐待した背景として、自分自身の生い立ちや心理的な課題があるという認識」である。この点からいうと、ここでの保護者は虐待の認識が進んでいるとはいい難いのかもしれない。しかし、一方で、「折り合い」のプロセスの中で〈傷つけた子ども〉のことを思うこと、子どもの将来の安全を考えることで、保護者は児童相談所が求めた子どもの安全を創るという目標に向かって児童相談所と「協働」の取り組みを始めていた。保護者は自身への〈虐待者とされたことへの疑念〉に対して虐待の認識とまではいえない、それぞれの認識で「折り合い」を探っていた。

（3）【これからの子育て】──虐待者とされた親としての子育てを考えていく

　保護者は［虐待者とされた］ことへの疑念に「折り合い」ながら、これまでの子育てを周囲から最低限の［不適切だとされない］ための課題に直面していた。［まあ自分の今までやってきた事が、違うっていうのも分かったんで、でも、今までと違う怒り方っていうんですか、それで子どもは伝わってるのかなって］というように、新たな親像を模索していく中で、保護者の〈子育てアイデンティティーの混乱〉が生まれていた。一方で、それは、［お父さんはお父さんとして子どもの手本］であり、［威厳を持っていてほしい］というようなお父さん像や譲れない子育ての信念であり、〈変えたくない子育て〉であったりした。そして、〈新しい子育ての始まり〉を訴えながらも、一方では、子どもとの新たな生活が始まる中で、強く怒ってしまったら、また保護されるのではないかと〈子どもを保護される不安〉も抱えていた。

第5節　まとめ──実践への示唆・グラウンデット・アクションへの展開

　ここまで述べた通り、本書で明らかになったのは、①職権一時保護を体験した保護者の感情と関係機関への態度、②保護者が困難な現実に対処していく「折り合い」のプロセスと構造、③「折り合い」を促すための6つの要件、④保護者自身が【虐待者とされた自分への対峙】を通じての「折り合い」などである。

　職権一時保護をされた保護者と対峙する時、支援者が極めて厳しい現実に直面させられている保護者のその感情を理解することから、支援が始まる。そして、保護者が体験している様々な困難を乗り切るために保護者と児童相談所が「折り合い」のプロセスに参画することによって「協働」関係を構築し、「折り合い」を促進する要件を構成していくことが、その困難を乗り越えていくことになる。つまり、「折り合い」の6つの要件を、いかにソーシャルワークの中で実現していくのかが、実践課題となる。

　図2-4「つながっていく自分」は、保護者の「折り合い」のプロセスがどのような体験として捉えられたのかをまとめたものである。もちろん、

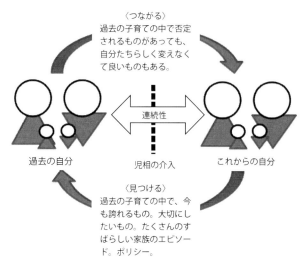

図 2–4 つながっていく自分

　保護者の「折り合い」の体験はみんなが同じように体験するものではない。多くの体験の中の1つである。

　保護者は、児童相談所による職権の一時保護によって、それまでの子育てを否定されたかのような体験をする。虐待者とされた自分、そして、子育てアイデンティティーの混乱が生じたりした。そして、ここで保護者と支援者による「協働」の営みによって、保護者は、否定されたかのように感じていた自分に対し「過去の子育ての中で、今も誇れるもの。大切にしたいもの。たくさんのすばらしい家族のエピソードがある。大切にしたいポリシーもある。」と、改めてこれまでの子育ての中でのポジティブなものを見つけていく。そして「過去の子育ての中で否定されるものがあっても、自分達らしく変えなくて良いものもある。」と、否定されたかのような子育てを捉え直すことで、「過去の自分」と「これからの自分」が分断されることなくつながっていくのである。

　これらの「折り合い」のプロセスと構造を理解しておくことは、たとえ対立的な関係になったとしても、その対立すらも「協働」関係を構築していくひとつのプロセスとして理解し、支援の見通しを支援者が持ち続けることになる。さらに、保護者にとってはスティグマともなっている虐待者とされた疑念に対する「折り合い」のプロセスを理解することで、保護者

の現実への対処を支援することにつながる。

　結局、保護者が行った行為が、虐待であったか否か認めさせることがソーシャルワークの目的ではなく、保護者と支援者がたとえ、対立関係を残しつつも「折り合い」のプロセスに参画すること、そして、対話の中で、肯定的な自己の発見を通じてエンパワーされることにより、困難な課題に取り組み、子どもの安全を守ることが、子ども虐待ソーシャルワークの核となっていく。虐待を保護者が認識することは重要なテーマであるが、「折り合い」の必須要件ではない。また、保護者と児童相談所の「協働」関係も、たとえ、拭えない不信を残したとしても、その関係についても「折り合い」を探りながら成立させていく関係である。

第6節　研究の限界

　インタビュー調査は、ケースの終結の際に行われることが多かった。かつては、対立的な関係であり、また、児童相談所の介入に未だ傷つきを残す中での調査のため、選択的コーディングでの再インタビューには限界があった。また、本研究では対立し続けている保護者の側からの分析は行われていない。今後、中立的立場にある者による調査、研究が期待される。また、保護された当事者である子どもについてはデータが少なく、今回は分析できていない。さらに、先述したグレイザーの「生成された理論の品質」に照らせば、現場実践に寄与する一定の成果が認められたと思われる一方、多様な保護者との出会いは今回まとめられたコンセプトで、すべてに説明がつくとまではいえない。

おわりに

　子ども虐待対応を検討する時、危機介入と支援という、矛盾しがちな課題をいかに定義するか様々な議論がある。本書では、これまで述べた通り、子ども虐待ソーシャルワークを子どもの安全を目的として保護者と児童相談所等が「協働」するプロセスとして、危機介入と支援を一体のもの連続しているものとして捉えた。そこには、保護者と児童相談所における子ど

もの安全を目標とした「協働」という子ども虐待における独自のソーシャルワーク領域とその営みがある。危機介入に伴う困難もまた、クライアントにおける人と環境の接点（インターフェイス）として捉えることが、優れてソーシャルワークの課題であるからである。

　本章の最後に、本研究の実現は、研究協力者である家族の協力があったからである。子どもを職権で保護されるという辛い体験を抱えながらも、調査に協力いただいた。また、これまでの児童相談所であれば、対立していた保護者にあえて児童相談所の批判をもらい、残り火を煽るようなことはしなかったかもしれない。しかし、より良い支援のためには、当事者の声に真摯に耳を傾けなければいけないという姿勢から、インタビューを実施した。改めて、研究協力者と職場に感謝したい。

第3章

不本意な一時保護を体験している保護者と対峙する場面での児童相談所職員の意識・態度の統計的分析と自由記述の質的分析及びその比較

　第2章では、不本意な一時保護を体験した保護者に対してのインタビュー調査によって質的分析を行い、保護者にとっての児童相談所との「協働」における「折り合い」のプロセスが見いだされた。ここでは、「協働」について、児童相談所の視点から検討することを行う。特に、第3章では、子ども虐待対応において保護者と対峙する場面で支援者がどのように「協働関係」を構築していこうとするのかを定量的な調査によって検討していく。また、アンケートの自由記載を分析し、定量的調査と質的調査のトライアンギュレーション[1]により、実践モデルの枠組みを考察する。

第1節　調査の目的と方法・調査対象者の属性

1　調査の方法

　神奈川県下の児童相談所14箇所にアンケート調査票（巻末）を郵送し回答を得た。調査にあたっては、事前に神奈川県5県市児童相談所所長会議、神奈川県5県市児童相談所課長会議で調査協力の依頼をした。
　アンケート調査票は質問1～5に分類。6件法による選択肢質問の合計数174問。自由記述1問である。
　アンケートの質問については、並行して行われた不本意な一時保護を体験している保護者に対してのインタビュー結果、および、現場の支援者に

対してのインタビュー結果（第4章）を参考にして作成し、10名の児童福祉司等に試行してもらい修正のうえ、本実施に至った。

アンケートで質問している項目はおおむね次のことである。

子ども虐待対応において不本意な一時保護を体験している保護者と対峙する場面で、

○　児童相談所職員の虐待に対する対応態度。（質問1）

○　児童相談所職員が保護者との「協働」のために優先的に取り組もうとしていること、そしてその項目について、実際に取り組めている程度。（質問2）

○　「協働」を困難にさせている要因。（質問3）

○　自由記述「不本意な一時保護を体験し、ともすれば対立的な関係になりがちな家族と、子どもの安全の目標を共有し、保護者と児童相談所が協働関係を構築するためには何をすればよいのか、あなたの経験とお考えを教えてください」。（質問4）

○　調査対象者の属性。（質問5）

○　実施期間　平成28年10月

なお、本著では論述の構成上、質問2「児童相談所職員が保護者との『協働』のために優先的に取り組もうとしていること、そしてその項目について、実際に取り組めている程度」および、質問4自由記述について論述する。

2　倫理的配慮

本調査については、研究協力者に対して任意であることを説明し、個人情報については一切公表しないことを約束した。さらに本調査については、神奈川県児童相談所所長会議の許可を得、東洋大学の倫理委員会の承認を得て実施した。

3　調査対象者の属性等

（1）対象者

保護者と一時保護をめぐって、保護者とかかわることのある職員に対しての悉皆調査。

対象者については、各児童相談所によって体制が異なるため各児童相談所が判断した。

(2) 回収数　267/374 回収率（71.4％）
※　欠損値は、その質問ごとに削除しているため、各設問の回答者人数はそれぞれ異なる。

(3) 回答者の属性
①**性　別**　男性 112 名　女性 150 名

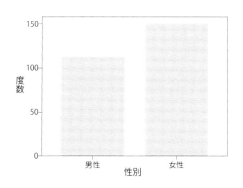

女性職員の割合は 57.25％である。時に職権による危険を伴う危機介入もあるが、男性の割合が多いというわけではない。

②**年　齢**　平均 40.18 歳　中央値 40 歳　最頻値 32 歳　SD9.14

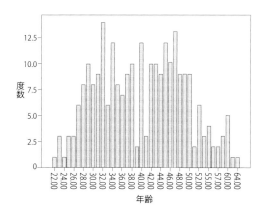

年齢は、30代前半と40代後半に2つのピークがあるアンバランスな分布である。

　③**職　　種**　児童福祉司142名　児童相談員25名　児童心理司34名　課長・係長35名　保健師8名　その他13名

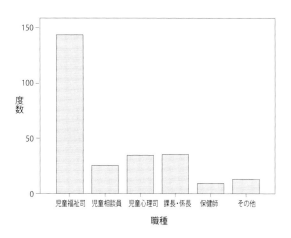

　児童福祉司が53％である。児童福祉司以外の多くの職種も、一時保護をめぐって保護者と対峙する場面に関与していることがわかる。

　④**児童相談所経験年数**　平均5.97　中央値5年　最頻値1年　SD4.57

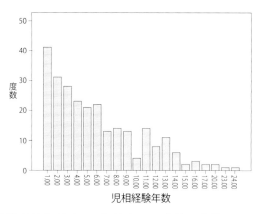

　1年目の職員が最も多く、3年目までの職員で全体の38.5％を占めてい

る。経験の浅い職員が、最も緊張する職権による一時保護の役割を担っていることがわかる。虐待対応件数の増加に伴う、職員の増員により、新たに児童相談所に配属された職員が危機介入の役割を担っている。

⑤**通算経験年数**　平均 13.38　中央値 10 年　最頻値 7、8、10 年 SD9.73

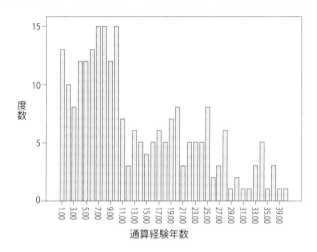

通算経験年数は経験年数 10 年目までの職員で全体の 52.7％を占めている。

第2節　質問肢アンケートの統計的分析

1　支援者が一時保護をされた保護者に対して行う優先的虐待対応尺度の分析

ここでは、不本意な一時保護を体験している保護者と支援者が対峙する場面で、支援者が保護者との「協働」関係を構築するために、優先的に取り組みたいと考えていることは何かを検討する。さらに、優先的に取り組みたいと考えていることが、実際に取り組めているのかについても分析する。

これらの調査結果を踏まえ、不本意な一時保護を体験している保護者と

支援者における「協働」関係を構築するための支援モデルを検討する。

（1）因子分析の結果

それぞれの質問の記述統計量は表3-1の通りであり、天井効果（平均値にSDを加えて6を超えるもの）、フロア効果（平均からSDを引いて1を下回るもの）も認められなかった。

虐待対応における優先的対応尺度42項目に対して主因子法による因子分析を行った。固有値の変化は固有値1以上を基準に見ていくと10.04、2.77、2.21、1.91、1.59、1.49と続き、スクリープロットを参考として4因子構造が妥当であると考えられた。そこで再度4因子を仮定して主因子法・Promax回転による因子分析を行った。その結果、十分な因子負荷量を示さなかった16項目を分析から除外し、再度、主因子法・Promax回転による因子分析を行った。そして、さらに、十分な因子負荷量を示さなかった2項目を分析から除外し、再度、因子分析を行った。Promax回転後の最終的な因子パターンと因子相関を表3-2に示す。なお、回転前の4因子で26項目の全分散を説明する割合は49.42%であった。

第一因子は7項目で構成されており、「子どもが安全に暮らすためのプランを家族自身に創ってもらうよう支援する」「家族の夢や願い、希望を聴く」「子どもの安全な未来の状態（目標）を保護者と共有する」など、保護者と支援者が共通の目標を構築してその目標に向けて連携していく内容の項目が高い負荷量を示していた。そこで、「目標・目的の共有」因子と命名した。

第二因子は8項目で構成されており、「子育てのスキルを高めるためのペアレントトレーニングを行う」「保護者を治療する専門機関を紹介する」「家族を支援する友人、知人を紹介してもらう」など、保護者自身が外部からの働きかけによって、子育てのスキルを高めたり、人とつながったり、社会資源につながっていくことの支援を進める内容の項目が高い負荷量を示していた。そこで、「スキル・治療・助言」因子と命名した。

第三因子は5項目で構成されており、「保護者の中にある子どもに対しての不安な気持ちを聴く」「子育ての苦労を聴く」「保護者から虐待に至った背景、事情を聴く」など、保護者自身が潜在的にもっている子どもへの思い、子育てへの思い、不安を聴いていくことの内容の項目が高い負荷量

104

表3-1 記述統計量アンケート左側

	平均値	標準偏差	平均+SD	平均-SD
1 権威的な対応と受容的な対応を複数職員で分担し、対応する。	4.32	1.01	5.33	3.31
2 関係機関との連携をなるべく早く構築する。	4.88	.70	5.58	4.18
3 保護者との信頼関係を創る。	5.07	.87	5.94	4.21
4 保護者とこれから起こる可能性がある、子どもの未来の危険について共有する。	4.92	.83	5.75	4..09
5 親子関係をやり直す期待を高める支援をする。	4.43	.88	5.31	3.55
6 譲れないものは譲れないとして、常に毅然とした態度をとり続ける。	4.73	.95	5.68	3.78
7 保護者が納得できるまで保護者の主張、訴えを聴く。	4.24	.77	5.01	3.47
8 保護された子どもの思いを保護者に伝える。	4.76	.90	5.66	3.66
9 一時保護の根拠を説明する。	5.30	.79	6.09	4.51
10 対話を継続するための話し合いの枠組みを構築する。	4.92	.76	5.68	4.16
11 子どもが安全に暮らすためのプランを家族自身に創ってもらうよう支援する。	4.39	.91	5.30	3.48
12 保護者の怒りを受け止める。	4.15	.89	5.04	3.27
13 家庭復帰までの見通しをなるべく早く示す。	4.45	.87	5.32	3.58
14 一時保護の同意を得る。	4.82	.95	5.77	3.87
15 子どもの安全な未来の状態（目標）を保護者と共有する。	4.75	.88	5.63	3.87
16 子どもを含めた話し合いの場を創っていく。	4.14	.92	5.06	3.22
17 子どもの立場になって、考えてもらえるよう支援する。	4.78	.81	5.59	3.97
18 親族などのインフォーマルネットワークを組織する。	4.21	.83	5.04	3.39
19 保護者と担当者が行き詰まったときの第三者的職員の存在を確保する。	4.07	.93	5.00	3.14
20 子育てのスキルを高めるためのペアレントトレーニングなどを行う。	3.64	.95	4.59	2.69
21 保護者のニーズは何かを教えてもらう。	4.59	.76	5.35	3.83
22 保護者がなるべく早く子どもと会える機会を創る。	3.43	.92	4.35	2.52
23 保護者自身の行為（虐待）を振り返ることの支援をする。	4.48	.81	5.29	3.67
24 児相がこれから行う調査事項を保護者に示す。	4.14	1.02	5.16	3.12
25 一時保護所等の生活をイメージできるように保護者に説明する。	4.18	.95	5.13	3.23
26 児相の有する法的権限を説明する。	4.09	1.05	5.14	3.04
27 家族の夢や願い、希望を聴く。	4.28	.98	5.26	3.30
28 保育園などの所属を確保する。	4.43	.91	5.34	3.53
29 可能な限り子どもに関わる情報（保護所での子どもの様子、心理テスト等の結果など）を保護者と共有する。	4.62	.77	5.39	3.85
30 児相以外の第三者からの助言（客観的な視点）を保護者が得ることを働きかける。	3.72	.92	4.64	2.80

	平均値	標準偏差	平均+SD	平均−50
31 通告された事実を確認し、保護者と共有する。	4.94	.82	5.76	4.12
32 子どもへの思いを保護者から引き出す。	4.75	.77	5.52	3.98
33 保護者の子育てアイデンティティの混乱（これまでの子育てを否定され、どうすればよいか混乱している状態）に対する支援をする。	4.39	.80	5.19	3.59
34 保護者から虐待にいたった、背景、事情を聴く。	5.04	.80	5.84	4.24
35 子育ての中で、うまくいっていることを教えてもらう。	4.66	.83	5.49	3.83
36 より良い子育てについて家族に助言をする。	3.89	.99	4.88	2.90
37 家族の潜在的な力に注目し、引き出す。	4.47	.90	5.37	3.57
38 家庭復帰後の見守り体制を創る。	4.96	.92	5.88	4.04
39 子育ての苦労を聴かせてもらう。	4.36	.87	5.23	3.49
40 保護者を治療する専門機関を紹介する。	3.79	.94	4.73	2.85
41 保護者の中にある子どもに対しての不安な気持ちを聴く。	4.61	.77	5.38	3.84
42 家族を支援する友人、知人を紹介してもらう。	3.66	1.00	4.66	2.66

表 3-2　優先的虐待対応尺度の因子分析結果

	I	II	III	IV
因子　1「目標・目的の共有」　a＝.82				
11 子どもが安全に暮らすためのプランを家族自身に創ってもらうよう支援する。	**.82**	.05	−.13	−.08
27 家族の夢や願い、希望を聴く。	**.62**	.03	.15	−.05
15 子どもの安全な未来の状態（目標）を保護者と共有する。	**.60**	.03	.08	.05
35　子育ての中で、うまくいっていることを教えてもらう。	**.54**	.01	.26	.06
13 家庭復帰までの見通しをなるべく早く示す。	**.51**	.13	−.05	.12
37 家族の潜在的な力に注目し、引き出す。	**.45**	.06	.37	−08
4　保護者とこれから起こる可能性がある、子どもの未来の危険について共有する。	**.41**	−.08	.04	.08
因子　2　「スキル・治療・助言」　a＝.79				
20 子育てのスキルを高めるためのペアレントトレーニングなどを行う。	.10	**.66**	−.06	−.01
40 保護者を治療する専門機関を紹介する。	−.29	**.56**	.40	−.06
36 より良い子育てについて家族に助言をする。	−.08	**.52**	.33	−.02
19 保護者と担当者が行き詰ったときの第三者的職員の存在を確保する。	−.02	**.50**	.04	.09
42 家族を支援する友人、知人を紹介してもらう。	.33	**.47**	−.13	−.07
22 保護者がなるべく早く子どもと会える機会を作る。	.20	**.47**	−.10	.08
30 児相以外の第三者からの助言（客観的な視点）を保護者が得ることを働きかける。	.05	**.47**	.05	.07
16 子どもを含めた話し合いの場を創っていく。	.37	**.41**	−.14	.02

因子　3　「子育ての対話」　$a = .71$				
41　保護者の中にある子どもに対しての不安な気持ちを聴く。	.11	−.05	.72	−.06
39　子育ての苦労を聴かせてもらう。	.15	.00	.71	−.15
34　保護者から虐待にいたった、背景、事情を聴く。	.02	−.14	.55	.30
33　保護者の子育てアイデンティティの混乱（これまでの子育てを否定され、どうすればよいか混乱している状態）に対する支援を行う。	.28	.02	.49	.04
23　保護者自身の行為（虐待）を振り返ることの支援をする。	−.17	.13	.45	.10
因子　4　「現実受入れ支援」　$a = .67$				
25　一時保護所等の生活をイメージできるように保護者に説明する。	.09	.15	−.01	.62
24　児相がこれから行う調査事項を保護者に示す。	.07	.10	−.15	.61
31　通告された事実を確認し、保護者と共有する。	.13	−.27	.08	.57
因子間相関	I	II	III	IV
I	—	.42	.39	.26
II		—	.38	.16
III			—	.37
IV				—

を示していた。そこで、「子育ての対話」因子と命名した。

　第四因子は4項目で構成されており、「一時保護所等の生活をイメージできるように保護者に説明する」「児童相談所がこれから行う調査事項を保護者に示す」「通告された事実を確認し、保護者と共有する」など、子どもが一時保護されたという現実をこれからの法的な対応も含めて、保護者の置かれている現実を受け入れられるように支援を進める内容の項目が高い負荷量を示していた。そこで、「現実受入れ支援」因子と命名した。

（2）下位尺度間の関連

　優先的虐待対応尺度2つの下位尺度に相当する項目の平均値を算出し、「目標・目的の共有」（$M = 4.6$、$SD = .61$）「スキル・治療・助言」（$M = 3.8$、$SD = .60$）「子育ての対話」（$M = 4.6$、$SD = .58$）「現実受入れ支援」（$M = 4.3$、$SD = .68$）とした。内的整合性を検討するため各下位尺度のクロンバックの a 係数を算出したところ「目標・目的の共有」で $a = .82$、「スキル・治療・助言」で $a = .79$、「子育ての対話」で $a = .71$、「現実受入れ支援」で $a = .67$、の値が得られた。

　優先的虐待対応尺度の下位尺度間相関を表3-3に示す。4つの下位尺度

表 3-3 優先的虐待対応下位尺度

	目標・目的の共有	スキル・治療・助言	子育ての対話	現実受入れ支援	M	SD	α
目標・目的の共有	—	.52**	.48**	.28**	4.60	.61	.82
スキル・治療・助言		—	.38**	.24**	3.80	.60	.79
子育ての対話			—	.38**	4.60	.58	.71
現実受入れ支援				—	4.30	.68	.67

** p <.01

は互いに優位な正の相関を示した。

(3) 支援者が優先的に虐待対応を進めたい項目と実際の対応の乖離

①保護者と対峙する場面で「協働」を目的として優先的に対応したいと思っている項目

　表3-4は、支援者が優先的に虐待対応を進めたい項目と実際の対応の乖離を示した表であり、乖離度が小さい質問を上から順に示している。つまり、保護者と対峙する場面で、支援者が優先的な虐待対応の支援課題であると考えていて、実際にその支援ができていると考えているものを列挙している。下に行くに従って、乖離が大きく、支援を進めたいと考えているが実際はできていないという割合が大きなものになっていることを示している。

　まず、支援者が「協働」を目的として優先的に対応したいと思っている項目について、平均ポイントが4.80以上の高ポイントを得られた回答の質問を列挙する。ここでは、因子分析により十分な負荷量を示さず削除された18の質問（該当因子が空欄のもの）についてもその傾向を見ていくため比較の対象とした。質問2「関係機関との連携をなるべく早く構築する」(4.88)。質問3「保護者との信頼関係を創る」(5.07)。質問4「保護者とこれから起こる可能性がある、子どもの未来の危険について共有する」(4.92)。質問9「一時保護の根拠を説明する」(5.30)。質問10「対話を継続するための話し合いの枠組みを構築する」(4.92)。質問14「一時保護の同意を得る」(4.82)。質問31「通告された事実を確認し、保護者と共有する」(4.94)。質問34「保護者から虐待にいたった、背景、事情を聴く」(5.04)。質問38「家

庭復帰後の見守り体制を創る」(4.96) がある。特定の因子に偏ることなく、機関連携、信頼関係構築、未来の危険の共有、保護の根拠、保護の同意、事実の共有、虐待の背景、見守り体制など、一時保護に至った理由、背景を共有する、あるいは理解してもらうための多面的なアプローチを志向していることが窺える。

逆に、平均ポイント4ポイント以下の相対的に優先度が低い回答が得られた質問は、質問20「子育てのスキルを高めるためのペアレントトレーニングなどを行う」(3.64)。質問22「保護者がなるべく早く子どもと会える機会を創る」(3.43)。質問30「児童相談所以外の第三者からの助言（客観的な視点）を保護者が得ることを働きかける」(3.72)。質問36「より良い子育てについて家族に助言をする」(3.89)。質問40「保護者を治療する専門機関を紹介する」(3.79)。質問42「家族を支援する友人、知人を紹介してもらう」(3.66) がある。子育てのスキル、助言、治療など、対立も含む初期介入の場面で、なおかつ相談動機が乏しい保護者と対峙していることから、これらの支援を優先していないと考えていることがわかる。子どもとの面会も子どもの安全が図れない中では、優先事項ではないと考えていると思われる。

②「協働」を目的として優先的に実施したい項目と実際の支援の乖離

それぞれの保護者に対して行う優先的虐待対応についての質問に対して、実際にはどの程度対応できているのかを質問した。ここでも、因子分析により十分な負荷量を示さず削除された18の質問についても比較の対象とした。結果は表3-4の通りである。

優先的に対応したいと考えている項目の回答平均は4.44ポイントであり、実際に対応できていると回答された平均が3.79であったことから、支援者は、実際、保護者との「協働」のために優先的に取り組みたいと考えているにもかかわらず、全ての質問の回答平均として0.65ポイント分できていないと回答している。4つの因子別の平均を見てみると支援者が保護者と対峙する場面で、優先的に取り組みたいと考えていることが実際に、どのくらいできているのかを質問した結果、表3-5の通り、第一因子「目標・目的の共有」は0.95、第三因子「子育ての対話」0.53、第二因子「スキル・治療・助言」0.43、第四因子「現実受入れ支援」0.31の順で虐待対

表3-4　優先的取り組み期待度と実施度の差

		A. 期待度	B. 実施度	A－B	t	df	p	該当因子
22	保護者がなるべく早く子どもと会える機会を創る。	3.43	3.59	－.16	－.98	220	.33	第二因子
25	一時保護所等の生活をイメージできるように保護者に説明する。	4.18	4.13	.05	2.06	220	.04	第四因子
39	子育ての苦労を聴かせてもらう。	4.36	4.19	.17	5.80	220	.00	第三因子
26	児相の有する法的権限を説明する。	4.09	3.88	.21	3.58	219	.00	
36	より良い子育てについて家族に助言をする。	3.89	3.61	.28	6.18	220	.00	第二因子
12	保護者の怒りを受け止める。	4.15	3.80	.35	6.73	219	.00	
29	可能な限り子どもに関わる情報（保護所での子どもの様子、心理テスト等の結果など）を保護者と共有する。	4.62	4.27	.35	7.98	220	.00	
24	児相がこれから行う調査事項を保護者に示す。	4.14	3.73	.41	7.42	220	.00	第四因子
40	保護者を治療する専門機関を紹介する。	3.79	3.36	.43	8.43	220	.00	第二因子
41	保護者の中にある子どもに対しての不安な気持ちを聴く。	4.61	4.18	.43	10.16	220	.00	第三因子
42	家族を支援する友人、知人を紹介してもらう。	3.66	3.22	.44	10.08	220	.00	第二因子
7	保護者が納得できるまで保護者の主張、訴えを聴く。	4.24	3.76	.48	9.94	220	.00	
31	通告された事実を確認し、保護者と共有する。	4.94	4.46	.48	10.32	220	.00	第四因子
28	保育園などの所属を確保する。	4.43	3.94	.49	9.33	220	.00	
14	一時保護の同意を得る。	4.82	4.33	.49	8.16	220	.00	
30	児相以外の第三者からの助言（客観的な視点）を保護者が得ることを働きかける。	3.72	3.23	.49	11.22	220	.00	第二因子
19	保護者と担当者が行き詰ったときの第三者的職員の存在を確保する。	4.07	3.57	.50	8.88	220	.00	第二因子
38	家庭復帰後の見守り体制を創る。	4.96	4.44	.52	10.12	219	.00	
27	家族の夢や願い、希望を聴く。	4.28	3.74	.54	9.68	220	.00	第一因子
34	保護者から虐待にいたった、背景、事情を聴く。	5.04	4.45	.59	12.29	220	.00	第三因子
9	一時保護の根拠を説明する。	5.30	4.68	.62	8.88	220	.00	
32	子どもへの思いを保護者から引き出す。	4.75	4.12	.63	12.76	220	.00	
8	保護された子どもの思いを保護者に伝える。	4.76	4.10	.66	11.13	220	.00	

		A. 期待度	B. 実施度	A−B	t	df	p	該当因子
35	子育ての中で、うまくいっていることを教えてもらう。	4.66	4.00	.66	12.79	220	.00	第一因子
16	子どもを含めた話し合いの場を創っていく。	4.14	3.45	.69	11.21	220	.00	第二因子
1	権威的な対応と受容的な対応を複数職員で分担し、対応する。	4.32	3.63	.69	9.85	220	.00	
21	保護者のニーズは何かを教えてもらう。	4.59	3.88	.71	14.04	220	.00	
33	保護者の子育てアイデンティティの混乱（これまでの子育てを否定され、どうすればよいか混乱している状態）に対する支援を行う。	4.39	3.67	.72	14.85	220	.00	第三因子
20	子育てのスキルを高めるためのペアレントトレーニングなどを行う。	3.64	2.89	.75	11.79	220	.00	第二因子
23	保護者自身の行為（虐待）を振り返ることの支援をする。	4.48	3.73	.75	12.14	219	.00	第三因子
6	譲れないものは譲れないとして、常に毅然とした態度をとり続ける。	4.73	3.97	.76	11.67	220	.00	
2	関係機関との連携をなるべく早く構築する。	4.88	3.98	.90	14.73	220	.00	
37	家族の潜在的な力に注目し、引き出す。	4.47	3.56	.91	15.77	219	.00	第一因子
18	親族などのインフォーマルネットワークを組織する。	4.21	3.29	.92	16.95	220	.00	
13	家庭復帰までの見通しをなるべく早く示す。	4.45	3.52	.93	14.55	220	.00	第一因子
5	親子関係をやり直す期待を高める支援をする。	4.43	3.42	1.01	15.45	220	.00	
10	対話を継続するための話し合いの枠組みを構築する。	4.92	3.82	1.10	17.52	220	.00	
15	子どもの安全な未来の状態（目標）を保護者と共有する。	4.75	3.65	1.10	16.76	219	.00	第一因子
17	子どもの立場になって、考えてもらえるよう支援する。	4.78	3.62	1.16	19.19	220	.00	
11	子どもが安全に暮らすためのプランを家族自身に創ってもらうよう支援する。	4.39	3.16	1.23	17.98	220	.00	第一因子
4	保護者とこれから起こる可能性がある、子どもの未来の危険について共有する。	4.92	3.63	1.29	21.57	220	.00	第一因子
3	保護者との信頼関係を創る。	5.07	3.70	1.37	20.75	218	.00	
	平均	4.44	3.79	.65				

表 3-5　因子の平均値

	第一因子	第二因子	第三因子	第四因子
	1.29	.69	.75	.41
	1.23	.50	.72	.05
	.93	.75	.59	.48
	1.10	.16	.17	
	.54	.49	.43	
	.66	.28		
	.91	.43		
		.44		
平均	.95	.43	.53	.31

応において、優先的に対応したいと考えているにもかかわらず、十分できていないと考えていることがわかった。

　質問別でみて、差が大きい質問、つまり、本来は優先的に対応したいと考えているにもかかわらず対応が十分ではないと考えているのは、質問3「保護者との信頼関係を創る」1.37、質問4「保護者とこれから起こる可能性がある、子どもの未来の危険について共有する」1.29、質問11「子どもが安全に暮らすためのプランを家族自身に創ってもらうよう支援する」1.23、質問17「子どもの立場になって、考えてもらえるよう支援する」1.16、質問10「対話を継続するための話し合いの枠組みを構築する」1.10、質問15「子どもの安全な未来の状態（目標）を保護者と共有する」1.10、質問5「親子関係をやり直す期待を高める支援をする」1.01、であり、やはり「目標・目的の共有」にかかわる質問が多く、保護者との関係を構築し、子どもの危険を共有して、さらに子どもの立場に立って、安全づくりを進めていくことの難しさを支援者が感じていることがわかった。

　差が小さい質問、つまり、優先的に対応したいと考えておおよそ対応できていると考えているのは、質問22「保護者がなるべく早く子どもと会える機会を創る」－1.6、質問25「一時保護所等の生活をイメージできるように保護者に説明する」0.05、質問39「子育ての苦労を聴かせてもらう」0.17、質問26「児相の有する法的権限を説明する」0.21、質問36「より良い子育てについて家族に助言をする」0.28、質問12「保護者の怒りを受け止める」0.35、質問29「可能な限り子どもに関わる情報（保護所での子どもの様子、心理テスト等の結果など）を保護者と共有する」0.35である。

乖離が少ない項目では、子ども虐待対応の仕組みの中でルーティーンとして説明することや、支援者がどちらかといえば受け身の立場で対応できるものについては、それなりの対応ができていると感じていることがわかる。

(4) 共分散構造分析の結果

探索的因子分析で抽出された4つの因子「目標・目的の共有」「スキル・治療・助言」「子育ての対話」「現実受入れ支援」の関係性を考察し、不本意な一時保護を体験している保護者との「協働」モデルを検討した。「協働」モデルでは、不本意な一時保護を体験している保護者が様々な困難や児童相談所との対立がありながらも、最終的には現実を受け入れるためのいくつかのプロセスを仮定し、分析を進めた。確認的因子分析では、探索的因子分析によって抽出された4つの潜在変数を分析し、その観測変数は0.51以上のものを示した。図3-1「協働関係構築実践モデル」が共分散構造分析の結果である。「子育ての対話」から「目標・目的の共有」は1%水準で、「子育ての対話」から「スキル・治療・助言」も1%水準で有意であった。「目

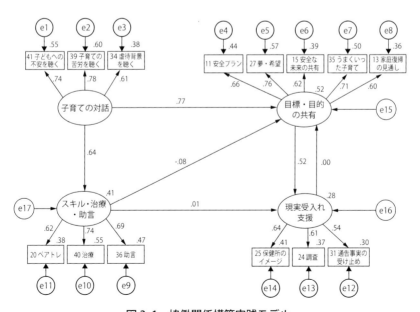

図 3-1　協働関係構築実践モデル

標・目的の共有」から「現実受入れ支援」は5％水準で有意であった。「スキル・治療・助言」から「目標・目的の共有」、「スキル・治療・助言」から「現実受入れ支援」そして「現実受入れ支援」から「目標・目的の共有」については、有意ではなかった。適合度指標は、χ二乗＝151.707、自由度71で、有意となったが、変数の多さを考慮すれば、予想できる値である。GFI＝.904、AGFI＝.858、でほぼ満足できる値であり、RMSEA＝.071については、0.1を下回っていることから信頼性のある適合的なモデルと判断できる。

　「子育ての対話」から「目標・目的の共有」は0.77の高い係数であり、これまでの「子育ての対話」が、「目標・目的の共有」に強い影響を与えていることがわかる。また、「子育ての対話」からの観測変数の内「41 子どもへの不安を聴く」「39 子育ての苦労を聴く」（観測変数は質問文の要点を記載、以下同じ）への係数が高いことから支援者が保護者から子どもに対する不安や、これまでの子育てを丁寧に聴くことが、「子育ての対話」の進展に大きく影響を与えていると考えていることがわかる。「目標・目的の共有」からの観測変数の内「27 夢・希望」「35 うまくいった子育て」への係数が高いことから支援者の保護者に対して「うまくいった子育て」を聴き、肯定的側面を対話すること、そして保護者の持っている子どもや、家族に対しての「夢・希望」などの肯定的な未来を聴くことが、目標の共有に大きく影響を与えていると支援者が考えていることがわかる。そして、「目標・目的の共有」から「現実受入れ支援」も、比較的高い係数があり、「目標・目的の共有」が保護者の職権介入に伴う様々な困難に対峙し、現実を受け入れていることに影響を与えていることがわかる。ここから、「子育ての対話」から「目標・目的の共有」、そして、「現実受入れ支援」というプロセスが「協働」関係を構築していく中核的なプロセスであることが示唆された。

　一方で「スキル・治療・助言」から「目標・目的の共有」は、わずかにマイナスであり保護者に対しての「スキル・治療・助言」が「目標・目的の共有」に有意な影響を与えていないと考えていることがわかる。また、「スキル・治療・助言」から「現実受入れ支援に対しても有意な影響を与えていないことがわかる。さらに、「現実受入れ支援」から「目標・目的の共有」に対しても有意な影響を与えていないことがわかった。

(5) 考察

ここまで、子ども虐待対応が「理解的支援態度」と「権威的指導態度」のバランスの中で行われていることが示され、さらに保護者との「協働」を難しくさせている構造について検討してきた。ここでは、児童相談所職員が一時保護をされた保護者に対して行う優先的虐待対応尺度について分析した。その結果、虐待対応における優先的虐待対応尺度として第一因子「目標・目的の共有」、第二因子「スキル・治療・助言」、第三因子「子育ての対話」、第四因子「現実受入れ支援」が抽出された。そして、支援者がこの場面で優先的に取り組もうとして、実際には支援が難しいと考えているものとして、保護者と子どもの安全と、それが実現された肯定的な未来という「目標・目的の共有」に向かって支援する取り組みが最も難しいと考えていることがわかった。さらに、これらを踏まえ探索的因子分析で抽出された因子を、確認的な因子分析を行ったうえで共分散構造分析によってパス図を作成し、不本意な一時保護を体験している保護者との「協働関係構築実践モデル」をまとめた。実践モデルは、まさに虐待対応の第一線にいて、日々奮闘している支援者に対して、実際に支援者が保護者と取り組みたいこととしての理想像、近未来像を示してもらうことで、支援者の実践知が集約され、示唆に富む実践モデルが示された。

「協働関係構築実践モデル」では、職権一時保護をされるような場面で、児童相談所が保護者と子どもの安全に向けて「協働」するために、まずは、「子育ての対話」として、子育ての苦労を聴かせてもらい、子どもに対して思っている潜在的な不安を言語化し、虐待の責任ではなく、それに至った背景を対話することが、保護者自身が立ち止まって、今の子育てを振り返るきっかけになっていくことが示された。そして、「子育ての対話」が進むことで、保護者の子どもや、家族との夢、希望を語ってもらい、その延長線にある安全な未来の共有をすることで具体的な安全プランを構築し、家庭復帰の見通しを持てるようになると「目標・目的の共有」ができるようになっていく展開が抽出された。さらに、「目標・目的の共有」がなされることで、保護者は次第に「現実の受け入れ」がなされ、通告事実を受け止め、子どもの生活する一時保護所を知り、児童相談所の行う調査を受け入れていくという、「子育ての対話」→「目標・目的の共有」→「現実を受け入れ」のプロセスが「協働」関係構築のプロセスであることが示

唆された。

また、「スキル・治療・助言」が直接「目標・目的の共有」に影響を与えないこと、同様に「スキル・治療・助言」からの「現実受入れ支援」も影響を与えることはなかった。一方で、「子育ての対話」から「スキル・治療・助言」が優位で高い係数を示しており「子育ての対話」を媒介させることによって保護者自身に「スキル・治療・助言」の主体的な動機が生まれた時に支援の効果が認められることが示唆された。

2　研究の限界と今後の課題

本調査は、不本意な一時保護を体験している保護者に支援者が対峙する時に支援者が「協働」の課題にいかに取り組もうとするのかを統計的に検討したものである。

因子分析を通じて、保護者と「協働」関係を構築するための優先的に取り組む4つの支援テーマとして「目標・目的の共有」「スキル・治療・助言」「子育ての対話」「現実受入れ支援」が示唆され、共分散構造分析によって実践モデルの枠組みが示された。

「協働関係構築実践モデル」は、子ども虐待対応の第一線で保護者と対峙している実務家が、日々の実践を通じて保護者と「協働」に向けて取り組んでいるその実践知、臨床知を集約させているものである。特に、保護者と対峙している現実の場面で、簡単に「協働」が展開するわけではないが、可能であるのなら優先的に取り組みたいとされているもの、つまり、実現をさせたいと思っている未来の中に実践の指針があると考えられるからである。

以上のことから、「協働関係構築実践モデル」は、対峙する保護者との「協働」において、一定の有効な実践の枠組みを示していると思われる。しかし、ここで示されたものは統計的な分析による実践の枠組みであり、現場の実践に活用しようとすれば、さらなる実践レベルでの検討が必要である。実践レベルでの検討については、質的な研究と比較しながら、より現場に有効な実践的なモデルを創り上げていくことが必要である。

第3節　アンケート自由記載にかかわる KJ 法による統合

　ここでは、アンケートの質問4「不本意な一時保護を体験し、ともすれば対立的な関係になりがちな家族と、子どもの安全の目標を共有し、保護者と児童相談所が『協働関係』を構築するためには何をすればよいのか、あなたの経験とお考えを教えてください。」により得られた意見を検討した。

1　検討の方法

　アンケートの自由記載にあった回答を、KJ 法により検討した。KJ 法は文化人類学者である川喜田二郎が提案した質的統合の方法である。特に、「混沌をして語らしめる」といわれるように、異質のもの同士の関連性を明らかにすることにおいて優れた分析手法であり、たとえば、グラウンデッド・セオリーがデータに密着しつつその中から必要とされるデータを選び領域密着理論を創出するのに対して、KJ 法ではデータが異質であることを前提にして、多くのデータのその関係性について検討を進め、新たな発想を創出することを目的とする。アンケートの自由記載では、上記の通りのオープンな質問に対して数多くの、そして多彩な回答を得ることができた。これらの異質なデータ間のつながり、まとまりを見ようとするとき KJ 法の手続きが、私たちに新たな発想を提供することになる。子ども虐待対応における保護者と児童相談所の「協働」関係構築の構造とプロセス、あるいはこのことをめぐっての児童相談所における様々な議論、いまだ結論を得ない現場の課題等のつながり、関係性も明らかになることが期待される。

2　手続き

　KJ 法は、異質のもの同士の関連性を明らかにし、そこから新たな発想を得ようとするものである。つまり、データを「まとめる」のである。川

喜田はこのことについて、「『まとめる』ことには、単に同質的なものの要約と分析という手続きだけでは不十分な場合がある。それはなんであろうか。すなわち、全然性質の違う、比べることのできない資料同士を集め、それらの組み合わせからどういう意味が見いだせるのかという意味での『まとめる』過程である。あるいは、異質のデータの組み合わせから何が発見されるかということである。この意味でのまとめに対しては、そもそも分類という手続きだけでは、はなはだ不十分だということになる」（川喜田 1967: 53）と述べている。データに真摯に向き合って、そのデータの親近性を感じ、それを集めてみてこのデータがなぜ集まってきたのかデータが語りかけてくるものに耳を傾けていく。このことを「志を同じくする」（川喜田 1986）データを集めるという。そして、そこに表札をつけていく。表札は「なるべく柔らかく、元の発言の肌触りができるだけ伝わるようにと表現するのがよいのだ。元の発言の土の香りをなるべくつたえた一行見出しがよいのである。」（川喜 1967: 71）といわれている。そして、一行見出し（後に、「表札」と表現される）は「概念化」のプロセスであると述べている。さらに、これらの小さな単位から大きな単位に概念化を進め、表札同士を空間配置し、「志を同じくする」ものをつなげることによってそこに新たな「発想」が生まれるのである。

　本章で行う KJ 法の手続きは川喜田によっておおむね 1986 年までに示された KJ 法の手続きを参考にして実施する。大まかな手続きとしては、①ラベルづくり、②グループ編成（ラベル拡げ→ラベル集め→表札づくりの繰り返し）、③ A 型図解化（表札の配置→島どり→島間の関連付け→シンボルマーク→タイトルづけ）、④ B 型叙述化、である。

　今回の調査でアンケートの自由記載に回答があったのは 267 人中 166 人であり回収率 67％であった。悉皆調査の対象 374 人からすると 44％の回答を得ることができた。いずれも高い回収率といえる。

　アンケートの回答についてはその意味のまとまりごとに、記述を分割したところ 500 枚以上のラベルが抽出された。500 枚のラベルを意味のまとまりごとに分類し、最もその意味を代表している可能な限り回答者の言葉をタイトルにつけてまとめていったところ、95 種類のラベルに分類することができた。後述するラベルの後ろの数字はそのラベルが何枚で構成されているかを示した数字である。このラベルを空間配置する際の最小単位

（後述する A 型図解化では「はらわた」として示されている）とした。そして、これらのラベルを「志を同じくする」ラベルごとにまとめ、「土のにおい」の残る、なるべく回答者の言葉、意味をそのまま残しながら意味のまとまりごとに分類したところ 48 の表札が抽出された。これを小表札とした。

　小表札の下にある最小単位のカードは一旦まとめ、見えないような形から、さらにこれらのカードの上にある表札を「志を同じくする」ものにまとめ、互いの関連性を検討し、空間配置する中で、さらに 19 枚の中表札がまとめられた。さらにそれらの 19 枚の中表札を空間配置し、最終的に 9 枚の島がまとめられ、ここで全体像が浮かび上がってきた。全体の配置がまとまってくる中で、小表札の下にあるカードを並べ（はらわたを出す）全体の配置を完成させた。9 つの島には、その島のまとまりを代表するシンボルマークを示した。図 3-2「子ども虐待対応における保護者との協働のプロセスとその課題」は、KJ 法 A 型図解化である。図解に基づき、KJ 法 B 型叙述化を進め、文章化する中で、図解のつながりをさらに検討していく。

　保護者と対峙する場面で支援者が、保護者と子どもの安全という目標を共有しようして取り組んでいるそれぞれの実践がどのようにつながっているのか、そのことを俯瞰的に見ることで、実践者の実践知、臨床知を垣間見ることにつながっていくことが期待される。

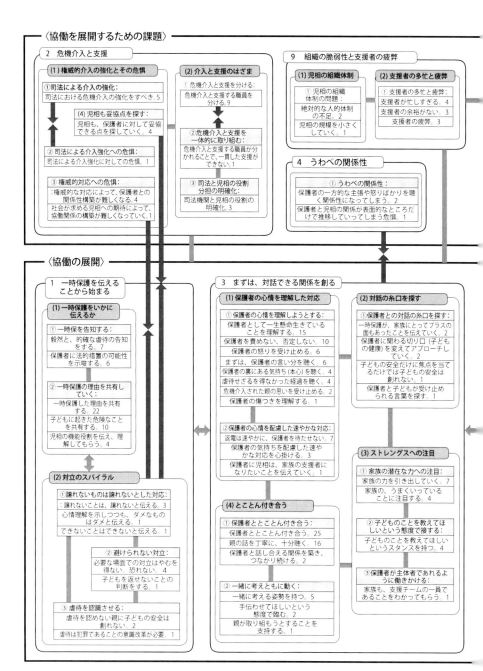

図 3-2 子ども虐待対応における保護者との協働のプロセスとその課題

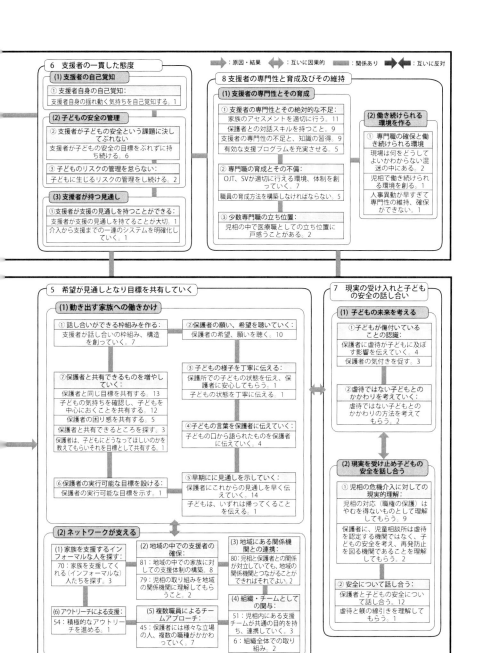

3　結果——KJ法B型叙述化の手続きに従って

KJ法B型叙述化の手続きに従い結果を示す。9つの島には、シンボルマークが付けられており、島間のつながりが示されている。9つの島はさらに大きく中段以下の〈協働の展開〉の【1 一時保護を伝えることから始める】【3 まずは対話できる関係を創る】【5 希望が見通しとなり目標を共有していく】【7 現実の受け入れと子どもの安全の話し合い】の4つの島と、上段にある〈協働を展開するための課題〉は【2 危機介入と支援】【4 うわべの関係性】【6 支援者の一貫した態度】【8 支援者の専門性と育成及びその維持】【9 組織の脆弱性と支援者の疲弊】の5つの島に分けられる。

まず、はじめに説明する島は、子ども虐待の危機介入において、支援者が保護者と対峙する、一時保護を伝える局面からである。なお、シンボルマークは【1 ＿】中表札［(1) ＿］小表札は（①＿）とし、回答者の言葉は「＿」で示した。

なお、KJ法図解化で使用した見出し番号等の表記が、本文中に使用したものと重なるため以下については(1)-1から始まる表記とする。

(1)-1　一時保護を伝えることから始まる

この島では、［(1) 一時保護をいかに伝えるか］という中表札の下に（① 一時保護を告知する）（②一時保護の理由を共有していく）の小表札があり、［(2) 対立のスパイラル］の中表札の下に（①譲れないものは譲れないとした対応）（②避けられない対立）（③虐待を認識させる）の表札がある。［(1) 一時保護をいかに伝えるか］と［(2) 対立のスパイラル］は一時保護という現実の共有すべき課題の困難さと保護者との対立という点において、互いに因果的な関係にある。

子ども虐待対応は、職権による一時保護等により保護者と児童相談所の最初のかかわりが始まることが多い。保護者にとっては不本意な一時保護であることが多く、ここで、一時保護をどのように伝えていくかが、今後の「協働」に影響を与える大きなテーマとなる。児童相談所が行った危機介入とその説明が、保護者にとっては受けとめ難い一時保護であれば、そのことによって対立のスパイラルに発展していく可能性を示唆している。子どもの安全に関して保護者に対して毅然と対応することと、子どもの安

全について保護者と話し合うことの間のジレンマに支援者は置かれる。

（1）一時保護をいかに伝えるか

　保護者との最初の出会いの場面では、一時保護をいかに伝えるかがテーマとなる。（①一時保護を告知する）では、毅然とした態度で保護者に一時保護を告知し、保護者の態度によっては法的対応も辞さないことを示唆している。一方で、（②一時保護の理由を共有する）では、一時保護に至った理由を共有すること、子どもにとって何が危険であったのか、このままの状態が続くとすれば未来の子どもにどんな危険が生じるのかなどを説明し、理解を得るように働きかけている。これらの支援者の態度は、必ずしも明確な区分があるわけではないが、保護者の行為（虐待）に重きを置いた一時保護理由を説明する立場と、子どもの未来の危険性に重きを置いた一時保護の説明の2つが、一時保護の告知場面における態度として特徴的である。そして、ここで生まれる最初の関係性が、後々までも支援者と保護者の関係性に影響を与えかねないテーマとなっていく。

（2）対立のスパイラル

　不本意な一時保護の体験は、保護者にとっては受け入れ難く、しばしば支援者との関係の中で対立関係が生じてしまう。時に、児童相談所の介入に対しての反発や、子どものおかれた状況の認識の相違などから対立が生まれ、支援者が保護者の理不尽と思えるような対応を受けることもある。これらの態度に対して毅然とした態度をとるのは当然でもあるが、支援者が「①譲れないものは譲れない」とした態度をとることで、さらなる（②避けられない対立）が続いていってしまうことがある。子どものことを中心とした話し合いは進まず、児童相談所も指導に従わない親として、そして「虐待を認めない親に子どもの安全は創れない」「虐待は犯罪であることの意識改革が必要」など、さらなる強力な指導を行うことで、対立のスパイラルに陥ってしまうことがある。

（2）-2　危機介入と支援

　この島は、児童相談所が直面している危機介入と支援という矛盾とされる役割の中でそれぞれの機能のあり方についての議論をまとめてい

る。［(1) 権威的介入の強化とその危惧］の中表札の下には４つの小表札がある。［(2) 介入と支援の間］の下には３つの小表札がある。図にある通り、司法機関と児童相談所における機能分離、あるいは児童相談所の組織の中での役割分担のあり方について言及されている。そして、これらの論点は、〈協働の展開〉にある【1 一時保護を伝えることから始める】【3 まずは対話できる関係を創る】【5 希望が見通しとなり目標を共有していく】【7 現実の受け入れと子どもの安全の話し合い】の展開に影響を及ぼしている。

(1) 権威的介入の強化とその危惧

　児童相談所の行う危機介入に伴って生じる対立関係がなかなか克服できず、家族に対しての支援につながらないことから、(①司法による介入の強化) の下には「司法における危機介入を強化すべき」との意見がある。一方で、(②司法による介入強化に対しての危惧) という意見もある。司法の関与については、子ども虐待対応における大きな議論の１つである。権威的対応と支援のあり方については、毅然とした危機介入が謳われれば、一方で (③権威的対応への危惧) が指摘され「権威的な対応によって、保護者との関係性の構築が難しくなる」「社会が求める児童相談所への期待によって、協働関係の構築が難しくなっていく」など、毅然とした危機介入への危惧も常に存在する。

(2) 介入と支援のはざま

　現場の支援者は常に危機介入と支援のはざまに身を置き、矛盾するとされるテーマの中で苦悩している。そして、危機介入と支援については、(①危機介入と支援を分ける) と (②危機介入と支援を一体的に取り組む) という異なる意見がある。危機介入と支援を分けるという意見の背景には、危機介入によって生じる対立関係から、同一機関が支援的な立場に立つことは難しく、また、危機介入の後に何らかの支援を想定することで、子どもの安全の確保という絶対的な優先事項に揺らぎが生じる危惧等がある。また、危機介入と支援を一体的に捉えるという意見の背景には、危機介入も子どもの安全を対話する、まさに機会となるものであり、危機介入と支援は不可分であるとの主張がある。さらに、この議論がより明確な役割分担、分

業を進めていくべきであるという方向に進むとき、より危機介入と支援を法制度として分離すべきであるとして、（③司法と児童相談所の役割分担の明確化）という議論に発展していく。

(3)-3　まずは、対話できる関係を創る

　この島は、子どもの一時保護をめぐって対立を残す中で、なんとか、話し合いができる関係を創ろうとして行う支援者の働きかけによってまとめられており、4つの中表札で構成されている。［(1) 保護者の心情を理解した対応］の下には（①保護者の心情を理解する）（②保護者の心情を配慮した速やかな対応）の小表札があり、［(2) 対話の糸口を探す］の下には（①保護者との対話の糸口を探す）、［(3) ストレングスへの注目］の下には（①家族の潜在的な力への注目）（②子どものことを教えてほしいという態度で接する）（③保護者が主体者であれるように働きかける）がある。［(4) とことん付き合う］の下には（①保護者ととことん付き合う）（②一緒に考えともに動く）がある。それぞれの中表札にあるテーマは、互いにに影響し合い、保護者と対話できる関係を創ろうとしている。

(1) 保護者の心情を理解した対応

　保護者と支援者が対峙する関係の中で、支援者は、対話できる関係を創っていくことが支援のテーマとなり、まずは（①保護者の心情を理解しようとする）態度で保護者と関わっていこうとする。「保護者として一生懸命生きていることを理解する」「保護者を責めない、否定しない」「保護者の怒りを受け止める」「まずは保護者のいい分を聴く」「保護者の裏にある気持ち（本心）を聴く」「虐待せざるを得なかった経過を聴く」「危機介入された親の思いを受け止める」「保護者の傷つきを理解する」などの態度である。

(2) 対話の糸口を探す

　そして、（①対話の糸口を探す）ことで、対話できる関係を創ろうとしていく。「保護者と子どもが受け止められる言葉を探す」ことや、「保護者にかかわる切り口（子どもの健康）を変えてアプローチしていく」ことや、「一時保護が、家族にとってプラスの面もあったことを伝えていく」などにより、対話のきっかけを創ろうとしていこうとする。

第3章　不本意な一時保護を体験している保護者と対峙する場面での児童相談所職員の意識・態度の統計的分析と自由記述の質的分析及びその比較

(3) ストレングスへの注目

子ども虐待対応を進めていくと、どうしても虐待に至った原因や、家族の持っている欠点、リスクに注目しがちとなるが、支援者はあえて、「家族の上手くいっていることに注目する」ことで、（①家族の潜在的な力への注目）をしていく。（②子どものことを教えてほしいというスタンスを持つ）ことは、家族しか知らない子どもの姿について教えてほしいという態度であり、指導される対象としての家族のポジションから、家族自身が自らの力を実感する機会となっていく。

(4) とことん付き合う

支援者は、対峙している保護者に対して、その心情を理解することに努めながら、対話の糸口を探し、ストレングスに注目することで家族のエンパワメントにつながっていく。保護者との関係は、これらのかかわりの地道な営みによって変化していく、支援者の感覚はとにかく（①保護者ととことん付き合う）というものである。「親の話を丁寧に十分聴く」「保護者と話し合える関係を築き、つながり続ける」ことこそが大切であると訴えている。対立していても、とにかく、つながり続けること、そして、（②一緒に考えともに動く）という態度を大切にしていた。

(4)-4　うわべの関係性

１つの島に１つの表札がある。（①うわべの関係性）とは、対話ができる関係を創っていこうという関係とは裏腹に「保護者と児童相談所の関係が表面的なところだけで推移していってしまう危惧」であり、「保護者の一方的な主張や怒りばかりを聴く関係性になってしまう」ことである。また、児童相談所の指導に対して表面的な従順さを装うことは、子どもを引き取るためにだけ示す態度として偽りの関係といえるかもしれない。

(5)-5　希望が見通しとなり目標を共有していく

この島には［(1) 動き出す家族への働きかけ］と［(2) ネットワークが支える］の２つの中表札があり、［(1) 動き出す家族への働きかけ］の下には７つの小表札、つまり、（①話し合いができる枠組みを創る）（②保護者の願い、希望を聴いていく）（③子どもの様子を丁寧に伝える）（④子どもの言葉を保護者に

伝えていく）（⑤早期に見通しを示していく）（⑥保護者の実行可能な目標を設ける）（⑦保護者と共有できるものを増やしていく）があり、それぞれが関係を創っている。［(2) ネットワークが支える］の下には６つの小表札（①家族を支援するインフォーマルな人を探す）（②地域の中での支援者の確保）（③地域にある関係機関との連携）（④組織・チームとしての関与）（⑤複数職員によるチームアプローチ）（⑥アウトリーチによる支援）があり、やはり、それぞれが関係を創っている。［(1) 動き出す家族への働きかけ］と［(2) ネットワークが支える］は「協働」の働きかけとネットワークによるサポートが互いに因果的な関係にあり、強い影響を及ぼしあう関係にある。

(1) 動き出す家族への働きかけ

ここでは、保護者との対話の糸口が見つかり、保護者と児童相談所の対話が展開していく。しかし、ここにおいても保護者と児童相談所の間の対立が必ずしも解消されたわけではない。お互いが、子どもの未来、安全について話し合える時もある、という程度かもしれない。支援者は未だ対立を残していたとしても（①話し合いの枠組みを創る）ことに取り組もうしていた。「支援者が話し合いの枠組み、構造をつくっていく」ことで、対話が継続されていった。そして、対話が継続されていく中で、（②保護者の願い、希望を聞いていく）ことを支援者は丁寧に行っていた。児童相談所による危機介入によって、それまでの子育てが根こそぎ否定されたかのように感じている保護者に対して、本当はどんな子育てをしたかったのか、どんな家族であってほしいのか、どんな未来が訪れることを期待しているのかを聴いていった。保護者の願い、希望が対話されることが、保護者と児童相談所が、同じ目標に向かって「協働」を始める１つのターニング・ポイントであることが示唆された。そして、保護者は子どもの未来に視点を移し、その視点から今の子どもに目を向けようとしていった。保護者は、子どもを一時保護されてから子どもとの自由な面会が許されず、強い不安にさいなまれていた。支援者はまず、（③子どもの様子を丁寧に伝えていく）ことを行い「保護所での子どもの状態を伝え、保護者に安心してもらう」ように努めた。そして、支援者は一時保護所に生活する（④子どもの言葉を伝えていく）ことを進めた。「子どもの口から語られたものを保護者に伝えていく」ことは、これまで家庭内で、虐待に発展するほどの関係の中で、気

付くことが難しくなっていた子どもの思いに触れることになった。そして、子どもとの再会がなされることになっていく。

　（⑤早期に見通しを示していく）では「保護者にこれからの見通しを早く伝えていく」とともに、「子どもは、いずれは帰ってくることを伝え」ていった。保護者の怒りは、子どもが帰ってこない不安の裏返しであることが多く、見通しが見えることが安心につながっていった。見通しが見えることはその先の目標を共有していくことになっていく。（⑥保護者の実行可能な目標を設ける）ことは、保護者が着実に目標に向かって進んでいる実感につながっていった。さらに支援者は（⑦保護者と共有できるものを増やしていく）ことに努めた。「保護者と同じ目標を共有する」「子どもの気持ちを確認し、子どもを中心におくことを共有する。」「保護者の困り感を共有する」「保護者と共有できる所を探す」「保護者は子どもにどうなってほしいのかを教えてもらいそれを目標として共有する」など、目標や、子どもの気持ち、困り感など保護者との共有領域を増やす努力をしていた。

(2) ネットワークが支える

　そして、これらの［(2) ネットワークが支える］存在がある。ネットワークは、親族、友人、知人によるインフォーマルなネットワークと、公的機関によるフォーマルなネットワークがある。（①家族を支援するインフォーマルな人を探す）ことは、決して容易なことではないが、疎遠であった親族等を子どもの安全を守る人たちとして家族のサポーターになってもらうことを働きかけていた。さらに（②地域の中での支援者の確保）として「地域の中での家族に対しての支援体制の構築」「児童相談所の取り組みを地域の関係機関に理解してもらうこと」を進めた。（③地域にある関係機関との連携）は欠かすことはできず、「児童相談所と保護者との関係が対立していても地域の関係機関とつながればよい」と考え、いずれかの機関とつながっていけば、「協働」を進めることはできると考えていた。また、児童相談所の中でも（④組織・チームとしての関与）が求められ、「児童相談所内のチームが共通の目的を持ち連携していく」「組織全体での取り組み」が求められた。（⑤複数職員によるチームアプローチ）では、「保護者には、様々な立場の人、複数の職員がかかわっていく」ことで、保護者との対立関係が続いて支援者が疲弊する時でも、組織として判断し、組織として対応すること

128

で、保護者との関係を維持し、支えていった。また、一人の担当者との関係が悪化したとしても他の職員との関係が維持されれば、対話は継続されることと考えていた。そして、自ら相談を求めない保護者に対しては積極的な（⑥アウトリーチによる支援）が行われた。

(6)-6　安全の管理と支援者の一貫した態度

この島は子どもの安全という絶対的な優先事項の遂行と保護者への支援的なアプローチの中で起きるいわば支援者の揺らぎにかかわる島であり、【6 支援者の一貫した態度】の下には［(1) 支援者自身の自己覚知」があり、（①支援者自身の自己覚知）が続く。［(2) 子どもの安全の管理］の下には（①支援者が子どもの安全という目標に決してぶれない）（②子どものリスクの管理を怠らない）が続く。［(3) 支援者が持つ見通し］の下には（①支援者が支援の見通しを持つことができる）がある。

(1) 支援者の自己覚知

支援者は保護者と対峙する中で、常に心を揺さぶられ続ける。ときに激しい怒りに接することもあれば、恐怖と不安にさいなまれることもある。悲惨な子ども虐待に接すれば、深い悲しみと、保護者に対する怒りが生まれることもある。また、保護者の置かれた状況に悲しみを覚えたりもする。また、保護者との関係が行き詰ると、その理由を家族に求め、家族を揶揄するようにして、自身の気持ちを高揚させることがないわけではない。これらの（①支援者自身の自己覚知）は極めて重要で「支援者自身の揺れ動く気持ちを自己覚知する」ことが求められる。

(2) 子どもの安全の管理

子ども虐待対応における絶対的優先事項は子どもの安全である。このことに議論の余地はないが、危機介入と支援の間に支援者が置かれるとき、迷い、揺らぎが生まれることがある。支援者は自分の中に生まれている感情を受け止めながら、（①支援者が子どもの安全という問題に決してぶれない）（②子どものリスクの管理を怠らない）ことが求められるのである。

(3) 支援者が持つ見通し

　子ども虐待対応における保護者との「協働」を構築していくプロセスは支援者にとっては困難な営みであることが多い。今の対立がいつ解決に向かうのかわからず、あたかも永遠に続くものであると感じてしまったりする。保護者が子どもの家庭引取り等において見通しが見えないときに不安の裏腹としての攻撃になりがちであるように、支援者も見通しが見えないことで不安を覚えていく。ここでは（①支援者が支援の見通しを持つことができる）ことが大切であり、今の対峙する関係が支援のプロセスの中でどこにあるのかを俯瞰的な位置から理解することで、ただ対峙しているのではなく、次につながるための対峙であることを理解することで、そこで対立していることの意味が変わってくるのである。

(7)-7　現実の受け入れと子どもの安全の話し合い

　この島は〈協働のプロセス〉の４つのプロセスの最後に位置づいている。［(1)　子どもの未来を考える］の中表札の下には（①子どもが傷付いていることの認識）（②虐待ではない子どもとのかかわりを考えていく）があり［(2)　現実を受け止め子どもの安全を話し合う］の下には（①児童相談所の危機介入に対しての現実的理解）（②安全について話し合う）がある。「(1)　子どもの未来を考える」と「(2)　現実を受け止め子どもの安全を話し合う」については子どもの未来と安全という点において相互に因果的であり、影響を与え合う関係にある。

(1) 子どもの未来を考える

　「協働」関係の進展によって保護者は、子どもの未来を考えていくようになっていく。そして、在宅の時には近すぎて見えなかった関係が一時保護によって生まれた子どもとの距離によって、子どもの気持ち、思いに触れることになっていく。保護者は子どもの今に触れることによって、（①子どもが傷付いていることの認識）を持つようになっていく。支援者はここで「保護者の気づきを促す」ために「保護者に虐待が子どもに及ぼす影響を伝えていく」。対峙的な関係にある時は、児童相談所の働きかけを否定し、拒んだ保護者も対話ができる関係を創り、その対話の中で、希望が見通しとなり、目標が共有されていくと、子どもの今ある現実に目を向けていく

130

のである。保護者の気持ちを動かすのは、やはり、今ある子どもの姿であり、子どもの未来に目を向け、どんな子どもになってほしいのかと思いをはせる時である。

(2) 現実を受け止め子どもの安全を話し合う

そして、保護者と支援者の「協働」のプロセスの中で保護者は現実を受け止め子どもの安全を話し合うことになっていく。保護者にすれば、児童相談所の危機介入の全てに納得ができているわけではない。また、児童相談所に対しての怒りが消失されているわけでもない。様々な配慮があったとはいえ、虐待をした親とされたスティグマに対してどのように折り合えばよいのか、保護者は混とんの中におかれている。しかし、否応なく過ぎていく現実の展開の中で（①児童相談所の危機介入に対しての現実的な理解）をせざるを得ない状況におかれる。児童相談所の立場からは「児童相談所の対応（職権の一時保護）はやむを得ないものとして理解してもらう」「保護者に児童相談所は虐待を認定する機関ではなく、子どもの安全を考え、再発防止を図る機関であることを認識してもらう」ということの働きかけはあるが、保護者が虐待者とされた現実に折り合うためには、それぞれの折り合いのストーリーがあるだろう。

そして、ここまでのプロセスを経ることによって真に子どもの（②安全について話し合う）ことができるようになっていく。

【1 一時保護を伝えることから始まる】で支援者が行ったことは、子どもの安全について話し合うことであった。しかし、不本意な一時保護を体験している保護者にとっては、子どもの安全を話し合うこと、少なくとも危機介入を行った児童相談所との関係においての話し合いは、非常に難しいものであった。ここから始まる「協働」の営み、【1 一時保護を伝えることから始まる】→【3 まずは対話できる関係を創る】→【5 希望が見通しとなり目標を共有していく】→【7 現実の受け入れと子どもの安全の話し合い】というプロセスを経ることで、子どもの安全の話し合いが実現されていくことが示唆された。【3 まずは対話できる関係を創る】【5 希望が見通しとなり目標を共有していく】の営みを媒介することで、一時保護に伴う対立から、その対立を克服して、子どもの安全の話し合いが実現されていく子ども虐待対応における保護者と児童相談所の「協働」関係構築に

かかわる実践モデルにつながるプロセスが示唆される。

(8)-8　支援者の専門性と育成及びその維持

　この島は、子ども虐待対応を担う支援者の専門性について、その育成と維持について議論されている。中表札［(1) 支援者の専門性とその育成］の下には（①支援者の専門性とその絶対的不足）（②専門職の育成とその不備）（③少数専門職の立ち位置）がある。［(2) 働き続けられる環境をつくる］の下には（①専門職の確保と働き続けられる環境がある）

(1) 支援者の専門性とその育成

　ここで、課題としてまとめられたのは、子ども虐待対応における保護者と児童相談所の「協働」関係構築を支える（①支援者の専門性とその絶対的な不足）にかかわることである。「支援者の専門性の不足と知識の習得」「保護者との対話スキルを持つこと」「有効な支援プログラムを充実させる」「家族のアセスメントを適切に行うこと」などの絶対的な不足が指摘されている。そして、（②専門職の育成とその不備）においては、「OJT、SV が適切に行える環境、体制を創っていく」「職員の育成方法を構築しなければならない」し、その専門性をいかに構築していくのか、そしてそれを実現する児童相談所の体制についての課題が指摘されている。また、その専門性の維持、育成において最も重要となるであろう実践をまさに共有してのスーパービジョン、OJT の在り方への危惧が指摘された。（③少数専門職の立ち位置）では、「児童相談所の中で医療職としての立ち位置に戸惑うことがある」と児童福祉の現場における医療職としての役割の微妙な立場を示している。

(2) 働き続けられる環境を創る

　（①働き続けられる環境）では、今の児童相談所の置かれている現実の中で、子どもの命と安全を守り、さらに子どもが家族のもとで安心して暮らせるように家族再統合に配慮していくという社会的な責務の中で、「現場は何をどうしてよいかわからない混迷の中にある」という率直な意見がある。また、「人事異動が早すぎて専門性の維持、確保ができない」という状況の中で「児童相談所で働き続けられる環境を創る」ことが、急務の課題と

なっているのである。

(9)-9　組織の脆弱性と支援者の疲弊

　この島は［(1) 児童相談所の組織体制］という中表札の下に（①児童相談所の組織体制の問題）［(2) 支援者の多忙と疲弊］の下にはやはり（①支援者の多忙と疲弊）がある。児童相談所が抱える構造的な問題、人的体制の圧倒的な不足、【2 危機介入と支援】にあるような司法と福祉の役割分担にかかわる議論、児童相談所の規模による組織的な意思決定、安全の管理などの難しさ、課題や、【8 支援者の専門性と育成及びその維持】にあるような、児童相談所職員の専門性の育成と維持にかかわる課題、人事異動が多く働き続けることが難しい職場など、今日の児童相談所が抱える複合的な課題の中で、支援者の個人的な努力だけでは到底立ち行かなくなり、支援者が疲弊していく現実がまとめられている。

(1) 児童相談所の組織体制

　（①児童相談所の組織体制の問題）においては、「絶対的な人的体制の不足」があげられる。実際、児童福祉司一人あたりが担当するケース数が100件を超える場合もあり、また児童福祉司、児童心理司の不足、一時保護所の職員の不足は顕著であり、虐待事例のように即時即応を求められる対応を適切に進めていくための人的な体制は絶対的に不足しているといわざるを得ない。また、人口100万人に届く管轄人口を持っている児童相談所では、組織の運営が難しく、多くのセクションが十分に機能し、虐待事例の進行管理をしているとはいい難く「児童相談所の規模を小さくしていく」という切実な課題がある。

(2) 支援者の多忙と疲弊

　結局、行き着くところは（①支援者の多忙と疲弊）ということになってしまう。「支援者が忙しすぎる」ため、「支援者の余裕がない」「支援者の疲弊」ということにつながっていく。これらに陥らないための抜本的で組織的な改革が求められている。

4 考察

KJ法A型図解化および、KJ法B型叙述化を通じて明らかになったのは、子ども虐待対応において、不本意な一時保護を体験している保護者との対峙的な関係から、子どもの安全という目標に向かって、保護者と児童相談所が「協働」していくプロセスとそのことを実現していくことの要素（要件）が、まさに児童相談所の現場で保護者と対峙している職員の言葉を紡ぐことによって、その全体像が俯瞰的に見えてきたことである。

KJ法によって見えてきた保護者と児童相談所が「協働」していくプロセスは、〈協働の展開〉にある【1 一時保護を伝えることから始まる】→【3 まずは対話できる関係を創る】→【5 希望が見通しとなり目標を共有していく】→【7 現実の受け入れと子どもの安全の話し合い】の大きく4つのステージが示唆された。そして、これらのステージの展開に伴う、現場からの論点が〈協働を展開させるための課題〉にある【2 危機介入と支援】【4 うわべの関係性】【6 支援者の一貫した態度】【8 支援者の専門性と育成及びその維持】【9 組織の脆弱性と支援者の疲弊】である。

【1 一時保護を伝えることから始まる】においては、保護者に一時保護をいかに伝えるか、今ここにある課題を保護者といかに共有するのかというテーマがある。この場面は、最も緊張する場面であるとともに、この場面での保護者と児童相談所の意向のずれが後々までの関係性に影響を与える。毅然と保護者に対峙することと、子どもの未来の危険を保護者と共有することのアプローチが時に相反する対応として捉えられていた。そして、このことは【2 危機介入と支援のあり方】の議論として、支援と介入の分離、危機介入にかかわる司法機関の関与等が論点として存在し、いまだ結論を見ていない分野である。

いずれにしても対峙的な関係に陥りやすい場面において支援者は【3 まずは対話できる関係を創る】ために保護者にアプローチしていった。［(1) 保護者の心情を理解した対応］［(2) 対話の糸口を探す］［(3) ストレングスへの注目］［(4) とことん付き合う］は対話を構築していくための、まさに現場から発信される臨床知であり、これらのまとまりとそのつながりが対話できる関係づくりの要件となっていく。まずは、対話ができなければ始まらないのである。しかし、一方で、話し合える関係を創ることが、【4

うわべだけの関係性】にとどまる、あるいは陥ってしまう危惧も指摘されていた。

　話し合える関係性ができてくると、次に【5 希望が見通しとなり目標を共有していく】に支援のテーマが移っていく。[(1) 動き出す家族への働きかけ]にある7つの小表札つまり、（①話し合いができる枠組みを創る）（②保護者の願い、希望を聞いていく）（③子どもの様子を丁寧に伝える）（④子どもの言葉を保護者に伝えていく）（⑤早期に見通しを示していく）（⑥保護者の実行可能な目標を設ける）（⑦保護者と共有できるものを増やしていく）は保護者と児童相談所が「協働」関係を構築するまさに要件であり、これらが循環的に相互に影響し合う関係を構築し、「協働」を展開させていく。[(2) ネットワークが支える]つまり、（①家族を支援するインフォーマルな人を探す）（②地域の中での支援者の確保）（③地域にある関係機関との連携）（④組織・チームとしての関与）（⑤複数職員によるチームアプローチ）（⑥アウトリーチによる支援）は、支援者が構築するネットワークが保護者との「協働」をサポートしていくことになっていく。

　そして、保護者との「協働」の展開によって、【8 現実の受け入れと子どもの安全の話し合い】のステージに移っていく。ここで取り上げられている[(1) 子どもの未来を考える][(2) 現実を受け止め子どもの安全を話し合う]というテーマは、【1 一時保護を伝えることから始まる】の一貫した支援のテーマであった。しかし、このテーマは対峙的な関係になってしまったとき、なかなか論点とならなかった。保護者と児童相談所の動き出す家族への働きかけは子どもの安全に向けた話し合いをし、それを実現することである。どうしても対立的な関係に陥りやすい局面から、【1 一時保護を伝えることから始まる】→【3 まずは対話できる関係を創る】→【5 希望が見通しとなり目標を共有していく】→【7 現実の受け入れと子どもの安全の話し合い】のプロセスと、そのプロセスを次のステージに進めるための表札にまとめられた要件を達成していくことが保護者と児童相談所の「協働」関係構築のポイントであることが示唆された。

5　研究の限界

　本研究はアンケートの自由記載から得られたデータを KJ 法の手続きに

よって統合したものである。困難な現場で、まさに保護者との「協働」の実践を進めている生の声を臨床知、実践知として教えていただくことによって、「協働」のプロセスとそれを実現していく構造、要件そして、現場の課題等のつながりを俯瞰的に捉えることができた。しかし、支援者のアンケートへの回答という限定された回答からの考察であること、支援者の立場からの「協働」の考察という限定の中でのものである。「協働」を論じるためには、当然当事者からの分析は不可欠である。今後は、ここで捉えられたプロセスについて、より現場実践に活かせるような実践モデルに発展させていく必要があり、当事者である保護者、子ども、「協働」実践を先進的に進めている実務家からのインタビュー等による質的分析によって、「協働」を進めるための力動、人と人との交互作用等を明らかにし、実践モデルに盛り込んでいくことが課題である。

第4節 アンケートの統計的分析結果とKJ法A型図解化の比較

ここまで、3つの質問肢によるアンケートの統計的分析と、自由記述に対しての質的分析を行ってきた。ここでは、統計的分析と質的分析結果を比較すること（トライアンギュレーション）で、保護者との「協働」関係を構築するための共通するプロセス、要素を抽出し、さらなる実践モデル提起の可能性を検討する。

1 アンケート分析結果とKJ法A型図解化の比較

質問2による「協働」関係構築のために支援者が優先的に進める4つの支援テーマである「因子1目標・目的の共有」「因子2スキル・治療・助言」「因子3子育ての対話」「因子4現実受入れ支援」および、共分散構造によって示された「協働」関係構築のプロセス、構造はA型図解化における〈協働の展開〉にある【1 一時保護を伝えることから始まる】→【3 まずは対話できる関係を創る】→【5 希望が見通しとなり目標を共有していく】→【7 現実の受け入れと子どもの安全の話し合い】にそのプロセスと構造の一致が示唆された。

136

以上のことから、ここでは対峙する保護者との「協働」に焦点があてられた。質問3に対する共分散構造によって示された「協働」関係構築のプロセス、構造とA型図解化における〈協働の展開〉の2つの比較を手掛かりに、さらなる「協働」関係構築の実践モデルの発展を検討する。

2　共分散構造分析モデル図とKJ法A型図解化の比較検討

（1）　4つの因子とシンボルマーク・表札の比較

　「職員が一時保護をされた保護者に対して行う優先的虐待対応尺度の分析」における探索的因子分析により抽出された4つの因子およびその下位項目とKJ法A型図解化の中で、〈協働の展開〉にあるシンボルマークと中表札、小表札を比較したものが図3-3である。KJ法A型図解化の中の〈協働を展開するための課題〉は組織の機能、専門性の育成、維持等の〈協働の展開〉を支える要素および、「協働」に伴う今ある議論、論点を反映したものであるため、「協働」関係にかかわる実践モデルを構築する目的からここでの比較からは除いた。それぞれの項目、4つの因子とその下位項目4つのシンボルマークとそれを構成する中表札、小表札を線でつなげると、表にある通り両者に共通したテーマが認められる。つまり、「因子3 子育ての対話」はシンボルマーク「3 まずは、対話できる関係を創る」に、「因子1 目標・目的の共有」はシンボルマーク「5 希望が見通しとなり目標を共有していく」に、「因子4 現実受入れ支援」はシンボルマーク「7 現実の受け入れと子どもの安全の話し合い」に該当している。シンボルマーク「1 一時保護を伝えることから始まる」は因子分析が一時保護を告知した後の支援者の態度を取り扱っていることから該当項目がない。

　ただし、4つの因子の内、因子「スキル・治療・助言」については、KJ法A型図解化のシンボルマークの中に該当はなかった。KJ法による分析のもととなったアンケートの自由記述からは、支援者は因子「スキル・治療・助言」のテーマは職権一時保護されるような危機介入局面においては、「協働」関係構築のための優先事項と考えていないことの結果と考えられる。

　ただし、因子2）「スキル・治療・助言」の4つの下位項目つまり「19 保護者と担当者が行き詰った時の第三者的職員の存在を確保する」はKJ法A型図解化「5 希望が見通しとなり目標を共有していく」の表札の中の

1 一時保護を伝えることから始まる

(1) 一時保護をいかに伝えるか
- ①一時保を告知する
- ②一時保護の理由を共有していく

(2) 対立のスパイラル
- ①譲れないものは譲れないとした対応
- ②避けられない対立
- ③信待を認識させる

3 まずは、対話できる関係を創る

(1) 保護者の心情を理解した対応
- ①保護者の心情を理解しようとする
- ②保護者の心情を配慮した速やかな対応

(2) 対話の糸口を探る
- ①保護者との対話の糸口を探す

(3) ストレングスへの注目
- ①家族の潜在な力への注目
- ②子どものことを教えてほしいという態度で接する
- ③保護者が主体的であれるように働きかける

(4) とことん付き合う
- ①保護者ととことん付き合う
- ②一緒に考えともに動く

5 希望が見通しとなり目標を共有していく

因子3　子育ての対話

41　保護者の中にある子どもに対しての不安な気持ちを聴く。

39　子育ての苦労を聴かせてもらう。

34　保護者から虐待にいたった、背景、事情を聴く。

33　保護者の子育てアイデンティティの混乱（これまでの子育てを否定され、どうすればよいか混乱している状態）に対する支援を行う。

23　保護者自身の行為（虐待）を振り返る（振り返り）との支援をする。

因子2　スキル・治療・助言

20　子育てのスキルを高めるためのペアレントトレーニングなどを行う。

40　保護者を治療する専門機関を紹介する。

36　より良い子育てについて家族に助言をする。

19　保護者と担当者が行き詰ったときの第三者的職員の存在を確保する。

42　家族を支援する友人、知人を紹介してもらう。

22　保護者がなるべく早く子どもと会える機会を作る。

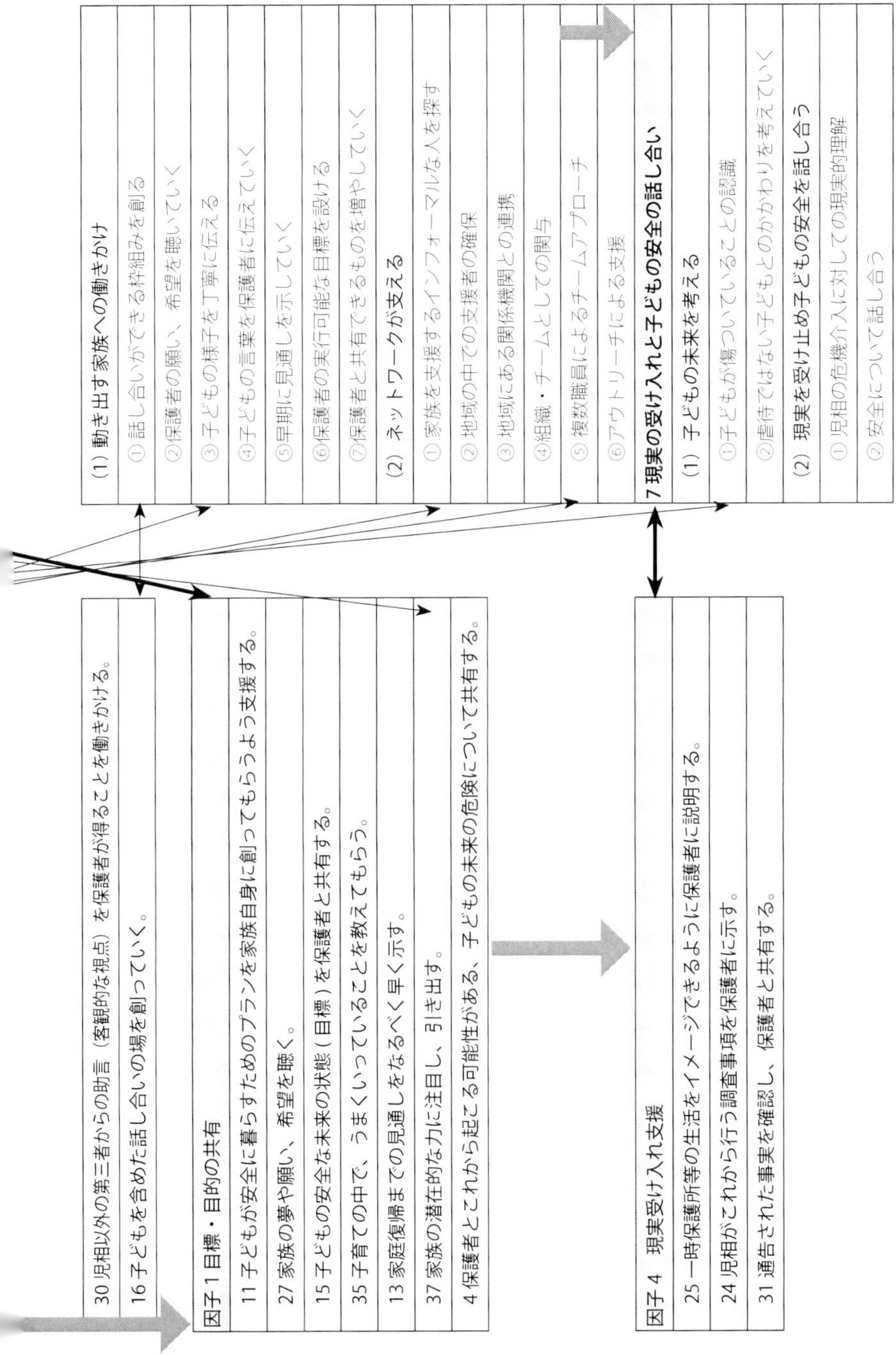

(1) 動き出す家族への働きかけ
① 話し合いができる枠組みを創る
② 保護者の願い、希望を聴いていく
③ 子どもの様子を丁寧に聴く
④ 子どもの言葉を保護者に伝えていく
⑤ 早期に見通しを示していく
⑥ 保護者の実行可能な目標を設ける
⑦ 保護者と共有できるものを増やしていく

(2) ネットワークが支える
① 家族を支援するインフォーマルな人を探す
② 地域の中での支援者の確保
③ 地域にある関係機関との連携
④ 組織・チームとしての関与
⑤ 複数職員によるチームアプローチ
⑥ アウトリーチによる支援

7 現実の受け入れと子どもの安全の話し合い
(1) 子どもの未来を考える
① 子どもが傷ついていることの認識
② 虐待ではないが子どものかかわりを考えていく

(2) 現実を受け止めの子どもの安全を話し合う
① 児相の危機介入に対しての現実的理解
② 安全について話し合う

30 児相以外の第三者からの助言（客観的な視点）を保護者が得ることを働きかける。
16 子どもを含めた話し合いの場を創っていく。

因子1 目標・目的の共有
11 子どもが安全に暮らすためのプランを家族自身に創ってもらうよう支援する。
27 家族の夢や願い、希望を聴く。
15 子どもの安全な未来の状態（目標）を保護者と共有する。
35 子育ての中で、うまくいっていることを教えてもらう。
13 家庭復帰までの見通しをなるべく早く示す。
37 家族の潜在的な力に注目し、引き出す。
4 保護者とこれから起こる可能性がある、子どもの未来の危険について共有する。

因子4 現実受け入れ支援
25 一時保護所等の生活をイメージできるように保護者に説明する。
24 児相がこれから行う調査事項を保護者に示す。
31 通告された事実を確認し、保護者と共有する。

図3-3 因子分家気による4つの因子とKJ法によるシンボルマーク・表札との関係

小表札「5-⑵-⑤ 複数職員によるチームアプローチ」に該当する。因子下位項目「42 家族を支援する友人、知人を紹介してもらう」は、小表札「5-⑵ -① 家族を支援するインフォーマルな人を探す」に該当し、さらに、因子下位項目「22 保護者がなるべく早く子どもと会える機会を創る」は小表札「5-⑴-③ 子どもの様子を丁寧に伝える」に該当する。因子下位項目「16 子どもを含めた話し合いの場を創っていく」は小表札「5-⑴-① 話し合いができる枠組みを創る」に該当する。これらのことから、因子2)「スキル・治療・助言」に含まれている人とのつながりを支援していく項目は、KJ 法 A 型図解化「5 希望が見通しとなり目標を共有していく」に混在していることが示唆された。因子2)「スキル・治療・助言」の中でも、人とのつながりを支援していく項目については、危機介入時であったとしても必要であると、KJ 法 A 型図解化は示している。

　以上の通り因子分析における「子育ての対話」→「目標・目的の共有」→「現実の受け入れ」のプロセスは、KJ 法 A 型図解化における「3 まずは、対話できる関係を創る」→「5 希望が見通しとなり目標を共有していく」→「7 現実の受け入れと子どもの安全の話し合い」のプロセスと「協働」関係構築において共通のプロセスであることが示唆された。

⑵　「『対話の構築／希望・見通し・目標の共有』媒介モデル」の提起

共分散構造分析によるパス図と KJ 法 A 型図解化の比較をする。

　パス図のうち、「協働」の中心的なプロセスは図3-4「協働関係構築実践モデルの中核図」のうち四角の点線で囲んだ「子育ての対話」→「目標・目的の共有」→「現実の受け入れ」である。KJ 法 A 型図解化の「一時保護を伝えることから始まる」→「まずは対話できる関係を創る」→「希望が見通しとなり目標を共有していく」→「現実の受け入れと子どもの安全の話し合い」は、「協働」関係を構築していく大きな展開として共通のプロセスがあることは先述した。

　量的な分析である共分散構造分析によるパス図（協働関係構築実践モデル）と質的分析である KJ 法 A 型図解化を統合したモデルを図3-5に示す。このような定量的分析と定性的分析のトライアンギュレーションの意義については「質的・量調査が並行的に実施され、そこで得られた多次元の解釈

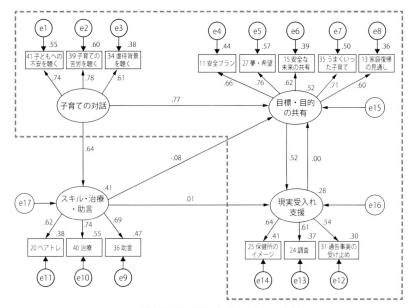

図 3-4 「協働関係構築実践モデルの中核図」

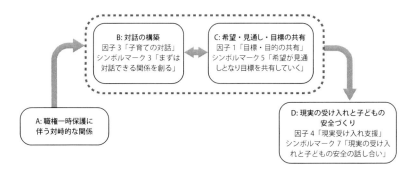

図 3-5 協働関係構築のための「対話の構築／希望・見通し・目標の共有」媒介モデル

や推量を統合し、質か量か一方だけの調査では得ることのできない、メタ・レベルの理解と推量を得ることができる。」(北川・佐藤 2010: 152) とされており、信頼性、妥当性の高い実践モデルの創出が期待できる。

図 3-5「協働関係構築のための『対話の構築／希望・見通し・目標の共有』媒介モデル」は、A の「対峙的な関係」から、B の「対話の構築」、C の

「希望・見通し・目標の共有」、これらを媒介することで、D「現実の受け入れと子どもの安全の話し合い」に移行していくことを示している。つまり、A「対峙的な関係」から、D「現実の受け入れと子どもの安全づくり」に展開するためにはBの「対話の構築」、Cの「希望・見通し・目標の共有」を媒介[2]させることで「協働」が実現することを示している。

　共分散構造分析によるパス図において「子育ての対話」→「目標・目的の共有」→「現実の受け入れ」は、図3-4にある通り高い係数を示しており、「対話の構築／希望・見通し・目標の共有」を媒介させるモデルは、質的分析としてのKJ法A型図解化と統合させることで、量的分析の実証性が加えられることになる。

　本分析を通じて、「協働」関係実現のプロセスとして「子ども虐待対応における「協働」を実現するための「『対話の構築／希望・見通し・目標の共有』媒介モデル」がまとめられた。

3　まとめ

　子ども虐待ソーシャルワークにおける「協働」関係とは「子どもの安全、安心という目標、目的に対して、子どもにかかわる機関と保護者等がこれを共有し、このことの実現に向かって歩んでいく関係性とそのプロセス」と定義した。不本意な一時保護を体験し、対峙的な関係になりながらも、子どもの安全に向かって進んでいくためには、「対話」「目標・目的の共有」を媒介させる支援が、一時保護に伴う対峙的な関係から、保護者自身が困難な現実を受け止め、子どもの安全を話し合い、その実現に向けて主体者として取り組むためのプロセスを進展させることが示唆された。

　本調査は、アンケート調査による帰納的な分析である。今回、明らかになったことは、いわば現場の職員が日々の実践の中で感じたり、考えていたことを統計的な手法によって、数字や文字として目に見えるようにしたことである。まったく、未知のものがわかってきたというより、ぼんやり考えていたことが少し鮮明になってきた、といえる。また、自由記述の質的な分析は、現場の第一線で活躍する実務家の臨床知、実践知をまとめる形となった。この2つの性格の異なる調査を比較検討し、「協働関係構築のための『対話の構築／希望・見通し・目標の共有』媒介モデル」を創出

することができた。いわば、対峙的な関係にある保護者との「協働」を進めるための大枠、フレームワークが示されたものと思われる。

実際の実践においては、「対話」「目標・目的の共有」にある実践課題を重層的に取り組むことが課題となっていく。

4　研究の限界

　本研究において定量的な分析と定性的な分析のトライアンギュレーションから「協働関係構築のための『対話の構築／希望・見通し・目標の共有』媒介モデル」が構築された。この実践モデルはまさに子どもの安全をめぐって日々保護者と向き合っている支援者の臨床知、実践知が集約されたものであると思っている。ここにまとめられた媒介モデルにある様々な課題を重層的に取り組むことで、対峙的な関係にあった保護者との子どもの安全を目的とした「協働」は展開していくと思われる。しかし、媒介モデルは「協働」関係構築における大きな枠組みを示しているが、媒介する場面で保護者と支援者がどのように関わり、そこにどのような交互作用が生まれていくのか、そのことを実現していく要件、ステージを展開していく原動力は何になるのかなどの課題は、まだ、十分に示されているとはいえない。以下の章では、これらの保護者と支援者の交互作用、息づかいをさらに考察していく質的研究が組み合わされることで、より現場に貢献できる実践モデルを検討する。

おわりに

　本章の最後に、今回の調査にあたっては、神奈川県下の児童相談所の職員に全面的に協力していただいた。児童相談所という、極めて緊張感が高く、多忙を極める現場にあって、複雑で多くの質問に答えていただいた。自由記述についても、多くの方に詳細な意見をいただくことができた。

　今回の調査によって、いただいたデータと貴重な意見を、本書で行った別の質的調査と組み合わせることで、現場の要請に答えられる実践モデルに発展させていきたい。

　協力をしていただいた職員の皆さんに改めて感謝の言葉を述べたい。

［注］
1 Triangulation。質的調査と量的調査のそれぞれの研究法の特徴を踏まえ両者を統合していく研究法。一般に質的調査は、出来事のパターン、文脈などを捉えることに優れ、実践等の仮説生成に有効だが、概してサンプル数が少なく一般化していくことに難しさがある。一方、量的調査は統計的な分析によって数量化された指標から、一般化されるが、そこにおける出来事の文脈を捉えることは難しい。そこで、両者のメリットを生かす形で研究が進められるのがトライアンギュレーションである。
2 ここでは、「対峙的な関係」から「現実の受け入れと子どもの安全づくり」の間に入って取り持つものが、「「対話の構築／希望・見通し・目標の共有」であるとした。

第4章

子ども虐待に伴い不本意な一時保護を体験した保護者への「つなげる」支援のプロセスと構造

第2章では、保護者の立場からの「協働」について、質的な分析を行った。第3章では、支援者の立場からの「協働」について、アンケート調査による定量的分析を行い、アンケートの自由記載をKJ法によりまとめ、さらにこれらの2つをトライアンギュレーションによって比較、統合することで「協働関係構築のための『対話の構築／希望・見通し・目標の共有』媒介モデル」の枠組みを示した。さらに「協働」についての考察を深めるためには、実際支援者がここに示された枠組みの中で、具体的に「協働」の実践をどのように進めているのかを、支援者から直接教えていただくことが必要となる。

ここでは、支援者が子ども虐待対応における「協働」をどのように捉えているのかを第2章の保護者インタビューと同様の方法で行い、質的な分析を進める。

第1節 研究方法

1 グラウンデッド・セオリーについて

本研究では職権による一時保護（児童福祉法第33条）等の危機介入にかかわり、保護者との「協働」関係の構築に取り組んだソーシャルワーカー等にインタビューを実施した。そして、これらのデータから新たな実践モデル構築の仮説生成を目指し、グラウンデッド・セオリーによる質的分析

を行った。グラウンデッド・セオリーには、その分析の手続きによっていくつかの方法があるが、第 2 章同様本研究ではグレイザー派（クラシック）グラウンデッド・セオリーの手続きに従い分析を実施した。

2　研究協力者

表 4-1　インタビュー協力者

	職種	性別	年齢（歳）	職員歴（年）	児相歴（年）	所属	インタビュー時間（分）
1	児童福祉司	女	51	21	6	K 県	69
2	児童福祉司	男	48	23	7	K 県	70
3	児童福祉司	女	43	21	5	K 県	65
4	児童福祉司	男	48	20	8	K 県	75
5	児童福祉司	男	48	24	8	K 県	50
6	児童心理司	女	44	18	15	K 県	77
7	所長（福祉）	女	56	32	7	K 県	60
8	児童福祉司	男	48	24	21	S 県	95
9	児童福祉司	女	32	10	10	S 県	100
10	児童福祉司	女	52	25	13	I 県	90
11	所長（心理）	男	52	29	13	T 県	65
12	児童福祉司	男	48	23	5	K 県	65

　本章では不本意な一時保護を体験した保護者と対峙した経験のある支援者に対してのインタビュー調査を実施し、分析した。とりわけ、サインズ・オブ・セーフティ（Turnell 2012）やファミリーグループ・カンファレンス（林・鈴木 2011）など当事者参画により子どもの安全づくりを「協働」する支援者を対象として、優れた実務家の実践知から保護者との「協働」のためのプロセスと構造を明らかにする。協力者は表 1 の通り、関東地方 4 県の児童相談所に所属する 12 人である。男性 6 人、女性 6 人。児童福祉司 9 名、児童心理司 3 名であった。今回の調査では、保護者と対峙した経験のある支援者として職種については、限定しなかった。年齢は 30 代が 1 人、40 代 7 人、50 代が 4 名で、平均は 48 歳であった。児童相談所経験年数は 5 年から 21 年で平均 10 年であった。他職も含めての経験年数は 10 年から 32 年で平均 23 年であった。インタビューの場所は児童相談所の面接室、レンタルルームで行った。インタビュー時間は 50 分から 100 分で、平均

-2 「つなげる」支援におけるカテゴリー・コンセプト・主なインディケーター

No	カテゴリー	No	コンセプト	主なインディケーター
1	**安全の対話** (子どもにおきた危害を率直に話し合い、児相の心配と、保護者の子どもに対する思い、ビジョンとすり合わせていく)	1	子どもの安全を守ることを伝え続け目的を共有していく	子どもの安全、というところに柱を置くことによって、誰が「やった」「やらない」じゃなくて、「家でけがしたよね」っていう。それを、どう安全を守るかっていうことをこれから話したいんだっていうことを伝えられることによって、親の側も「ああ、そうか」っていう。
		2	児相にある権威の存在を意識していく	権限を使って、無理やり、この話をするっていう、土俵に乗ってもらっている、構造があるっていうことをうちらが知ったうえで、あくまで権限下の中でNOといえないっていう、うちらが、こうしたらどうでしょう、こういうのはどうですか、なかなかNOといえないという構造であることを知っているうえで、当事者に聞いていくことをしないと、相手を出し抜いちゃう
2	**成し遂げてきた子育てを聴く** (保護者が、児相職員を自分自身のことを理解してくれる存在として認識していくようになっていく。保護者にとって、児相が脅かされない関係としてつながっていく)	3	常に話を聴く姿勢を持ち続ける	自分が、わかっていないっていうこと、わかったつもりにならないことを念頭に置いておかなければいけないことを努力している。
		4	虐待に至ってしまった事情を子育ての苦労として聞かせてもらう	やっぱりそこは、私たちが子どもの虐待の事実だけで話してしまうんだけれども、その前には親御さんと子どもとの生活、歴史とか今まで過ごしてきた様々なことが、その中には頑張ってきたこともあるし、苦労されたこともあるし、そういうことを抜きにして「やれてない」みたいな話になってしまうのかな。
		5	大変な子育ての中でも保護者が成し遂げたことを探していく	どんなふうにしてその子が育ったのかなあとか、その親御さんがどんなふうにしてきたからなのかなあとか、そういうことを想像しようと努力する。
		6	虐待者とされたことの傷つきを支えていく	子どもと離れるのはまたその自分の一部を引き裂かれるみたいなものすごいダメージというか。まして、あとまた自分が駄目な人間だということ、あるいは駄目な親だっていうことをまた周りから押し付けられるんじゃないかっていう、すごく恐怖みたいなものを持ってると思うんですけど。
3	**言葉と態度にリズムにチューニングする** (保護者が、折り合っていくことができるリズム、感覚、タイミングでつなげていく)	7	保護者の言動にチューニングし、対話のタイミングを探っていく	やっぱりキャッチボールなのかな。相互の力動みたいな力関係が一緒に動くみたいなところなんですよね。
		8	保護者の時間感覚に応えていく	スピード感が全然違うっていう。僕らが思ってるより、向こうの人が「一時保護とかしてると、すごくそういったものが遅く感じた」とか、そういう言葉がすごく身にしみて。

は75分程度である。調査期間は平成28年2月より

3　インタビューにおける質問

　グレイザー派グラウンデッド・セオリーでは、研究
語りを求めて、広く質問（グランドツアークエッスチョ
タビューガイドは推奨されない。面接者は研究協力者
マに注目し対話を探求していく。

　本研究では「職権一時保護によって対立的な関係か
い保護者と、子どもの安全のために協働するには何を
うか」という質問を行い、対話をはじめ、データを得

第2節　倫理的配慮

　本研究では研究協力者に個人情報は言及しないこと
の趣旨を説明し文書で同意を得て、インタビューを実施
は研究協力者の許可を得て録音し、逐語化した。さらに
は筆者が所属する児童相談所長の決裁を受けるとともに
委員会の承認を得て実施した。

第3節　結　果

　表4-2「『つなげる』支援におけるカテゴリー・コンセ
ケーター」は、代表的なインディケーター、コンセプト
とめたものであり、以下、カテゴリー【　】コンセプト〈
ターを［　］として示す。ステージは〔　〕で示す。

　分析に当たっては、インディケーターを逐語録から抽
し、32のコンセプトがまとめられた。表4-1にあるイン
コンセプトを最も代表するものである。さらに、コンセ
ることで、14のカテゴリーが創出された。そして、これ

対話を創る	4	**不安に触れる** （言語化できない子どもに対しての潜在的不安を、現実の不安につなげていく）	9	親の中にある子どもに対しての何となくの不安な気持ち、関係性に触れていく	安全を創ってほしいということにすぐに納得できなかったとしても、子どもが実際にそうされたことでどんな気持ちだったのかとか、あとは、親ももともと何となく思っていた不安な気持ち、関係性だったりとか。
対話を創る	5	**意味のある時間を創る** （子どもの安全について話し合える関係性としてつながっていく）	10	話し合える関係性	だから、仲が良くないし、話し合いたくもない人と話しているとしたら、その人にとって意味のある時間でなければ、付き合ってくれない。だから、何を目指しその時間を使っているのか、何を目指しているのかをわかっていないと、とても気持ちが悪い。
			11	わかりやすい対話の枠組みを作っていく	親御さんが結構、書くと見るので、またそれを見ながらいろいろ考えたりしてくれてるときもあるので、それは言葉だけのやりとりのときには、ちょっと生まれにくいものだったかなって気がしますよね。あと、書いているの見て「何かそういえば」って付け足してくれたりとか。
			12	支援者の存在を意識してもらえるようになっていく	離れている親子のことであれば、離されちゃっている親子のことであれば一緒に暮らせるために仕事をしてくれる人なんだって認知してもらう、それがわかってもらえた時っていうか。
つなげていく	6	**希望につなげる** （家族の願いを希望につなげていく）	1	家族の願いを希望につなげていく	それを質問したときに、多分、普段生活していて、あんまりこういう家族になりたいとかって、日常の中でそんなに立ち止まって考えないと思うんですけど、児相がそうやってそのゴールを聴いたときに、「ええっ」といいながらも、「ああ、そういえばこんな家族になりたいです」とかっていうのが出てくるんだなっていうのはあって、それが出たときに、「じゃあ、そこに向かって何ができるのかな」っていう。考えるんですかね。
	7	**見通しを立てる** （見通しを立てることが、過去、現在、未来をつなげ、希望につながっていく。児相との対話が、保護者の願いにつながる）	2	子どもと再び暮らすための見通しを持てるようにしていく	いずれはやっぱり帰ってきて家族で一緒に生活をするっていう希望も持ってもらわないと、一緒に協давでっていうふうにはなっていかないと思うんですね。だからずっと預かる、われわれが奪い取ってしまうんではなくて、子どもたちは家族の元へ帰って家族で生活をするっていうのが最終的な目標なんですっていうふうに。
	8	**リフレイムを探す** （スティグマである虐待者とされたことを、リフレイムすることで現実の困難として受け止め、折り合うことで、認め難い自身の現実と子育ての困難がつながっていく）	3	虐待とされたことを方法の誤りとして理解していく	「自分たちがやってきたことはすべて間違ってました」っていうふうにおっしゃる家族はいないので。児童相談所が関わるきっかけとなった、子どもに対して行った何らかの出来事については、考え方が違ったとかやり方が違ったっていうような振り返りはするかなっていう気はします。

ステージ	No	カテゴリー	No	コンセプト	主なインディケーター
つなげていく	8		4	保護者と共有できるものを増やしていく	こういうことを児童相談所は願ってるとか、こういうふうに児童相談所もしたいっていうところが、お互い同じなんだ、が分かると、じゃあ今何をやっていくかの話し合いは割と進みやすいですかね。
			5	児相の介入を出会いとして肯定的な意味に捉えなおしていく	児相が来たときには本当にショックだったけれども、今回こうやって、家族について見つめ直したことでいいこともあったんだって、最後にいってもらえると、家族の中で児相が来たことによって変化が起きたんだなって感じる。
	9	親子の思いの伝え合い（関係はこじれていても、子どもの気持ちが親に伝わり、親の思いも子どもに伝わっていくことで、新た親子のつながりを作り始めていく）	6	子どもと離れたことで、子どもが見えてくる	ちょっと距離を置くことによって、子どもを1人の人間として子どもが出してきた意見をちゃんと聴ける、体験することによって「あっ、子どもにも意志があるんだ」じゃないですけど、「子どもはこう考えてたんだ」っていう。親子であっても、子どもの意見とか権利とかっていうものを見ないといけないというか、そういう体験になるのかなという気がします。
			7	子どもの思いを保護者に伝えていく	自分の喪失もつらかったんだけれど、ずっといえないでいた子どもを何か、思いやる気持ちが出てきたりとか、あとは、全くそういうのに本当に気付かなかったんだけれど、何となく自分でも気付けるような話をされたことで、苦しい思いをさせてたっていうことに思い当たる。
			8	親の思いを子どもに伝えていく	親が子どもにどんな風になってほしいと思っているのかっていう願いを探したり、助けたり、それが、児相の願いでもある。
			9	本当はどうしたかったのかを聴いていく	今回やってしまったことも、どうしたかったからこういう手段を取ったのかっていうところの、どういうふうに育てたかったのかとか、どういう家族になりたかったのかっていうところは、多分、そこは変わらないと思うので。そこまでの道のりを、「あっ、じゃあ、今までのやり方じゃないやり方を考えていかなきゃいけないんだな」っていうことは、思うんじゃないかなと思うんですけど。
	10	親族や友人との再会（親族や、友人など、これまで拒否したり、疎遠だったりしていた関係が一時保護されたことをきっかけにつながっていくことで、家族がオープンになっていく）	10	疎遠だった親族とつなげていく	再発しないもっとひどいことになっていかないために、親御さんが誰の協力を得て、同じようなことにならないための仕組みをこれから考えていくのかってことも、何があったら連絡をとれるのか、オープンにしていけるのか。

つなげていく			11	友人・知人を支援者としてつなげていく	お母さんたちとかお父さんたちを支援してくれる、共通な友達とか、そういう人たちがいるかいないかは、さらに大きいなあっていう。そこの人がいるかいないかで、そこが、「自分たちがどういう立場にあるのか」っていうのが気付くのに、「スピード感が全然違うな」って感じがしてるんですけど。親よりも、そういう人たちですかね、何か第三者的な。
	11	新たな対話が生まれる (家族だけで、これまで話せなかったことを、話し合えることで、家族員のこれまでの関係を見直したり、これまでの歴史がつながっていく)	12	これまで話せなかったことを話せるようにしていく	児童相談所が関わるケースって、ご夫婦でも人が間にいないと話ができないとか、秘密がいっぱいあっていえてなかったこととかっていうのが、ミーティングなんかをすると人がいることによって出せるっていう場になって、お互いの理解が進んだりっていうこともある。
			13	その家族だけの物語を聞いていく	興味を持つこと。表面的な、児相だから、仕事だからこうこうっていう紋切り型ではなくて、その家族その家族で違う、ヒストリーだったりテーマだったりっていうところを大事にして関わっていかないと。「親子支援チーム入って」っていって、入ってミーティングやって終わりとかではなくて、その家族に何が必要なのかっていうことを個々に考えていかないと。※親子支援チーム＝家族再構築、再統合支援の専従チーム
寄り添う	12	寄り添う (一時保護される体験によって傷付き、否定された自己を、新たに捉えなおすことで、これからの新たな子どもとの関係、家族創りにつながっていく)	1	保護者が、自分はこれでよいと思うようになっていく	割と投げ掛ければ、「あ、そっか、結構自分がやってきたことがOKだったんだ」っていうのが分かれば、あと、一部分だけ少し考えれば、もう少し見直していけばいいんだっていうような発想になってくれると、"主体"的に動いてくれるのかなって気はしています。
			2	保護者が、自分たちにもできることがあると自信を取り戻していく	違う方法というんですかね。今までとは違う方法があるんじゃないかっていうふうなところに考えられるようなっていうんですかね。今まではこれが正しい、これが絶対だって思ってるからこそ対立が出てくると思うんですけど、そうではなくて、他にも方法があるとかやれるものがあるんじゃないかっていうふうに思えるような形で終われると、また話してみようかなっていうふうになると思うんです。
	13	動きだすことを見守る (保護者と児相が子どもの安全という目標に向かってつながり、動き始めていく)	3	家族自身が、安全の計画を創ることを支えていく	そういう自分で考えるっていうことが、やらされてるんじゃないんだ、自分たちで考えるんだっていうことが、その後の継続性につながっていくと思うので。そこはそこで尊重しないと、家族の主体性みたいなものよりも「あっ、児相にいわれたからしばらくこれやればいいのね」っていう感じになっちゃうと、従来型のソーシャルワークになっちゃうのかなっていう気がします。

ステージ	No	カテゴリー	No	コンセプト	主なインディケーター
寄り添う	13		4	思いもよらない家族の姿を知っていく	なんか、オープンになるっていうか、時に感じるんだと思うんです。家族しか知りえないことを教えてもらえたり、場合によったら、家族のネガティブな話っていう、こんな時はやばいときもあるんだよな、っていったらマイナスに評価されちゃうこともオープンにいってくれた時に、それを聞いたから、相手もその話をしたらすぐにかえせませんねって、いわれない安心感がある。そんな話を聞かせてもらえたら、これもまた、ありがたいことだと思う。
	14	主体者であることを支えていく (保護者が児相との関係の中で、自ら動いていくことによって、当事者につながり主体者となっていく)	5	保護者が、家族のビジョンに近づいていると感じていることを支援者が知っていく	話し合いとかの結果、思い描いていたものに少し近づいているというふうに思えたことで。元の生活……。完全に、その保護された前の生活かは分からないけど、少なくとも話し合いをした結果の、自分のこうありたいというのにより近づく形での元の生活。
			6	その人なりの方法でやれることを探していることを感じる	自分なりの目標を、自分なりの地図を自分なりで作って、そこにじゃあ、「僕らの支援は何か、必要なものは何なのか」っていうのを提案してくっていうことで、その人なりの地図の中で完成ができて、で、それにあとは向かっていくだけだと思うんで。
			7	保護者がやらされているのではなく、やろうとする部分が増えていることを感じていく	児相の人はどうということではなくて、続けていくためには、この子にこうなってほしいとか、どんな親でありたいとか、どんな親と思ってもらいたいとか、どんな家族であってほしい、そういうものとは何か、やっていくことと一致していれば、その人が叩かないでやっていくことではなくて、いろんな仕組みが作られたときに、それを続けていくことが、自分の願いに叶うことにつながっていくんだと思えれば、誰かの手を借りるといことだとか、いわれたからやるというのじゃなくて、……そこまで行くのは大変忙しいのかもしれないけれど。

カテゴリーの関連を説明する核となる概念（core variable）として「つなげる」が浮上した。「つなげる」は、研究協力者からのインタビューにおいて、様々な支援の場面において、多義的にそして、繰り返し語られた言葉であり、インビボ・コード（in vivo codes）である。in vivo codes とは、研究協力者特有の用語であり、「発話や意図の象徴的な目印としての役目を果たし」さらに「用語を紐解いていくことは潜在する意味や行為を理解する素晴らしい機会を与えてくれるだけでなく、データと創発するカテゴリー

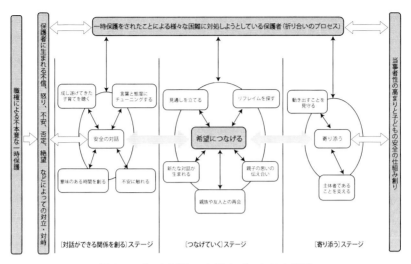

図 4-1 「つなげる」支援のプロセスと構造

を比較することも可能にする」（Charmaz=2008: 65）とされている。「つなげる」を手がかりに、さらにコーディングファミリーである 6 つの C を理論化の枠組みとしてコンセプト、カテゴリーを配置していくと、支援者が行う「つなげる」支援の枠組みが浮かび上がってきた。これを支援のステージとして整理すると〔対話ができる関係を創る〕→〔つなげていく〕→〔寄り添う〕の 3 つのステージに分類された。

図 4-1「『つなげる』支援のプロセスと構造」は、保護者支援のプロセスと構造をまとめたものである。保護者は職権による不本意な一時保護を体験することで、児童相談所と対峙していくことが多い。保護者は、この事態に「喪失と傷つき」を体験し、混乱、困惑し、無力感にさいなまれ、傷付いていく。時間が止まったかのような感覚に陥り、怒りがこみあげたり、あきらめたり、自己を責め続けたりする。これらの感情は、同時に児童相談所をはじめとした「関係機関不信」となるが、子どもを一時保護されている状況の中で、児童相談所の指導に従わざるを得ないという、いわば「選択肢なき選択」を迫られ、無力化された状況におかれるという（2016 鈴木）。そして、これらの状況の中で保護者と児童相談所が対峙することから、関わりが始まっていく。「つなげる」支援は図 4-1 にある通り、3 つの支援ステージの連動によって展開していく。それぞれのステージには

カテゴリーによって構成されたサークルがあり、その中心にはそのステージの中心的支援テーマとなるカテゴリーがある。そして、その周囲にはその中心的支援テーマを実現するための構成要因となるカテゴリーが囲んでいる。支援者はそれぞれのカテゴリーにある支援テーマに取り組み、それらの支援が展開することを通して、中心的な支援テーマにアクセスし、それらのテーマとテーマがつながることで、中心的支援テーマの実現を促進させていく。一方で中心的支援テーマの進展が、周囲にあるそれぞれのカテゴリーの支援テーマを活性化させ、そこに持続的な交互作用を生じさせる。さらに、中心的な支援テーマの進展は、3つのサークルにあるプロセスを展開させていく原動力になり、サークルをつなぐ双方向の矢印として示した。

〔対話ができる関係を創る〕ステージにあるサークルの中心には【安全の対話】があり、中心的支援テーマである。この周囲に【成し遂げてきた子育てを聴く】【言葉と態度にチューニングする】【不安に触れる】【意味のある時間を創る】がある。ここでの支援課題は、子どもの安全について話し合うことである。子どもを「奪われた」保護者との対峙的な関係から、この主題に取り組む対話の実現をサークルは示している。ここで話されるのはまさに、子どもの安全についてである。ここで保護者は必ずしも児童相談所と関わっていくための目標が共有できているわけではない。強い不信がある場合もある。だからこそ【安全の対話】の周囲にある4つのカテゴリーの支援課題に取り組むことで、保護者の潜在的な力に働きかけ、エンパワーする。保護者にすれば児童相談所の権威を背景とした「選択肢なき選択」と感ずるような子どもを引き取るためには取り組まざるを得ない状況におかれつつも、矢印にある子どもの「安全について話し合える関係の維持」が原動力となって、プロセスが展開していく。これにより、話し合える関係ができていくと〔つなげていく〕ステージに展開していく。ここにあるサークルの中心にあるのは、【希望につなげる】であり、この周りを【見通しを立てる】【リフレイムを探す】【親子の思いの伝え合い】【親族や友人との再会】【新たな対話が生まれる】がある。「つなげる」支援においてつながるものは多義的であり、インディケーターからは人、対話、思い、場所（空間）、時間などが浮かび上がり、概念化された。これらがつながっていくことで、創出されるものは保護者にとっての希望である。

希望は3つのサークルの中心にあり、サークル間の交互作用を活性化させる中核に位置づいている。希望が持てると、単に子どもを引き取るということだけでなく、子どもの未来を引き取り、子どもとの生活の再開に希望を抱くようになっていく。ここでは、つなげる支援がいかに保護者の希望につながっていくのかを示している。さらに、つなげる支援が展開し、矢印にある「希望を持ち続けられる」ことが原動力となって〔寄り添う〕にあるステージに展開していく。ここにあるサークルの中心にあるのが【寄り添う】であり、この周囲に【動き出すことを見守る】【主体者であることを支える】がある。このサークルのテーマは、当事者として子どもの安全と未来を創っていこうと動き出した保護者を支持し寄り添うことである。〔対話ができる関係を創る〕〔つなげていく〕のプロセスを経ることで、当事者として動き始めた保護者に支援者は〔寄り添う〕のである。

　支援者の立場から捉える「協働」のプロセスはここにある3つのサークルを構成している14のカテゴリー、更にそれを構成する32のコンセプトを実践課題として重層的に支援に取り組むことで、螺旋階段を少しずつ昇っていくように保護者と児童相談所における「協働」関係が展開していく。そして、これにより子どもの安全について率直に話し合う関係ができ、保護者は当事者性を高め、子どもの安全づくりに取り組もうとするのである。

　以上を踏まえ「つなげる」支援を定義すると「不本意な一時保護を体験し、児童相談所と対峙的な関係にある保護者に対して、対話を構築し、支援者が保護者等に対して、人、対話、思い、場所（空間）、時間などをつなげることによって、子どもの未来に希望を持つことで、主体者となろうとする保護者に寄り添い子どもの安全という目標に向かって児童相談所と協働していくプロセスを創ること」となる。

第4節　「つなげる」支援の実際

　「つなげる」支援について、それぞれのカテゴリー及びコンセプトについて代表的なインディケーターを示し説明する。

1 〔対話ができる関係を創る〕ステージ

　ここは職権保護されて間もない保護者と対峙する場面から始まり、何より話し合う関係性をテーマとして働きかけることで、対話がつながっていくステージである。

(1)【安全の対話】

　支援者は子どもにおきた危害を保護者と率直に話し合い、児童相談所の心配を保護者の子どもに対する思い、将来ビジョンとすり合わせていく対話を粘り強くしていた。

　〈子どもの安全を守ることを伝え続け目的を共有していく〉では、保護者との出会いの場面で、虐待の有無や責任を問うのではなく、家族の将来ビジョンを聴き［そのビジョンに向けて起きた危害を繰り返さないためにどんなお手伝いができるのか］の共有から対話を始めていた。さらに、その対話の前提として〈児童相談所にある権威の存在を意識していく〉では［権限を使って、無理やり、この話をするっていう、土俵に乗ってもらっている構造があるっていうこと］を認識し、だからこそ［家族が声を出せるように質問をしていくとか、そういうのが（支援者の）専門性］として意識されていた。

(2)【成し遂げてきた子育てを聴く】

　支援者は、いくつもの困難に出会いながらも成し遂げてきた子育てを、様々な質問によって引き出していた。

　〈常に話を聴く姿勢を持ち続ける〉では［自分が、（保護者のことを）わかっていないっていうこと、わかったつもりにならないことを念頭に置］き、［相手の立場を尊重する中で……考えた本当の言葉］によって、保護者と対話していた。〈虐待に至ってしまった事情を子育ての苦労として聞かせてもらう〉では［親御さんがどんなこと考えて、今まで子育てしてきたのかっていうのは、少しでも理解したい］という態度で対話し、なぜ虐待したのかではなく、子育ての苦労として話を聴かせてもらい、ねぎらっていた。そのことで［自分がやってきたことが間違えてなかったっていう部分にもつながる］と、これまでの子育てをすべて否定されたように感じてい

156

る保護者にとって、自尊感情の回復につながる関わりをしていた。〈大変
な子育ての中でも保護者が成し遂げたことを探していく〉では、不適切な
養育だけに注目が集まる中、支援者は大変な子育て中でも成し遂げた子育
てを聴かせてもらっていた。［どんなふうにしてその子が育ったのかなあ
とか、その親御さんがどんなふうにしてきたからなのかなあとか、そうい
うことを想像しようと努力する］［例えば、すごく上手に、お箸を使って、
ご飯を食べているのを見ると、この子も、こんな風にお箸を上手に使える
ようになるためには誰かが必ず何かをしてきたはずだ］と支援者が家族に
敬意を払い、真摯に話を聴かせていただく態度として強調されていた。〈虐
待者とされたことの傷付きを支えていく〉では、突然の一時保護の体験に
よって保護者が［子どもと離れるのはまたその自分の一部を引き裂かれる
みたいなものすごいダメージというか。まして、あとまた自分が駄目な人
間だということ‥すごく恐怖］があること、虐待者とされたことにより、［自
分の「虐待者であった自分」っていうのが、時に許せなくなる］と感じて
いる保護者を理解しようとしていた。虐待者とされた自己に対しての疑念
と、これにどう折り合っていくのかは、この後、長く続く支援のテーマで
あった。

（3）【言葉と態度にチューニングする】

　対峙する保護者との対話には、情動調律１のような相互作用があること
を指摘している。保護者が、折り合うリズム、感覚、タイミングで支援者
は保護者とつながっていった。
　〈保護者の言動にチューニングし、対話のタイミングを探っていく〉で
は、支援者は保護者と対峙する中でも［一拍置く］［一呼吸］［待つ姿勢］
［キャッチボール］［相互の力動みたいな力関係が一緒に動く］［イエスセッ
ト２みたいな話のリズム］［ポロッと（本音を）漏らされる一瞬］［一緒に
やろうと思えてもらってる（瞬間）］［タイミング］［そういうシチュエー
ションを逃さない］など、対話を通じて保護者が持っている息使いや雰囲
気に調律して、対話を進めていた。〈保護者の時間感覚に応えていく〉では、
保護者と児童相談所の時間感覚の違いについて［こっち（支援者）はもう、
いろんなことをしてるから、あっという間に過ぎるんですけど、保護され
た側とか子どもにとっては］待たされ、受動的でしかないとても長い時間

として理解することで、そこに流れている時間感覚の違いを意識して、保護者の時間感覚で対応していくことが意識されていた。

（4）【不安に触れる】

虐待の正当性を訴える保護者であっても、どこかに不安を抱えている。言語化できない子どもに対しての潜在的不安を、現実の不安につなげていく対話がなされていた。

〈親の中にある子どもに対しての何となくの不安な気持ち、関係性に触れていく〉では、対話の中で［親ももともと何となく思っていた不安な気持ち、関係性だったりとか］に支援者から触れることによって保護者は現実にあるものとして意識するようになっていった。

（5）【意味のある時間を創る】

意味のある時間であるためには、子どもの安全の話し合いが保護者にとって価値があり、その関係、時間が保護者にとって意味のある時間でなければならない。支援者は、保護者にとっての意味のある時間、関係とは何かを探し対話し、保護者とつながっていった。

〈話し合える関係性を創っていく〉では、［話し合いたくもない人と話しているとしたら、その人にとって意味のある時間でなければ、付き合ってくれない、だから、何を目指してその時間を使っているのか……わかっていないと］関係は成り立たないと考えていた。そして、保護者が目指す方向に、対話が位置づくことが意味のある、話し合える関係となっていった。〈わかりやすい対話の枠組みを創っていく〉では、危機介入という混乱した場面の対話が、感情的な対話や、関係する人のそれぞれバラバラな対話、そして、積みあがらない対話となりがちであるのに対して、支援者は対話をホワイトボードなどを使って［正確にいったことを聴いてるつもりで、ちょっと親御さんがいった、受けたものと違うということもあるわけで、そこのずれが少し修正できる］とし、見える化を進めていた。〈支援者の存在を意識してもらえるようになっていく〉では、保護者にとって、児童相談所との対立は残していても支援者が［自分の子どものことを思ってくれている、子どものことで悩んでくれている］存在として認識してもらえること［離されちゃっている親子のことであれば一緒に暮らせるために仕事をしてくれる人なんだって認知してもらう］などによって、支援者の存

在を意識してもらう関係を創っていた。

2 〔つなげていく〕ステージ

ここは、不安定であっても話し合える関係性ができつつある中で対話が進み、支援者の働きかけによって人、時間、場所、対話、思いなどがつながっていくことで、保護者自身が見通しを持ち、その先に希望を持てるようになっていくステージである。

(1)【希望につなげる】

日々の生活に余裕がなくなると、家族の夢や希望は忘れられていく。ここでは、家族の願いを再び見つけることで、希望につなげていった。

〈家族の願いを希望につなげていく〉では、支援者は［その子のために……どんな生活を送ってほしいのか、どんな大人になってほしいのか、どんな子ども時代だって思ってほしいのか］を聴き、そこで語られた願いと、今ある子育てのつながりを考えてもらう支援を丁寧に行っていた。［自分がそういう願いを持っているなんて、普段は意識していないかもしれないけれど、意識してないだけで、きっと、あるんでしょうね。意識するのは、子どもが生まれた日とか。結婚式とかは考えるかもしれないけれど、聴かれることでずっとしまっていて、ほこりをかぶってしまっていたもの］のほこりを落とす作業をしていた。

(2)【見通しを立てる】

保護者が子どもを引き取って、家族の将来ビジョンに近づいていくことの見通しを立てることが、保護者の過去、現在、未来をつなげ、希望につながっていく。児童相談所との対話が、保護者の願いにつながる意味のある時間になっていく。

〈子どもと再び暮らすための見通しを持てるようにしていく〉では［どうなれば帰せるのかっていうのを……できるだけ早めに明らかにする］さらに［先の見通しが明確になれば、そこに向けてというモチベーションとかも自然に動き出す］と、見通しを希望につなげることで保護者の児童相談所と取り組む困難な作業への動機となることを支援していた。

（3）【リフレイムを探す】

　スティグマである虐待者とされたことにどう折り合っていくのかは、保護者にとっては直面化せざるを得ないテーマである。ここでは、厳しい現実をリフレイムすることで現実の困難として受け止め、折り合うことで現実の子育てに向き合う支援をしていた。

　〈虐待を方法の誤りとして理解していく〉では、虐待の是非、また、虐待を認めさせるということでもなく［それは方法としては良くなかったっていうこと……もともとの気持ちのところに沿った、良い関係になる方法みたいのを親と話し合って］いた。〈保護者と共有できるものを増やしていく〉では、支援者は保護者とのつながりを創るため共有できるものを増やすことに取組んでいた。［実際に……子どもに対応することで（子どもの特徴を）直接感じることができれば、今度はそれが親の大変さを共感できる］ことにつながっていく。さらに［こういうことを児童相談所は願ってるとか、こういうふうに児童相談所もしたいっていうところが、お互い同じなんだ、が分かると、じゃあ今何をやっていくかの話し合いは割と進みやすい］と共有できるものを増やしていた。〈児童相談所の介入を出会いとして肯定的な意味に捉えなおしていく〉では、つなげる支援によって、保護者の中に様々なものがつながっていくことで［児童相談所が来たときには本当にショックだったけれども、今回こうやって、家族について見つめ直したことでいいこともあった］とのリフレイムを探していた。

（4）【親子の思いの伝え合い】

　親子の関係はこじれていても、子どもの気持ちが親に伝わり、親の思いも子どもに伝わっていくことで、新たに親子のつながりを創り始めていった。

　〈子どもと離れたことで、子どもが見えてくる〉では、子どもと常に一緒にいる関係から、一時保護をきっかけとして［物理的・時間的に離れることで客観的に考えること］の時間が生まれていった。そして、［近いと見えないものが、ちょっと離れて、間に何かを経由］し、見直すことで子どもが見えてくる体験となることを支援していた。〈子どもの思いを保護者に伝えていく〉では、ギリギリの生活の中で子どもの思いを知る機会が少なくなっている保護者に、子どもの思いを様々な形で伝えていった。［児

童相談所が介入したことによって、子どもの意見を客観的に聴けたりとか、子どものことを客観的に見ようとしたりとかっていう感じに]なる部分があったり、[児童相談所が多分、「子どもはこういってますよ」っていうと全然納得できないんだけれども、子どもが書いたものを見ると「あっ、なんかいつもこんなこと書いてるよね」と感じる]ことによって、子どもの思いを保護者に伝えていた。〈親の思いを子どもに伝えていく〉では、子どもの思いを親に伝えるだけでなく、親の思いを子どもに伝える仲介も支援者は行っていた。[親子の関係っていうところでは、その子どもにとって親は唯一の関係なので、虐待をしてきたというマイナスのイメージのとこだけではなく]親の思いも伝え、虐待に彩られた生活だけではない親との安心できる関係について対話していた。〈本当はどうしたかったのかを聴いていく〉では、支援者は[子どもが傷つくってことは、親も望んでいることじゃないんじゃないか……（と）繰り返し伝え][どうしたかったからこういう手段を取ったのかっていうところの、どういうふうに育てたかったのか]を一緒に考えていった。

(5)【親族や友人との再会】

　親族や、友人など、これまで疎遠だった関係が一時保護をきっかけにつながっていった。このことで、それまでの家族だけの関係の中での行き詰まりがオープンになっていった。

　〈疎遠だった親族とつなげていく〉では、多くの保護者が親族と葛藤を抱えていることが多く、安全を創っていくためのセーフティ・パーソンとして安全づくりに参加してもらうことを拒んでいる状況に対し支援者は[再発しない……ために、親御さんが誰の協力を得て、同じようなことにならないための仕組みをこれから考えていく]のか粘り強く家族と話し合い、セーフティ・パーソンをリクルートしていった。そのことで[参加しているいろんな人の角度で、事柄が見れる視点が、いっぱい増えてくる]また、[両親がたとえ主体性がなくても、その周りの親族が支え]ようとする関係創りを支援していた。〈友人・知人を支援者としてつなげていく〉では、人をつなげることは、必ずしも親族だけではなくさらに、友人、知人をつなげることを働きかけていた。それにより[そこの人がいるかいないかで、そこが、「自分たちがどういう立場にあるのか」っていうのが気

付くのに、「スピード感が全然違うな」って感じが］するとつながりを支援していた。

(6)【新たな対話が生まれる】

家族だけで、これまで話せなかったことを、話し合えることで、家族員のこれまでの関係を見直したり、これまでの歴史がつながっていった。

〈これまで話せなかったことを話せるようにしていく〉では、これまでにない対話がフォーマル、インフォーマルなメンバーが加わり、行われていた。［児童相談所がかかわるケースって、ご夫婦でも人が間にいないと話ができないとか、秘密がいっぱいあっていえてなかったこととかっていうのが、ミーティングなんかをすると人がいることによって出せるっていう場になって、お互いの理解が進んだりっていうこともある］そして、［普段は話せないようなことが、児童相談所が入ることで、ホワイトボードなんかも使いながら、普段はやりとりできないようなコミュニケーションが］行われ、対話がつながっていった。〈その家族だけの物語を聞いていく〉では、それぞれの家族はすべてが違う、それぞれの物語がある。支援者はその家族に［興味を持つこと。表面的な、児童相談所だから、仕事だからこうっていう紋切り型ではなくて、その家族その家族で違う、ヒストリーだったりテーマだったりっていうところを大事にして関わって］いた。そして、保護者にとって［意味のあることができるようにするには、一家族一家族に対して、きちんと個々の家族の（に）興味を持っていくっていうか。「この家族はどうかな」っていうのを見ていかないといけないのかなっていう］それぞれの家族の物語創りにかかわり［少しでも明日頑張って生きてみようとか、そんなことが思える］ために家族の物語を紡ぎ、未来に歴史をつなげていった。

3 〔寄り添う〕ステージ

このステージは支援者によるつなげる支援と、保護者の行動の交互作用が保護者の主体性につながり、保護者自身が動き出そうとしている段階であり、支援者は保護者を支持し、寄り添い、見守っていこうとしていた。

（1）【寄り添う】

　この段階では、一時保護される体験によって傷つき、否定された自己を、新たに捉えなおすことで、これからの新たな子どもとの関係、家族創りにつながっていった

　〈保護者が、自分はこれでよいと思うようになっていく〉では、保護者が児童相談所によるつなげる支援による「協働」が進む中で、虐待者として否定された自己を［「結構自分がやってきたことがOKだったんだ」っていうのが分か］るとき、これまでの否定された自己と、これからの自己が分断されたかのように考えていたことが、過去の自分を肯定的に捉え直し、自己の歴史がつながることで、主体的に動きだそうとする保護者を支援者は見守っていった。〈保護者が、自分たちにもできることがあると自信を取り戻していく〉では、主体的に動き出していく保護者が［今までとは違う方法があるんじゃないかっていうふうなところに考えられるよう］になっていく、そして、自らそれを実行し、できている自分を感じていく。［だから自分たちがやれるんだっていう自信までいかなくても、そういう気持ちを持ってもらえると、主体っていう部分が出てくる］と支援者は保護者に寄り添っていた。

（2）【動き出すことを見守る】

　つなげる支援が展開すると、保護者と児童相談所が子どもの安全という目標を共有し動き始めていった。

　〈家族自身が安全の計画を創ることを支えていく〉では、つなげる支援が保護者の主体性、つまり家族自身が、自ら子どもの安全づくりの主体者になっていくというテーマにつながっていった。［そういう自分で考えるっていうことが、やらされてるんじゃないんだ、自分たちで考えるんだっていうことが、その後の継続性につながっていく］［あんまりこちらがヒントを出したり安全プランの道筋を出し過ぎちゃうと、児童相談所のストーリーになっちゃう］と主体者として動き出そうとしている家族を見守るという態度が強調されていた。〈思いもよらない家族の力を知っていく〉では、支援者は、家族の限界を決め付けず家族と接することで、［あんまり先入観持ち過ぎず……こちらが考えてる以上のこと、すごく考えてたりしてるっていう］ことを知り［家族しか知りえない……マイナスに評価され

ちゃうこともオープンにいってくれた時に］家族が支援者と対話することの安心感を感じ、［ちょっとした家族の話をしてくれたりして、家族だけの味わいみたいなものを共有できたときに、ああ、なんか、こんなことまで話してくれて］と、家族との関係のつながりを感じることで、家族を見守っていた。

(3)【保護者が主体者であろうとすることを支えていく】

　保護者が児童相談所との「協働」の中で、動き始めることによって、まさに取り組もうとしていることの目的が、家族の目指しているビジョンとつながり、そのことで主体者となっていった。

　〈保護者が、家族のビジョンに近づいていると感じていることを支援者が知っていく〉では、つなげる支援によって、［話し合いとかの結果、思い描いていたものに少し近づいているというふうに思］う保護者を支援者は見守っていた。〈その人なりの方法でやれることを探していることを感じる〉では、家族にはそれぞれが違うビジョンに近づく方法があると考え、支援者は［その人なりの方法で、うまくやれる方法が絶対ある］そして［自分なりの地図を自分なりで創って……「僕らの支援は何か、必要なものは何なのか」っていうのを提案して］いた。〈保護者がやらされているのではなく、やろうとする部分が増えていることを感じていく〉では、対話の枠組みについては児童相談所から提示したとしても、［そういう格好からっていうのは変ですけども、そういった時間とか場所とか機会とか具体的なもので取り組み］そして、［家族の時間、家族で話し合う時間を設けて、私たちはそこから退席してっていうことを重ねた中で主体］者となっていくための時間を共有していた。

第5節　まとめ——グラウンデッド・アクション、実践への示唆

　ここまで、「つなげる」支援を通じての「協働」関係構築について、支援者のインタビューデータに基づき〔対話ができる関係を創る〕→〔つなげていく〕→〔寄り添う〕のプロセスと、その構造の分析を進めてきた。「つなげる支援」においては、子ども虐待の初期介入の場面で対峙的な関

係になりがちな保護者と話し合える関係を創ることがまずは支援のテーマとなった。児童相談所の権威が背景にあるとしても、家族の持っている潜在的なパワーに働きかけ、子どもの安全について話し合える関係を維持することが、原動力となって、人、対話、思い、場所（空間）、時間などへのつなげる支援が展開していくと、そこに、子どもとの再会、新しい生活、関係づくりへの希望が生まれていく。そして、その希望が中核的原動力となることで、周囲にあるカテゴリーの交互作用が活性化され、人、対話、思い、場所（空間）、時間などのつながりがさらに形成されていくのであった。これらを通じて、保護者は子どもの安全を創っていくこと、新たな家族を創っていくことの主体性を持つようになり、支援者は自ら動きだそうとする保護者に寄り添っていくのであった。ここでいう人がつながるとは、それまで疎遠だったり、悪化していた関係を丁寧に紐解き、保護者と子ども、両親、保護者と親族、保護者と支援者などのつながりを創ることである。人がつながることによって、そこに様々な新しい対話がつながっていく。つながった関係の中でこれまでになかったような新たな対話がなされることで、それぞれに新しいストーリーが生まれていく。そして、それらの対話を通じてつながった人たちとの間に様々な思いがつながっていく、子どもが保護所で描いた絵や、言葉を見て、子どもへの思いがつながっていく。対話の中で、親族からかけられた言葉に思いがつながっていく。これまで、いつも一緒だった子どもが一時保護によって離れた場所にいる。子どもと同じ場所（空間）に一緒にいることは当たり前のことなのに、久しぶりの面会の中で一緒の空間にいることの意味や価値を見出す。家族や親族が同じ空間に存在できることで、場所（空間）がつながり共有するようになっていく。そして、一時保護によって親として否定されたと感じていた自己が、つなげる支援を通じて親としての自己を捉え直し、肯定的な自己として歴史がつながっていく。止まっていたかのような時間に現実感を見出し、時間がつながっていくのである。

　今回の調査の特徴は、サインズ・オブ・セーフティ、ファミリーグループ・カンファレンスなど保護者とのパートナーシップによる子どもの安全づくりに取り組んでいる実務家の実践知から「協働」のためのプロセスと構造を検討したことである。パートナーシップを子どもの安全づくりに欠かせないものとしている実践家だからこそ、そこから、子どもの安全を守

るがゆえに欠かすことのできない「協働」のプロセスと構造が明らかにされたことで、危機介入場面での相談援助の在り方の1つが示された。今後、実践において保護者と対峙的関係にならざるを得ない場面で、「つなげる」支援のプロセスと構造を実践モデルとして適用することで、保護者と支援者の「協働」の課題を俯瞰的に捉え直してみることが自らの実践を見直す機会となる。そこに対立や「協働」の困難があるとするならば、支援者と家族はそのプロセスのどこにいて、どのような「つなげる」支援が必要とされているのかを考えてみることである。そのことによって、たとえ、厳しい局面にあったとしても、その先の「協働」を見通すことができ、支援者は今ある「困難」の意味を肯定的に捉え直し、次の実践の一歩を考えていくようになっていくのではないか。

第6節　研究の限界と今後の課題

　本書によって「つなげる」支援のプロセスと構造が示されたことは、グレイザーの「生成された理論の品質」(Glaser 1998: 17) に照らせば、現場実践に有効な支援モデルの1つとして仮説提起ができたと思われる。また、優れた実践家のインタビューは、圧倒されるリアリティーと、実践家、臨床家だから表現される繊細な言葉に感動を覚えつつも、おおよそ、抽出されたコンセプトの中で実践モデルを説明できることからも、一定の領域密着分野の理論化がなされたものと思われる。ただし、これらの分析は支援者の文脈からの分析である。いうまでもなく、「協働」とは支援者と保護者、子ども等との間において行われる営みである。今後の研究課題の1つは、保護者、子どもの文脈からの分析と比較検討することである。また、対立を克服できずどうしてもプロセスが展開しないケースもある。たとえばそのような困難事例をつぶさに分析すれば、新たな視点が見えてくるかもしれない。さらなる多くの分析と実践モデルが提起されることが期待される。

おわりに

　危機介入と支援は異なるものであり、児童相談所と市町村、民間機関が

役割分担すべきとの意見がある。いわゆる保護者に対しての「支援」が、個の変容、治療的なアプローチ、育児スキル等の向上、環境調整、社会資源の動員等であれば、危機介入を行った機関が行うよりも、市町村、民間機関等が担うことが、保護者の心情、モチベーションを考えれば合理的であろう。しかし、本書で述べてきた営みもまた「支援」である。本章では、不本意な一時保護に伴う保護者と児童相談所の対峙する場面からの子どもの安全を目的としての「協働」関係について、危機介入から「支援」を一体のもの、連続したものとして捉えてきた。まさに、子ども虐待対応における独自のソーシャルワークの課題である。この点における支援は、法改正等において児童相談所の役割がより危機介入に特化したとしても、さらには特化されればなおさら担うべき課題であり、高度な専門性に基づく支援が求められると考えられる。

[注]
1　相手がわずかに示す態度や行動から感情を察し、その推察された感情に反応すること。例えば赤ちゃんであるなら、泣きぐずっている様子から「どうしたのかな」と、感情を一体的に捉えようとすること。
2　イエスセットは、対話が相手にとって肯定的な文脈として捉えられ、イエスという、うなづける対話の連続を創っていくこと。

第5章

子ども虐待ソーシャルワークにおける「協働」関係の構築

——保護者の「折り合い」への「つなげる」支援の交互作用理論

　子ども虐待における「協働」関係を論じる場合は、少なくとも2つの異なる視点、つまり、保護者の立場から捉えられる「協働」関係と支援者の捉える「協働」から考察されなければならない。2つの立場の交わるところに「協働」関係があるからである。

　ここまでの調査研究によって、保護者に対するインタビュー調査に基づく質的研究により「折り合い」のプロセスが見いだされ、支援者に対するインタビュー調査に基づく質的研究により「つなげる」支援のプロセスが見いだされた。本章では、これら2つの質的分析を統合することで、保護者と支援者の「協働」における統合された領域密着理論としてのグラウンデッド・セオリーを考察する。

第1節　研究方法

　第2章において、子ども虐待における「協働」関係について、不本意な一時保護を体験した保護者等に対するインタビュー調査をグレイザー派（クラシック）グラウンデッド・セオリーによって分析し（鈴木 2016）、また、第4章において、サインズ・オブ・セーフティ、ファミリーグループ・カンファレンスなどの当事者参画を積極的に進める支援者に対しての同様の調査、分析を行った（鈴木 2017a）。本書では、この2つのグラウンデッド・セオリーを比較分析し、理論の統合を図ることで、子ども虐待対

169

応における「協働」関係構築の在り方を論じる。

1　グラウンデッド・セオリーについて

　引用する2つの分析は、いずれもグレイザー派グラウンデッド・セオリーが用いられている。分析の特徴、手続きについては第2章参照。

2　研究協力者

　2つの研究のうち、保護者等に対してのインタビューでは、子ども虐待に伴う不本意な一時保護を経験し、その後、家庭引取りとなった保護者等に一時保護解除後にインタビューが行われた。調査の協力を得られた家族は表5-1の通り、10家族20人、うち分析対象は16人。子どもの年齢は乳児から中学生。ネグレクト6家族、身体的虐待3家族、心理的虐待1家族であった。インタビューの場所は児童相談所の面接室、家庭訪問による研究協力者自宅、研究協力者が指定した場所（駅）であった。インタビュー時間は30分から2時間で、平均は1時間程度、調査期間は平成26年8月より27年8月であった（鈴木 2016）。

表5-1　インタビュー協力者（保護者）

	協力者	子どもの年齢層	概要	所在
1	父、母、姉、子	中学生	母子で家出	在宅
2	父、母	小学生きょうだい	DV、父による暴力	在宅
3	母	乳幼児	頭部外傷、入院	在宅
4	母、祖母、伯母	乳幼児きょうだい	母アルコール依存、子どもを放置	在宅
5	母、祖母	小学生と幼児のきょうだい	母精神疾患、奇異な行動、入院	在宅
6	父、母	乳幼児	両親精神疾患、入所継続に不満	施設
7	父、母	小学生幼児のきょうだい	DV、シェルター	在宅
8	母	乳幼児	刃物を子に見せる、警察からの身柄付通告	在宅
9	母、伯父	乳幼児	養育者不在の中で頭部のケガ	在宅
10	母	乳幼児きょうだい	母の養育能力、不注意による落下	施設

※所在はインタビュー当時の子どもの所在

支援者等に対してのインタビューについては、不本意な一時保護を体験した保護者と対峙した経験のある支援者に対して調査が実施され、分析された。とりわけ、サインズ・オブ・セーフティ（Turnell 2012）やファミリーグループ・カンファレンス（林・鈴木 2011）など当事者参画により子どもの安全づくりを「協働」する支援者を対象として、優れた実務家の実践知から保護者との「協働」のためのプロセスと構造を明らかにしている。協力者は表5-2の通り、関東地方4県の児童相談所に所属する12人である。男性6人、女性6人。児童福祉司9名、児童心理司3名、年齢は30代が1人、40代が7人、50代が4名で、平均は48歳であった。児童相談所経験年数は5年から21年で平均10年であった。他職も含めての経験年数は10年から32年で平均23年であった。インタビューの場所は児童相談所の面接室、レンタルルームで行われ、インタビュー時間は50分から100分で、平均は75分程度であった。調査期間は平成28年2月より28年9月であった（鈴木 2017b）。

表5-2　インタビュー協力者（支援者）

	職種	性別	年齢 （歳）	職員歴 （年）	児相歴 （年）	所属	インタビュー 時間（分）
1	児童福祉司	女	51	21	9	K県	69
2	児童福祉司	男	48	23	7	K県	70
3	児童福祉司	女	43	21	5	K県	65
4	児童福祉司	男	48	20	8	K県	75
5	児童福祉司	男	48	24	8	K県	50
6	児童福祉司	女	44	18	15	K県	77
7	所長（福祉）	女	56	32	7	K県	60
8	児童福祉司	男	48	24	21	S県	95
9	児童福祉司	女	32	10	10	S県	100
10	児童福祉司	女	52	25	13	I県	90
11	所長（心理）	男	52	29	13	T県	65
12	児童福祉司	男	48	23	5	K県	65

第2節　倫理的配慮

　本章で扱われる2つの調査に係る研究等への活用については、すでに第2章、第4章で示した通り、保護者等に対して文書で許可を得て、所属する機関の長の決裁を受けている（鈴木 2016）。さらに支援者に対しても文書で許可を得て、所属する機関の長の決裁、分析者が所属する東洋大学の倫理委員会の承諾を得て実施しているものである（鈴木 2017b）。

第3節　結　果

1　2つのグラウンデッド・セオリーの比較

　表5-3「『折り合い』と『つなげる』支援の統合」は保護者インタビューに基づくグラウンデッド・セオリーによる分析結果（鈴木 2016）と、支援者インタビューに基づくグラウンデッド・セオリーによる分析結果（鈴木 2017a）を対比させたものである。右側に「保護者の『折り合い』のプロセス」としてカテゴリー・コンセプトを、左側に「支援者の『つなげる』支援のプロセス」としてカテゴリー・コンセプトがある。真ん中は、左右のステージ、カテゴリーを「統合」したものある。

　表5-3の通り、右側の「保護者の『折り合い』のプロセス」については逐語化したインタビュー分析の結果、33のコンセプトが抽出され、さらに12のカテゴリーにまとめられ、核概念（core variable）として「折り合い」が創出されている。そして、「折り合い」のプロセスとその構造を説明するため〔失う〕→〔折り合い〕→〔ひきとる〕の3つのステージに整理されている。図5-1の「『折り合い』のプロセスとその構造」（鈴木 2016）は不本意な一時保護をされた保護者が、子どもの安全のために児童相談所と「協働」し、困難な現実に対処していくプロセスとその構造を示している。〔A 失う〕〔B 折り合い〕そして、〔C 引き取る〕の3つのステージにはそれぞれ3つのサークルがあり循環している。〔A 失う〕は不

表5-3 「折り合い」と「つなげる」支援の統合

I 対話ができる関係を創っていく

支援者の「つなげる」支援のプロセス				統合		ステージ	保護者の「折り合い」のプロセス			
コンセプト	NO	カテゴリー	NO	ステージ	ステージの統合	ステージ	NO	カテゴリー	NO	コンセプト
子どもの安全を守ることを伝え続け目的を共有していく	1	安全の対話（子どもにおきた危害を率直に話し合い、児相の心配と、保護者の子どもに対する思い、ビジョンとすり合わせつなげていく）	1	対話ができる関係を創る	対話ができる関係を創る　←→　失う	1	1	喪失と傷つき	1	混乱・困惑
児相にある権威の存在を意識していく	2								2	無力・傷付き
常に話を聴く姿勢を持ち続ける	3	成し遂げてきた子育てを聴く（保護者が、児相職員を自分自身のことを理解してくれる存在として認識していくようになっていく。保護者にとって、児相が脅かされない関係としてつながっていく）	2						3	不運
虐待に至ってしまった事情を子育ての苦労として聞かせてもらう	4								4	時間の剥奪
大変な子育ての中でも保護者が成し遂げたことを探していく	5								5	怒り
虐待者とされたことの傷つきを支えていく	6								6	あきらめ
保護者の言動にチューニングし、対話のタイミングを探っていく	7	言葉と態度にチューニングする（保護者が、折り合っていくことができるリズム、感覚、タイミングでつながっていく）	3						7	自分を責め続ける
保護者の時間感覚に応えていく	8				「I対話ができる関係を創っていく」の統合ステージは支援者の「対話ができる関係を創っていく」ステージと保護者の「失う」ステージが、ステージ単位で対応することで構成されている。				8	つながっていない機関
親の中にある子どもに対しての何となくの不安な気持ち、関係性に触れていく	9	不安に触れる（言語化できない子どもに対しての潜在的不安を、現実の不安につなげていく）	4			2		関係機関不信	9	情報からの遮断
話し合える関係性を創っていく	10	意味のある時間を創る（子どもの安全について話し合える関係性としてつながっていく）	5						10	わからない保護理由
わかりやすい対話の枠組みを創っていく	11								11	動かない児相

支援者の「つなげる」支援のプロセス					統合	保護者の「折り合い」のプロセス				
コンセプト	NO	カテゴリー	NO	ステージ	ステージの統合	ステージ	NO	カテゴリー	NO	コンセプト
支援者の存在を意識してもらえるようになっていく	12			5		3		選択肢なき選択	12	手続きの押し付け
									13	選択肢のない選択
Ⅱ 「折り合い」への「つなげる」支援					「つなげる」支援と「折り合い」のカテゴリーの統合					
疎遠だった親族とつなげていく	14	**親族や友人との再会**（親族や、友人など、これまで拒否したり、疎遠だったりしていた関係が一時保護されたことをきっかけにつながっていくことで、家族がオープンになっていく）	6	つなげる	1　周りから支えられる	折り合い	4	支えられる	14	親族・友人の支え
友人知人を支援者としてつなげていく	15								15	第三者からの助言
虐待とされたことを方法の誤りとして理解していく	16	**リフレイムを探す**（スティグマである虐待者とされたことを、リフレイムで現実の困難として受け止め、折り合うことで、認め難い自身の現実と子育ての困難がつながっていく）	7		2　共に動こうとする関係をつくる		5	担当者との関係	16	担当者との関係
保護者と共有できるものを増やしていく	17								17	勝手に来る担当者
児相の介入を出会いとして肯定的な意味に捉えなおしていく	18								18	担当者以外の存在
これまで話せなかったことを話せるようにしていく	19	**新たな対話が生まれる**（家族だけで、これまで話せなかったことを、話し合えることで、家族員のこれまでの関係を見直したり、これまでの歴史がつながっていく）	8		3　対話が作られていく		6	話し合いの場	19	※対話するための枠組み
その家族だけの物語を聴いていく	20								20	※子どもと会えることの安心
子どもと離れたことで、子どもが見えてくる	21	**親子の思いの伝え合い**（関係はこじれていても、子どもの気持ちが親に伝わり、親の思いも子どもに伝わっていくことで、新たな親子のつながりを創り始めていく）	9		4　子どもの思いを知る		7	子どもへの思い	21	子どもへの思い
子どもの思いを保護者に伝えていく	22				5　希望につながっていく		8	期待	22	親子関係をやり直す期待

親の思いを子どもに伝えていく	23				5　希望につながっていく		8	期待	23	自分を励ます
本当はどうしたかったのかを聴いていく	24		9			折り合い			24	保護所のイメージ
家族の願いを希望につなげていく	25	希望につなげる（家族の願いを希望につなげていく）	10	つなげる						
子どもと再び暮らすための見通しを持てるようにしていく	13	見通しを立てる（見通しを立てることが、過去、現在、未来をつなげ、希望につながっていく、児相との対話が、保護者の願いにつながる）	11		6　見通しが見えてくる		9	見通し	25	これからの見通し

Ⅲ　折り合おうとする保護者に寄り添う　⇕　ステージの対応　⇕

保護者が、自分はこれでよいと思うようになっていく	26	寄り添う（一時保護される体験によって傷付き、否定された自己を、新たに捉えなおすことで、これからの新たな子どもとの関係、家族創りにつながっていく）							26	自から折れる
保護者が、自分たちにもできることがあると自信を取り戻していく	27		12				10	自分から動く	27	児相からの信頼
家族自身が、安全の計画を創ることを支えていく	28	動きだすことを見守る（保護者と児相が子どもの安全という目標に向かってつながり、家族のビジョンに向けて動き始めていく）			「Ⅲ折り合おうとする保護者に寄り添う」の統合ステージは支援者の「寄り添う」ステージと保護者の「引き取る」ステージが、ステージ単位で対応することで構成されている。		11	虐待者とされた自分への対峙	28	※虐待者とされたことへの疑念
思いもよらない家族の姿を知っていく	29		13	寄り添う		引き取る			29	傷つけた子ども
保護者が、家族のビジョンに近づいていると感じていることを支援者が知っていく	30	主体者であることを支える（保護者が児相との関係の中で、自ら動いていくことによって、当事者性につながり主体者となっていく）							30	子育てアイデンティティーの混乱
その人なりの方法でやれることを探していることを感じる	31						12	これからの子育て	31	変えたくない子育て
保護者がやらされているのではなく、やろうとする部分が増えていることを感じていく	32		14						32	新しい子育ての始まり
									33	子どもを保護される不安

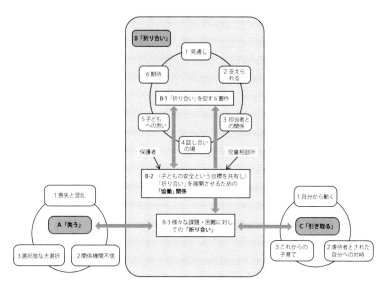

図 5-1 「折り合い」のプロセスとその構造

本意な一時保護に伴う保護者の体験を表している。そして、〔B 折り合い〕は「B-1 折り合いを促す 6 要件」を保護者と児童相談所が「B-2（子どもの安全という目標を共有し）折り合いを展開させるための協働関係」に参画することで展開している。そして、保護者によって「B-3 さまざまな困難に対しての『折り合い』」が実現されると、ステージは〔C 引き取る〕に移るとされている。

「折り合い」については「不本意な一時保護に伴い生じる喪失感と様々な感情及び、関係機関への不信を抱き、児童相談所等と対峙する局面を経験しつつ、さらに、虐待者とされた自己に対する疑念と、子育てアイデンティティーの混乱を抱えながらも、児童相談所との『協働』関係が進む中で、子どもを引き取るという現実的な課題や目標を実現するために保護者自身が受け入れ難い現実に調和していくプロセス」（鈴木 2016）と操作的定義が与えられている。

表 5-3 左側の「支援者の『つなげる』支援のプロセス」の分析に当たっては、保護者インタビューの分析と同様にインディケーターを逐語録から抽出し、それを比較し 32 のコンセプトと、さらに 14 のカテゴリーにまとめられ、核概念として「つなげる」が創出されている。「つなげる」を手

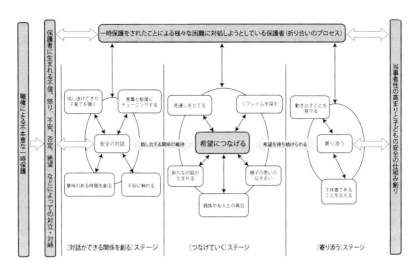

図 5-2 「つなげる」支援のプロセスとその構造

がかりにコンセプト、カテゴリーを配置していくと支援のステージとして〔対話ができる関係を創る〕→〔つなげていく〕→〔寄り添う〕の３つのステージに分類されている。

図 5-2『「つなげる」支援のプロセスと構造』（鈴木 2017a）は、保護者支援のプロセスと構造がまとめられたものである。通告に始まる出会いは保護者と児童相談所が対峙することから、関わりが始まっていくことが多い。「つなげる」支援は、３つの支援ステージの連動によって展開していく。それぞれのステージにはカテゴリーによって構成されたサークルがあり、その中心にはそのステージの中核的支援テーマとなるカテゴリーがある。そして、その周囲にはその中核的支援テーマを実現するための構成要因となるカテゴリーが囲んでいる。支援者はそれぞれのカテゴリーにある支援テーマに取り組み、それらの支援が展開することを通して、中核的な支援テーマにアクセスし、その実現を促進させていく。一方で中核的支援テーマの進展が、周囲にあるそれぞれのカテゴリーの支援テーマを活性化させ、そこに持続的な交互作用を生じさせる。さらに、それぞれのカテゴリーの活性化によって、ステージにあるカテゴリー間の交互作用を生じさせる。各ステージのカテゴリー間の交互作用が活性化されることによって、ステージは次のステージに展開していくとされている。

以上を踏まえ「つなげる」支援を定義し「不本意な一時保護を体験し、児童相談所と対峙的な関係にある保護者に対して、対話を構築し、支援者が保護者等に対して、人、時間、場所、対話、思いなどをつなげることによって、主体者となろうとする保護者に寄り添い子どもの安全という目標に向かって児童相談所と協働していくプロセスを創ること」（鈴木 2017a）とした。

2　2つのグラウンデッド・セオリーの統合

　以上の通り、「折り合い」は保護者の側からの「協働」関係構築のためのコンテキストであり「つなげる」は支援者側からの「協働」関係構築のためのコンテキストである。

　表5-3の真ん中は、2つのグラウンデッド・セオリーがシンクロするところである。ステージはともに3つあり、それぞれが対応している。保護者の「折り合い」のプロセスの「失う」ステージは、支援者の「つなげる」支援の「対話ができる関係を創る」ステージに対応している。職権の一時保護によって傷付き、様々なものを「失う」ことで、その裏腹の態度として攻撃的にもなっている保護者に、支援者はまずは話し合える関係を構築するためのエンパワメントにより「対話ができる関係を創る」ことをしている。このステージを統合することで「Ⅰ対話ができる関係を創っていく」とした。そして、話し合える関係ができていく中で、保護者は現実を受け止めていくための様々な取り組みをしていくが、保護者がこの局面で、児童相談所と対峙し困難な現実を受け止めていくためには6つの要件があることが「折り合い」のグラウンデッド・セオリーによって示唆された。そのカテゴリーは「支えられる」「担当者との関係」「話し合いの場」「子どもへの思い」「期待」「見通し」である。そして、支援者はこの6つの領域に人、時間、場所、対話、思いなどをつなげることによって働きかけていく。支援者による「つなげる」支援のやはり6つのカテゴリーは「折り合い」の6領域に符合している。つまり、保護者の「折り合い」における「支えられる」は、支援者の「つなげる」支援の「親族と友人との再会」に、同じく「担当者との関係」は、「リフレイムを探す」、「話し合いの場」は「新たな対話が生まれる」、「子どもへの思い」は「親子の思

いの伝え合い」、「期待」は「希望につなげる」、「見通し」は「見通しを立てる」である。そして、6領域それぞれのカテゴリーごとに統合され「周りから支えられる」「共に動こうとする関係を創る」「対話が創られていく」「子どもの思いを知る」「希望につながっていく」「見通しが見えてくる」とした。これらの、6領域にわたって行われる保護者と、支援者の交互作用こそが「協働」関係を構築していく核となっている。このステージの統合を「Ⅱ『折り合い』への『つなげる』支援」とした。そして、3つ目のステージは保護者が、虐待者とされた自分自身への疑念や、これからの新たな子育てを前にしての不安、葛藤を引き受け、現実に子どもと子どもの未来を「引き取る」ことに対して、支援者が「寄り添う」ステージであり統合したステージとして「Ⅲ折り合おうとする保護者に寄り添う」とした。

　図5-3「『折り合い』と『つなげる』支援の交互作用」は「折り合い」と「つなげる」支援を融合したモデルを示している。「Ⅰ対話ができる関係を創っていく」では、保護者の「失う」ステージにある「(1) 喪失と傷つき」「(2) 関係機関不信」「(3) 選択肢なき選択」に対して支援者は「①成し遂げてきた子育てを聴く」「②言葉と態度にチューニングする」「③不安に触れる」「④意味のある時間を創る」「⑤安全の対話」による働きかけによって、まずは話し合える関係を創っていった。話し合える関係ができていくと、「Ⅱ『折り合い』への『つなげる』支援」のステージに「協働」関係は展開していく。折り合いの6つの要件は、「つなげる」支援の6つのテーマと図5-3のように交互作用を形成している。6つの統合カテゴリーによって「『折り合い』に対する『つなげる』支援」が展開していくが、そのサークルの中心にあるのは「5見通しが見えてくる」「6希望につながっていく」である。つまり、児童相談所と保護者の対峙から始まり、話し合える関係を創っていく中で、「折り合い」と「つなげる」支援によって「協働」が展開していく中で、保護者の中に生まれていく、あるいは保護者と児童相談所の「協働」の取り組みの中で生まれていくのは、「見通し」の先に「希望」が見えてくることである。このことがまさに、保護者と支援者の「協働」を推し進めていく原動力になっているのである。

　これらの「協働」が展開していくとステージは「Ⅲ折り合おうとする保

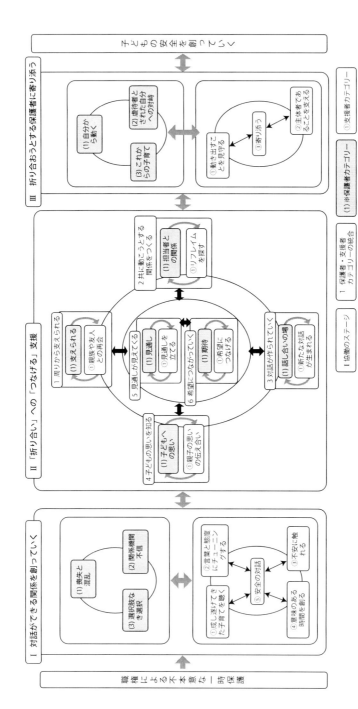

図5-3 「折り合い」と「つなげる」支援の交互作用理論

護者に寄り添う」のステージに展開していく。ここでは、保護者が虐待者とされた自己に対する疑念と、子育てアイデンティティーの混乱を抱えながらも、児童相談所との「協働」関係が進む中で、子どもを引き取るという現実的な課題や目標を実現するために主体者として、動き出そうとすることに対して、支援者が「寄り添う」ことでステージが展開する。ここまでの3つのステージの展開が保護者と支援者による「協働」関係の構築のプロセスとその構造である。

　以上の通り、「つなげる」支援は保護者の「折り合い」の要件に働きかけることで、シンクロしそこに交互作用が生じる。この交互作用が「協働」関係を展開させていく。「協働」は保護者と支援者による子どもの安全づくりの営みとして織り上げられていくものである。2つのグラウンデッド・セオリーを踏まえ、これを統合することによって「子ども虐待ソーシャルワークにおける『協働』関係の構築」を改めて次のとおり定義する。「子ども虐待ソーシャルワークにおける『協働』とは子どもの安全、安心という目標、目的に対して、子どもにかかわる機関と保護者等がこれを共有し、これらを実現するための保護者の『折り合い』のプロセスに、支援者が『つなげる』支援によって関与・参画し、保護者の人、時間、場所、対話、思いなどを『つなげる』ことを通して、更にはそこに流れる交互作用によって子どもの安全、安心の実現に向かって歩んでいく関係性を構築すること」である。

第4節　保護者の「折り合い」への「つなげる」支援の実際

　保護者の「折り合い」への「つなげる」支援について、それぞれのカテゴリー及びコンセプトについて代表的なインディケーターを示し説明する。以下、カテゴリー【　】コンセプト〈　〉インディケーターを〔　〕として示す。ステージは〔　〕で示す。なお、保護者と支援者のデータを区別するために保護者のデータ分析に基づくカテゴリー、コンセプト、インディケーターには【　】〈　〉[　]〔　〕の通りアンダーラインをつける。さらに、「折り合い」と「つなげる」支援の統合カテゴリーについて

は、〔　〕の二重のアンダーラインをつけて区別する。

1 対話ができる関係を創っていく

　不本意な一時保護を体験した保護者は突然の介入に混乱し、怒り、失望、疑念など様々な感情、態度を示す。〔対話ができる関係を創っていく〕では〔失う〕ステージにいる保護者に対して、支援者の〔対話ができる関係を創る〕ステージにおける支援の交互作用によって対立的な関係から対話ができる関係が創られていく。

　保護者は【1 喪失と傷つき】とされる体験の中で、〈混乱・困惑〉の中におかれる。［一時保護っていう意味も最初よく分からなくて……「もう○○に会えないのかな」とか］と不安になっていく。〈無力・傷つき〉の体験の中では［私たちみたいな弱い人間、何にもできないから、それは従うしかない］と、無力化されていった。児童相談所による一時保護が、なぜ自分なのかという〈不運〉として感じ、［そういうの（虐待死亡事例）があると、何でそういうのは保護しないで、うちのだけ、って］思ってしまう。〈時間の剥奪〉される感覚として［本当に時間とか決められるっていうのとかは、やっぱりまあ、仕方ないんだなあって］思うようになっていく。このような体験が、保護者の中で〈怒り〉として沸き起こり、［もううちとしては信頼してた人たちに裏切られたっていう感覚だったんで、まさかそこまでやられるとは］［裏切られた］とさえ、思ってしまうのであった。そして、それは、やがて、〈あきらめ〉につながることもあり、［保護されるっていうことに関しては別に。「ああ、やっちゃったな」自分にめっちゃ反省しました、「失敗したな」って］思うこともあった。保護者によっては、〈自分を責め続ける〉場合もあった。［なんか自分だけが悪いことしちゃったって感じで、そういう思いが強くなっちゃって、自分を責めることしか無くなっちゃう］のであった。

　【1 喪失と傷付き】の体験はやがて、【2 関係機関不信】となっていった。〈つながっていない機関〉では、［警察はある時、こういいました。この案件は児童相談所に移りました。なので、警察はもうとやかくいえません」縦割り行政ですよね。丸投げ］という不信感であった。〈情報からの遮断〉とは、［ただ、意思を知りたいと。どういう思いでいるのかっていう意思

を知りたかったんですけど、その意思を知る術がなかった］と、子どもや、家族員の気持ちがわからないことも含めた周囲から情報を得られないことへの不安であった。〈わからない保護理由〉とは、［明確なご説明も無く、一番最初も、こういっちゃ大変申し訳ないんですけど、だまし討ちに会ったような感じに感じたよね］という体験である。もちろん、児童相談所は一時保護の理由を保護者に告知しないことは決してない。しかし、保護者からすれば、わからない、という体験なのである。〈動かない児童相談所〉とは、［どんなにうちらが動いても、児童相談所は、そんなにその時は動いてくれなかった］という、保護者と児童相談所の判断の相違に対しての不信である。

　結局、保護者は児童相談所から【3 選択肢なき選択】を迫られている感覚に陥ってしまう。〈手続きの押し付け〉では、［手続きを踏まなきゃ（子どもにすら）会えない］［児童相談所が入って子ども連れてった時も、毎日会いたいけど、手続きを踏まなきゃ会えない、会えない、会えないって、手続き踏んでくれ、踏んでくれって、すんごい長いじゃないですか］と権威的な指導として感じる体験となっていた。そして、〈選択肢なき選択〉というダブルバインドによって、自分たちの意志を児童相談所によって決められていくような体験をすることになっていくのであった。［法的に、もうこれは決まりだから、どうにもなりませんよっていわれましたから、そこです。じゃあもう諦めるしかないですよね］と感じる体験である。

　これらの状況におかれている保護者に支援者は、対話ができる関係を創るために、保護者にとって意味のある時間を創ろうとした。

　【1 安全の対話】では、〈子どもの安全を守ることを伝え続け目的を共有していく〉ことを続けていった。［そのビジョンに向けて起きた危害を繰り返さないためにどんなお手伝いができるのか］を、一緒に考えていった。そして、支援者は常に、〈児童相談所にある権威の存在を意識していく〉ことをしていた。［権限を使って、無理やり、この話をするっていう、土俵に乗ってもらっている構造があるっていうこと］を常に念頭に置いているからこそ、［家族が声を出せるように質問をしていくとか、そういうのが（支援者の）専門性］と考えていた。

　【2 成し遂げてきた子育てを聴く】において支援者は、〈常に話を聴く姿

勢を持ち続ける〉ことをしていった。［自分が、（保護者のことを）わかっていないっていうこと、わかったつもりにならないことを念頭に置］いて、［相手の立場を尊重する中で……考えた本当の言葉］を使うことに努めていた。〈虐待に至ってしまった事情を子育ての苦労として聞かせてもらう〉では、［親御さんがどんなこと考えて、今まで子育てしてきたのかっていうのは、少しでも理解したい］という態度で、真摯に保護者に向き合った。〈大変な子育ての中でも保護者が成し遂げたことを探していく〉では、［どんなふうにしてその子が育ったのかなあとか、その親御さんがどんなふうにしてきたからなのかなあとか、そういうことを想像しようと努力する］ことを心掛けた。〈虐待者とされたことの傷つきを支えていく〉では、［子どもと離れるのはまたその自分の一部を引き裂かれるみたいなものすごいダメージというか。まして、あとまた自分が駄目な人間だということ……すごく恐怖］があることを理解して、保護者の心情に寄り添った。

　【3 言葉と態度にチューニングする】では、支援者は、〈保護者の言動にチューニングし、対話のタイミングを探っていく〉ことを常に心がけていた。さらにいえば、その時を待っていた。［一拍置く］［一呼吸］［待つ姿勢］［キャッチボール］［相互の力動みたいな力関係が一緒に動く］［イエスセットみたいな話のリズム］［ポロッと（本音を）漏らされる一瞬］［一緒にやろうと思えてもらってる（瞬間）］［タイミング］［そういうシチュエーションを逃さない］などの言葉で、支援者は表現していた。〈保護者の時間感覚に応えていく〉では、［こっち（支援者）はもう、いろんなことをしてるから、あっという間に過ぎるんですけど、保護された側とか子どもにとっては］とても長い時間を過ごしている、という理解の中で、保護者との連絡などを配慮していった。【4 不安に触れる】では、〈親の中にある子どもに対しての何となくの不安な気持ち、関係性に触れていく〉ことをしていった。［親ももともと何となく思っていた不安な気持ち、関係性だったりとか］があって、そのことの対話が現実の理解につながっていったと考えていた。【5 意味のある時間を創る】における〈話し合える関係性を創っていく〉のは、何よりこれからの子どもの安全を創っていくための「協働」の前提として、前述のアプローチを総動員してなしとげるものであった。［話し合いたくもない人と話しているとしたら、その人にとって意味のある時間でなければ付き合ってくれない］として、意味のある時

間を支援者は探究した。〈わかりやすい対話の枠組みを創っていく〉では、
［正確にいったことを聴いてるつもりで、ちょっと親御さんがいった、受
けたものと違うということもあるわけで、そこのずれが少し修正できる］
ことの大切さを感じていた。やがて、これらのアプローチによって、保護
者にとっての話し合える関係ができてくると、〈支援者の存在を意識して
もらえるようになっていく〉のであった。［離されちゃっている親子のこ
とであれば一緒に暮らせるために仕事をしてくれる人なんだって認知して
もらう］ことが、「協働」の始まりとなっていった。

2　「折り合い」への「つなげる」支援

　〔「折り合い」への「つなげる」支援〕では、支援者の6つのつなげる支
援が保護者の「折り合い」の6つの要件に、それぞれ働きかけることに
よって、「折り合い」への「つなげる」支援の交互作用が生まれ「協働」
が展開していった。ここでは、6つのカテゴリー間の交互作用を見ていく。

（1）周りから支えられる

　【6 親族や友人との再会】では、〈疎遠だった親族とつなげていく〉支援
を進めた。［（虐待が）再発しない……ために、親御さんが誰の協力を得て、
同じようなことにならないための仕組みをこれから考えていく］のか、そ
して、そのことによって生まれたつながりによって、「協働」の取り組み
に［参加しているいろんな人の角度で、事柄が見れる視点が、いっぱい増
えてくる］、［両親がたとえ主体性がなくても、その周りの親族が支え］て
いくようになっていくのであった。〈友人・知人を支援者としてつなげて
いく〉では、［そこの人がいるかいないかで、そこが、「自分たちがどう
いう立場にあるのか」っていうのが気付くのに、「スピード感が全然違う
な」って感じが］すると支援者は捉えていた。

　これらのつなげる支援によって、保護者は【4 支えられる】では〈親族・
友人の支え〉を受け入れていくようになっていく。［なんか、やっぱりい
ろいろ相談のってくれるようになったり、電話も結構かかってきて、大丈
夫？ 平気？ とか、私のそばに、つらい時ずっとそばにいてくれたんで
……］と話された。〈第三者からの助言〉では［第三者を、早く見つけてい
ただいて。その方の客観的な視点を早くつかんでいただければ、当事者は

やっぱり、カッカカッカしてるし、あせってるし、もう目先のことしか考えていない部分があると思うので……］と、家族以外の人の関与が冷静さを取り戻す体験であったことが語られた。

（2）ともに動こうとする関係を創る

【7リフレイムを探す】において、支援者は〈虐待を方法の誤りとして理解していく〉ことを働きかけた。［それは方法としては良くなかったっていうこと……もともとの気持ちのところに沿った、良い関係になる方法みたいのを親と話し合って］いった。〈保護者と共有できるものを増やしていく〉では、［実際に……子どもに対応することで（子どもの特徴を）直接、感じることができれば、今度はそれが親の大変さを共感できる］と考えた。〈児童相談所の介入を出会いとして肯定的な意味に捉えなおしていく〉では、［児童相談所が来たときには本当にショックだったけれども、今回こうやって、家族について見つめ直したことでいいこともあった］と思ってもらえルールこともあった。

【5担当者との関係】において保護者は〈担当者の関係〉［話してた人が自分と相性が良かったのかとか、そういうのもいろいろ、きっと人間だからあるんだろうけど、自分のこともお話ししてくださって、「親なんだから、僕だってこういう仕事してるけど、怒ることあるんですよ」みたいな、一人の人間として普通に話をしてくださった］と支援者の自己開示が担当者との距離を縮めた体験として話されていた。さらに、保護者が担当者との距離を近づけた態度として［親身であった］［冷静］［感情的でない］［子どもの将来を真剣に考えてくれている］［うちのことを考えている］［対応が早い］［人間味を感じる］［丁寧］［相性］［話しやすさ］［ずっと子どものことを見てくれた］「怒っちゃ駄目って分かっていても、どうしても声を荒げちゃう時だってあるし」などの態度をあげている。また、担当者との関係が行き詰った時の〈担当者以外の存在〉があることで、［なんか○○さんにいいにくいことがあったら、○○さんに、っていうお話、できたので］よかった、と振り返った。〈勝手に来る担当者〉とは、［こっちが頼んでないのに勝手に来るんだけど、中には迷惑っていう人いるかもしれないけど、私みたいに忙しくて、……そういう人には、すごいありがたいです］と話され、ときにはおせっかい、アウトリーチが保護者の気持ち

186

に通じることが話された。

（3） 対話が創られていく

【8 新たな対話が生まれる】では、〈これまで話せなかったことを話せるようにしていく〉支援が行われた。［ご夫婦でも人が間にいないと話ができないとか、秘密がいっぱいあっていえてなかったこととかっていうのが、ミーティングなんかをすると……お互いの理解が進んだりっていうこともある］と、普段にない対話の枠組み、構造が家族間のコミュニケーションを活性化することになると支援者は考えていた。〈その家族だけの物語を聞いていく〉では、家族に対して無条件に［興味を持つこと。表面的な、児童相談所だから、仕事だからこうっていう紋切り型ではなくて、その家族その家族で違う、ヒストリーだったりテーマだったりっていうところを大事にして関わって］いくことの大切さが語られていた。

【6 話し合いの場】を持つということについて保護者は〈対話する枠組み〉が、変わらずにあるということで［確かに、このミーティングをやることによって、前向きにはなれたよね、若干］［話し合える］［整理がつく］［前向きになる］と、子どもを一時保護されるという困難な状況にあっても、対話によってポジティブになれると話されている。

（4） 子どもの思いを知る

【9 親子の思いの伝え合い】では、〈子どもと離れたことで、子どもが見えてくる〉とされ、支援者は、［物理的・時間的に離れることで客観的に考えること］［近いと見えないものが、ちょっと離れて、間に何かを経由］して見えてくると感じていた。〈子どもの思いを保護者に伝えていく〉では、［児童相談所が介入したことによって、子どもの意見を客観的に聴けたりとか、子どものことを客観的に見ようとしたりとかっていう感じに］なっていく体験を保護者に提供できた、と考えていた。〈親の思いを子どもに伝えていく〉では、［親子の関係っていうところでは、その子どもにとって親は唯一の関係なので、虐待をしてきたというマイナスのイメージのとこだけではなく］見ていけるようになると考えていた。〈本当はどうしたかったのかを聴いていく〉では、［子どもが傷付くってことは、親も望んでいることじゃないんじゃないか……］［どうしたかったからこうい

う手段を取ったのかっていうところの、どういうふうに育てたかったのか]を聴いていくことで、虐待とされたけれども、もともとの子どもへの思いを聴くことで、その思いの実現を話し合った。

【7子どもへの思い】では〈子どもに会えることの安心〉として、[○○さんが○○を連れて来てくれて、帰って来て「ママっていって飛びついてきてくれたときに本当にほっとして、「ああ。よかった」みたいな。そこまでは本当に、正直生きた心地がしないな。どうしたらいいか分からなくて][もう。こうなって初めて分かったんですよね。親も気がつかないもんですね。もっと客観的に見ないと分からない]と、分離、再会という体験、子どもと会えない時間が保護者にとっては、子どもとの関係を考えざるを得ない体験となっていた。

（5）希望につながっていく

【10 希望につなげる】では、〈家族の願いを希望につなげていく〉支援が行われた。[その子のために……どんな生活を送ってほしいのか、どんな大人になってほしいのか、どんな子ども時代だって思ってほしいのか][自分がそういう願いを持っているなんて、普段は意識していないかもしれないけれど、意識してないだけで、きっと、あるんでしょうね。意識するのは、子どもが生まれた日とか。結婚式とかは考えるかもしれないけれど、聴かれることでずっとしまっていて、ほこりをかぶってしまっていたもの]を出してきてもらう対話であった。保護者が子どもとの未来を見通し、そこに希望があることが保護者のこの困難な取り組みを進めていくときの原動力であった。

【8期待】〈親子関係をやり直す期待〉は、[少しずつでも、親子関係を取り戻せるという気持ちがあったから、児童相談所の方と多少話し合いの中で、ちょっと嫌な思いしたりとか、させたりとかあったかもしれないですけど、そういう子どもを頼むっていうような考えがあったからこそ、今までついてきたのかなと思いますけど]といわれる、保護者自身が持てる家族の未来に対する期待であった。〈自分を励ます言葉〉とは[子どもの将来を考える。今をがんばれば後はもうずっと子どもと一緒にいれる]という、希望を自分にいい聞かせているものであったと思う。

（6）見通しが見えてくる

【11 見通しを立てる】では、支援者は、保護者が子どもとの未来に希望を持てることで、〈子どもと再び暮らすための見通しを持てるようにしていく〉支援をしていくことであった。［先の見通しが明確になれば、そこに向けてというモチベーションとかも自然に動き出す］と考えていた。

【9 見通し】とは、子どもを一時保護されたその時の保護者の不安に対して、〈保護所のイメージ〉について、［選択肢がそれしか無い状態でいくんだったら、ああいうふうに安心して（保護所に）送り出せるような話し合いの場があったっていうのは、すごい救いでした］といわれるように、子どもがこれからどこでどのような生活を送るのかを保護者にイメージできるように説明することであった。そして、これからの家庭引取りまでの見通しについて示すことで、［ええ、ステップをね、ちゃんと示して。何もステップ無しで、一体いつまで続くのかなっていう気持ちをあれするよりは、ちゃんと予定をちゃんと作っていただくと、それは分かりやすくて良かったですね］と、保護者が見通しを持てる支援を進めることであった。

3　折り合おうとする保護者に寄り添う

〔折り合おうとする保護者に寄り添う〕では〔「折り合い」への「つなげる」支援〕によって作られた「協働」関係によって、保護者が現実を〔引き取る〕ステージにあって、自ら動きだそうとする保護者に対して支援者は〔寄り添う〕ことで、保護者との交互作用を創っていった。このことで、子どもの安全づくりに保護者と支援者はさらに「協働」を展開させていったのである。

（1）〔引き取る〕ステージ

【10 自分から動く】では、保護者は〈自ら折れる〉という体験として説明された。［ちゃんとしてくれれば早く、出来るだけこちらも動きますよ、ってそういうなんだろう、誠実な答えを教えてくださったので、じゃあこっちもそういう態度を見せたらお互いうまく動けるのかなと思って、こっちが折れて、ついてこうと思ってやりました］と話された。〈児童相談所からの信頼〉については［だから、少しでも、ちょっとずつでも児童

相談所さんの印象が良くなれば、早く戻れるのかなっていう考えは。だから、それだけの努力はしていると思いますけど］と、児童相談所からどう見られているのかを意識しながら動いていたことを率直に話された。

【11 虐待者とされた自分への対峙】では、〈虐待者とされたことへの疑念〉を自分自身に対して持ち［自分が当たり前って思ったことが虐待って疑われちゃって、それでまさかこんなことになるとは思ってもいなかった］［虐待っていうのはどこからですか、って私聞いたことがあるんですよ。叩いたら、子どもが嫌だと思ったら虐待ですよっていわれて、でも、悪いことをしたら悪いし、それはやっぱり叩いて、叩いてうちらは教えたいっていうのもあって］と、これまでの子育てを否定されたことによっての子育てアイデンティティーの混乱を話された。また、［子どもの立場に立った時っていうのも、何でそんな簡単なこと忘れてたのかなって思った］と子どもの立場に立つという体験が、傷付いた子どもへの理解につながることを話される場合もあった。さらには、［実際、問題は……ないっていうことは、そこで分かったんです。でも……もう決定が下った後だったんで、もううちらにどうすることもできない］という、行為そのものを否定して、しかし、現実には児童相談所による一時保護が実施されたのであればこれに対処していくしかないと考えている場合もあった。〈傷付けた子ども〉において保護者は［結局連れて帰るんだったら、安心させてあげないといけないし、まず。多分傷付いてるだろうから。それを彼女に見せてあげなきゃいけない］と、子どもへの思いを馳せ、子どもとのこれからの親子関係を考えようとしていた。【12 これからの子育て】では、［まあ自分の今までやってきた事が、違うっていうのも分かったんで、でも、今までと違う怒り方っていうんですか、それで子どもは伝わってるのかなって］という混乱を抱えながら、〈子育てアイデンティティーの混乱〉として、［今までやってたことは駄目なんだな、っていう部分もあったんで、そこは改善しようっていうのはあるんですけど、でも本当の理想っていうのは、なんなんだろう］と、子育てアイデンティティーの混乱がうまれた。一方で、［お父さんはお父さんとして子どもの手本］になってほしい、児童相談所の介入を受けたとしても［威厳を持っていてほしい］という思いも話された。そして、〈変えたくない子育て〉として［やっぱりお父さんは怖い存在で、今まで通りいてほしい。優しい時は優しい、でも

190

怒ったりする時は怖い、……私はそれは変えないでほしいんですよ］と話された。児童相談所の一時保護は保護者のこれまでの子育てをすべて否定することではない。これまで行ってきた「つなげる」支援によって、これまでの子育てと、これからの子育てが「つながる」ことがエンパワーにつながっていく。保護者自身にとってもこれまでの子育ての中で大切にしてきたものが、これからも続いていくと考える部分があることが、子育ての一貫性となり、子育ての歴史をつなげていく。そして、〈新しい子育ての始まり〉として、［これからもう1回子育てをスタートさせる第一歩にはなったので、良かったのかなあと思って］いくことになっていくのであった。一方で、今回の子どもを突然一時保護されるいう体験が〈子どもを保護される不安〉として［最初の1カ月ぐらいは、怒ることが今度はできなくなっちゃいました、怖くて］という不安を消し去ることが難しくなっているというのも事実であった。

　支援者は、保護者に【12 寄り添う】ことによって、〈保護者が、自分はこれでよいと思うようになっていく〉ことを感じていた。虐待者とされた体験によって、全てを否定されたかのように感じていたけれど、支援者とのかかわりによって［「結構自分がやってきたことがOKだったんだ」っていうのが分か］ってくる体験もしていった。このことによって、〈保護者が、自分たちにもできることがあると自信を取り戻していく〉ことになっていった。子育てにおいても、［今までとは違う方法があるんじゃないかっていうふうなところに考えられるよう］になっていくのであった。［だから自分たちがやれるんだっていう自信までいかなくても、そういう気持ちを持ってもらえると、主体っていう部分が出てくる］と、保護者がエンパワーされている傍らに寄り添っていた。

　【13 動き出すことを見守る】では〈家族自身が安全の計画を創ることを支えていく〉という支援者の態度が強調されていた。［そういう自分で考えるっていうことが、やらされてるんじゃないんだ、自分たちで考えるんだっていうことが、その後の継続性につながっていく］と考えていた。そのことによって、〈思いもよらない家族の力を知っていく〉ことにつながっていった。支援者は［あんまり先入観持ち過ぎず……こちらが考えてる以上のこと、すごく考えてたりしてるっていう］のを知ることになっていった。［家族しか知りえない……マイナスに評価されちゃうこともオー

プンにいってくれた時に〕保護者との関係を感じ、〔ちょっとした家族の話をしてくれたりして、家族だけの味わいみたいなものを共有できたときに、ああ、なんか、こんなことまで話してくれて〕とつながりが深まっていくことを支援者は感じていった。

そして、【14 保護者が主体者であろうとすることを支えていく】では、〈保護者が、家族のビジョンに近づいていると感じていることを支援者が知っていく〉ことによって、〔話し合いとかの結果、思い描いていたものに少し近づいているというふうに思〕えるようになっていった。支援者が保護者のパワーを感じる瞬間でもあった。そして、保護者は〈その人なりの方法でやれることを探していることを感じる〉主体者であり、〔その人なりの方法で、うまくやれる方法が絶対ある〕と信頼し、〔自分なりの地図を自分なりで創って……「僕らの支援は何か、必要なものは何なのか」っていうのを提案して〕いくことが支援者の役割であると認識していった。さらに、〈保護者がやらされているのではなく、やろうとする部分が増えていることを感じていく〉ことが、〔そういう格好からっていうのは変ですけども、そういった時間とか場所とか機会とか具体的なもので取り組み〕、そして、〔家族の時間、家族で話し合う時間を設けて、私たちはそこから退席してっていうことを重ねた中で主体〕者となっていった、という「つなげる」支援のプロセスを感じるのであった。

第5節　まとめ──「『折り合い』と『つなげる』支援の交互作用理論」と実践への示唆

　子ども虐待ソーシャルワークにおける「協働」関係構築のプロセスを、保護者の「折り合い」のプロセスと、支援者の「つなげる」支援のプロセスの交互作用として、2つのグラウンデッド・セオリーを統合した。これらを、通告に始まる子ども虐待など、当事者の主体的な相談動機が乏しく、対立から始まらざるを得ない支援における領域密着理論「保護者の『折り合い』と支援者の『つなげる』支援の交互作用理論」としてまとめる。同理論では、まずは、〔失う〕ステージにある保護者に対して、支援者の〔対話ができる関係を創る〕働きかけによる交互作用が生じることで、対話ができる関係が創られていく。そして、この関係から保護者が置

かれた厳しい現実を受け止め「協働」関係が構築されていくためには保護者においては「折り合い」を成し遂げるための6つの要件がある。支援者はこの6つの要件に対応する6つの「つなげる」支援を行うことで、保護者と支援者の間に「協働」関係が進展していく。さらに、保護者が見つめる「見通し」の先に家族の願い、「希望」が見えてくることが「協働」関係を進展させる原動力となっていく。そして、保護者は、今ある困難な現実を受け止め、子どもの未来を〔引き取る〕ことを試み、支援者は、主体者として動き始めようとする保護者に〔寄り添う〕のである。

優れた実践（good practice）の多くには、本書で示された統合グラウンデッド・セオリーの要素が読み取れる。しかし、保護者と支援者がどれだけこのことを意識的に取り組んでいたかはわからない。優れた実務家は経験的にこれらの取り組みをしているのかもしれない。本書では、ここまで当事者の声に真摯に耳を傾けることによって当事者から教えていただき、優れた実務家の実践知、臨床知をグラウンデッド・セオリーの手法によって理論化した。現場においては、「保護者の『折り合い』と支援者の『つなげる』支援の交互作用理論」を意識して、「話し合える関係」を創り、「折り合い」と「つなげる」支援の6領域における交互作用によって、ソーシャルワークを展開させることが期待される。また、保護者との対峙的関係から協働関係が進展しないときに、本理論に照らして、何が支援の課題であるのかを見つけ出すガイドになるのではないかと考える。

第6節　研究の限界

本章における領域密着理論としての「保護者の『折り合い』と支援者の『つなげる』支援の交互作用理論」は、Glaser（1998:17）が指摘する「生成された理論の品質」、つまり「①その理論は調査領域の関連する行動を説明するのに使えるか②その理論は調査領域の人々に関連性を持たせるか③その調査領域に適合するか④その理論は新たなデータが浮上した際に容易に修正できるか」の諸点においてその水準を一定満たし、現場の実践に貢献できる可能性を示唆する支援モデルと思われる。

ただし、実践の理論化は、実際の実務に照らしてその有効性が確認され

るとき、その価値が認められた、ということになる。その点でいえば、理論を検証する実践の積み重ねはこれからであり、本章は、実践理論の仮説的提起といえる。さらに、これらの理論化は子どもの思い、考えを代弁的には理解しているものの、直接の聴き取りによる分析をするための十分なデータを得られなかった。職権による一時保護場面では、子どもの命と安全を優先するために、子どものその場面での希望の多くが結果として否定されることがある。子どもたちがこれらの場面をどのように体験するのか、真摯に耳を傾けなければならない。

おわりに

児童相談所は子どもの安全、安心のために譲れないボトムラインがある。そのため、保護者との対立も恐れず毅然と対応し続けることを求められる。虐待は犯罪ですと伝えて、改善を求めることも、「訓戒・誓約」させて、改善を求めることもあるかもしれない。強い警鐘によって親子関係が改善することもあるだろう。しかし、一方でこれらの児童相談所の権威を背景とした指導は、支援者が保護者を指導する対象とすることで、ときに家族を無力化させてしまうことはないだろうか。本章では、家族が自ら子どもの安全に向かっていく「協働」のプロセスを論じた。家族との「協働」関係は信頼関係、ラポールと同じではない。ときに、児童相談所との対立を残していても、保護者が「折り合い」を探し、子どもの安全づくりに「協働」することもあるのである。保護者の「折り合い」への「つなげる」支援がささやかでも現場に貢献できることを期待したい。

第6章

新しい実践モデルの構築
──「対話ができる関係を創る・『折り合い』への『つなげる』支援媒介モデル」

　ここまで、子ども虐待対応における「協働」関係の構築について考察し、研究フェイズ3においては、「協働関係構築のための『対話の構築／希望・見通し・目標の共有』媒介モデル」を示した。これは、定量的な調査、分析等を通じてまとめられたいわば「協働」関係構築のための実践モデルのフレームである。そして、「協働関係構築のための『対話の構築／希望・見通し・目標の共有』媒介モデル」の中で媒介される「対話の構築／希望・見通し・目標の共有」についての、実際の保護者と支援者の具体的な対話、そこに生まれる人間、環境、時間、空間の交互作用については、研究フェイズ2、研究フェイズ4から研究フェイズ5に至る質的な研究プロセスとして「『折り合い』への『つなげる』支援」の交互作用理論」として検討してきた。

　本章では、これまで行ってきた大きな2つの研究の流れを統合し、子ども虐待対応において、不本意な一時保護等を体験している保護者と、子どもの安全のために「協働」していくための本章における最終的な実践モデルを提起する。そして、この実践モデルの実践への適用可能性を2つの事例と当事者へのインタビューによってレビューする。

195

第1節 「協働関係構築のための『対話の構築／希望・見通し・目標の共有』媒介モデル」に「『折り合い』への『つなげる』支援」の交互作用理論」を組み入れる

　研究フェイズ3によって創出された「協働関係構築のための『対話の構築／希望・見通し・目標の共有』媒介モデル」（以下「媒介モデル」）と研究フェイズ5によって創出された保護者と支援者の「協働」関係を構築する「『折り合い』への『つなげる』支援」（以下「交互作用理論」）の交互作用理論を図6-1の通り比較した。

　「媒介モデル」では、「協働」のプロセスは「A職権一時保護に伴う対峙的関係」→「B対話の構築」→「C希望・見通し・目標の共有」→「D現実の受け入れと子どもの安全づくり」と展開する。「交互作用理論」では、大きくステージが「E対話ができる関係を創っていく」→「F『折り合い』への『つなげる』支援」→「G折り合おうとする保護者に寄り添う」と展開する。

　「媒介モデル」における「B対話の構築」は「交互作用理論」における「E対話ができる関係を創っていく」と対応しており、図6-1の通り、同一のテーマを扱っていることが示唆される。つまり、職権一時保護によって生じた保護者と支援者の対峙的な関係の中で、まず、何より対話ができる関係がなければ、何も始まっていかないのである。「協働」の始まりは対話のできる関係をいかに創っていくのかがテーマとなることはこれまで述べた通りである。

　この対話のできる関係を手掛かりに「媒介モデル」においては、「C希望・見通し・目標の共有」のステージが展開される。「交互作用理論」においても、「F『折り合い』への『つなげる』支援」にステージは展開していく。話し合える関係性の構築に連続する「媒介モデル」における「C希望・見通し・目標の共有」のステージと「交互作用理論」における「F『折り合い』への『つなげる』支援」におけるステージの展開は「協働」関係構築のプロセスとして同じ展開を経ていく。そして、「交互作用理論」では、「見通しが見えてくる」「希望につながっていく」が、統合された

196

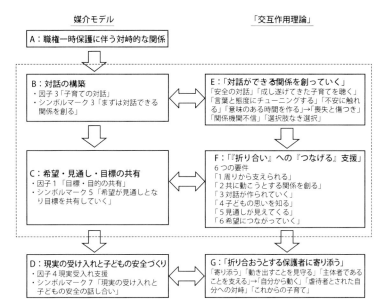

図6-1 「媒介モデル」と「交互作用理論」比較図

コンセプトの中心にあって、これらが保護者と支援者の「『折り合い』への『つなげる』支援」を展開する動因になっている。一方、媒介モデルにおいても「見通しがみえてくる」「希望につながっていく」が中核にあり、やはり重要なテーマとされる。さらに「『折り合い』への『つなげる』支援」における「見通しが見えてくる」「希望につながっていく」以外の4つの領域つまり「周りから支えられる」「共に動こうとする関係をつくる」「対話が創られていく」「子どもの思いを知る」は媒介モデルの基礎データとなったパス図「協働関係構築実践モデルおよび、KJ法A型図解化」の表札に「協働」のテーマとして、繰り返し顕れている。従って、「媒介モデル」と「交互作用理論」における「協働」のプロセスと構造の共通性から、「媒介モデル」における「C希望・見通し・目標の共有」を具体的に実現するのが、「交互作用理論」における「F『折り合い』への『つなげる』支援」であることが示唆される。

さらに、図6-1の中の点線の四角で囲われている複合ステージを媒介することによって、「媒介モデル」においては、「D現実の受け入れと子どもの安全づくり」と展開し、「交互作用理論」では「G折り合おうとする保

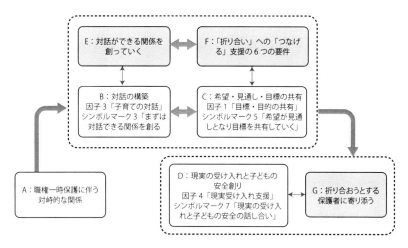

**図6-2　「対話ができる関係を創る・『折り合い』への
　　　　　『つなげる』支援媒介モデル**

護者に寄り添う」と展開していくのである。

　以上のことから、本章における結論として、「『折り合い』への『つなげる』支援」の交互作用理論」を「協働関係構築のための『対話の構築／希望・見通し・目標の共有』媒介モデル」に組み入れることで、実践モデル「対話ができる関係を創る・『折り合い』への『つなげる』支援媒介モデル」を図6-2の通りとした。

　本実践モデルは量的調査に基づく統計的な分析を主にして導き出された「媒介モデル」と保護者、支援者の質的分析から得られたグラウンデッド・セオリーである「交互作用理論」のトライアンギュレーションによってまとめられた。統計的分析によって実践のフレイムを発見し、そこに質的な分析の両者から分析によって創出された「協働」のためのリアリティのある交互作用を搭載し実践モデルを示したことで、現場実践に資する一定の信頼性、妥当性が得られたものと期待したい。

　なお、「対話ができる関係を創る・『折り合い』への『つなげる』支援媒介モデル」の実践への適用については、この後に事例のレビューとして紹介するが、実践で活用できるものとするには複雑な説明はそぎ落とし、職権の一時保護によって保護者と対峙する場面で支援者が携えておくサイズにしなければならない。

つまり、保護者との対峙的な関係がある時、支援者は「対話ができる関係」を創っていくために、煎じ詰めれば、保護者の「喪失と傷つき」「関係機関不信」「選択肢なき選択」の体験を理解し、「安全の対話」「成し遂げてきた子育てを聴く」「言葉と態度にチューニングする」「不安に触れる」「意味のある時間を創る」支援を行っていく。対話ができる関係ができたならば、保護者の「折り合い」への「つなげる」支援のテーマとなる6つの支援、つまり、「周りから支えられる」「共に動こうとする関係を創る」「対話が創られていく」「子どもの思いを知る」「希望につながっていく」「見通しが見えてくる」を繰り返し行っていくことで「協働」関係が進展していくのである。

第2節　「対話ができる関係を創る・『折り合い』への『つなげる』支援媒介モデル」の可能性
—— 2つの事例に対する家族へのインタビューから学ぶ

　ここでは、実践モデルとして提起された「対話ができる関係を創る・『折り合い』への『つなげる』支援媒介モデル」の実践への適用の可能性について、2つの事例を通して検討する。2つの実践は、同モデルを最初から意識して、適用させたものではない。しかし、優れた実践（good practice）をレビューすると、その中に同モデルにおける「対話ができる関係を創る」及び「折り合い」への「つなげる」支援の6つの交互作用のいくつかが内在していることに気付かされる。ここでいう、優れた実践とは「子ども虐待対応において、対立的な関係になりながらも子どもの安全に向け『協働』し、家庭復帰を実現し、子どもの安全が維持されている事例」である。事例の中で、対話を創り、6つの「折り合い」への「つなげる」支援の交互作用がいかに営まれているのかをレビューすることで実践への適用の可能性、さらには、「協働」関係を構築することに課題を有する事例への適用の一般化、普遍化を検討する。なお、2つの事例は、子どもの安全づくりの方法としてサインズ・オブ・セーフティ（SofS）の手続きによって実践が進められている。

　2つの事例は、筆者が所属していた児童相談所で行われた実践である。筆者は直接の担当者ではなく、子ども支援課長として担当者をスーパーバ

イズする立場にあった。2つの事例の家族、あるいは担当児童福祉司への
インタビューは事例の終結時に筆者が行った。

　ここで紹介する2つの事例については、家族等と支援者による「協働」
の体験、ご両親、家族へのインタビューを研究として紹介することについ
ては両親に文書で許可を得ているが、個人情報にかかわる可能性がある情
報については、「協働」の文脈を損なわない範囲で修正した。さらに担当
児童福祉司にもインタビューを掲載することについて文書で許可を得てい
る。以上のことから、ここで紹介する事例は事例の文脈を残したフィクショ
ンであり、インタビューについては実際の記録の逐語録を使った。真摯に
当事者から教えていただくという姿勢で、分析を進めたい。

　まず、実践の枠組みとなったサインズ・オブ・セーフティについてその
概要を説明する。

1　サインズ・オブ・セーフティ（SofS）による安全づくりの プロセス

　サインズ・オブ・セーフティは1980年代に西オーストラリアでアンド
リュ・タネル、スティーブ・エドワードによって始まった子どもの安全づ
くりの体系である。その後、世界に実践は広がり、わが国においても子ど
も虐待対応のソーシャルワークの体系として広がりを見せている。全国の
児童相談所の50%が何らかの形で導入しているとの報告もある（政策基礎
研究所 2018）。サインズ・オブ・セーフティは当事者（子どもとその養育者）
の意見・考え、家族自身が持っている強さ、資源（リソース）に焦点を当て、
当事者と専門職が「協働」することによって、家族自身と安全を守る人が
安全を構築していくことを支援するアプローチである。父権主義・パター
ナリズムからのパラダイムの変更がなされている。

　サインズ・オブ・セーフティによる安全づくりの体系のフレームワーク
は次の通りである。

　まず、マッピング（デンジャー・ステイトメント、セーフティ・ゴール、セー
フティ・スケール、セーフティ・サークル）が最初に取り組むタスクとなる。
図6-3はマッピングのフォーマットであり、ホワイトボードに二本の線を
縦にひいて、家族、セーフティ・パーソンと支援者等によってまとめられ

児童虐待事案　小さい子ども／十代の子どもとその家族の状況について考えたとき

うまくいっていないことは何？	うまくいっていることは何？	夢と希望
既に起きた危害	**既にあるストレングス**	**セーフティ・ゴール**
デンジャー・ステイトメント	既に起きているセーフティ	次のステップ
危害以外の解決を難しくさせている要因		

0から10で、10は子どもは十分に安全なのでケースを終結できる。
0はすぐにでも子どもを分離させなければいけないくらい状況が悪いとして、今日、この状況をいくつとしますか？

違う人たちの異なる判断もここに書きます。例えば他職種、子ども、親など

0 ←――――――――――――――――――――――――――→ 10

©2015 Resolutions Consultancy www. signs of stety. net

図6-3　マッピングのためのスリー・カラム

ていく（Turnell 2012、菱川ほか 2017）。これは、子どもが一時保護されるなどの場面で、家族と児童相談所が「協働」して行うアセスメントである。デンジャー・ステイトメントとは、今回のように子どもに起きた危害がこのまま続いてしまったら、子どもの将来にどんな危険が再び起きることが心配されるのかを、家族と支援者によって文章として共有するプロセスをいう。そして、このデンジャー・ステイトメントに対して、子どもの安全が守られている状態像をセーフティ・ゴールとして、共有していく。危機介入がなされて、なるべく早い段階にこの「協働」のアセスメントがなされることによって、家族と支援者が子どもの安全のために何をすれば良いのかが共有されていくことになる。ここにあるセーフティ・ゴールがずれてしまうと、この先、保護者と支援者のずれはさらに広がり、いたずらな対立が長引いてしまう。

　次に大切なタスクは、「スリーハウス」である。スリーハウスは、一時保護所等にいる子どもに安心なこと、心配なこと、希望・夢を絵や文字にしてもらうことである。子どもの許可を取って、家族にみてもらうことで、家族は改めて子どもの思いに触れることになる。

　次のプロセスは「セーフティ・パーソンのリクルート」である。セーフティ・パーソンは、児童相談所や、公的機関の職員ではなく、親族、友人、知人、近所の人などのインフォーマルなネットワークをいう。セーフティ・パーソンを見つけることは容易なことではないが、サインズ・オブ・セー

第6章　新しい実践モデルの構築　**201**

フティでは、これまで子どもに危害を生じさせた家族のシステムに新たな人々に加わってもらうことによって、セーフティを構築していくことを目指していく。セーフティ・パーソンが子どもの安全づくりに参加してもらえると、家庭引き取りに向けたトラジェクトリー（行程表）が示される。そして「ワーズ＆ピクチャーズによる一時保護の説明」では、家族がセーフティ・パーソンと協力して、子どもたちに、今回の出来事、一時保護となった理由、これから何が行われるのかを言葉と絵を使って説明する機会が持たれる。子どもは一時保護の理由も含めて、周りで今何が起きているのか、わからない場合が多い。そして、一時保護された理由の説明は、支援者ではなく、家族が行うものであることを明確に示している。

「セーフティ・プランの作成」は、マッピングを経て、目指すべき子どもの安全の状態像がセーフティ・ゴールとして共有され、このことに一緒に取り組むセーフティ・パーソンが見つかれば、実際に子どもを家庭引取りした時のセーフティをいかに創っていくのかのセーフティ・プランの立案に移っていく。セーフティ・プランを創っていくのはあくまで、家族、セーフティ・パーソンである。自らが創ったプランであるからこそ、そこに責任を持ち、実行がなされる。セーフティ・プランは、家族員の変容によってセーフティを創るのではなく、具体的な危機場面でセーフティ・パーソンが加わって、子どもに起きうる危害を回避する方法を示すことが求められる。ここで創られたセーフティ・プランは、先に一時保護を子どもに説明したのと同様に保護者、セーフティ・パーソンから「ワーズ＆ピクチャーズによるセーフティ・プランの説明」がなされる。

セーフティ・プランができたならば、「セーフティ・プランの稼働テスト」として、帰宅訓練などが施行され。実効性のあるセーフティ・プランに練り上げられていく。

これらのプロセスを経て、子どものセーフティが担保されると判断されれば、家庭引取りが実施される。在宅生活では保護者に「セーフティ・ジャーナル」をつけてもらったりする。また、セーフティ・パーソンによるモニタリング、公的機関のモニタリングが行われ、定期的なミーティングの実施によって、セーフティ・プランの稼動上の確認、「セーフティ・プランの修正」メンテナンスが行われる。一定期間（時には年単位）のセーフティ・プランの稼動上の確認がなされれば、セーフティ・プランの完成として、

家族、セーフティ・パーソンへセーフティ・プランを引き継ぎ、児童相談所による児童福祉司指導等による虐待対応は「終結」を迎える。

では、2つの事例をレビューする。以下、筆者の質問は〈　〉、家族の言葉は「　」で示した。

2　実践１「一時保護をきっかけに合同ミーティングを重ね『もう、家族で話し合っていける』という言葉によって終結した事例における協働」

（1）実践の概要

両親と兄、姉、中学生の女児の世帯。兄は、成人して、海外で生活している。姉も、成人して独立している。

お母さんは本児を連れて長期間にわたって家出をし、学校に通わせず、各地を転々としていた。警察のかかわりから児童を一時保護することができたが、本児の前歯はなく、下着もひどく汚れていた。保護当初は自ら声を発することもなかった。その後、一時保護所での生活にも慣れ、徐々に会話もするようになった。初めて学ぶ英語の勉強に戸惑いながらも、学校に通いたい、家に帰りたいと訴えるようになった。両親、本児との合同ミーティングを何度も重ねた。合同ミーティング[1]では、サインズ・オブ・セーフティによる安全づくりがなされた。マッピングにより、今ある問題が継

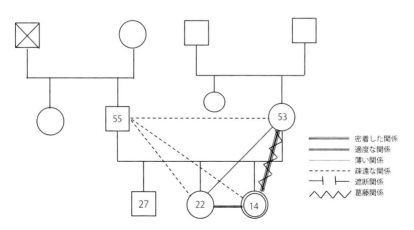

図6-4　ジェノグラムとその時の家族の関係

続した場合の子どもの将来の危険の可能性が共有され、この危険を回避するための安全プランをセーフティ・パーソンと作成することが求められた。また、合同ミーティングでは、その時々の課題を共有することと、家族だけで話し合いを行うファミリータイム[2]が継続して行われた。家族は、今回の出来事を親族等に話すことを頑なに拒否したが、当時家を出て成人していた姉を合同ミーティングに出席してもらうとした。

　合同ミーティングを重ねる中で、家庭復帰を目指す事となったが、帰宅後の安全な生活のための準備期間の確保、家出中に通えなかった学校生活に段階的に慣れていくことを目的に、いったんは里親委託として家庭復帰を目指すことが合意された。

　本児は、適応指導教室に通い、これまでの何年かを取り返すように様々なことを学んでいった。里親宅では、上手にコミュニケーションがとれず、あいさつなどの会話が交わせず緊張する場面もあったが、里親の暖かいかかわりの中で、穏やかな日々を取り戻していった。

　本児は両親とも、面会を重ねて、外出、帰宅と段階的な交流を重ねた。また、家を出ていた姉も、自宅に帰り、合同ミーティングに参加し、家族のセーフティ・パーソンとして重要な役割を担ってくれるようになっていった。

　お母さんとの個別面接を何度も行った。お母さんは、本児の不登校とこれに伴う夫婦間のコミュニケーションのストレスが、家出の背景にあることを話すようになっていった。

　家族と本児の交流が進められる中で、お母さんが再び家出することがあったが、本児がお母さんと一緒に行動することはなかった。お母さんは、しばらくすると、家に帰り、何事もなかったように再び合同ミーティングに参加するようになった。

　家庭復帰の時期が検討されるようになった。相変わらず寡黙ではあるがたくましく成長した本児については、たとえ、お母さんに誘われても断ることができることを、担当者は確信していた。

　家庭引取りが実現したのは、保護から1年が経ってからであった。それからさらに1年間、家族は合同ミーティングに参加した。そして、本児の「もう、（児童相談所に）通わなくて大丈夫」という言葉があって、終結となった。本児は高校生になっていた。

（2）家族に対するインタビュー

　家族全員と終結の時期にインタビューを行い、一時保護の体験と、児童相談所のかかわりについて聞いた。家族に対しての合同インタビューだったが、家族員同士で会話が交わされることはほとんどなく、面接者と家族メンバーの一対一の対話としてインタビューが進んだ。インタビューを受けている以外の家族メンバーは静かに話を聴いていた。以下に抜粋した逐語録を示す。

・お父さんとの対話
〈今回のことはどのような体験だったのでしょうか〉
　「なんか自分（お母さん）だけが悪いことしちゃったって感じで、そういう思いが強くなっちゃって、自分を責めることしか無くなっちゃうみたいな感じで、……精神的にかなり本人（お母さん）は追い込まれているんだなと思ってましたけれども。その辺がちょっと、少しかわいそうだなと思いましたけどね。」「私もまあ、少し足りない部分はあったと思うし、お互いに足りない部分はあったんだけども、ただそれを本人（お母さん）は自分一人がそういうことになって」

〈あの時は、お子さんとどうしようと考えていましたか？〉
　「本人と話して、いろいろもう、要望もあると思うんで、いろいろ聞き出して本人が、なんていうのかな、楽しく生きれば、生活できればいいのかな、と親は、ちょっと話し合いの場を持って、いろんな意見を聞きながら一緒に生活、人並みの生活が出来ればいいなとは思ってましたけど」

〈児童相談所とのかかわりはどんな意味があったでしょうか？〉
　「子どものことに対して、親として何をすべきなのかと、児童相談所の方はそれに、その子に対してどうしたらいいかと、その子に対しての共通の話題が、共通っていうことが、ちょうど維持できたのかなって」

〈家族がここまで頑張ることができたのはどんなことからですか？〉
　「少しずつでも、親子関係を取り戻せるという気持ちがあったから、児童相談所の方と多少話し合いの中で、ちょっと嫌な思いしたりとか、させ

たりとかあったかもしれないですけど、そういう子どもを頼むっていうような考えがあったからこそ、今までついてきたのかなと思いますけど」

〈他には、どんなことがありますか〉
　「あの時、連れてきてもらったりとか（家族の祝日の外出に他県まで職員が付き添ってくれたこと）、結構やってもらえたんで。そういうことを考えたらやっぱりまあ、多少、語弊はあるんですけど、うちらのことを考えられて行動してくれてるんだなというような、そういうので」

〈児童相談所に対しての不満はありましたか？〉
　「あの、なかなか連絡が来ないとかね。いつなら電話かかってくるのかなとか、次回いつなのかなとか、この前この日って先にいってたのに、なかなか答えが返ってこないとか、そういうのがあったかな、と思いますけど」「そうです、ちょっと間が空いちゃって、どうしたのかなっていうふうに考える時があったという。もう私のほうで、その返事を待ってるよりも自分から電話したり、してると思うんですけれどね、そのへんちょっと」

〈今回のことで、ご家族の何が変わったのでしょうか？〉
　「いろいろと、でもあれでしょ？　身の回りのこととか、前よりはちょっと、ああしたほうがいいんじゃないのって、あれ以後、話すようになったんじゃないかなと思うけど。思うけど、ね、あまりそういう話も無かったような気もするけど、まあ逆に遠慮勝ちなんで、娘なんだけど遠慮がちなんで、逆にいえないところがあって、みたいで、ちょっというのやめて。でもそういうの、壁が少し無くなってきたかな」
　お父さんは、お母さんがひどく自責的になっていることを気遣い、母子の家出、一時保護されたことについて、父親としての責任の一端があることを述べている。子どもに対しても、子どもの希望が叶うように親として責任を果たしたいという。児童相談所との取り組みにおいて意味があったのは、「共通の話題」ができた、と述べている。「共通の話題」とは、幾度となく行われた合同ミーティングの中で、家族が同じテーマを話し合ったことを指している。そして、困難な状況にあっても、「親子関係を取り戻せる」期待があったから、頑張ることができたと振り返っている。

・お母さんとの対話

〈お母さんにとって、今回のことはどんな体験だったのでしょうか〉
　「つらさしかなかったですね」

〈つらさとはどんなことでしょうか？〉
　「やっぱりね、私がしたことであんな事になって、申し訳なさと、やっぱり（子どもと）会えないつらさ、悪いの分かってるんですけど、（児童相談所から面会はすぐにはできないと）いわれちゃうと、なんで？　っていうか」

〈お子さんと会えないことはどう感じておられましたか？〉
　「それはまあ、仕方無いのかなっていうのがありましたね。つらくても。今思えば、ああそのほうが良かったのかな、っていうのがあります」

〈そのほうが良かったというのはどんなことでしょうか？〉
　「会えなかって、考える時間も持てますし」

〈不安はありませんでしたか？〉
　「うーん、不安っていうか、もうあの時は、かわいそうでしょうがなかったですよね。まだそこまで不安なこと考えなくて、本当にただの感情ですけど、かわいそうだな、かわいそうなことをしたな、っていうのがずっと思ってますけど」

〈かわいそうなことをしたというのは、一時保護のことですか、それともその前の、３年間のことですか？〉
　「それも、前のこともありますけど、その、保護所の方に行ったときも」

〈これからお子さんとどうされたいと思っていたのでしょうか？〉
　「母親としてちょっと、なんていうのかな、これから帰ってきて、この子が生きやすいように、生活しやすいように、学校に行きやすいようにしようと思いました」

　お母さんは、父親の話をうなずきながら聞いていた。寡黙で多くは語ら

第6章　新しい実践モデルの構築 ｜ 207

なかった。子どもと会えないつらさを訴えながらも、仕方のないことであると話した。さらに、「会えない時間が考える時間」となったといい、子どもに対して「本当にかわいそうな思いをさせた」と述べた。本児とは、父親の言葉に同調するようにこの子が生きやすいように、生活しやすいように配慮したいと話した。

・本児との対話
〈お母さんに会えるまでちょっと時間がかかりましたよね？〉
　「そうですね、最初はやっぱり会えなくって、うん、ちょっとつらかったですけど、でも1回離れて考える時間が持てたのは、良かった」

〈その時に離れて考えたのは、どんなことですか？〉
　「そうですね、離れて……、家族の、なんだろう、これからどうやって暮らしていくのかなとか、そういうふうに考えてました」

〈不安とかはありませんでしたか〉
　「そうですね、不安もありました」

〈児童相談所がかかわったことで役に立ったことがあるとすればどんなことでしょうか〉
　「うーん、ミーティングとか、それからこの家族、意見をいい合うみたいなことが、今まで無かったんで、そういうんで良かったと思います」「話題ですかね。いろんなこと話し合えた。話し合えること、ですかね」

〈大変なこともたくさんあったと思いますが、どんなことで頑張れたんですか？〉
　「んー、家族と離れてて、その離れてる間に家族のこといろいろ考えてる時間が、出来てたので、それで頑張ってみようかなっていうふうに思いました」

〈他にはどんなことがありますか〉
　「そうですね、いろんな人と出会って、相談とかいろいろ意見を聞けて、

いろんな意見があるんだなというふうに、勉強になりましたね」「そうですね、○○さん（児童福祉司）……、○○さんは最初のころからずっと同じ、○○さんが担当してくれてるんで、いろんな話が出来るようになってきて、良かったです」「○○さん（児童心理司）とは結構、いろんな相談ごととか、こうして、いろんな意見をいってくれたので、とっても勉強になりましたね」

　本児も、離れたことで家族のことを考える機会になったと述べている。家族のことを改めて考える時間ができたから頑張れたという。また、家族でこれまで、いろいろなことをいい合うことがなくて、話し合いができたことがよかったと述べている。いろいろな人との出会いの中で、相談ができたことがよかったとも話した。

・お姉さんとの対話
〈今回の一時保護についてはどう思われましたか〉
　「お母さんと妹が１回離れて、お互いの考える時間とかあったほうが、いいなと思いました。正しい行動だろうな、と思いましたけど」

〈今回の出来事を通じて何が変わったのでしょうか？〉
　「そうですね、今まで家族４人で意見いい合うっていうこと、今まで無かったんで、合同ミーティングして、そういう一人ひとりの意見聞いて、ああ、そういう考えもあるんだって、そういうんで結構、前向きに考えるのがすごく」

〈新しい家族創りに、役に立ったものは何ですか？〉
　「コミュニケーションを大切にする……、（今は）結構毎日のように話してるんで」

　姉も、母子がはなれて、お互いのことを考え、時間が持てたことがよかったと述べている。家族４人で話し合うことがなかったが、合同ミーティングの機会があって、前向きに考えられたといった。

第６章 新しい実践モデルの構築　209

（3）担当者に対するインタビュー

〈どんなことからでも良いのでお話ししてください〉

　「そうですね。親には返さないと誓ってスタートしましたけれども……」

〈返さないっていうふうに思ってたのが、家庭復帰できたのはどんなことがあったからでしょうか〉

　「○○さんのところをマッピングでスタートして、すごく○○のところには、他の人たちも分かりやすかったりっていうのもあるんですけど、○○さんのお父さんには、いや、お母さんには特に分かりやすかったなと思っていて。そういったことを通して、自分たちがどういうふうにしていくことで、お子さんを受け入れられるのかっていうことを考えて進んでくれたなと」

〈家族はなかなか子どもを返してくれないことで不本意な点もあったと思いますが、それでも児童相談所と「協働」できたのはどうしてでしょうか?〉

　「ほんとに、あそこをマッピングして合同ミーティング重ねてっていう、そういうやりとり重ねていくことで、主体者になっていってくれたっていう印象があります」

〈そこでは、何が起きたのでしょう〉

　「やっぱり、心配していることが共有できたし、それを扱っていく上で、本人のそういう普段の生活面とか学習面とか、そういったこともそうなんですけども、家族でお話をしていくっていうところが、あの家はほんとに合同ミーティングの中で、家族の時間、家族で話し合う時間を設けて、私たちはそこから退席してっていうことを重ねた中で主体者に……。そういう格好からっていうのは変ですけども、そういった時間とか場所とか機会とか具体的なもので取り組みを、自分たちがっていうふうに取り入れていくきっかけになったような印象があります」

　「この○○さんのときに、……私は返さないって誓っているので、すごく葛藤があったんですけれども。そこをお母さんには反省、すっごいしてほしいし、お父さんにも『そういうことに、お母さんが至っちゃったのはお父さんのせいよ』っていう、そういうことをすごく気付いてほしかった

し、っていうところでは、今でもそこはもや（もやもある）……。葛藤もあったりするんですけども、最後に家族で来て、うち（児童相談所として）」はもう終了っていうところで、もう、それでも、ちょっと丁寧に、本人も児童相談所にまだ通って来たいっていうんで、ちょっとしばらく来てた時期の合同ミーティングを経て、最後の最後にお姉ちゃんが、「もう家族で話し合っていける」っていう、何かあっても家族で話し合いながらいけるっていうふうにいってくれたんですね。『ほんとにお世話になりました』みたいな。あ、そう、『バラバラだった家族が今は一緒に生活して、これからは、一緒に生活して話し合いをして、これから何かあっても話し合い、話ができると思う』っていうふうにいってくれたところで、やっぱりそこが一番大切なのであって、お母さんやお父さんをとっちめることではないんだなっていうところがすごく、何ですかね、ちょっと、何か変ないい方ですけど。『あ、これが、このために家族に主体的にやってもらうっていうことは必要なんだな』っていうふうに、ちょっと、私の中では……」

　担当者は、本児が長期間にわたってお母さんに連れまわされ、学校にも通わされない状況について両親に対し憤りを感じながらかかわりが始まったことを率直に話してくれた。そして、合同ミーティングによって、家族との対話が継続される中で、やがて、支援者の役割は家族の責任を問うことではなくて、家族が主体者となれるための支援こそ大切なんだと述べている。

（4）対話のできる関係を創っていく
　本事例では、長い母子の放浪の末、警察の関与があって本児が一時保護されることとなった。お母さんは、これまでの刹那の生活から、公的な機関の介入によって突然と子どもを奪われ、「つらさしか無かったですね（母）」「私がしたことであんな事になって、申し訳なさと、やっぱり（子どもと）会えないつらさ（母）」があったと述べるなど、〈混乱・困惑〉の状態に置かれた。当然、虐待者であるお母さんとして、周りから見られることで、「精神的にかなり本人は追い込まれているんだな（父）」というような〈無力・傷つき〉を感じていた。このままの母子の放浪がいつまで続くかは、わからない刹那の生活の中で、母子の所在を見つけられた〈不運〉

第6章　新しい実践モデルの構築　　**211**

を感じたかもしれない。本児は一時保護され母との面会は、児童相談所の指導下におかれた。これまで、自由気ままに母子で生活してきたことから、子どもと会うことすら制限されていった。いつ子どもと会えるのか、これから私たちはどうなっていくのか、自分達だけではどうしようもできない、児童相談所によって作られる時間の流れの中で「なかなか連絡が来ないとかね。いつなら電話かかってくるのかなとか、次回いつなのかなとか、この前この日って先にいってたのに、なかなか答えが返ってこない（父）」と〈時間の剥奪〉かのような思いを感じていく。お母さんは、自分の力ではこの事態をどうにも解決できないと〈あきらめ〉ていった。「こうなってしまったのは、自分の責任であるとなんか自分（お母さん）だけが悪いことしちゃったって感じで、そういう思いが強くなっちゃって、自分を責めることしか無くなっちゃうみたいな感じで（父）」〈自分を責め続ける〉。〈情報からの遮断〉と感じる場面で、子どもの生活がわからないことに不安を覚えた。また、子どもがどんな気持ちでいるのか、これからどうしていきたいのかが分からないことに不安を感じた。また、合同ミーティングの予定がわからないことも、児童相談所に対する不信を感じたという。保護者にとっては児童相談所による〈手続きの押し付け〉と感じていても、それに従わざるを得ない〈選択肢なき選択〉としての体験であった。

　これらに対して支援者は、一時保護されてすぐにサインズ・オブ・セーフティによるミーティングを行い、その中でマッピングをする中で、〈子どもの安全を守ることを伝え続け目的を共有していく〉ことをしていった。「○○さんのところをマッピングでスタートして、すごく○○のところには、他の人たちも分かりやすかったりっていうのもあるんですけど、○○さんのお父さんには、いや、お母さんには特に分かりやすかったなと思っていて。そういったことを通して、自分たちがどういうふうにしていくことで、お子さんを受け入れられるのかっていうことを考えて進んでくれたな」と述べている。

　一方で、これまでなしえなかった家族と児童相談所の対話は、警察による母子への介入と、警察からの通告に基づく児童福祉法による職権一時保護という権威が背景にあり、家族にあっては、今のこの状況を受け止めざるを得ないことの〈児童相談所にある権威の存在を意識していく〉かかわりでもあった。お母さんはもちろん、母子の家出を止めることができなかっ

たお父さんも、児童相談所のかかわりの中で、否応なく、自分たちの無力を感ぜずには入れなかった。支援者は、これからの子どもの幸せな未来を創っていくのは家族でしかできないことであると、励まし続けた。今は、家族の虐待に至らしめた否定的な話題ばかりだが、決してそれだけではないはずであると、〈常に話を聴く姿勢を持ち続ける〉態度で、継続的に対話が行われた。虐待に至らしめた非を聴くだけではなく〈虐待に至ってしまった事情を子育ての苦労として聞かせてもらう〉〈大変な子育ての中でも保護者が成し遂げたことを探していく〉〈虐待者とされたことの傷付きを支えていく〉が実践された。保護者と支援者の時間の流れ方に違いがあることを常に意識して、細やかに予定を伝え、連絡を取り〈保護者の時間感覚に応えていく〉ことを心掛けた。これらを通じて、〈話し合える関係性を創っていく〉ことで、「やっぱりまあ、多少、語弊はあるんですけど、うちらのことを考えられて行動してくれてるんだなという（父）」ような〈支援者の存在を意識してもらえるようになっていく〉ための支援をすすめることであった。

（5）本事例における「折り合い」への「つなげる」支援の交互作用

「折り合い」への「つなげる」支援には、図6-5にある6つの要件つまり、「1周りから支えられる」「2共に動こうとする関係をつくる」「3対話が創られていく」「4子どもの思いを知る」「5見通しが見えてくる」「6希望につながっていく」があり、図のように保護者と支援者の交互作用の中で「協働」関係が進展していく。サークルの中心には、「5見通しが見えてくる」「6希望につながっていく」があり、身通しが見えてくることで希望につながっていくのであった。希望が、さらに子どもの安全づくりにつながり、保護者の困難な現実を引き取る勇気の原動力となっていく。

ここでは、本事例の中でここにある「協働」のための6つの要件がどのように展開していったのかをみていく。

○「1. 周りから支えられる」

本ケースは、親族を合同ミーティングに参加させることについて拒否があった。子ども虐待ケースは、家族の孤立ということがしばしばテーマとなる。家族の秘密をなくしていくことが課題となるが、最も難しいテーマ

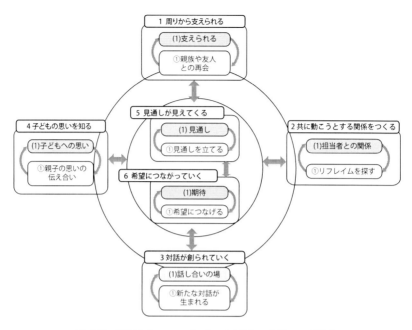

図 6-5 「折り合い」への「つなげる」支援の 6 領域

の1つでもある。本ケースでは、家を出ていた姉が、姉の事情によって家に帰ってきたことで、合同ミーティングに継続して参加し、コミュニケーションの活性化を図るなどの役割を果たしている。また、子どもが保護されるという体験にあって、これまでの関係を両親が振り返り、ここまでになってしまったことのお父さんの非を見つめることで、相手の行動を理解し、支え合う関係を模索している。しかし、姉以外の親族に母子の出来事を話すことには強い拒否があった。両親が気にする世間体から、親族には本児の一時保護は隠され続けた。姉が加わったとはいえ、家族内の関係性にとどまり、親族や友人、知人などのセーフティ・パーソンとの関係をつなげることはできなかった。

○「2. 共に動こうとする関係をつくる」

担当者は、一貫して両親に寄り添い、対話を続けた。時に、子どもの思いを代弁した。また、合同ミーティングをファシリテートする職員、お母さんと継続面接をする職員、子ども担当の心理職など、チームで対応し

た。両親は、児童相談所の対応にすべて納得していたわけではないが、担当者の細やかな行動に「あの時、連れてきてもらったりとか（家族の祝日の外出に職員が付き添ってくれたこと）、結構やってもらえたんで。そういうことを考えたらやっぱりまあ、多少、語弊はあるんですけど、うちらのことを考えられて行動してくれてるんだな（父）」と思うようになっていった。担当者も、「ほんとに、あそこをマッピングして合同ミーティング重ねてっていう、そういうやりとり重ねていくことで、主体者になっていってくれたっていう印象があります」と述べた。そして、当初の「家には返せない」との思いに変化が生まれた。担当者との関係は、保護者との双方向の変化を生んでいる。

○「3. 対話が創られていく」
　本ケースでは合同ミーティングが繰り返し実施された。両親は、言葉数は多くないが、ミーティングには欠かさず参加し、本児、姉も参加した。あからさまな対立関係が顕在化することはなかったが、本児を早く引き取りたい両親との意見の相違はしばしば生じた。そして、そのことについて話し合いを重ねた。「いろいろと、でもあれでしょ？　身の回りのこととか、前よりはちょっと、ああしたほうがいいんじゃないのって、あれ以後、話すようになったんじゃないかなと思うけど（母）」「うーん、ミーティングとか、それからこの家族、意見をいい合うみたいなことが、今まで無かったんで、そういうんで良かったと思います（本児）」「話題ですかね。いろんなこと話し合えた。話し合えること、ですかね（本児）」「そうですね、いろんな人と出会って、相談とかいろいろ意見を聞けて、いろんな意見があるんだなというふうに、勉強になりましたね（本児）」「そうですね、今まで家族4人で意見いい合うっていうこと、今まで無かったんで、合同ミーティングして、そういう一人ひとりの意見聞いて、ああ、そういう考えもあるんだって、そういうんで結構、前向きに考えるのがすごく（姉）」など、合同ミーティングを通じて話し合える関係ができていったことを話した。
　実際、両親の対話は合同ミーティングで初めて話を始めるということが多かった。家で話し合ってくることは少なかった。
　合同ミーティングでは、家族だけで話し合うファミリータイムが設けら

第6章　新しい実践モデルの構築　　215

れ、家族に意思決定をゆだねる場面を作っていった。

　担当者は「あの家はほんとに合同ミーティングの中で、家族の時間、家族で話し合う時間を設けて、私たちはそこから退席してっていうことを重ねた中で主体者に……。そういった格好からっていうのは変ですけども、そういった時間とか場所とか機会とか具体的なもので取り組みを、自分たちがっていうふうに取り入れていくきっかけになったような印象があります」と述べている。

○「4.　子どもの思いを知る」
　母子が密着して家出をしている状態から、一時保護という体験で物理的に家族と、本児が離れることになった。お母さんは、「会えなかって（会えなくなって）、考える時間も持てますし（母）」と述べた。自責感と本児に対して謝罪したいと訴えた。お父さんも、早く引き取って、普通の生活に戻りたいと話した。お姉さんは、「お母さんと妹が1回離れて、お互いの考える時間とかあったほうが、いいなと思いました。正しい行動だろうな、と思いましたけど」と母子にとっては離れる時間が大切だったといった。本児は「そうですね、離れて……、家族の、なんだろう、これからどうやって暮らしていくのかなとか、そういうふうに考えてました（本児）」と述べた。

　それぞれが、子どもへの思いを持ち、そして、本児と再会できたことで、改めて、家族のこれからを考えるようになっていった。

○「5.　見通しが見えてくる」
　「見通し」について。本ケースでは、ワーカーの回想に「○○さんのところをマッピングでスタートして、すごくの○○のところには、他の人たちも分かりやすかったりっていうのもあるんですけど、○○さんのお父さんには、いや、お母さんには特に分かりやすかったなと思っていて。そういったことを通して、自分たちがどういうふうにしていくことで、お子さんを受け入れられるのかっていうことを考えて進んでくれたな（担当者）」とあるように、本児を一時保護してすぐにサインズ・オブ・セーフティによるマッピングを実施することで、家族に見通しを持ってもらうことができたと話している。マッピングは、サインズ・オブ・セーフティの安全づ

くりのプロセスの初期にある家族と支援者による「協働」のアセスメントである。ここでは、子どもの未来の危険が共有され、子どもの安全が守られている状態をセーフティ・ゴールとして家族と共有する。そして、このセーフティ・ゴールに到達するために、家族にセーフティ・パーソン[3]をリクルートしてもらい、家族自身に子どもの安全を実現するためのセーフティ・プランを創ってもらう。これらの家族と、ソーシャルワークの「協働」プロセスの中で、子どもを引き取ってからの生活の見通しを持つことができていた。担当者は「『バラバラだった家族が今は一緒に生活して、これからは、一緒に生活して話し合いをして、これから何かあっても話し合い、話ができると思う』っていうふうにいってくれたところで、やっぱりそこが一番大切なのであって……」と述べている。

○「6. 希望につながっていく」

　両親には子どもを引き取っていくことの見通しを持ち、周囲に支えられながら、担当者との関係の中でエンパワメントされ、例え、不信や対立があったとしても、話し合いが継続される中で、子どもとの交流を通じ、子どもを家庭引取りし、子どもとの関係をやり直し、新たな生活を始められることへの期待がある。このように、保護者（父と母）の折り合いは展開していった。本児や、お姉さんにとっても、また、保護者とは異なる物語があったであろう。

　本ケースでは、家族が話し合い、考え、決めていくことがテーマであったことを教えられる。これは、子どもが一時保護されるという極めて厳しい現実にあって、「折り合い」のプロセスに参画する中で、家族が直面化せざるを得なかった課題であろう。そして、「少しずつでも、親子関係を取り戻せるという気持ちがあったから（父）」「母親としてちょっと、なんていうのかな、これから帰ってきて、この子が生きやすいように、生活しやすいように、学校に行きやすいようにしようと思いました（母）」と、希望を抱くようになっている。

　これらのことは家族のそれぞれの「気づき」ということかもしれないが、本事例におけるソーシャルワークではこれを気づかせようとしているわけではない。「折り合い」というプロセスは、そのことの営みを通じて、その家族独自のテーマが顕在化する場合がある。本家族の場合は、家族のコ

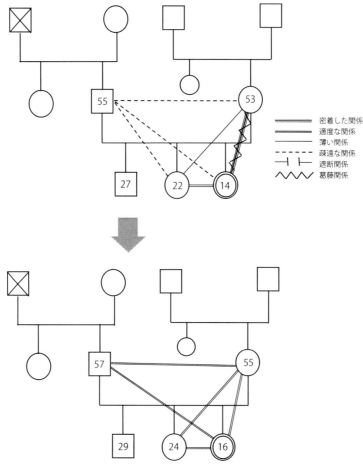

図6-6 支援者が捉える家族システムの変化

ミュニケーションというテーマであった。姉が、担当児童福祉司に「もう家族で話し合っていけます」といったのは、「折り合い」の先にあった家族の到達点であった。そして、本児の「もう、児童相談所に通わなくて大丈夫」という言葉につながっていった。

(6) 考察

本事例の検討を通じて、家族システムの変化を支援者の視点からまとめると図6-6のように捉えることができる。家族のコミュニケーションの不

全は、本児の登校しぶりをきっかけに、問題を顕在化させることになっていった。お父さんは、お母さんに対して本児へのかかわりについて、お母さんの対応を責めるようになっていった。お母さんは、お父さんに対して反論することもなかった。お父さんとの関係が疎遠となり、その分、お母さんは本児との関係を密着させ、一体の関係になっていった。やがて、お父さんとの関係を回避するように現実の困難を回避し、本児を連れて家出を繰り返すようになっていった。本児はお母さんにいわれるがままに付いていった、本児もお母さんに対して、自分自身の意見を話すことはなく、刹那的な生活が続いた。お姉さんは、家族の中での自分の所在がなく、家を出ていった。

　本児の職権による一時保護は、子どもを引き取るためには家族員が子どもの安全について話し合わなければいけない現実に直面させることになった。そして、繰り返し行われた、合同ミーティングにより、これまでのシステムが図6-6下段のように変容していった。両親のコミュニケーションが大きく変わったとまではいえないが、お父さんはお母さんに対しての心情を察し、少しの気遣いと最低限のコミュニケーションをとるようになっていった。本児と、お母さんとの関係も密着した関係から、本児の成長も加わり、適度の距離感の中で関係が保たれている。家族員のコミュニケーションが生まれ、「もう、家族で話し合っていける」ようになっていったのである。

　しかし、家族がどのように家族の歴史を創っていくのかは、家族のテーマである。児童相談所としては、子どもが再び家出に巻き込まれることなく、学校に通い、これまで学校に通えなかった期間を回復させることが児童相談所から家族に求めるボトムラインであった。このことを実現していくためのプロセスに家族のコミュニケーションというテーマがあったのである。システムの変容は支援者が意図したものではなく、家族が、一時保護をきっかけとして、取り組んだ「折り合い」への「つなげる」支援のプロセスによって生まれたものであった。

　ここで示したシステムの変容は、支援者が介入による変化を捉えるための手掛かりにはなるが、あくまで、支援者から捉えた「協働」の実践のストーリーの1つである。家族にとっては、今回の一時保護と「協働」の実践によって何が変わったかを問えば、インタビューにあるような「もう、家族

で話し合っていける」ようになりました、とシンプルな答えが返ってくるだろう。

3 実践2「親族間の対立を乗り越えて子どもの安全を創り『大切にしているものは絆』と訴えた家族との協働」

(1) 実践の概要

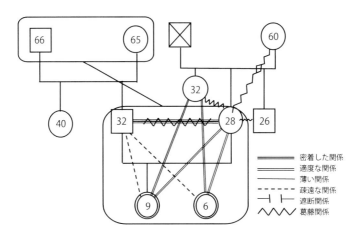

図6-7　ジェノグラムとその時の家族関係

　お母さんは、自身が処方薬をたくさん飲んでしまったり、そのこともあって家事ができないことなどがきっかけになって、お父さんから暴力を受けることがたびたびあった。そして、お母さんはお父さんから暴力を受けると、母方の実家に子どもと一緒に身を寄せ、しばらくするとまた家に戻るということを繰り返していた。子どもたちもお父さんからたたかれることがあった。

　このときもまた、お母さんはお父さんからの激しい暴力の後、母方実家に避難したものの、また自宅に戻ろうとするので母方親族は子どもだけは渡さないと、お母さんにいい渡した。結局、お母さんだけが家に帰ったが、お母さんは姉妹が通っている学校に子どもたちを迎えにいこうとしたことでトラブルとなり、学校からの連絡により子どもたちは職権により一時保護となった。両親は児童相談所に対して不服を申し立てた。その後、双方

の親族も加わり、一時保護をされた子どもたちのとりあいが始まった。そして、担当者のもとには一日に何本も「子どもを返してほしい」と連絡が入るようになった。

　そこで、対立する双方の親族を集めて、合同ミーティングが開催された。参加者は、ジェノグラムにあるメンバーと、児童相談所は担当者とファシリテーター2名が参加した。子どもたちは参加しなかった。

　ミーティングは、父方親族側と母方親族側で、激しいいい争いとなった。マッピングの中で扱われたすでに起きた子どもに対しての危害についても、双方の認識が異なり、お母さんがDV（お父さんからのお母さんへの暴力）を「そんなに大したことはなかった」と過小に説明すると、母方親族から「あの時の、自分のゆがんだ顔を忘れたのか」と一斉に怒号が浴びせられるという状態であった。このままの状態が続いてしまったとき、今後起きるかもしれない子どもの未来の危険（デンジャーステイトメント）をまとめようとする場面では、それぞれの親族が将来の心配を激しくいい合うこととなった。特に、母方の親族は両親がこのまま子どもを養育すれば、子どもは「死んでしまう」とまでいい切るなど、険悪な雰囲気となった。母方親族は、子どもたちを両親のもとに戻すことについて、あくまで反対であったが、父方親族が協力して子どもたちが家に戻ったときのセーフティ・プランを創ることについて、しぶしぶ了解した。母方親族は、このとき子どもたちが両親のもとに帰ることを希望しないだろうと思っていた。お昼過ぎに始まった合同ミーティングは、窓の外がだんだん暗くなっていた。

　その後、両親は父方の親族の応援を得て、数ページに及ぶ詳細なセーフティ・プランを提出した。緊急時に親族がいかにかかわり、子どもの安全を守るかなどがまとめられているものであった。当面は、父方親族が同居することにも触れられていた。お母さんは子どもと面会を重ねていった。子どもたちは当初は頑なにお父さんに会うことを拒否していたが、父方祖母が同居することなどを説明するとやがて、態度を軟化させていった。お父さんとの面会が実現すると、お父さんはこれまで暴力を振るってきたことを謝罪した。セーフティ・プランについてさらに話し合いが進められた。両親が創ったセーフティ・プランにはセーフティ・パーソンの中に母方親族は一人も入っていなかった。児童相談所は、必ず母方親族を加えることを依頼した。しかし、母方親族との確執は深く、父方親族は難色を示した

第6章　新しい実践モデルの構築　221

が、子どもが選んだセーフティ・パーソンに母方親族がいることでしぶしぶ了解した。親族以外のセーフティ・パーソンをきくと、近所の元警察官の人に頼めるかもしれないというので、両親と児童相談所でお願いに伺った。厳しい人で、苦言も呈されたが、子どもたちが通学時に毎朝声をかける、と約束してくれた。子どもにはワーズ＆ピクチャーズを使って、両親からセーフティ・プランの説明があり、子どもたちは家に帰ることを決心した。母方親族は、子どもたちが両親のもとに引き取られることについては、あくまで反対だったが子どもたちとは連絡を取り合うことを了解した。両親も、母方親族とは会わないが子どもが母方親族に会うことは了解した。

　職権による一時保護から1カ月を経て子どもたちは両親のもとに帰っていった。

（2）お父さん、お母さんへのインタビュー

　インタビューは両親同席で行い、2時間以上に及んだ。以下、その抜粋を示す。
〈今回の児童相談所とのかかわりについてどんなことでもよいのでお話を聴かせてください〉

　「（子どもを保護されて）辛かった。早く返してほしかった。いろいろ手続きがあるにしろ、何でそんなに時間がかかるのか……。もう少し頻繁に子どもに会わせてほしい。手続きを踏まなければ会えない、すんごい長い、精神的におかしくて、あの一カ月おかしくなって……会えないのは自分のせい（と自分を責めて……）訴えたいくらいに思っていた。（でも）今できることをするしかないと思った。近所の方に頭を下げて、（父方の）お母さんにも迷惑をかけて、思い出すだけでもいやですね（母）」

　「虐待ってどこからですかって聞いたことがあるんです。今は、怖くて、たたいたり、怒鳴ることができない。これで（このしかり方で）伝わっているのかなあ、と思う。前みたいに伝わっているかわからない。しっくりこない。今は少したたくと児童相談所が来る……（父）（でも）良かったかなあということもある。児童相談所が入ってアドバイスをもらえた。「基盤の話……」[4]子どもも穏やかになった。皆さんの力を借りた。（母は）相談しないで、溜めこむタイプ。……周りの人はすごくありがたい、みんなの支えがあったから、どんなに辛くても（がんばれた）（母）」

「(父方祖母の毎日の電話は) うっとうしいときもあるけれど、いつもの恒例の行事というか、『こういうことがあったんですよ』なんかを話して、支えてくれるのがありがたい周りの人がいなかったら、今でも子どもは帰ってこなかったかもしれない（母）」

〈合同ミーティングは……どうでしたか〉
　「話し合いになっていないですよね。あれは無駄でした。やだっていうのを強制しないほうがいい。いいっていう人もいると思うけど、うちは醜い争い。うちはいやだった（母）」

〈お父さんとしては、今回のことはどんな体験だったのでしょうか〉
　「自分の正しいと思っていたことを否定された。子どもの怒り方、しっくりいっていない。自分の中で、……自分の目指している父親像がわからない。今までやっていたことがだめなんだ……（といわれて、）完全にはわかっていない、わからない部分がある……でも、いわれたとおりにやっていますよ、たたきませんよ……児童相談所が入ってけんかが減って……もやもやしている。今までは、いい合ってすっきりしていたけれど、今は……（父）」
　「お父さんはお手本、怖いお父さんでいてほしい（母）」

〈児童相談所がかかわることで少しでも役に立ったことがあるとすればなんですか〉
　「……でも、良かったのかなと思って。児童相談所が入って、いろんなことも習ったし。行程表とかそういうのうんぬんじゃなくて、その、育て方について、こういうふうにした方がいいですよ、っていうアドバイスはすごい助かりましたね。その分、あの子たちが今、その時に比べれば穏やかになってるし、それはすごい助かってますね。……それはやっぱり、○○さんと○○さん（児童相談所の担当者）には感謝しなきゃな、と思って（母）」

〈子どもが書いてくれた３つの家がありました〉
　「（家には帰らず、母方伯母さんのところに行きたいと書かれていた）あれはすごいショックでしたね。あらまあ、と思いました。あんなふうに子どもが

第６章 新しい実践モデルの構築 ｜ 223

思ってたんだって。あれは、ほんと、つらかったですね。そういうふうに思ってたんだっていうことも、つらかったです。でも今はそんな手紙書かないし、今はほんとに。もしこの状態で、児童相談所も入らないで、あの子たちがおっきくなったら、もし悪い方の道に行ったときに、……今回、結構つらかったですけど、でもこれから、あの子たちの一生が始まるので、まあ、このまま不良の方の道に行くんでなくて、こういうところでちゃんと教えてもらって、うちらもちゃんと基盤をしっかりさせれば、戻ってくるし、ちゃんとした大人にもなってほしいので、良かったっていえば、とっても良かった。だからそれは、とても感謝してます、そこは……（母）」

　「まず、まあこういうことがあって、自分をもう一度見直すっていうんですか、自分の中で、今までやってたことで、駄目っていうか、なんていうかな。……自分はこれが正しいと思ってたけど、正しくなかったんでしょ、周りからしてみれば……うん、っていう部分もあったんで、そのアドバイス受けたこと、まあちょっと納得できない部分もあるんですけど、それをこう実践してみようかなって（父）」

〈多少納得できないっていうのは、どんなことが納得できなったのでしょうか？〉
　「例えば、子どもの怒り方っていうんですか？……今の……かかわりは、自分の思いとちょっと違うかかわりで、しっくりいってないっていうのが……。うん、ちょっとしっくりいってない部分がありますね（父）」

〈それでも、暴力ではない子育てをしようと決められたのは、なぜですか？〉
　「またこういうふうになるのも、やですし、自分ももっと、自分の中でいいように変わりたいなっていうのもあるんで（父）」
　「とりあえずうちらで、（子どもが）帰ってこない時、ここで話して子どもがいつ帰ってくんだろうって話すときに、どうやって育てようかって。とりあえず怒らない。いわれた通りに怒らないように。あとたたかない。あと、なんか、あとなんだっけ、たたかない、怒らない、あとさ、なんだっけ？……二人でけんかしないってことでしょ……（父と母の対話）」

〈弟さん（母方叔父）がいった言葉で覚えているのが、この家に帰ったら子

どもたちは「死にます」っていい方をしてまして、まあここまでいうんだ、と思ったのですが……〉

　「でもその後、○○とメールしましたけど、でも俺はそこまで真剣にあの子たちのことをちゃんと考えてるんだから、っていわれて、ちゃんと育ててほしいっていうのはメールで来て、すいません、といいました。その後一応……」

　「（今回の一時保護という出来事は）これからもう１回子育てをスタートさせる第一歩にはなったので、良かったのかなあと思って……（母）」

　「けんかに関して。こんなに子どもがつらい思いしてるっていうこと、一切分かってなかったんで……（母）」

〈大変なことがたくさんあったと思いますが、ご両親ががんばってこられたのはどんなことからですか〉

　「この４人で一家族っていうので、いいこともあれば悪いこともあるんで、なんかやっていきたいなと思って。つらいことがあっても、みんながいれば乗り越えて行けるだろうし。とりあえず頑張っていこうかな、と思って（母）」

〈これから、どんな子育てをしていきたいと思ってられますか〉

　「子どもが、カブトムシがほしい。カブトムシは、うちは買うものではない。捕りに行くものだ。自然で。だからそういうなんか、昔はうちらが捕ってたこととか、今は買う時代じゃないですか、そういうの一切、妥協がなくて。だったら採りに行こう、だったら見に行こう、ね。大変だよね。無駄に行くよね（母）」

　「……で、食育で魚、魚とはどんなものなのかっつって。じゃあ魚を釣りに行こうと。魚を釣りました。それをさばいて、じゃあ自分たちが釣ったんだから食べよう、とか。魚は開いてるもんじゃないんだよ、開いてる（と思っている）子っているんですよ、アジの開きみたいに、泳いでると……そう。うちは、そういうのだったら、じゃあ自分で釣って自分で食べてみよう。どんなものなのかと（父）」

第６章　新しい実践モデルの構築　　**225**

〈子育ての中で大切にしていることは何ですか〉

　「辛かったときに助けてくれた人、近所づきあい……前は、内の悪いうわさしか入ってこなかったけれど、今はよい話が入ってくる（母）」
「地域の人、地域の人は意外と大切。今まではかかわらなくても生きていけると思っていた……（父）」

〈○○家で誇りにできることは何ですか〉

　「絆ですかね。どんなに離れても、子どもたちは戻ってくる。……もう、あの子達を悲しませないようにしようと思った（母）」
　「私も、……絆、家族全員の絆、一生、根本的にあるもの……（父）」

（3）担当者に対するインタビュー

〈どんなことが意味のある取り組みとなったのでしょうか〉

　「母方親族がうまくふるまえない部分、父方親族がお母さんの味方になって動いてくれたので、親族を上げて、お母さんの味方をしてくれたってのは、ある意味すごく珍しいケースだっんだと思うけれど、そこ、明確に何をすればよいかっていうのが父方親族に伝わったっていう、その……その調整がうまくできた。そうするために、お母さん自身だけでは課題が見えなかったかもしれない……味方になってくれる人が、一生懸命に取り組んでくれる、導いてくれる、親身になってかかわってくれる人がいて……かかわることで何をすればよいか、ぶれずに考える調整役をすることができたことがよかった」

〈調整役とはどんな役割なのでしょうか〉

　「子どもの安全というのが一番大きいところにあって、でも親族としては、運動会出したいとか、夏休み中に何とかしたいとか、そういうところでまどわされがちになりそうになる親族だったんだけれど、それよりも優先する子どもの安全なんだ（ということを）、家族であったり、児童相談所の中のチームで調整であったり１つひとつこなして（いったこと）」

〈○○家にとって、児童相談所のかかわりがどんなふうに役に立ったのでしょうか〉

「それぞれの意見が食い違う大人の主観でいろんな意見が飛び交って、怒号につながっていた。子どものいった言葉で翻弄されているようだけれど、大人のそれぞれの捉え方で相互の対立関係、大人が対立することで、子どもが振り回されている……子どもが振り回されて転々としていたり、手の（足の？）引っ張り合いをしたりになっちゃったり、トラブルを見ることになっちゃったり、それが課題なんだということに家族が向き合えたことがよかった……大人が対立していることで、子どもは離婚してほしいとか、父とは会わない（と訴えた）、大人の意見を聞いたまま（大人の意向を子どもが代理で主張するかのような状況に子どもが置かれて）子どもが翻弄されている。逆に……子どもに（セーフティ・サークル[5]で大人を）選んでもらったりとかしていく中で、逆にトラブルがなくなっていった」

〈子どもに選んでもらうことでトラブルが減った、というのはどういうことですか〉
「子どもが選んだ人と付き合うことで実際悪いことは起きなかった。逆に、お母さんが体調が悪いとき、安全プランで人とつながったことで、守られることを家族が認識できたり、お母さん自身は関係をとれないけれど、感情的には無理といっていたけれど、子どもの気持ちに任せて（子どもは）会いに行ったり、お年玉をもらうことで、危険な状況にならないということがわかった」

〈そこでは、何が起きていたのでしょうか〉
「夫婦が向き合えるようになった、そのことで子どもの安全が保てるようになったっていう気がするんですけど、でも、それは二人だけではできなくて、父方親族の目があったり、母方親族が見守るというスタンスが取れたことで悪循環を脱することができた」

〈そのことをお母さんはどんなことで受け入れることができたのでしょうか〉
「人付き合いは好きな人と思うけれど、子どもとどう向き合っていけばよいのかは父方のおばあちゃんのアドバイスがきいた、具体的に教えてもらえたのがよかった。自分で教えられない勉強を毎日ファックスで送って

くれたりとか……」

〈担当児童福祉司として果たした役割は何ですか〉

　「もともとそういう力はある家族だったんだろうと思うんです。……母方の見守りであったり、父方の具体的な支援だったり、近所のおじさんだったり、そこに恥も外聞もなく取り組みますっていうお父さん、お母さんがいて、そこに、応援しようっていう大人（がいて）……エゴの部分で悪循環になっていたのを整理する……つながり方を、こんがらがっていたのを繋ぎ直したって……いうことになるのかな」

〈今回の「協働」の実践で何を学ばれたんでしょうか〉

　「安全を守る（ための）第三者って（探し出すのが）難しいんだけれど、大事なんだなあと……」

（4）対話のできる関係を創っていく

　本事例では職権の一時保護によって、児童相談所に対する不信と怒りとともに、支援者が親族間の対立に巻き込まれていく中で、子どもの安全を守るためにいかに「話し合える関係」を創っていくのかが課題であった。

　両親は児童相談所による子どもの一時保護という危機場面の中で「自分の正しいと思っていたことを否定された（父）」「自分の目指している父親像がわからない。今までやっていたことがだめなんだ……（といわれて、）完全にはわかっていない（父）」と〈混乱・困惑〉した状態におかれた。また、「今は、怖くて、たたいたり、怒鳴ることができない」と〈無力・傷つき〉を感じた。「早く返してほしかった。いろいろ手続きがあるにしろ、何でそんなに時間がかかるのか……」と、自らがコントロールできない時間の流れに〈時間の剥奪〉を感じた。〈怒り〉は「訴えたいくらいに思っていた」という。〈あきらめ〉の気持ちもあって、（でも）今できることをするしかないと思った。子どもたちに会えないのは自分のせいと〈自分を責め続ける〉ようになっていった。子どもたちが一時保護所でどんな思いで、どんな生活をしているのか。児童相談所は何を考え、何を調査し、どう判断しようとしているのか知ることができず、〈情報からの遮断〉された感覚を覚えた。自分たちが求めた時には〈動かない児童相談所〉であったのに、

今回は求めていないのに職権で一時保護されてしまった。子どもを引き取るために児童相談所からは、両親にすれば、〈手続きの押し付け〉がなされたようにも感じ、それに応じない限りは子どもを返すことはできないという〈選択肢なき選択〉を迫られている体験であった。

　これらの状況におかれている保護者に支援者は、対話ができる関係を創るために、保護者にとって意味のある時間を創ろうとした。〈子どもの安全を守ることを伝え続け目的を共有していく〉ために「子どもの安全というのが一番大きいところに」あることを対話し続けていった。対立的な関係にある時も〈常に話を聴く姿勢を持ち続ける〉ことで、〈虐待に至ってしまった事情を子育ての苦労として聞かせてもらう〉ことを心掛けた。〈大変な子育ての中でも保護者が成し遂げたことを探していく〉ことで、家族のエンパワーにつながった。そして、〈虐待者とされたことの傷付きを支えていく〉のであった。「早く返してほしかった。いろいろ手続きがあるにしろ、何でそんなに時間がかかるのか（母）」と感じている両親には〈保護者の時間感覚に応えていく〉ことを心掛けた。両親にとっては、児童相談所が考えている時間感覚よりも、子どもが保護されている期間は永遠にも近い長い時間として捉えられていただろう。本児たちが、本当に両親のもとに帰ってきてくれるだろうか、母方伯母のところに行きたいと訴えるのではないかという不安は両親の中にあり、〈親の中にある子どもに対しての何となくの不安な気持ち、関係性に触れていく〉ことで、子どもの思いを捉え直すことをしていった。担当者は、絡まった糸をほどく、「調整役」を担い、〈話し合える関係性を創っていく〉ことを心掛けた。対立していたとしても継続される〈わかりやすい対話の枠組みを創っていく〉ことを続けることで、〈支援者の存在を意識してもらえるようになっていく〉ための支援をすすめていったのである。

（5）本事例における「折り合い」への「つなげる支援」

　対立と不信のある関係から「話し合える関係」を創っていくことで、保護者と支援者は子どもの安全を創っていく目標に向かって「協働」していくようになっていった。本事例の中で、「協働」の6つの要件が保護者と支援者の交互作用としてどのように展開していったのかを見ていく。

○「1. 周りから支えられる」

　本ケースの強みは、子どもが一時保護をされるといった家族の危機的な状況にあって子どもを取り合うほどにたくさんの大人がかかわっていたことであった。親族間の対立はとても深かったが、それぞれが子どもを守るという立場で動いていた。特に「周りの人はすごくありがたい、みんなの支えがあったから、どんなに辛くても（がんばれた）（母）」といい、特に父方祖母に対しては「（父方祖母の毎日の電話は）うっとうしいときもあるけれど、いつもの恒例の行事というか、『こういうことがあったんですよ』なんかを話して、支えてくれるのがありがたい。周りの人がいなかったら、今でも子どもは帰ってこなかったかもしれない（母）」と話している。また、地域の人たちのことを「辛かったときに助けてくれた人、近所づきあい……前は、内の悪いうわさしか入ってこなかったけれど、今はよい話が入ってくる（母）」「地域の人、地域の人は意外と大切。今まではかかわらなくても生きていけると思っていた……（父）」と話している。最後まで対立していた母方親族にも、「いつかはまたもとの関係に……（母）」と思っていたり、子どもとの交流は認めたり、このまま両親が子どもを養育すれば「死ぬ」とまでいった母方叔父ともメールを交換するなど、やはり、対立したり、不安定な関係であっても、支えられていたのである。また、両親が周りの支援を、子どもを引き取って安全な生活を創ることを児童相談所に理解してもらわなければいけないという局面に立たされて、（対立していた母方親族のかかわりも含めて）受け入れていくということを決心したプロセスがある。担当児童福祉司は「（両親の）味方になってくれる人が、一生懸命に取り組んでくれる、導いてくれる、親身になってかかわってくれる人がいて……かかわることで何をすればよいか、ぶれずに考える調整役をすることができたことがよかった」と述べた。また、「母方の見守りであったり、父方の具体的な支援だったり、近所のおじさんだったり、そこに恥も外聞もなく取り組みますっていうお父さん、お母さんがいて、そこに、応援しようっていう大人（がいて）……エゴの部分で悪循環になっていたのを整理する……つながり方を、こんがらがっていたのを繋ぎ直したって……いうことになるのかな」と述べている。

○「2. 共に動こうとする関係をつくる」

　両親にすれば不本意な児童相談所による職権による一時保護の体験で
あった。担当児童福祉司は、対話のできる関係を創るために両親と対話し、
親族と調整し、子どもの話を聴いて「こんがらがっていたのを繋ぎ直」そ
うとしていった。両親は、児童相談所のかかわりについて、「自分の正し
いと思っていたことを否定された。子どもの怒り方、しっくりいっていな
い。自分の中で、……自分の目指している父親像がわからない。今までやっ
ていたことがだめなんだ……（といわれて,)」と述べ、今回の出来事で一
時保護されたことに十分に納得いっているわけではないこと。再び一時保
護される恐怖について率直に述べた、そして、子どもへのかかわりについ
て「いわれたとおりにやっていますよ、たたきませんよ」と述べている。
これまでの厳しい躾の方が子どもには伝わるのではないかという思いは今
もあり、これからどう子どもを育てていくのか、いわば父親としてのアイ
デンティティーが混乱している。そんな状況におかれながらも、児童相談
所の担当者との話し合える関係、子どもが家庭復帰するための取り組みを
「協働」するようになっていく。そして、児童相談所のかかわりも、必ず
しも全部否定するのではなく「（でも）良かったかなあということもある。
児童相談所が入ってアドバイスをもらえた。『基盤の話……』子どもも穏
やかになった（母)」と、関係を肯定的に捉え直そうとしている。

○「3. 対話が創られていく」

　子どもを一時保護されたという局面において「1. 周りから支えられる」
新たな関係が生まれ、児童福祉司による絡んだ糸をほどくようなかかわり
の中で、新しい対話が生まれてくる。また、新しい対話ができることで、「1.
周りから支えられる」「2. 共に動こうとする関係をつくる」ことができる
ようになるなど相乗的に影響を及ぼしていく。しかし、一時保護をされ
てすぐに行われた合同ミーティングについて「話し合いになっていないで
すよね。あれは無駄でした。やだっていうのを強制しないほうがいい。い
いっていう人もいると思うけど、うちは醜い争い。うちはいやだった（母)」
とひどく傷付いた体験として語られている。合同ミーティング等で対立的
な関係はしばしば生じる。児童相談所に対しての攻撃が顕在することも珍
しくはない。しかし、ここで、サインズ・オブ・セーフティによるマッピ

第6章 新しい実践モデルの構築　　231

ングをすることで、誰かの責任を追及するのではなく、このままの状況が続いたとしたら子どもの未来にどんな危険が起きるのかを、子どもにかかわる全ての人で共有し、そうであるならば、私たちは子どもの安全のためにどんな状況を創ればよいのかそこに集ったメンバーによって目標、ゴールを共有していくこと、そして、その安全を創る責任は家族とそこに集まったメンバーの責任であることを共有することが大切である。

　怒鳴り合うようなミーティングであっても、それらを共有するプロセスを決して外さない対話をしていくことが始まりであった。

　どんな状況にあったとしても、たとえ、怒鳴り合い、いがみ合うような関係があったとしても、児童相談所への怒りが収まらない状況にあっても、対話ができる構造が維持され続けることが大切なのである。

○「4. 子どもの思いを知る」

　これまで常に一緒に過ごし、生活していた子どもが突然一時保護されるということは日常的な出来事ではない。この事例の場合は、時々母子で家から避難することはあっても、公的機関が介入し、子どもと面会することも児童相談所によってコントロールされるという状況が生まれた。「（子どもを保護されて）辛かった。早く返してほしかった。いろいろ手続きがあるにしろ、何でそんなに時間がかかるのか……。もう少し頻繁に子どもに会わせてほしい。手続きを踏まなければ会えない、すんごい長い、精神的におかしくて、あの一カ月おかしくなって……会えないのは自分のせい（と自分を責めて……）」と母は述べている。両親は子どもへの思いを改めて確認する機会に否応なく置かれる。支援者は、子どもの思いを両親に伝え、両親の思いや、親族等の思いを伝えていく。支援者は3つの家[6]というツールを使って子どもとの面接を両親に伝えた。3つの家とは、3枚の紙に、安心の家、心配の家、夢・希望の家をまとめていく。これを見た両親は「あれはすごいショックでしたね。あらまあ、と思いました。あんなふうに子どもが思ってたんだって。あれは、ほんと、つらかったですね。そういうふうに思ってたんだっていうことも、つらかったです」「けんかに関して。こんなに子どもがつらい思いしてるっていうこと、一切分かってなかったんで……（母）」と改めて、大人の関係に振り回されている子どもの思いを知ることになっていった。そして「もう、あの子達を悲しませないよう

にしようと思った（母）」と話した。

○「5. 見通しが見えてくる」
　これらの、「協働」の取り組みの中で、具体的な見通しが見えてくることが家族の希望につながっていった。両親は、一時保護された当初は強い不安と児童相談所に対する怒りがあった。「子どもとの面会も制限され、辛かった。早く返してほしかった。いろいろ手続きがあるにしろ、何でそんなに時間がかかるのか……。もう少し頻繁に子どもに会わせてほしい。手続きを踏まなければ会えない、すんごい長い」と不安と怒りが入り混じった感情を吐露した。怒鳴り合いの合同ミーティングによって、子どもにとって何が課題で、これからどうしていけばよいのかを話し合った。子どもの安全をセーフティ・パーソンと共に創り上げ、そのことに子どもが安心できれば、児童相談所の判断がなされ子どもが帰ってくる見通しが見えてきたのである。両親の不安が、すぐに解消されるわけではないが、トンネルの先にわずかに光が見えてきたのであり、それに向けて、頑張っていこうとする動機が強くなっていった。

○「6. 希望につながっていく」
　子どもを引き取って生活を再開する見通しは、家族の希望につながっていく。本章でも述べた通り、引き取るのは、子どもだけでなく、子どもの安全を創らなければいけないという責任を引き取り、子どもの未来を引き取り、虐待をした親というスティグマに折り合いをつけ、引き取るなどが起こる。「この4人で一家族っていうので、いいこともあれば悪いこともあるんで、なんかやっていきたいなと思って。つらいことがあっても、みんながいれば乗り越えて行けるだろうし。とりあえず頑張っていこうかな、と思って（母）」と、家族の絆を再確認し、カブトムシは買うものではなくて捕りに行くもの、食育のために開いていないアジを釣りに行くことなどのエピソードを話し、○○家らしい子育ての夢、希望を話してくれた。

（6）考察
　親族間の深い確執があり、怒号の飛び交うマッピングから始まっても、子どものことで多くの親族が集まってくれたことが、何より○○家のリ

ソースであり、ストレングスであった。マッピングによって、子どもにとっての安全で安心な生活という目標はいずれの親族の思いとして変わらないことを確認し、それに向けた話し合い、取り組みができたことが、子どもにとっての安全を守る人として母方親族がセーフティ・プランに組み入れられ、さらに、親族だけでなく、近隣のインフォーマルなメンバーも安全を守る人に加えられたことで子どもの安全が創られていった。

　子どもと両親、セーフティ・パーソン、児童相談所によってワーズ＆ピクチャーズ[7]を通じて子どもを中心にすえたセーフティ・プランができた。

　インタビューの中で、お父さんは、率直にご自身のお気持ちをお話ししてくれた。「虐待ってどこからですかって聞いたことがあるんです。今は、怖くて、たたいたり、怒鳴ることができない」と本音をいいながらも、これまで厳しく、ときに子どもたちへの暴力として表現していた躾を、セーフティ・プランに従って、そうではない方法とすることに努めている。しかし、そのことも率直に「これで（このしかり方で）伝わっているのかなあ、と思う。前みたいに伝わっているかわからない。しっくりこない。今は少したたくと児童相談所が来る……」「自分の正しいと思っていたことを否定された。子どもの怒り方、しっくりいっていない。自分の中で、……自分の目指している父親像がわからない。今までやっていたことがだめなんだ……（といわれて、）完全にはわかっていない、わからない部分がある……でも、いわれた通りにやっていますよ、たたきませんよ……」と話してくれた。また、ご両親の関係も「今までは、いい合ってすっきりしていたけれど、今は……」と表現している。お母さんも、子どもたちへの過度の暴力はいけないけれどお父さんには一家の長として、「お父さんはお手本、怖いお父さんでいてほしい」と話している。

　今回の児童相談所による危機介入とその後の子どもの安全づくりのための「協働」が、ご両親にとってすべて腑に落ちているかというと必ずしもそうではない。合同ミーティングの中で浴びせられた両親への辛辣な言葉は、ご両親をひどく傷付けた。合同ミーティングについて「話し合いになっていないですよね。あれは無駄でした」と回想している。

　それでも、ご両親は現実を受け止め、子どもの安全づくりの取り組みに参画された。そして、子育ての中で大切にされてきたこととして質問すると、お父さんは「地域の人、地域の人は意外と大切。今まではかかわらな

234

くても生きていけると思っていた……」と述べた。お母さんは「家族、身内、今日こういうことがあって（といえる人）」と、人とのつながりを上げている。

　両親が率直に語ってくれた言葉に、不本意な形で一時保護された家族が体験する思いを垣間見たように思う。つまり、ご家族にとっては、必ずしも本意ではない形で、子どもを一時保護され、子どもの安全が確保されなければ子どもは帰せない、と迫られる。仮に納得いかないとしても、児童相談所の介入の背景にある権威のもと、それに従わざるを得ないという関係がそこに存在する。

　児童相談所の危機介入は、家族に子どもの安全を創ることを強力に働きかける。しかし、それまでの子育てをすぐに変えることも、虐待とされた現実を受け止めることも決して容易ではない。児童相談所等は、保護者が真摯に虐待を振り返り、子育てを改めることを期待するが、保護者にすればこれも容易なことではない。そして、それらの葛藤を言葉にすれば、そのことも児童相談所による評価の１つになると思えば、安易に気持ちを吐露することもできなくなってしまうかもしれない。

　この困難な状況におかれたとき、ご家族は現実にどう対処して、子どもとの生活を再び始めることの目標を実現していくのかが、「折り合い」のプロセスであり、それを支援することが「つなげる」支援であった。本事例からは、子どもが一時保護から家庭復帰し、在宅支援を経て終結という場面で、インタビューをさせていただくことで率直な思いをいただくことができた。児童相談所の立場で家族の変容を捉えるならば図6-8のように説明ができる。両親の関係は葛藤を抱えながらも、密着した関係であり、お父さんの暴力に伴い母子が避難し、しばらくすると再び実父のもとに戻ることを繰り返していた。お母さんと姉妹は、暴力から逃れる関係の中で関係を強めていった。母子の親密さというより、お父さんの暴力から逃れる仲間としてのつながりであった。実父は、実父なりの理由があるにせよ、お母さんに暴力を振るい、子どもたちにも、厳しい躾と、ときに暴力をふるっていた。子どもたちから実父は怖がられていた。

　そして、今回の『折り合い』への『つなげる』支援によって家族は、周りからのサポートを得るようになり、それを受け入れていった。両親の関係は、表面的には暴力を見せていないが、潜在的な葛藤関係は続いていると思われる。新しい子育てを模索し、今までの子育ての方がしっくりとし

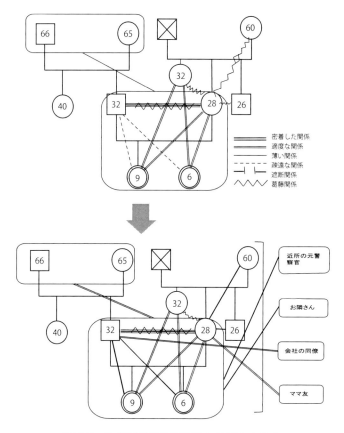

図6-8 支援者が捉える家族システムの変化

ていたといい、また、夫婦の会話も以前のいい合える関係の方がよかったともいっている。それでも、子どもたちへの暴力はしてはならないと思いつつも、緊張が高じる場面では、暴力が出ないとも限らない。しかし、周りのサポートは、子どもに対する危害の回避のしくみをセーフティ・プランとして創って子どもの安全を守り続けている。

　父方親族のかかわりは、より強く、継続的に行われるようになった。実母と母方伯母の関係はいまだ強い葛藤は示しているが、子どもと母方伯母の関係は維持されている。母方祖母との関係は葛藤関係から、付き合いができる関係までになっている。母方叔父ともつながりを残している。そして、近隣のインフォーマルなメンバーが家族とつながり、ママ友が実母に、

会社の同僚が実父との関係を創っている。子どもたちと実父との関係も少しずつ、安心できるものに変わっている。

　家族の変化を見ていくと、以上のような説明ができるかもしれない。しかし、これは支援者がシステムの変容として見ているやはり、1つの事実である。家族に何が変わりましたか、と聞けば「大切にしているのは絆」ということが改めてわかったと、答えてくれるだろう。

おわりに

　本章では「『折り合い』への『つなげる』支援」の交互作用理論」を「協働関係構築のための『対話の構築／希望・見通し・目標の共有』媒介モデル」に組み入れることで、実践モデルを構築した。以上により、「『折り合い』への『つなげる』支援」交互作用理論が組み込まれた「対話ができる関係を創る・『折り合い』への『つなげる』支援媒介モデル」が示された。

　そして、同モデルの実践への適用可能性を検討するため2つの事例をレビューした。ここで紹介した2つの事例は、はじめから「対話ができる関係を創る・『折り合い』への『つなげる』支援媒介モデル」を意識して実践がはじめられたわけではない。サインズ・オブ・セーフティによる子どもの安全づくりは保護者との「協働」をガイドしてくれるが、決して自動的に創られていくものではなく、そのプロセスの中に保護者と児童相談所との様々な葛藤と「協働」の営みがある。

　「協働」の始まりは「対話できる関係を創る」ことからである。支援者は保護者をエンパワーすることで、子どもの安全を創るという困難な作業に取り組んでいこうとする勇気と動機を高めていく。そして、「『折り合い』への『つなげる』支援」にある6つの要件に取り組んでいくことで、子どもの安全を創っていくための保護者と児童相談所の「協働」関係が構築されるのである。

　もちろん、ここで示したすべてを実践の中で実現することは難しい。レビューした2事例を見てもそうである。実際の実践では、「対話ができる関係を創る・『折り合い』への『つなげる』支援媒介モデル」を実際に行われている実践に照らし合わせて、実践の課題を検討していくのである。「対話ができる関係を創る」においての諸課題も、「『折り合い』への『つ

なげる』支援」にある6つの要件にしても、いずれかの取り組みにおける1つの変化が、他の変化と連鎖し、相乗的に「協働」が展開していくと考えられる。まずは、子ども虐待対応の諸段階において、その時できる小さな取り組み、できる所から始めることである。

本章では、「対話ができる関係を創る・『折り合い』への『つなげる』支援媒介モデル」を子ども虐待対応における実践モデルとして紹介してきた。本モデルが、適用できる実践領域は子ども虐待対応にとどまらない。例えば、非行ケースにおいても、警察から要保護児童として通告される場合や、家庭裁判所から送致される場合においても、参考になるモデルであると考える。

保護者にとっては不本意な危機介入として体験され、そこで求められる課題に対して当事者自身は必ずしも解決を求めていなかったり、さらには対立関係にまで至ってしまうような場面で、「協働」を構築していくためのソーシャルワークに本モデルが広く適用されることを期待したい。

[注]
1　神奈川県児童相談所で行っている当事者、関係機関など子どもを支援するあらゆる人々が集まって行われるミーティング。
2　ファミリーグループ・カンファレンスで行われるプロセス。専門職抜きで当事者だけで話し合い根意思決定するプロセス。
3　子どもの安全を守っていくセーフティネットワークの人々。児童相談所等の公的機関の人々ではなく、親族、友人、知人、近隣の人など。これらの人々が、セーフティ・プランに参画して子どもの安全を創っていく。困難な取り組みであるが、家族とともに支援者をリクルートしていく。
4　※　基盤の話＝児童相談所の担当者とスーパーバイザーが家庭訪問した際にスーパーバイザーが両親に話したこと。子どもが一時保護され、子どもたちは家に帰ることを拒んでいる状況にあって、家族という基盤がしっかりしていれば、やがて、子どもたちは帰ってくる、という話。両親は、繰り返し、この話を取り上げた
5　サインズ・オブ・セーフティの中で、セーフティ・パーソンを探すためのスキル。4重の同心円を描き、真ん中に子どもの写真などを貼り、このこと（一時保護をされたこと）、知ってほしい人、少し知ってほしい人、知られたくない人などと質問し、子どもの周囲にいる支援者を探していくスキル。
6　子どもに三枚の紙を渡し、それぞれに心配の家、安心の家、夢・希望の家を書いてもらう。子どもの願いをまとめ、大人に見てもらう。
7　言葉と絵。両親とセーフティ・パーソンによって、子どもに対し、一時保護されたことの説明や、家に戻る時のセーフティ・プランを説明するツール。

終　章

第1節　結　論

　ここまで、第1章から第6章において、研究フェイズ1～研究フェイズ6において、子ども虐待対応における、対峙的な関係になりがちな保護者との子どもの安全と未来を構築していくための「協働」について論じてきた。以下に、再度、研究を概観する。

1　研究のまとめ

○フェイズ1　保護者へのインタビュー

　研究フェイズ1では、「不本意な一時保護を体験した保護者、家族へのインタビュー調査」から分析を行いコア・コンセプトとして「折り合い」が創出された。そして、「協働」のプロセスは「失う」→「折り合い」→「引き取る」とステージが進むこととされた。そして、保護者の立場からの「協働」関係構築の要件としての「折り合い」のための6つの要件が明らかになった。6つの要件とは【見通し】【支えられる】【担当者との関係】【話し合いの場】【子どもへの思い】【期待】の6つである。これらの6つの要件に支援者が働きかけ、これらの要件が満たされるとき、保護者は、不本意な一時保護という困難な現実に「折り合い」子どもの安全と、未来を引き取っていくことが示唆された。すでに何回か説明したが、ここでいう「折り合い」とは「不本意な一時保護に伴い生じる喪失感と様々な感情及び、関係機関への不信を抱き、児童相談所等と対峙する局面を経験しつつ、さ

239

らに、虐待者とされた自己に対する疑念と、子育てアイデンティティーの混乱を抱えながらも、児童相談所との『協働』関係が進む中で、子どもを引き取るという現実的な課題や目標を実現するために保護者自身が受け入れ難い現実に調和していくプロセス」とした。

○フェイズ２　支援者へのアンケート調査

　研究フェイズ２では、支援者の側からの「協働」をいかに捉えるかという研究を進めた。

　実際、現場で保護者と対峙しながら「協働」の実践を行っている支援者に対して、アンケート調査を行い、統計的な分析を行った。そして、児童相談所総体としての「協働」のプロセスと構造を捉えることを試みた。

　ここでは、保護者と支援者の「協働」を進めていくときに支援者が優先的に取り組もうとする因子の分析を行った。

　探索的因子分析では４つの因子が抽出された。第一に「目標・目的の共有」、第二として「スキル・治療・助言」　第三に「子育ての対話」　第四として「現実受入れ支援」が抽出された。これは、「協働」を構築しようとするときに支援者が優先的に取り組もうとするものは何かという調査であり、さらに、共分散構造分析により、それらの因子の関係、構造を検討した結果、「協働関係構築実践モデル」（パス図）が示された。このモデルでは、対立的な関係から「現実の受け入れ」に展開するためには「子育ての対話」→「目標・目的の共有」→「現実の受け入れ」と展開することが「協働」関係構築のプロセスであることが示唆された。

　さらに、アンケート調査の自由記述の分析を行った。KJ法の手続きによって、「まとめ」を行い、A型図解化、B型叙述化を通じ、保護者と児童相談所が「協働」していくプロセスとしてシンボルマーク「1 一時保護を伝えることから始まる」→「3 まずは対話できる関係を創る」→「5 希望が見通しとなり目標を共有していく」→「7 現実の受け入れと子どもの安全の話し合い」のプロセスが示唆された。

○フェイズ３　パス図とKJ法B型図解化の統合による「協働」モデルのフレームの提起

　研究フェイズ３は、アンケート調査によって抽出された、「協働関係構

築実践モデル」と、アンケートの自由記述に対する KJ 法の A 型図解化の統合が行われ、対立的な局面から、保護者が現実を受け入れて子どもの安全に取り組んでいくためには「『対話』『目標・目的の共有』」を媒介することが有効であることが示唆された。そこで、「協働関係構築実践モデル」をさらに発展させ、子ども虐待対応における「協働関係構築のための『対話の構築／希望・見通し・目標の共有』媒介モデル」を提案した。このことによって、実践モデルの基礎的なフレームが示された。

○フェイズ 4　エキスパート支援者に対するインタビュー

　研究フェイズ 4 では、さらに、支援者の立場からの「協働」の分析を質的な研究として進めるべく、当事者参画による優れた実践を進めている実務家に対し、インタビューを行い分析した。その結果、コア・コンセプトとして「つなげる」が創出された。「つなげる」支援は 6 つの支援、つまり、「希望につなげる」「見通しを立てる」「リフレイムを探す」「親子の思いの伝え合い」「親族や友人との再会」「新たな対話が生まれる」である。そして「つなげる」支援を定義し「不本意な一時保護を体験し、児童相談所と対峙的な関係にある保護者に対して、対話を構築し、支援者が保護者等に対して、人、対話、思い、場所（空間）、時間などを『つなげる』ことによって、子どもの未来に希望を持つことで、主体者となろうとする保護者に寄り添い子どもの安全という目標に向かって児童相談所と「協働」していくプロセスを創ること」とした。

　研究フェイズ 4 では、研究フェイズ 2、3 において主には、量的な調査として明らかになったものを質的な調査を通してレビューし、実際の「協働」の中で行われる交互作用が示唆された。また、フェイズ 1 の保護者インタビューとの比較、統合ができるようになった。

○フェイズ 5　保護者インタビューと支援者インタビューの統合

　ここでは、フェイズ 1 の「不本意な一時保護を体験した保護者、家族へのインタビュー調査」とフェイズ 4 の「エキスパート支援者インタビュー」から創出されたそれぞれのグラウンデッド・セオリーを統合することを試みた。

　「折り合い」は保護者から捉えた「協働」のプロセスであり、「つなげ

る」支援は支援者から捉えた、「協働」のプロセスである。そこで、「折り合い」の6つの要件と「つなげる」支援の6つの側面を比較したところ、6つの領域はシンクロしており、それぞれが交互作用の中で「協働」を実現していることが示唆された。統合された6つの要件とは、「1 周りから支えられる」「2 共に動こうとする関係をつくる」「3 対話が創られていく」「4 子どもの思いを知る」「5 見通しが見えてくる」「6 希望につながっていく」があり、中心には、「5 見通しが見えてくる」「6 希望につながっていく」があった。つまり、保護者の「折り合い」の領域と、支援者の「つなげる」支援は、保護者と支援者におけるそれぞれの側から「協働」に向かう営みであることが示唆された。

　そして、改めて協働を定義し、「子ども虐待ソーシャルワークにおける『協働』とは子どもの安全、安心という目標、目的に対して、子どもにかかわる機関と保護者等がこれを共有し、これらを実現するための保護者の『折り合い』のプロセスに、支援者が『つなげる』支援によって関与・参画し、保護者の人、時間、場所、対話、思いなどを『つなげる』ことを通して、さらにはそこに流れる交互作用によって子どもの安全、安心の実現に向かって歩んでいく関係性を構築すること」とした。

　そして、ここで創出された統合されたグラウンデッド・セオリーを、保護者と支援者の協働関係を構築する「『折り合い』への『つなげる』支援」の交互作用理論とした。

○研究フェイズ6　実践モデルの提起

　フェイズ6では、フェイズ3により示された「協働関係構築のための『対話の構築／希望・見通し・目標の共有』媒介モデル」という、保護者と支援者の「協働」のための大きなフレームに、「保護者と支援者の協働関係を構築する『折り合い』への『つなげる』支援」の交互作用理論」という、いわば「協働」のためのエンジンとなるべき理論を搭載することで、実際の「協働」がいかに行われるのかという人間、環境、時間、空間における交互作用を含めた実践モデルを示すこととした。

　そして、この実践モデルを「対話ができる関係を創る・『折り合い』への『つなげる』支援媒介モデル」とした。

　最後に、「対話ができる関係を創る・『折り合い』への『つなげる』支援

媒介モデル」の実践に対する適用可能性について、優れた2つの実践と、当事者インタビューのレビューを行った。

　以上により、本章の最終的な結論として「対話ができる関係を創る・『折り合い』への『つなげる』支援媒介モデル」を提起した。

2　「協働」するということ

　本書の冒頭「序章　2. 研究の目的」で問題提起したのは、「強いられた『協働』」は「主体者としての『協働』」になりえるのか、権力を持った児童相談所が保護者に対して行う「支援」は成立するのか、という点であった。以下に本章の考察を通じた仮説を述べる。

（1）支援者として対等にはなりえない関係であることを自覚するとき

　ここまで述べきた通り、保護者にとっては、児童相談所が自分たちの未来を左右する権限を有する機関であることについては、いかなる局面においても変わらない存在である。支援者が児童相談所の組織の一員である以上、ここまで述べてきた「協働」も、ここで提起した実践モデルもこの権限下における関係である。保護者もこの「協働」に参画しなければ、子どもを引き取ることができない。つまり、「選択肢なき選択」というダブルバインドに保護者は置かれているのである。仮に児童相談所が権限を伏せて支援者を装い、保護者に対して対等性を強調すれば、権限を自由に出し入れすることのできる児童相談所のさらなる優位性を示すパラドックスに陥っていく。児童相談所は、子どもの福祉が阻害されたと判断すれば、再びいつでも権限を行使できる存在である。

　子ども虐待対応における「協働」を考えるとき、支援者を標榜したとしても児童相談所は保護者に対して決して対等にはなりえないという関係性の中にいることを常に自覚せざるを得ない。

　図終-1「子ども虐待対応における『協働』」は、決して対等にはなりえない関係における「協働」が、果たして保護者にとってどんな意味や価値があるのかを検討するものである。少なからず、子ども虐待対応における「協働」に保護者にとっての意味や価値があるとしたならば、そこで最低

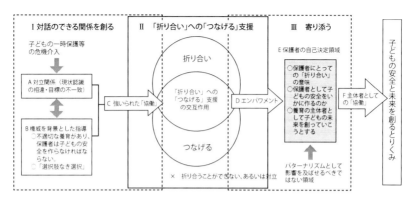

図終-1 「子ども虐待対応における『協働』」

限あるべきものは何であろうか。

　子ども虐待対応において、保護者と支援者の間にどのような関係が生まれるのかについて典型的な関係として説明するとすれば、次のようにいえる。

　子ども虐待が発生すれば児童相談所は子どもの権利を守るという社会的責務という大義をもって、子どもを一時保護する（危機介入する）。保護者にすれば、児童相談所によって虐待とされたことは、子どもに対する躾であり、児童相談所の判断は到底受け入れられないと反論するかもしれない。ここで、保護者と児童相談所の間に子どもの養育をめぐっての「現状認識の相違」が生まれ、児童相談所による子どもの安全を創ってほしいという思いと、保護者の価値観に基づく思い、子育ての在り方とは目指すべき「目標の不一致」が生じ、ときに「A 対立関係」となっていく。

　しかし、この時、子どもはすでに一時保護されているのであり、保護者の反論は権威を有する児童相談所の判断には届きにくい。児童相談所は、改めて「不適切な養育があり、保護者は子どもの安全を創っていかなければならない」と告知する。また、子どもの安全が保たれない限りは、子どもを在宅に戻すことは「心配である」ことを伝え、「子どもの安全を一緒に創っていきましょう」と支援を申し入れる。一方で、保護者の理解が得られなかったり、保護者が攻撃的な態度に出れば、必要ならば法的対応も辞さないと保護者に迫る。賢明な保護者であれば児童相談所が示した保護者としてのあるべき姿に従わない限りは子どもが帰ってこないとわかり、

これを受け入れざるをえない「選択肢なき選択」を迫られるのである。これらの「B 権威を背景とした指導」に基づく児童相談所の強い働きかけによって保護者との「C 強いられた協働」が始まっていくのである。子ども虐待対応における「協働」は権威を背景とした指導による「協働」として始まっていく。

　支援者は、権威によって枠づけられた関係の中で、保護者との関係をスタートさせる。権威を有することに支援者としての居心地の悪さを感じながらも、しかし、この権威がなければ成り立たない関係であることも自覚している。支援者ができるのは、権威を持っているからこそ、これを不用意に振りかざしたり、しかし、決して対等にはなりえない関係であることを自覚しながら、権威を背景とした指導として始まらざるを得ない関係にあるからこそ誠実な態度で、保護者に近づき、少しでも「I 対話のできる関係を創る」ことであった。

　そして、支援者は保護者の置かれた立場を理解し、真摯に保護者と向き合おうとした。自分たちが容易に保護者を傷付けてしまう立場にいることを自覚し、保護者が「喪失と傷付き」を体験し、「関係機関不信」を抱いている事実に真摯に向き合っていった。そこにある保護者の言葉をありのままに丁寧に聴いた。怒りや不信は当然に生まれる感情として理解した。保護者の子育ての努力について、例えそれがどんなに小さくとも「教えてもらう」ことで、保護者自身が一時保護という危機介入によって、あたかもこれまでの子育ての全てを否定されたかのように感じてしまわざるを得ない状況から、自分自身のこれまでの努力を再確認し、自分の中にあるストレングスを見つけ出すことの対話を進めた。

　支援者は、保護者にほんの少しでも近づけるためには、保護者を否定することからは何も生まれないと考えていた。どんな関係性にあるとしても、話し合える関係性を創っていくことが支援者にとって大切なことであると考えていた。といっても、ここでの「協働」は、必ずしも信頼関係を前提とすることはできない。むしろ、児童相談所と保護者という不均衡なパワーのある関係性の中でお互いを信頼するということは難しいことが多い。だからこそ、「保護者にとって意味のある時間を創る」ことができなければ対話は成立しないと考えていた。

　いわば、対等になりえない関係ということを支援者が自覚するとき、決

終章　245

して力で抑えつけようとは思っていないけれど、保護者にとっては強い権限を有するものとして存在しているということを支援者が自覚するときに、また、権力があるがゆえに対等な関係に近づくことの難しさを知り支援者としての無力さを感じずにはおれないときに、支援者は保護者に対して真摯な態度で臨むことしかできなくなり、だからこそそこに「話し合える関係」が生まれるのではないだろうか。保護者も、決して対等ではない関係の中にあっても、「この人」と話すことに意味があると思い、時間を共にするのではないか。

そして、ここで生まれた「対話のできる関係」によって「協働」は「『折り合い』への『つなげる』支援」の段階に入っていくのである。

(2) 保護者にとっての「協働」の体験と意味

「協働」が「『折り合い』への『つなげる』支援」の段階に入っていくときも、この関係性は変わらない。権力を前にしたときの「折り合い」には、折り合わざるを得ないという側面もあろう。

本章では「折り合い」を、保護者が子どもを一時保護されてしまったという困難な現実に保護者なりの方法で対処していくプロセスとして論述してきた。「折り合い」には、保護者それぞれの物語がある。受け入れ難い現実に対処していくことについては、全ての家族に固有のものがある。「つなげる」支援は、保護者固有の「折り合い」との交互作用の中で展開されていく。このプロセスの中での6つの領域にわたる交互作用において保護者は「Dエンパワメント」のプロセスに存在していく。そして、この「Dエンパワメント」のプロセスの中に、これまで子どもを奪われ、さらに虐待者とされ、子育てを否定されたかのような「喪失と傷付き」から、自らの保護者としての誇りと、強さを再び取り戻す中で、家族として再スタートする「希望」が生まれ、肯定的未来への「見通し」が見えてくるのである。

ここまで、児童相談所が権威を背景に保護者に求めてきたものは、「子どもの安全」についてであった。この決して、譲れないテーマと子育てに保護者が、いかに「折り合う」のかが問われた。譲れないテーマの設定は、権威を背景として児童相談所によってなされた。しかし、このことのテーマに保護者が目標設定したのであれば（せざるを得ないということも含めて）、ここにおいて、家族がどのように「折り合う」のかは、家族が自分たちで

決めることである。すべて異なる物語を創っていくのは、家族でしかない。確かに、児童相談所は権力を持って、子どもの安全を創ることを家族に求めてきた。保護者はこれまで持っていた子育ての価値観を修正せざるを得ないかもしれない。公権力が入り込まないほどに子育ての修正をしなければならないかもしれない。しかし、保護者にとっても子育ての中で譲れないものもあるだろう。保護者は大きな葛藤を抱え現実への「折り合い」を探し、家族なりの物語を創っていくのである。いかに「折り合う」のかは保護者が行う領域である。ここに権威を持ち込もうとすれば、保護者の子どもの安全を創り、子どもの未来を創っていくという主体性はそぎ落とされていく。ここまで権威は届きにくい。また、届けるべきではない。権威を背景とした指導だけで作られた子どもの安全は権威の存在がなくなれば容易に消失してしまうだろう。

「折り合い」への「つなげる」支援は、保護者が困難な現実に「折り合う」ために、保護者の「折り合い」の領域に、人間、環境、時間、空間を「つなげる」営みなのである。エンパワメントのプロセスにある保護者が、自らの未来に「見通し」と「希望」を持って主体者として歩んでいくのである。

権威を背景とした指導による「強いられた協働」によって始まらざるを得ない保護者と支援者の関係は「Ⅰ話し合える関係を創る」を経て「Ⅱ『折り合い』への『つなげる』支援」に至る中で、保護者自身が困難な現実に対処し、いかに子どもの安全を創るかという権力の要請にいかに「折り合う」のかという、保護者固有の領域が生まれた。

支援者は、この「折り合い」領域を「協働」の中で捉えたならば、このことの「折り合い」は保護者に委ねることになる。「E 保護者の自己決定領域」は、このことを示したものである。「保護者にとっての『折り合い』の意味」「保護者として子どもの安全をいかに創るのか」「養育の主体者として子どもの未来を創っていこうとする」ことについては家族が決定していく領域である。

ここに至る中で、権威を背景とした指導としての「A 強いられた協働」関係から、保護者と支援者の「協働」は「F 主体者としての協働」への変容を示していく。

子ども虐待対応において、子どもの安全を創っていくためには権威を背景とした指導も必要な場面もある。だからこそ、その権威の存在を常に自

覚するとともに、保護者の置かれている立場を理解していくことが支援者に求められる。権威は子どもの安全を保護者と支援者が共有の目標としなければならないという点においてのみ発揮されるもので、子どもの安全という目標が共有されたのであれば、その現実に「折り合い」それに至る方法を考えることについてはあくまで、家族が当事者であり、主体者である。

「協働」関係の「　」が取れて、協働関係といえるためには保護者と支援者の対等な関係が説明されなければならない。そもそも、保護者と支援者という関係において対等性を論じること自体が難しい議論であろう。ましてや、子ども虐待対応は児童相談所において強大な権限を行使していく関係性がある。

しかし、「強いられた『協働』」から「話し合える関係を創り」「『折り合い』への『つなげる』支援の交互作用」を経た時、「より主体的な『協働』関係」という、「協働」関係の変容が生じる。「より主体的な『協働』関係」にある保護者に対しては、支援者は何かの価値観を押し付けて、選択肢を狭めることの必要はなく、そこに「Ⅲ寄り添う」こと、保護者の傍らにいて、必要な求めに応えていくのである。

このことは、前節で紹介した事例の中で、家族のコミュニケーションの不全が家族の中で様々な葛藤を生み出したと思われる事例で、「もう自分たちで話し合えます」といえるようになったのは、「Ａ　強いられた協働」から「Ｆ　主体者としての協働」へのプロセスの中で、家族自身が自らの力で獲得していった結論なのではないだろうか。いま１つの事例においても、地域、親族から孤立していた家族が、最後に「大切なのは絆」といった言葉にも、児童相談所との対立を残し、やむなくかかわっていった「協働」であっても、家族が、困難な現実に「折り合う」ことの中で、到達した象徴的な言葉なのではないだろうか、

そこには、たとえ強いられた「協働」からであったとしても、そこで起きた現実に対して保護者自身が主体者として関与していった結果を、強いられたものではなく自らが獲得したものとして捉えようとする保護者がいる。

子ども虐待対応における「協働」は、権威が背景にある限り、やはり、どこまでも「　」のある「協働」としかいえない。だからといって、全ての結果が強いられた結果ではなく、権威を背景とした指導から始まったと

しても、そこから距離を置いたところで保護者が自ら動き出し、「強いられた『協働』」の中で設定された目標を自分たち家族のものとして、「自分たちが子どもの安全を創りました」といえる領域がそこにあるのである。

第2節　研究の限界

　本書では、子ども虐待対応における保護者と支援者の「協働」について論じてきた。

　保護者インタビューを行い、その質的分析を行うことで、保護者の立場からの「協働」を捉えた。また、支援者に対するアンケート調査による統計的な分析と、自由記述の質的分析を行うことで、支援者の側から捉えた「協働」について、質的な分析と、統計的な分析の2つの研究方法によるアプローチを実現した。2つの研究方法の統合によって、保護者と支援者における「協働」関係構築のための実践モデルのフレームが創出された。

　さらに、支援者インタビューを行い、その質的分析を行うことで、支援者の側からの「協働」を捉えた。そして、保護者インタビューによる質的分析結果と、支援者インタビューの質的分析結果を統合することで、保護者と支援者の中において営まれる「協働」の交互作用について、子ども虐待対応における「協働」を展開させていくための領域密着理論を提示することができた。最後に、保護者と支援者における「協働」関係構築のための実践モデルのフレームに、保護者と支援者の中において営まれる「協働」の交互作用理論を搭載させることで、本書における最終的な実践モデルとして、子ども虐待対応における「協働」を実現させるための「対話ができる関係を創る・『折り合い』への『つなげる』支援媒介モデル」を提起した。

　ここまでの研究は統計的な調査・分析、および質的な調査・分析においても、そこから得られたデータにグラウンデッドし、データの比較、統合の繰り返しの中で、概念化することを通じ理論化し、実践に活用できるモデルを創出してきたものである。

　本研究におけるデータに密着した理論化、繰り返し行われた比較分析のプロセス、そして、質的調査と量的調査を組み合わせは、研究の多面的考

察を可能とし、実践モデルとしての一定の信頼性、妥当性が備わったものと考える。実践におけるレビューを通じてもグラウンデッド・アクションとしての実践への応用の妥当性が示されたと考える。

しかし、本章では、子どもの視点からの分析が十分に行えていないことが大きな課題であると考えている。子どもの視点から一時保護されるという出来事はどのような体験として映るのであろうか。また、保護者と支援者の対峙から「協働」へのプロセスの中で、子どもたちは、そこに何を見て、何を考えているのであろうか。どうやってこのプロセスに子ども自身が参画できるのかを考えていかなければならない。

また、本章での保護者は対立した関係にあったとしても、児童相談所との「協働」が一定程度、進展した保護者である。子ども虐待対応で保護者が示す態度は様々であり、本章で示された「協働」のプロセスで、全ての保護者との「協働」を言及することはできない。対立的な関係が続いている保護者、あるいは法的な争いとなっている保護者に対しての調査は、本書ではできていない。これらは、児童相談所による調査ではおのずと限界があり、中立的な機関による調査が期待される。そして、本書では性的虐待ケースの分析は行われていない。性的虐待においては、他の虐待種別とは虐待に至る機序が異なる。家族再統合の是非、可能性については本書では扱えない。本モデルの適用が検討されるとすれば、非虐待保護者との「協働」についてである。

さらに、本章の分析は児童相談所職員による自らのフィールドに対しての調査である。児童相談所職員が自らの「協働」の実践を保護者とともに振り返るというプロセスは、保護者と児童相談所の関係においての語りを得るという点で非常に貴重である。実践者として当事者の語りに耳を傾ける姿勢が、よりよい実践へと変えていくのであり、ソーシャルワークにおける研究は、実践の在り方と不可分の関係の中で行われなければならず、実践者だから行うべき研究領域である。しかし、一方で、保護者に対してのインタビューは事例の終結時に行うなどの配慮はしたが、児童相談所という権威を背景に有する行政機関の職員による調査という性格において、まったくバイアスがないとはいい切れない。児童相談所から距離を置いた第三者が行えば、さらに違った語りを聴くことができたかもしれない。その点でいえば、本書を見るとき、児童相談所の職員による自らの実践の分

250

析という前提において行われた考察という視点を念頭に置く必要はある。

　今後、ここで提出した「対話ができる関係を創る・『折り合い』への『つなげる』支援媒介モデル」が実践の中で積み重ねられ、さらに検証されることを通じて、また、子ども虐待対応だけの分野でなく幅広く活用されることで、現場に貢献するソーシャルワークモデルとなっていくことが期待される。

第3節　本書のおわりに

　子ども虐待相談対応件数の増加は、今後も続いていくことが予想される。その中で、現場は、48時間以内の目視による安全確認を求められ、警察から通告される子どもの面前での夫婦間暴力や、DVなどの通告に対して、一軒一軒家庭訪問等をして家族に直接会って、子どもの安全を確認していく。

　忙殺される児童相談所の現場にあって、厚生労働省の児童相談所強化プランは、児童福祉司の配置人数を改定することで、児童相談所の組織は、これまでにないスピードで変化している。多くの新しい職員が増え、そして、十分な研修と経験も身に着ける間もなく、子ども虐待の最前線に立たせられる。もっとも、困難な局面の1つである職権による一時保護の実務の多くが1年目の職員が行っている実態がある。

　非常に脆弱な体制の中で、大変な緊張感を感じながら子ども虐待対応は行われている。そして、私たちの子ども虐待対応の瑕疵が、子どもの命を奪うことになってしまうという危機感が常にあることである。痛ましい事件がマスコミに報道されるたびに、児童相談所職員は、自分の地区で起きていないか不安になる。実際、1週間に一人の子どもが殺されているという現実は、厳然たる事実である。そのため、児童相談所には子どもの命を守るためには、少しの心配も見逃さない姿勢が求められる。多くの死亡事例検証が求める、支援者における小さなサインを見逃さない専門性と、組織間の連携は、確かにその通りであるが、常に冷静に判断し、子どもをめぐるリスクを漏らさず拾い上げ対応できるのか自信はない。

　以上のような、子ども虐待対応に対する子どもの命と安全を最優先にす

終章　251

るという絶対的な原則は、現場において、潜在している子どもの危険を見逃さないためには過剰と思われる対応もやむを得ないと考え、疑わしきは一時保護という判断（オーバートリアージ）になっていく。いわば、一時保護によって安全を守ってからが支援の始まりという対応になっていくのである。これらの対応によって、保護者にとっての不本意な一時保護が、これまで以上に多くなっているのが実務家の実感である。

　そして、さらに、困難な実践のテーマが、この対立から子どもの安全への「協働」を始めざるを得ないということであり、このことが児童相談所に課せられた社会的な責務となっているのである。

　本書の研究テーマは、これらの現場における実践課題から生まれたものであった。危機介入と支援のはざまにあって、児童相談所の職員は今も揺れ動き、苦悩している。少しでも、現場に有効な実践へのヒントを求めてのものである。

　実際、児童相談所の現場では日々の通告に忙殺され、目の前にある課題に対処していくことが精一杯となって、肯定的な見通しを持ってソーシャルワークを進めていく余裕も失われている。「何をどうしてよいかわからないほどに、途方に暮れている（自由記述アンケートから）」との声が聞かれ、いつ終わるともわからない虐待対応の中で、支援者は「疲れ切っている」というのが偽らざる実感である。

　一方で危機介入された保護者も苦悩しているのである。

　子ども虐待に至った多くの保護者は私たちが経験してきた子育て不安の延長の中で子ども虐待を生じさせた人たちであると思う。不本意な一時保護を体験した保護者に対してインタビュー調査をした際、自身も親から虐待されてきた経験を持つお母さんが、子どもが職権によって一時保護され、自分だけ部屋に取り残されて、さっきまで子どもが遊んでいたおもちゃが散乱している部屋をぼんやりと眺めて、絶対、自分が受けてきたことは子どもにしないと思っていたのに、と涙されていた。

　　「おもちゃ箱を見ても、ただただひたすら悲しくて。何で大事だって、何でこんな大事で好きだからもともと怒り始めたことだったりとか、しっかりご飯食べさせて育てなきゃって思ってたことなのに、それでこんなに自分の子どもを傷付けて、こんなことしちゃったんだろうなみた

いな」

　「決めたんです。小学校だか中学だか忘れたけど（お母さんから）ぼっこぼこに殴られて、もう何で怒られたかも分かんないような状況になったときに、自分が子どもを産んで、自分が結婚して、もしも家庭を創るんだったら、自分と同じ思いは、これだけは絶対しないって。だって、しちゃったら、何か結局駄目な、大人に笑われる気がして、『ほらな』みたいな。何か『結局、おれらと同じだ』って。それがすっごい悔しくて、子どものときに。もう今はこんなんだけど、大人になったらきっと逃げ出せるから、そしたら絶対こんなやつらとは絶対に同じにはならないぞみたいなのがすごくあって。で、そうやって思ってたのに、今回こうなって、何か自分がされてきたこと、そんときに自分が思ったことっていうのも、すっごい思い出した」

　また、あるお母さんは子どもがけがをして連れて行った病院から通告され一時保護をされたことに対して、「それなら、病院に連れて行かず、ほっとけばよかったのね」と、強い憤りを訴えた。

　　「自分の不注意のせいでもあるけど、でも不注意だったことをそうやって、いけなかったことを早く改善するために病院に連れてったことが、まさかこんなことになるなんて……」

　不本意な一時保護を体験した保護者に共通する態度として、「喪失と傷つき」としてまとめられる態度として、その下位項目に「混乱・困惑」「無力・傷つき」「不運」「時間の剥奪」「怒り」「あきらめ」「自分を責め続ける」があると述べてきた（鈴木 2016）。

　子どもの命と安全を守るための避けられない職権による一時保護と、そのことによって「喪失と傷つき」を覚え、いわば無力化されてしまった保護者と、子どもの安全づくりを目標として、いかに「協働」関係を創っていくのか私たちに問われている。

　子ども虐待ソーシャルワークの目的は、子どもと家族の夢や願いが実現され、よりよく生きていくことを応援するものである。

　しかし、子ども虐待対応における危機介入の場面においては、そこで表

終章 | 253

明される保護者、子どもの希望と、児童相談所等が求める子どもの福祉と間には、ずれが生まれることがある。このことが対立の要因になったりする。いきおい、児童相談所はパターナリスティックに家族を指導することで、さらなる保護者の反発を招いて、いたずらな対立が長引いたり、また、権威をもって対応することによって、指導に従わせる立場に家族を置いてディスパワーさせてしまうのである。

　子ども虐待ソーシャルワークにおける「協働」は、このずれを一緒に考えこれまでの家族の中では表出できなかった子どもへの思い、願い、夢を改めて保護者と子ども、セーフティ・パーソンの目の前に出して、いかに実現していくのか考えていくことなのである。さらに「協働」は危機介入によって傷ついた保護者が、忘れかけていた自らが持っている子どもの安全と幸せを創っていく潜在的な力を発見し、保護者自身がエンパワーされていく旅なのだと思う。

　きっと、それは険しい旅であるに違いない。旅の途中に様々な「折り合い」がなされる。支援者は、「折り合い」を支援するために、人、時間、場所、思いを「つなげる」支援を行っていく。支援者は旅のガイドとして子ども、保護者、家族、セーフティ・パーソンに寄り添っていくのである。

　本章は、家族との「協働」という１つの旅を示したものである。苦悩する現場であるからこそ、そこに小さな光を見てみたいと思う。

　本書は、2019 年度東洋大学井上円了出版助成を受けて発行するものである。ここに記して感謝申し上げる。

【初出一覧】

序　章
　書き下ろし。

第1章　子ども虐待対応における現状と課題
　鈴木浩之（2005）「『虐待』を受け止めがたい保護者に対する指導・支援モデル」『社
　　会福祉学』46（2）、112-124頁。
　鈴木浩之（2010）「『当事者参画』により家族支援を進めた事例」47-50頁。林浩康・佐々
　　木正人・加藤芳明・栗原直樹・鈴木浩之・佐久間てる美・妹尾洋之・根本顕・佐藤
　　和宏・大竹　智・渋谷昌史・伊藤嘉余子・河原畑優子・駒崎道・中谷茂一・有村大
　　士・板倉孝枝「ファミリープリザベーションにおけるソーシャルワーク実践モデル
　　の開発に関する研究」厚生労働科学研究費補助金政策科学総合研究事業「子ども家
　　庭福祉分野における家族支援のあり方に関する総合的研究　21年度　研究報告書」
　　主任研究者高橋重宏。
　※厚生労働省の成果物となるため執筆箇所は明示されていない。

第2章　子ども虐待に伴う不本意な一時保護を体験した保護者の「折り合い」のプロセ
　　　　スと構造
　鈴木浩之（2016）「子ども虐待に伴う不本意な一時保護を経験した保護者の「折り合い」
　　のプロセスと構造――子ども虐待ソーシャルワークにおける「協働」関係の構築」『社
　　会福祉学』57（2）、1-14頁。

第3章　不本意な一時保護を体験している保護者と対峙する場面での児童相談所職員の
　　　　意識・態度の統計的分析と自由記述の質的分析及びその比較
　鈴木浩之（2017c）「子ども虐待対応において不本意な一時保護を体験している保護者
　　との協働関係の構築――児童相談所職員に対するアンケート調査の分析を通じて」
　　『社会福祉学』58（3）、1-13頁。
　鈴木浩之（2017b）「子ども虐待対応における保護者との協働関係の構築（報告書）
　　――アンケート調査による、不本意な一時保護を体験している保護者と対峙する場
　　面での児童相談所職員の意識・態度の統計的分析と自由記述の質的分析、及びその
　　比較」2017.11.1。

第4章　子ども虐待に伴い不本意な一時保護を体験した保護者への「つなげる」支援の
　　　　プロセスと構造
　鈴木浩之（2017a）「子ども虐待に伴い不本意な一時保護を体験した保護者への『つな
　　げる』支援のプロセスと構造――子ども虐待ソーシャルワークにおける「協働」関
　　係の構築」『社会福祉学』58（1）、112-127頁。

255

第5章　子ども虐待ソーシャルワークにおける「協働」関係の構築──保護者の「折り合い」
　　　への「つなげる」支援の交互作用理論
　　鈴木浩之（2018）「子ども虐待ソーシャルワークにおける協働関係の構築──保護者
　　の「折り合い」への「つなげる」支援の交互作用理論の可能性」『社会福祉学』59（2）、
　　1-14 頁。

第6章　新しい実践モデルの構築──「対話ができる関係を創る・『折り合い』への『つな
　　　げる』支援媒介モデル」
　　書き下ろし。

終　章
　　書き下ろし。

【引用文献】

Charmaz、K. (2006) *Constructing Grounded Theory: A Practical Guide Through Qualitative Analysis. Thousand Oaks, CA: Sage Publications.*（＝2008、抱井尚子・末田清子監訳『グラウンデッドセオリーの構築　社会構成主義からの挑戦』ナカニシヤ出版）

Finkelhor, D. (2008) *Childhood Victimzation,* oxford University Press Glaser, B. G. (1978) *Theoretical sensitivity.* Mill Valley, CA: Sociology Press.

Glaser, B. (1978) *Theoretical Sensitivity.* Sociology Press, Mill Valley, CA.

Glaser, B. G. (1998) *Doing grounded theory; Issues and discussion.* Mill Valley. CA: Sociology Press.

橋本廣子・宮田延子・下井勝子［他］、山田小夜子（2008）「3歳児健診から見た育児不安と育児支援──不安の時期と育児支援から」岐阜医療科学大学紀要 2、33-38 頁。

橋本廣子・宮田延子・下井勝子（2009）「3歳児健診から見た育児不安と育児支援（第2報）──育児不安に注目して」岐阜医療科学大学紀要 3、153-158 頁。

畠山由佳子（2016）『子ども虐待在宅ケースの家族支援──「家族維持」を目的とした援助の実態分析』明石書店。

林 浩康著（2008）『子ども虐待時代の新たな家族支援──ファミリーグループ・カンファレンスの可能性』明石書店。

林 浩康・鈴木浩之編著（2011）『ファミリーグループ・カンファレンス入門──子ども虐待における家族が主役の支援』明石書店。

菱川 愛・渡邉 直・鈴木浩之（2017）『子ども虐待対応におけるサインズ・オブ・セーフティ・アプローチ実践ガイド──子どもの安全を家族とつくる道筋』明石書店。

池田由子（1987）『児童虐待──ゆがんだ親子関係』中公新書。

稲村 博（1978）『子殺し──その精神病理』誠信書房。

Insoo Kim Berg (1994) Family Based Services:Asolution-focused approach. w. w. Norton, New York（=1997、磯貝希久子監訳『家族支援ハンドブック』金剛出版）。

伊藤富士江（1999）「「自発的に援助を求めないクライエント」に対するソーシャルワーク実践──ルーニイによる具体的方策の検討」社会福祉学、39-2、100-117 頁。

神戸家庭裁判所（2000）「児童虐待に関連する家事事件の調査方法及び関係機関との連携」家庭裁判月報 52 巻 10 号。

加藤則子・柳川敏彦・瀧本秀美・山本恒雄・鈴木浩之・菅野道英・坂戸美和子・吉田穂波（2013）平成 24 年度厚生労働科学研究費補助金政策科学総合研究事業（政策科学推進研究事業）総括・分担研究報告書「児童虐待事例の家族再統合等にあたっての親支援プログラムの開発と運用に関する研究」（平成 25 年 3 月発行）。

加藤則子・柳川敏彦・瀧本秀美・山本恒雄・鈴木浩之・菅野道英・坂戸美和子・吉田穂波・成木弘子・松繁卓哉（研究代表者　加藤則子他）（2014）平成 24、25 年度厚生労働科学研究費補助金（政策科学総合研究事業）「児童虐待事例の家族再統合等にあたっての親支援プログラムの開発と運用に関する研究」。

川喜田二郎（1967）『発想法』中公新書。

川喜田二郎（1986）『KJ法――混沌をして語らしめる』中央公論社。

Kempe, C. H & Helfer, R. E. (1968) The Battered Child Syndrome. University of Chicago Press.

北川清一・佐藤豊道編（2010）『ソーシャルワークの研究方法――実践の科学化と理論化を目指して』相川書房。

小林美智子（2002）「児童虐待の実態と予防 虐待発生の背景（特集 健やか親子21と周産期医学――小児医療・保健の立場から）――（子どもの心の安らかな発達の促進と育児不安の軽減周産期医学32(5)、687-691頁、東京医学社。

小林美智子（2004）「わが国の経過と教育現場への期待」教育と医学616、2-15頁。

厚生労働省 雇用均等・児童家庭局 家庭福祉課（2014）『社会的養護関係施設における親子関係再構築支援ガイドライン平成26年3月発行』平成25年度親子関係再構築支援ワーキンググループ委員 座長犬塚峰子・山本恒雄・松永 忠・塩田規子・𝑘𝑎川 恒・山元喜久江・平岡篤武・相澤孝予・川﨑今日子・藤井美憲・鈴木浩之・菅野道英※引用した図表は鈴木が作成、本書で一部改正。

厚生省（1975）「児童の虐待・遺棄・殺害調査報告」。

Kota takaoka. Fumitake Mizoguchi, Ichiro Wada, et al (2016) How parents suspected of child maltreatment change their cognition and behavior: A process model of outreach and child protection、generated via grounded theory Children and Youth Services Review Volume 71, December 2016, 257-265.

増沢 高・川﨑二三彦・小出太美夫・楢原真也・南山今日子・相澤林太郎・長尾真理子・山邊沙欧里（2012）『児童虐待に関する文献研究 児童虐待重大事例の分析（第1報）』。

西澤 哲（2004）「分離における子どもへの支援・治療、保護者、家族への支援・治療」児童虐待防止対策支援・治療研究会編『子ども・家族への支援・治療をするために』日本児童福祉協会。

小橋明子・入江明美（2011）「子育ての動向に関する研究 育児不安・虐待等の増加に対する子育て支援について」札幌大谷大学札幌大谷大学短期大学部紀要(41)、65-74頁。

大原美知子（2002）「育児不安と虐待――子育ては楽しいですか？」国際基督教大学学報、I-A、教育研究44、287-294頁。

大日向雅美（1993）『子育てがいやになるときつらいとき』主婦の友社。

Palmer, S., Maiter, S., & Manji, S. (2006) Effective intervention in child protective services; Learning from parents. Children and Youth Services Review, 28, 812-824.

才村 純・伊藤嘉余子・磯谷文明・赤井兼太・津崎哲郎・高橋重宏・庄司順一・柏女霊峰（2002）「児童虐待対応に伴う児童相談所への保護者のリアクション等に関する調査研究」『日本子ども家庭総合研究所紀要』第38集 日本子ども家庭総合研究所。

才村 純（2004）「児童相談所における被虐待児童の保護者への指導法の開発に関する研究」『被虐待児童の保護者への指導法の開発に関する研究』（主任研究者：庄司順一）平成15年厚生科学研究（子ども家庭総合研究事業）報告書。

才村 純（2005）『子ども虐待ソーシャルワーク論』有斐閣。

佐藤豊道（2001）『ジェネラリスト・ソーシャルワーク研究　人間：環境：時間：空間の交互作用』川島書店。

政策基礎研究所（2018）「平成29年度子ども・子育て支援推進調査研究事業　保護者支援プログラムの充実に関する調査研究　報告書」。

千賀則史（2015）「子どもを虐待対応における家族再統合に向けた協働的心理援助モデルの構築と実践的検討」心理臨床学研究 33(2)、161-171頁、日本心理臨床学会。

社会保障審議会児童部会（2016）「新たな子ども家庭福祉の在り方に関する専門委員会報告（提言）」。

澁谷昌史（2003）「「家族保全の研究Ⅰ」——文献研究を通じた家族保全概念の考察」日本子ども家庭総合研究書紀要 第39集、283-289頁。

澁谷昌史（2005）「「家族保全の研究Ⅲ」——家族保全の初期局面についての試論」子ども家庭総合研究書紀要 第41集、235-245頁。

志村健一（2008a）講座「グラウンデッド・セオリー——アクションリサーチの理論と実際」『ソーシャルワーク研究』134(2)、51-55頁。

志村健一（2008b）講座「グラウンデッド・セオリー——アクションリサーチの理論と実際」『ソーシャルワーク研究』134(3)、52-55頁。

Simmons, O, E（＝2017）「第Ⅰ部　第1章　なぜクラシックグラウンド・セオリーなのか」Vivian B. Martin & Astrid Gynnlid〔Ed〕、Grounded Theory: The Phirosophy, Method、and Work of Barney Glaser Florida : Brown Walker Press, 2012（＝2017）志村健一・小島通代・水野節夫監訳『グラウンデッド・セオリー——バーニー・グレーザーの哲学・方法・実践』ミネルヴァ書房。

副田あけみ（2005）「ジェネラリスト・アプローチ」147 久保紘章・副田あけみ編著（2005）『ソーシャルワークの実践モデル　心理社会的アプローチからナラティブまで』川島書店。

副田あけみ（2015）「インボランタリークライエントとのソーシャルワーク——関係形成の方法に焦点を当てた文献レビュー」関東学院大学人文科学研究所報（39）、153-171頁。

Summit, R. C. (1983) The child sexual abuse accommodation syndrome Child Abuse and Neglect, 7, 177-193.

鈴木浩之（2005）「『虐待』を受け止めがたい保護者に対する指導・支援モデル」『社会福祉学』46(2)、112-124頁。

鈴木浩之（2010）「『当事者参画』により家族支援を進めた事例」47-50頁。林 浩康・佐々木正人・加藤芳明・栗原直樹・鈴木浩之・佐久間てる美・妹尾洋之・根本 顕・佐藤和宏・大竹 智・渋谷昌史・伊藤嘉余子・河原畑優子・駒崎 道・中谷茂一・有村大士・板倉孝枝「ファミリープリザベーションにおけるソーシャルワーク実践モデルの開発に関する研究」厚生労働科学研究費補助金政策科学総合研究事業「子ども家庭福祉分野における家族支援のあり方に関する総合的研究　21年度　研究報告書」主任研究者高橋重宏。

鈴木浩之（2016）「子ども虐待に伴う不本意な一時保護を経験した保護者の「折り合い」のプロセスと構造——子ども虐待ソーシャルワークにおける「協働」関係の構築」『社会福祉学』57(2)、1-14頁。

鈴木浩之（2017a）「子ども虐待に伴い不本意な一時保護を経験した保護者への「つなげる」支援のプロセスと構造——子ども虐待ソーシャルワークにおける「協働」関係の構築」『社会福祉学』58(1)、112-127。

鈴木浩之（2017b）「子ども虐待対応における保護者との協働関係の構築（報告書）——アンケート調査による、不本意な一時保護を体験している保護者と対峙する場面での児童相談所職員の意識・態度の統計的分析と自由記述の質的分析、及びその比較」2017.11.1。

高橋重宏（2008）林 浩康・佐々木正人・加藤芳明・栗原直樹・鈴木浩之・佐久間てる美・妹尾洋之・根本 顕・佐藤和宏・大竹 智・渋谷昌史・伊藤嘉余子・河原畑優子・駒崎 道・中谷茂一・有村大士・板倉孝枝（2010）「ファミリープリザベーションにおけるソーシャルワーク実践モデルの開発に関する研究」厚生労働科学研究費補助金政策科学総合研究事業「子ども家庭福祉分野における家族支援のあり方に関する総合的研究 22年度 研究報告書」高橋重宏（主任研究者）。

高橋重宏（2009）林 浩康・佐々木正人・加藤芳明・栗原直樹・鈴木浩之・佐久間てる美・妹尾洋之・根本 顕・佐藤和宏・大竹 智・渋谷昌史・伊藤嘉余子・河原畑優子・駒崎 道・中谷茂一・有村大士・板倉孝枝（2010）「ファミリープリザベーションにおけるソーシャルワーク実践モデルの開発に関する研究」厚生労働科学研究費補助金政策科学総合研究事業「子ども家庭福祉分野における家族支援のあり方に関する総合的研究 22年度 研究報告書」高橋重宏（主任研究者）。

高橋重宏（主任研究者）林 浩康・佐々木正人・加藤芳明・栗原直樹・鈴木浩之・佐久間てる美・妹尾洋之・根本 顕・佐藤和宏・大竹 智・渋谷昌史・伊藤嘉余子・河原畑優子・駒崎 道・中谷茂一・有村大士・板倉孝枝（2010）「ファミリープリザベーションにおけるソーシャルワーク実践モデルの開発に関する研究」厚生労働科学研究費補助金政策科学総合研究事業「子ども家庭福祉分野における家族支援のあり方に関する総合的研究 22年度 研究報告書」。

社会保障審議会児童部会（2016）「新たな子ども家庭福祉の在り方に関する専門委員会報告（提言）」。

高岡昂太（2013）『子ども虐待へのアウトリーチ：多機関連携による困難事例の対応』東京大学出版会。

Andrew Turnell & Steve Edwards (1999) *Signs of safety: a solution and safety oriented approach to child protection.* New York: Norton（＝2004）白木孝二・井上薫・井上直美監訳『安全のサインを求めて——子ども虐待防止のためのサインズ・オブ・セイフティー・アプローチ』金剛出版。

Turnell, A. (2012) Signs of Safety briefing paper V2. 3. Perth Resolutions Consultancy.

津崎哲郎（2003）「新たな理念としての父性的ソーシャルワーク論」『少年育成』第48巻第3号、大阪少年補導協会、37-43頁。

柳沢正義・山本恒雄（2011）「厚生労働科学研究費補助金政策科学総合研究事業児童相談所における性的虐待対応ガイドライン2011年版」（平成23年3月発行）。

山本恒雄・庄司順一・有村大士・永野 咲・鶴岡裕晃・佐藤和宏・新納拓爾・宮口智恵・板倉孝枝・伊藤悠子・八戸弘仁・坂井隆之・久保樹里・鈴木浩之・根本 顕・中島 淳・野口啓示・前橋信和（2010）「児童相談所等における保護者援助のあり方に

関する実証的研究 (4) 保護者援助手法の効果、妥当性、評価、適応に関する実証的研究 (2)」『日本子ども家庭総合研究所紀要 47』。

山本恒雄・有村大士・永野 咲・田代充生・伊藤悠子・八戸弘仁・坂井隆之・久保樹里・鈴木浩之・根本 顕・佐藤和宏・新納拓爾・鶴岡裕晃・中島 淳・福田 滋・緒方康介・野口啓示・前橋信和・宮口智恵・板倉孝枝 (2011)「児童相談所における保護者援助のあり方に関する実証的研究 (主任研究者 山本恒雄)」日本子ども家庭総合研究所紀要 第48集、135-183頁。

山本恒雄・有村大士・永野 咲・大木由則・伊藤悠子・八戸弘仁・久保樹里・鈴木浩之・根本 顕・佐藤和宏・新納拓爾・鶴岡裕晃・田代充生・中島 淳・福田 滋・緒方康介・野口啓示・前橋信和・宮口智恵・板倉孝枝・髙岡昂太・川松 亮・(2012)「児童相談所等における保護者援助のあり方に関する実証的研究 (4) 保護者援助手法の効果、妥当性、評価、適応に関する実証的研究2」『日本子ども家庭総合研究所紀要 47』。

山本恒雄・八木修司・増沢 高・仲真紀子・楢原真也・大木由則・有村大士・永野 咲・板倉孝枝・高岡昂太・丸山恭子・佐藤和宏・新納拓爾・鶴岡裕晃・田代充生・上宮 愛・田鍋佳子・武田知明・八戸弘仁 (2013)「平成24年度児童関連サービス調査研究事業報告書 児童虐待相談における初期調査と子どもからの事情聴取の専門性、およびそれらの基礎となる子どもの安全を軸とした介入的ソーシャルワークのあり方についての調査研究 (主任研究者 山本恒雄)」。

山野良一 (2008)『子どもの最貧国・日本——学力・新進・社会に及ぶ諸影響』光文社新書。

【参考文献】

安部計彦・加藤芳明・佐久間てる美・津崎哲郎・豊田伸一・宮島 清・山本恒雄（2005）「虐待対応に係る児童相談所の業務分析に関する調査研究（2）」日本子ども家庭総合研究所紀要第 41 集（平成 16 年度）、129-174 頁。

秋元美世（2010）『社会福祉の利用者と人権』有斐閣。

秋山薊二（1999）「ジェネラル・ソーシャルワークの基本的立場と方法」太田義弘・秋山薊二編『ジェネラル・ソーシャルワーク──社会福祉援助技術総論』光生館、43-82 頁。

Andrew Turnell & Steve Edwards (1999) *Signs of safety: a solution and safety oriented approach to child protection.* New York: Norton（= 2004）白木孝二・井上 薫・井上直美監訳『安全のサインを求めて──子ども虐待防止のためのサインズ・オブ・セイフティ・アプローチ』金剛出版。

Andrew Turnell and Susie, Essex (2006) WORKING WITH 'DEFINE'CHILD ABUSE: The Resolution Approach, 1ST edition, Open University Press UK Limmted. 井上薫・井上直美 監訳（2008）『児童虐待を認めない親への対応──リゾリューションズ・アプローチによる家族の再統合』明石書店。

Carel B. Germain(1973) Ecological Social Work –Anthology of Carel B. Germain-『エコロジカル・ソーシャルワーク カレル・ジャーメイン名論文集』小島蓉子 編訳・著、学苑社。1992 (Original work published 1973)。

千葉県社会福祉協議会（2008）『家族関係支援の手引き──切れ目のない支援の実現に向けて』。

Berg, I. K. & Kelly, S. (2000) *Building solution in child protective services. New York: Norton.* 桐田弘江・玉真慎子・住谷裕子・安長由美美（訳）(=2004)。『子ども虐待の解決 専門家のための援助と面接の技法』金剛出版。

Charmaz, K. (2006) Constructing Grounded Theory: A Practical Guide Through Qualitative Analysis. Thousand Oaks、CA: Sage Publications. 抱井尚子・末田清子監訳（2008）『グラウンデッドセオリーの構築──社会構成主義から挑戦』ナカニシヤ出版。

Connoly, Marie and McKenzie, Margaret (1999). Effective Participatory Practice, Aldine De Gruyter. 高橋・澁谷・森他訳（2005）『ファミリーグループ・カンファレンス 子ども家庭ソーシャルワーク実践の新たなモデル』有斐閣。

Daro, D., Donnelly, A. C, (2002) *The APSAC Handbook on Child Maltreatment London and New Delhi by Sage Publication Inc* 小木曽宏監修（= 2008）『マルトリートメント 子ども虐待対応ガイド』明石書店。

衣斐哲臣（2008）『子ども相談・資源活用のワザ 児童福祉と家族支援のための心理臨床』金剛出版。

Finkelho, D. (2008) *CHILDHOOD VICTIMIZATION Violence, Crime, and Abuse in the Lives of Young People Oxford University Press, Inc* デイビッド・フィンケルホー編著『子ども被害者学のすすめ』森田ゆり・金田ユリ子・定政由里子・森年恵

共訳（=2010）岩波書店。

古川孝順・岩崎晋也・稲沢公一・児島亜紀子（2002）『援助するということ　社会福祉実践を支える価値規範を問う』有斐閣。

Germain, C. B. and Gittermann, A. (1980) *The Life Model of Social Work Practice, 2nd Ed.*, Colombia Univercity Press.

Glaser, B. G., & Strauss, A. (1967) *Discovery of grounded theory ; Strategies for qualitative research. New York;* Aldine De Gruyter.（= 1996、後藤　隆・大出春江・水野節夫訳『データ対話型理論の発見——調査からいかに理論をうみだすか』新曜社）

畠山由佳子（2007）「家族維持を目的とした「正当な努力（reasonable efforts）」に対する一考察——アメリカ・イリノイ州でのインタビュー調査結果を通して」『子どもの虐待とネグレクト』9(1)、7-15頁。

林　浩康（2008）『子ども虐待時代の新たな家族支援』明石書店。

林　浩康・鈴木浩之編著（2011）『ファミリーグループ・カンファレンス入門——子ども虐待における家族が主役の支援』明石書店。

狭間香代子（2001）『社会福祉の援助観——ストレングス視点・社会構成主義・エンパワメント』筒井書房。

平山　尚・平山佳須美・黒木保博・宮岡京子（1998）『社会福祉実践の新潮流——エコロジカル・システム・アプローチ』ミネルヴァ書房。

菱川　愛（2013）「講座　サインズ・オブ・セーフティ・アプローチ［1］」ソーシャルワーク研究、39(1)、61-70頁、相川書房。

菱川　愛（2013）「講座　サインズ・オブ・セーフティ・アプローチ［2］」ソーシャルワーク研究、39(2)、45-54頁、相川書房。

菱川　愛（2013）「講座　サインズ・オブ・セーフティ・アプローチ［3］ソーシャルワーク研究、39(3)、54-67頁、相川書房。

菱川　愛（2013）「講座　サインズ・オブ・セーフティ・アプローチ［4］」ソーシャルワーク研究、39(4)、44-55頁、相川書房。

菱川　愛・鈴木浩之（2007）「神奈川県児童相談所における司法面接（事実確認面接）導入の取り組み」『子どもの虐待とネグレクト』9(1)、117-120頁。

菱川　愛・渡邉　直・鈴木浩之（2017）編著『子ども虐待対応におけるサインズ・オブ・セーフティ・アプローチ実践ガイド　子どもの安全を家族とつくる道筋』明石書店。

保坂亨編著（2007）『日本の子ども虐待——戦後日本の「子どもの危機的状況」に関する心理社会的分析』福村出版。

井上　薫（2003）「子ども虐待対応のためのサインズ・オブ・セイフティー・アプローチ」宮田敬一編『児童虐待へのブリーフセラピー』金剛出版、38-50頁。

井上直美（2003）「家族と共に安全な養育を作るアプローチ」宮田敬一編『児童虐待へのブリーフセラピー』金剛出版、155-174頁。

井上直美・井上　薫（2004）「安全な養育に向けて家族と作るペアレンティング・プログラム」146-155頁。

厚生労働科学研究「平成15年度研究報告書　家族支援の一環としての虐待親へのペアレンティングプログラムの作成に関する研究　主任研究者加藤曜子」。

井上直美・井上 薫（編）（2008）『子ども虐待防止のための家族支援ガイド――サインズ・オブ・セイフティ・アプローチ入門』明石書店。

伊藤富士江（1999）「『自発的に援助を求めないクライエント』に対するソーシャルワーク実践」『社会福祉学』39(2)、100-114 頁。

岩間伸之（2005）「講座 ジェネラリスト・ソーシャルワーク」相川書房、ソーシャルワーク研究、3(1)、53-57 頁。

L. C. Johnson & S. J. Yanca (2001) "Social Work Practice: A Generalist Approach Seventh Edition" 山辺朗子・岩間伸之訳（= 2004）『ジェネラリスト・ソーシャルワーク』ミネルヴァ書房。

De Jong, P. & Berg, I. K. (2008) *Interviewing for solutions 3rdedition. Thomson.* 桐田弘利・玉真慎子・住谷裕子（訳）（= 2008）『解決のための面接技法――ソリューション・フォーカスト・アプローチの手引き 第 3 版』金剛出版）。

神奈川県児童相談所虐待防止班（2006）『「子ども虐待」への家族支援――神奈川県児童相談所における「子ども家庭サポートチーム（虐待防止対策班）」「親子支援チーム」の取り組み』。

家庭裁判所調査官研修所（2003）『児童虐待が問題となる家庭事件の実証的研究――深刻化のメカニズムを探る』司法協会。

家庭裁判所調査官研修所監修（2013）『児童虐待が問題となる家庭事件の実証的研究』司法協会。

川喜田二郎（1970）『続発想法』中公新書。

木下康仁（1999）『グラウンデッド・セオリー・アプローチ――質的実証研究の再生』弘文堂。

木下康仁（2003）『グラウンデッド・セオリー・アプローチの実践――質的研究への誘い』弘文堂。

木下康仁編（2005）『分野別実践編 グラウンデッド・セオリー・アプローチ』弘文堂。

木下康仁（2007）『ライブ講義 M-GTA ――実践的質的研究法 修正版グラウンデッド・セオリー・アプローチのすべて』弘文堂。

桐野由美子（2013）「親子分離後の家族再統合（家庭復帰）に向けた親支援を考える――アメリカ・国連のパーマネンシー・プランニングを枠組みとしたシステムを参考に」子どもの虐待とネグレクト 15(3)、287-294 頁。

小林美智子・松本伊智朗編著（2007）『子ども虐待 介入と支援のはざまで 「ケアする社会」の構築に向けて』明石書店。

小松源助（1997）「社会福祉援助技術総論の回顧と展望」『（続）ソーシャルワーク研究・教育への道』自費出版。

「厚生労働省雇用均等・児童家庭局（2008）『児童虐待を行った保護者に対する援助ガイドライン』。

厚生労働省 雇用均等・児童家庭局 家庭福祉課（2013）『社会的養護関係施設における親子関係再構築支援事例集』平成 24 年度親子関係再構築支援ワーキンググループ委員 座長犬塚峰子・山本恒雄・松永 忠・塩田規子・谷本恭子・山元喜久江・平岡篤武・川﨑今日子・藤井美憲・鈴木浩之・菅野道英。

厚生労働省 雇用均等・児童家庭局 家庭福祉課（2014）『社会的養護関係施設における

親子関係再構築支援ガイドライン』平成 25 年度親子関係再構築支援ワーキンググループ委員　座長犬塚峰子・山本恒雄・松永　忠・塩田規子・龜川　恒・山元喜久江・平岡篤武・相澤孝予・川﨑今日子・藤井美憲・鈴木浩之・菅野道英。

厚生労働省雇用均等・児童家庭局総務課（2017）「児童家庭福祉の動向と課題　平成 28 年 4 月 19 日　児童相談所所長研修」。

厚生省児童家庭局監修（1997）『児童相談事例集　第 29 集　接近困難事例へのアプローチ』財団法人日本児童福祉協会発行。

久保美紀（2012）「講座　エンパワメントソーシャルワーク［1］」ソーシャルワーク研究 Vol.38、No1、56-62 頁、相川書房。

久保美紀（2012）「講座　エンパワメントソーシャルワーク［2］」ソーシャルワーク研究 Vol.38、No2、47-52 頁、相川書房。

久保美紀（2012）「講座　エンパワメントソーシャルワーク［3］」ソーシャルワーク研究 Vol.38、No3、49-53 頁、相川書房。

久保美紀（2013）「講座　エンパワメントソーシャルワーク［4］」ソーシャルワーク研究 Vol.38、No4、50-56 頁、相川書房。

町野　朔・岩瀬　徹・柑本美和共編（2012）『児童虐待と児童保護——国際的視点で考える』上智大学出版。

宮井研治（編）（2012）『子ども・家族支援に役立つ面接の技とコツ〈仕掛ける・さぐる・引き出す・支える・紡ぐ〉児童福祉臨床』明石書店。

宮田敬一（編）（2003）『児童虐待へのブリーフセラピー』金剛出版。

A. Munro (2011) Review of Child Protection: Final Report A child-centred system Presented to Parliament by the Secretary of State for Education by Command of Her Majesty May 2011.

中村佐織（1998）「ジェネラル・ソーシャルワークにおける展開過程の意義」『ソーシャルワーク研究』24(1)、17-23 頁、相川書房。

中村佐織（1999）「第 3 章　ジェネラル・ソーシャルワークの展開過程」太田義弘・秋山薊二編『ジェネラル・ソーシャルワーク——社会福祉援助技術総論』光生館、83-114 頁。

日本子ども家庭総合研究所編（2014）『子ども虐待対応の手引き——平成 25 年 8 月厚生労働省の改正通知』有斐閣。

西原尚之（2002）「児童虐待をともなう家族への在宅援助アプローチ——児童相談所が援助に拒否的な親と協働するためのストラテジーについて」『社会福祉実践理論研究』11、49-59 頁。

西澤　哲（1994）『子どもの虐待——子どもと家族への治療的アプローチ』誠信書房。

西澤　哲（2013）「親支援と家族再統合の現状と課題」子どもの虐待とネグレクト 15(3)、262-267 頁。

野口裕二（2002）『物語としてのケア』医学書院。

野口啓示（2008）『被虐待児の家族支援——家族再統合実践モデルと実践マニュアルの開発』福村出版。

小野善郎（2008）「虐待を受けた子どもと親への支援・治療に関する研究」『平成 19 年厚生労働科学研究補助金（子ども家庭総合研究事業）「児童虐待の子どもの被害、

及び子どもの問題行動の予防・介入・ケアに関する研究（主任研究者 奥山眞紀子）」。

大日向雅美（2002）『母性神話とのたたかい』草土文化。

太田義弘・秋山薊二編著（1999）『ジェネラル・ソーシャルワーク——社会福祉援助技術論』光生館。

小塩真司（2004）『SPSS と AMOS による心理・調査データ解析 第2版』東京図書。

小塩真司（2005）『研究事例で学ぶ—— SPSS と Amos による心理・調査データ解析 第2版』東京図書。

小塩真司（2007）『実戦形式で学ぶ—— SPSS と Amos による心理・調査データ解析 第2版』東京図書。

Rapp, Charles A. and Richard J. Goscha(2006) The Strengths Model: Case Management with People with Psychiatric Disabilities、Second Edition, New York: Oxford University Press. 田中英樹監訳（= 2008）『ストレングスモデル——精神障害者のためのケースマネジメント［第2版］』金剛出版。

Rapp, Charles A. and Richard J. Goscha (2012) The Strengths Model: A Recovery-Oriented Approach to Mental Health Services, Third Edition、New York: Oxford University Press. 田中英樹監訳（= 2014）『ストレングスモデル——リカバリー志向の精神保健福祉サービス［第3版］』金剛出版。

Reder、P. & Duncan, S.（1999）Lost innocents: A Follow-up Study of Fatal Child Abuse. London: Routledge. 小林美智子・西澤哲監訳（=2005）『子どもが虐待で死ぬとき——虐待死亡事例の分析』明石書店。

Rooney, R. H.（1992）*Strategies for Work with Involuntary Clients*, Columbia University Press: New York.

Michael White and David epston(1990) Narrative Means to Therapeutic ends. W. W. norton, new York（= 1992、小森康永訳『物語としての家族』金剛出版）

武田 建・荒川義子編著（1986）『臨床ケースワーク クライエント援助の理論と方法』川島書店。

児童虐待防止対策支援・治療研究会編（2004）『子ども・家族への支援・治療をするために』日本児童福祉協会。

坂戸美和子（2014）「児童虐待における、支援者－保護者間の関係性形成とプログラムの個別化について」加藤則子他 平成24 ～ 25 年度厚生労働科学研究費補助金（政策科学総合研究事業）児童相談所における保護者支援のためのプログラム活用ハンドブック（平成26 年3月発行）、29-34 頁。

才村 純・澁谷昌史・柏女霊峰・伊藤嘉余子（2003）「虐待対応に係る児童相談所の業務分析に関する調査研究（1）」日本子ども家庭総合研究所紀要第40 集（平成15 年度）159-164 頁。

才村 純（2005）『子ども虐待ソーシャルワーク論』有斐閣。

才村 純（2006）平成17 年度児童関連サービス調査研究事業報告書「児童相談談所における児童の安全確認・安全確保の実態把握及び児童福祉法第28 条に係る新たな制度運用の実態把握に関する調査研究（主任研究者：才村 純）」こども未来財団。

才村 純・澁谷昌史・柏女霊峰・庄司順一・有村大士・佐久間てる美・安部計彦・犬塚

峰子・武井淳子・田中隆志・野口啓示・藤川 浩・松本伊智朗・磯谷文明・太田和男・田中清美・津崎哲郎・福間徹・本間博彰・吉田恒雄（2006）「児童相談所における家族再統合援助実施体制のあり方に関する研究」日本子ども家庭総合研究所紀要　第42集（平成17年度）147-175頁。

才村 純・澁谷昌史・柏女霊峰・庄司順一・有村大士・妹尾洋之・大塚峰子・太田和男・佐久間てる美・田中隆志・徳永雅子・西澤哲・野口啓示・広岡智子・本間博彰・松本伊智朗・宮口智恵（2007）「児童相談所における家族再統合援助の実施体制のあり方に関する研究——虐待者の属性と効果的な援助に資する要因との相関関係に関する実証研究」日本子ども家庭総合研究所紀要第43集（平成18年度）181-202頁。

才村 純（2007）平成18年度児童関連サービス調査研究事業報告書「児童虐待防止制度改正後の運用実態の把握・課題調整及び制度のあり方に関する調査研究（主任研究者：才村 純）」こども未来財団。

才村 純・澁谷昌史・柏女霊峰・庄司順一・有村大士・佐久間てる美・安部計彦・犬塚峰子・武井淳子・田中隆志・野口啓示・藤川 浩・松本伊智朗・磯谷文明・太田和男・田中清美・津崎哲郎・福間徹・本間博彰・吉田恒雄（2008）「児童相談所における家族再統合援助実施体制のあり方に関する研究」日本子ども家庭総合研究所紀要　第43集（平成18年度）。

才村 純・庄司順一・有村大士・板倉孝枝・根本 顕・安部計彦・犬塚峰子・太田和男・久保樹里・佐久間てる美・妹尾洋之・野口啓示・本間博彰他（2008）「児童相談所における家族再統合援助実施体制のあり方に関する研究——実践事例の収集、分析」日本子ども家庭総合研究所紀要第44集（平成19年度）187-256頁。

才村 純（2009）「法改正に伴う児童相談所の現状と課題」子どもの虐待とネグレクト11（1）、26-33頁。

戈木クレイグヒル滋子（2005）『質的研究方法ゼミナール——グラウンデッドセオリーアプローチを学ぶ』医学書院。

戈木クレイグヒル滋子（2007）『グラウンデッド・セオリー・アプローチ——理論を生みだすまで』新曜社。

佐藤郁哉（2002）『フィールドワークの技法——問いを育てる、仮説をきたえる』新曜社。

佐藤豊道（2001）『ジェネラリスト・ソーシャルワーク研究——人間：環境：時間：空間の交互作用』川島書店。

澁谷昌史、奥田かおり（2004）「「家族保全の研究Ⅱ」——家族保全サーヴィスの現状と課題」子ども家庭総合研究所紀要　第40集、209-216頁。

澁谷昌史（2006）「児童相談所による家族保全の現状と課題」子ども家庭総合研究所紀要　第42集、217-23頁。

社会保障審議会児童部会（2014）「児童虐待防止対策のあり方に関する専門委員会これまでの議論のとりまとめ」平成26年11月28日。

下山晴彦（2000）「事例研究」下山晴彦（編）『臨床心理学研究の技法』福村出版。

志村健一（2005）「グラウンデッド・セオリーにおける記録」『ソーシャルワーク研究』Vol31、No3、184-189頁。

志村健一（2008）講座「グラウンデッド・セオリー（1）——アクションリサーチの理

論と実際」ソーシャルワーク研究 Vol34、No1、71-75 頁。

志村健一（2008）講座「グラウンデッド・セオリー（2）──アクションリサーチの理論と実際」ソーシャルワーク研究 Vol34、No2、143-147 頁。

志村健一（2008）講座「グラウンデッド・セオリー（3）──アクションリサーチの理論と実際」ソーシャルワーク研究 Vol34、No3、232-235 頁。

志村健一（2009）講座「グラウンデッド・セオリー（4）──アクションリサーチの理論と実際」ソーシャルワーク研究 Vol34、No4、330-334 頁。

ソーシャルワーク研究所監修 北川清一・佐藤豊道編（2010）『ソーシャルワークの研究方法』相川書房。

菅野道英（2012）「仕掛ける面接Ⅱ子どものそだちの安全を保障するために」宮井研治（編）『子ども・家族支援に役立つ面接の技とコツ〈仕掛ける・さぐる・引き出す・支える・紡ぐ〉児童福祉臨床』明石書店、75-106 頁。

庄司順一（2002）「平成13年度厚生科学研究（子ども家庭総合研究事業）報告書 被虐待児童の保護者への指導法の開発に関する研究」96-119 頁。

杉山登志郎（2007）『子ども虐待という第四の発達障害』学研プラス。

鈴木浩之（2003）「虐待として通告されたお母さんとの出会い」日本福祉大学同窓会・日本福祉大学学内学会合同編集委員会編『21世紀の社会福祉実践（下巻）』あけび書房、26-34 頁。

鈴木浩之（2004）「虐待として通告されたお母さんとの面接」日本社会福祉実践理論学会監修 197-206 米本秀仁・高橋信行・志村健一編著『事例研究・教育法──理論と実践力の向上を目指して』川島書店。

鈴木浩之・菱川 愛・佐々木智子（2008）「性的虐待を受けた子どもから被害を聞き取るための課題」子どもの虐待とネグレクト 10(1)、92-100 頁。

鈴木浩之（2009）「「児童相談所における性的虐待への介入と調査面接司法面接のスキルを活用して」子どもの虐待とネグレクト」Vol.10、No1、4695-4711「子ども虐待の予防とケアの全て」第一法規。

鈴木浩之（2009）「性的虐待事例における非虐待親支援のためのリーフレット」「子どもの虐待とネグレクト」Vol.11、No3、372-380 頁。

鈴木浩之（2011）「対立から始まらざるを得ない家族支援」季刊福祉労働 131、138-139 頁、現代書館。

鈴木浩之（2011）「子ども虐待における新たな家族支援──対立から協働へ」季刊福祉労働 132、106-107 頁、現代書館。

鈴木浩之（2011）「子ども虐待における新たな家族支援──家族と児童相談所との協働」季刊福祉労働 133、124-125 頁、現代書館。

鈴木浩之（2011）「子ども虐待における新たな家族支援──ファミリーグループ・カンファレンス」季刊福祉労働 134、138-139 頁、現代書館。

鈴木浩之（2012）「子ども虐待と「虫退治」」日本子ども虐待防止学会「子どもの虐待とネグレクト」Vol.14、No1、77-80 頁。

鈴木浩之（2013）「発見されにくい性的虐待──子どもが守られるシステムの確立を」『子ども白書』本の泉社、190-191 頁。

鈴木浩之（2019）「児童相談所における家族支援」『発達 157』52-56、ミネルヴァ書房。

高橋重宏（2008）林 浩康・佐々木正人・加藤芳明・栗原直樹・鈴木浩之・佐久間てる美・妹尾洋之・根本 顕・佐藤和宏・大竹 智・渋谷昌史・伊藤嘉余子・河原畑優子・駒崎 道・中谷茂一・有村大士・板倉孝枝（2010）「ファミリープリザベーションにおけるソーシャルワーク実践モデルの開発に関する研究」厚生労働科学研究費補助金政策科学総合研究事業「子ども家庭福祉分野における家族支援のあり方に関する総合的研究　22年度　研究報告書」高橋重宏（主任研究者）

高橋重宏（2009）林浩 康・佐々木正人・加藤芳明・栗原直樹・鈴木浩之・佐久間てる美・妹尾洋之・根本 顕・佐藤和宏・大竹 智・渋谷昌史・伊藤嘉余子・河原畑優子・駒崎 道・中谷茂一・有村大士・板倉孝枝（2010）「ファミリープリザベーションにおけるソーシャルワーク実践モデルの開発に関する研究」厚生労働科学研究費補助金政策科学総合研究事業「子ども家庭福祉分野における家族支援のあり方に関する総合的研究　22年度　研究報告書」高橋重宏（主任研究者）

高橋重宏（2010）林 浩康・佐々木正人・加藤芳明・栗原直樹・鈴木浩之・佐久間てる美・妹尾洋之・根本 顕・佐藤和宏・大竹 智・渋谷昌史・伊藤嘉余子・河原畑優子・駒崎 道・中谷茂一・有村大士・板倉孝枝（2010）「ファミリープリザベーションにおけるソーシャルワーク実践モデルの開発に関する研究」厚生労働科学研究費補助金政策科学総合研究事業「子ども家庭福祉分野における家族支援のあり方に関する総合的研究　22年度　研究報告書」高橋重宏（主任研究者）DVD。

武田 健・荒川義子編著（1986）『臨床ケースワーク──クライエント援助の理論と方法』川島書店。

谷口泰史（2003）『エコロジカル・ソーシャルワークの理論と実践──子ども家庭福祉の臨床から』ミネルヴァ書房。

豊田秀樹（2007）『共分散構造分析── Amos 編』東京図書。

津崎哲郎（2000）。「児童虐待支援の家族支援のあり方」ソーシャルワーク研究26(3)、11-16 頁。

津崎哲郎（2003）「新たな理念としての父性的ソーシャルワーク論」『月刊少年育成』48(3)、37-43 頁。

津崎哲郎（2006）「児童相談所をめぐる問題」子どもの虐待とネグレクト 8(3)、362-369 頁。

津崎哲郎（2010）「児童相談所の取組みの現状と今後の課題」季刊社会保障研究 45 (4)、385-395 頁。124

津崎哲郎・橋本和明（編）（2008）『最前線レポート 児童虐待はいま──連携システムの構築に向けて』ミネルヴァ書房。

Turnell, A. & Edwards, S. (1999) Signs of Safety. A solution and safety oriented approach to Child Protection Casework. New York: Norton.

Turnell, A. (1999) Signs of Safety briefing paper V2. 3. Perth Resolutions Consultancy Turnell Andrew and Susie、Essex (2006) WORKING WITH 'DEFINE' CHILD ABUSE: The Resolution Approach, 1ST edition, Open University Press UK Limmted. 井上 薫・井上直美監訳、（= 2008）『児童虐待を認めない親への対応──リゾリューションズ・アプローチによる家族の再統合』明石書店。

Turnell, A. (2012) Signs of Safety briefing paper V2. 3. Perth Resolutions Consultancy.

上野加代子（1996）『児童虐待の社会学』世界思想社。

上野加代子編著（2006）『児童虐待のポリティクス──「こころ」の問題から「社会」の問題へ』明石書店。

浦河べてるの家（2005）『べてるの家の「当事者研究」』医学書院。

Whitney, D. & Trosten-Bloom, A. (2003) The Power of Appreciative Inquiry: A Practical Guide to Positive Change. Berrett-Koehler Publishers.（株式会社ヒューマンバリュー（訳）（2006）ポジティブ・チェンジ──主体性と組織力を高める AI 株式会社ヒューマンバリュー）柳沢正義・山本恒雄（2011）厚生労働科学研究費補助金政策科学総合研究事業児童相談所における性的虐待対応ガイドライン2011年版（平成23年3月発行）。

山本恒雄（2008）平成19年度研究報告書「児童虐待における家族支援に関する研究──児童福祉施設での取り組み（研究代表者：川崎二三彦）」子どもの虹情報研修センター山本恒雄・有村大士・永野 咲・田代充生・伊藤悠子・八戸弘仁・坂井隆之・久保樹里・鈴木浩之・根本 顕・佐藤和宏・新納拓爾・鶴岡裕晃・中島 淳・福田 滋・緒方康介・野口啓示・前橋信和・宮口智恵・板倉孝枝（2008）「児童相談所における保護者援助のあり方に関する実証的研究（2）」日本子ども家庭総合研究所紀要 第45集、235-283頁。

山本恒雄・有村大士・永野 咲・田代充生・伊藤悠子・八戸弘仁・坂井隆之・久保樹里・鈴木浩之・根本 顕・佐藤和宏・新納拓爾・鶴岡裕晃・中島 淳・福田 滋・緒方康介・野口啓示・前橋信和・宮口智恵・板倉孝枝他（2009）児童相談所における保護者援助のあり方に関する実証的研究（3）（主任研究者 山本恒雄）日本子ども家庭総合研究所紀要 第46集、177-230頁。

山本恒雄・庄司順一・有村大士・永野 咲・鶴岡裕晃・佐藤和宏・新納拓爾・宮口智恵・板倉孝枝・伊藤悠子・八戸弘仁・坂井隆之・久保樹里・鈴木浩之・根本 顕・中島 淳・野口啓示・前橋信和（2010）「児童相談所等における保護者援助のあり方に関する実証的研究（4） 保護者援助手法の効果、妥当性、評価、適応に関する実証的研究2」日本子ども家庭総合研究所紀要 47、193-301頁。

山本恒雄・有村大士・永野 咲・田代充生・伊藤悠子・八戸弘仁・坂井隆之・久保樹里・鈴木浩之・根本 顕・佐藤和宏・新納拓爾・鶴岡裕晃・中島 淳・福田 滋・緒方康介・野口啓示・前橋信和・宮口智恵・板倉孝枝（2011）「児童相談所における保護者援助のあり方に関する実証的研究」（主任研究者 山本恒雄）日本子ども家庭総合研究所紀要 第48集、135-183頁。

山本恒雄・有村大士・永野 咲・田代充生・伊藤悠子・八戸弘仁・坂井隆之・久保樹里・鈴木浩之・根本 顕・佐藤和宏・新納拓爾・鶴岡裕晃・中島 淳・福田 滋・緒方康介・野口啓示・前橋信和・宮口智恵・板倉孝枝（2012）「児童相談所における保護者援助のあり方に関する実証的研究」（主任研究者 山本恒雄）日本子ども家庭総合研究所紀要 第49集、143-184頁。

山本恒雄・八木修司・増沢 高・仲真紀子・楢原真也・大木由則・有村大士・永野 咲・板倉孝枝・高岡昴太・丸山恭子・佐藤和宏・新納拓爾・鶴岡裕晃・田代充生・上宮 愛・田鍋佳子・武田知明・八戸弘仁（2012）「平成23年度児童関連サービス調査研究事業報告書「家庭内性暴力被害児（児童虐待 児童ポルノ等）の発見・支援にお

ける各関係機関の対応と連携に関する調査研究」（主任研究者 山本恒雄）。

山本恒雄（2013）「童相談所における保護者支援の現状と今後の課題について 子どもの虐待とネグレクト」15(3)、268-276 頁。

山本恒雄・八木修司・増沢 高・仲真紀子・楢原真也・大木由則・有村大士・永野 咲・板倉孝枝・高岡昂太・丸山恭子・佐藤和宏・新納拓爾・鶴岡裕晃・田代充生・上宮愛・田鍋佳子・武田知明・八戸弘仁他（2013）「平成 24 年度児童関連サービス調査研究事業報告書 児童虐待相談における初期調査と子どもからの事情聴取の専門性、およびそれらの基礎となる子どもの安全を軸とした介入的ソーシャルワークのあり方についての調査研究」（主任研究者 山本恒雄）。

全児相（2009）「全国児童相談所における家庭支援への取り組み状況調査 報告書」全国児童相談所長会 全児相通巻 87 号。

謝　辞

　本論は 2017 年度に東洋大学に提出した博士論文をまとめたものです。本論の作成にあたっては、主査である志村健一先生には 3 年間にわたってご指導いただきました。特に、本論で行われた質的研究であるグラウンデッド・セオリーは志村先生のご指導と、ゼミ生の貴重な助言がなければできなかったことと思います。私自身は児童相談所の現場で、長く実践をしてきていましたので、本書のテーマについては実務家としての意見が常にありました。しかし、グラウンデッド・セオリーでは私自身の体験とは、一線を画したところでデータに密着し、データが教えるものを理論化することが求められました。最初は、そんなことができるのかと正直思いました。本書の質的分析において、私の体験が全く挿入しなかったのかといえば、おそらく違うとは思いますが、少なくとも、データにグラウンデッドする努力をしてきました。データを何度も読み返しました。データが何をいっているのかずっと考えていました。往復 5 時間の通勤時間は、私にとってはほぼ集中できる研究時間でした。考えている間には何も浮かばないのに、お風呂に入っていたり、布団に入ってうとしているときにふと言葉が浮かんできたりもしました。ゼミ生との議論や、先生からの一言から、何かが生まれることも少なくありませんでした。そして、本書の第 2 章の保護者インタビューの分析は 2017 年度の社会福祉学会賞奨励賞をいただきました。志村先生と、ゼミ生の力があったからいただけたと思っています。副賞と、大学から頂いた奨励金は一時保護所の子どもたちのための漫画等と、職場の冷蔵庫に使わせていただきました。

　副査をしていただいた稲沢公一先生からは、質的研究一本でいこうとしていたところを「量的研究も見せてほしい」といわれました。しかし、統計はこれまで勉強しようとして何回か挫折した経験があり、アレルギーがありました。SPSS はいくらするのかと頭をよぎりました（結局 SPSS は学割の 1 年契約のものを購入し、あとは大学のものを使わせていただきました）。自

分としてはかなり無理をして、統計の文献を繰り返し読み、何とか論文にすることができました。稲沢先生のご指導と、SPSSというパソコンの中で何が行われているのかもよくわからないまま、そこから導き出されたものを論文に使わせていただきました。幸い、査読も無事通ったので、最低限の統計の作法は踏まえることができたものと密かに安心しました。稲沢先生のゼミに出席するためにはどうしても仕事の時間休みを取らなければ出席できず、職場に気を遣いながらの決死の出席でした。3年間で、出席できたのは12回だけでした。それでも、その12回が、研究の進捗状況を測る給水ポイントでした。温かく、丁寧なご指導ありがとうございました。

　秋元美世先生には、論文審査の副査をしていただきました。審査の過程でいただいた一言一言が論文の本質的な在り方を問うものとなっていきました。特に、パターナリズムという用語の定義、使い方について私のあいまいさを指摘されたことは研究の在り方について考えさせられました。私が、現場にいることもそうなのでしょうが、いつしかその言葉の定義を自分の実践に都合のいいように使い始めてしまう傾向があることを気づかされました。学問で使われる用語は、他者と共有するための基盤となるものであり、だからこそ共通の議論ができる。そこを変えてしまうことの危機感の指摘であったと思います。今後の研究においても、教えられた研究の在り方を大切にしていきたいと思います。

　森田明美先生にも、論文審査の副査をしていただきました。森田先生からは、一貫して子どもの視点を問われ続けました。本書は、子ども虐待対応における保護者との「協働」について論じたものでした。保護者の態度が当然、子どもに影響をあたえるものであり、保護者を通じた子どもを論じることの意義を強調しましたが、それでも、子どもの言葉を直接、扱う研究を求められたと思います。子ども虐待対応は、大人の主張する正当性の中で子どもが置き去りにされていることがあります。先生のぶれない一貫した研究態度をこれからの私自身の実践と研究に活かしていきたいと思います。

　学外審査として副査をしていただきました日本女子大学の林浩康先生には、大学まで何度も足を運んでいただき本当にありがとうございました。先生とは故高橋重宏先生が主任研究者をされた「ファミリープリザベー

ションにおけるソーシャルワーク実践モデルの開発に関する研究」でご一緒させていただいてからのお付き合いです。その後もいくつかの研究でご一緒させていただきました。常に、私のつたない取り組みをコンプリメントしてくださり、私の実践と研究の励みになってきました。もともと博士論文に取り組もうと思ったのも「鈴木さんも査読論文がいくつかあるのだからそれを博論にすれば」といわれたことが1つのきっかけでした。ただ、昔書いた論文が博論にはほとんど使えないことは、入学してから間もなく気づきました。今後とも、公私にわたってお世話になりますが、よろしくお願いします。

　児童相談所の現場にいながらの3年間は、職場に少なからずご迷惑をおかけしたと思います。そんな中でも、現場にいるからこその研究や、神奈川県だからこその実践研究の意義を認めていただいて送り出していただきました。また、受け入れてくださった東洋大学での3年間は様々な学ぶ環境として配慮をいただきました。教務課の皆さんは学生である私にいつも丁寧に応対していただきました。入学してまもなく職員の方から「ご不自由はないですか」と声をかけていただきました。教員だけではなく、大学が1つになって学生を支えてくれていると感じました。様々な奨学金もいただき感謝しております。

　家族には迷惑をかけることも多かったと思います。家族と過ごす時間を制約してしまったことは否めません。私に分担された家事もこれからはしっかりと行います。

　神奈川県下の児童相談所の皆様にはきわめて多忙な中、アンケート調査に協力いただきました。また、インタビューに協力いただいた職員の皆様、本当にありがとうございました。

　何より、今回の研究は不本意な一時保護を体験されたご家族の協力があってこそのものでした。調査に協力いただけるまでには、おそらく複雑な思いもあったかと思います。ここで教えていただいたことを私自身のこれからの実践と、研究の糧としていきます。

　多くの皆様のご支援、ご協力本当にありがとうございました。

鈴木浩之

資　料

資料 1　保護者インタビューから抽出したインシデント

資料 2　支援者インタビューから抽出したインシデント

資料 3　児童相談所ソーシャルワーカーの意識調査

資料1　保護者インタビューから抽出したインシデント

	生成途上のコンセプト	代表的なインシデント
1	自由を奪われていく	・なんていうんですかね。やっぱでも自由にできなくなってしまうことっていうのが、本当にあると思います。
2	無力化されていく	・理不尽だなと思いました。でもまあ私たちみたいな弱い人間、なんにも出来ないから、それは従うしかない。
3	傷つけられていく	・やっぱり友達とかだったら普通にできるけど、自分はもうできなくなってしまったんだなっていう。 ・なんかその一般で育ててる私たちの友達とかも見てても、私はその一般の人たちには、なれなくなっちゃったんだなあ、っていう。 ・普通に生きたかった。 ・私ほんと精神的に、あんとき、まじでおかしくなりそうで、もう寝れなくて、でも本当、もう思い出すだけで嫌なんですよ、その1カ月間。 ・すごい印象に残ってるのは、やっぱりあの通知。……うわあ、もうこれは、こういうことをしてしまったんだな、っていう感じですね。
4	困惑・後悔	・それまではずっと会えない状態が続いたので、なんかもう子ども自体も全然変わっちゃって。やっぱ預けられる前は家族だけで過ごしてきたので、よく笑うし、ちゃんと話とかも、問いかけとかにもそれなりに反応したりして。本当に普通の子ども、どこにでもいる子どもだったのに、その預けられて1カ月間全く会えないことで、なんか、もう笑わなくなっちゃったりとか。 ・ええ。会っても全然笑わないし、もちろん忘れられちゃってるというか、こう反応が全くない。人の顔見ると泣いてたみたいな、そんな状態だったので、その会えない1カ月の間に、少しでも会える時間があれば、もうちょっと違ってたのかなあとも、あるんですけど。 ・一時保護っていう意味も最初よく分からなくて。 ・一時保護とかいってるけど、「あれ。これやばいのかな」みたいな。「もう○○○○に会えないのかな」とか。 ・児童相談所って最初いわれても、警察官の人に「何ですか、それ？」みたいな。 ・おもちゃ箱を見ても、ただただひたすら悲しくて。何で大事だって、何でこんな大事で好きだからもともと怒り始めたことだったりとか、しっかりご飯食べさせて育てなきゃって思ってたことなのに、それでこんなに自分の子どもを傷付けて、こんなことしちゃったんだろうなみたいな。
5	悲しさ	・そうですね。やっぱり、一番なんていうんですか、かわいい盛りの時に会えないっていうのは、つらい。親としてはね、つらいと思うんですよね。
6	憤り	・自分の子どもが1カ月も自分の近くに、まあ、奪われたっていう感じになって、もう、その1カ月間返してほしい。 ・自分の不注意のせいでもあるけど、でも不注意だったことをそうやって、いけなかったことを早く改善するために病院に連れてったことが、まさかこんなことになるなんて。

6		・まあ、自分たちが信用されてないっていうのも。 ・あ、一切信用されてなかったので。 ・もううちとしては信頼してた人たちに裏切られたっていう感覚だったんで、まさかそこまでやられるとは、さすがに私もびっくりして。
7	不運にもうちだけが虐待者とされていく	・新聞に先月かな？　ちょっと前に出てたんですけど、そういうことで病院に子どもを連れてって、実際病院が児童相談所に通報するっていうのは全体の3割っていうのを読みました。 ・そういうの（虐待死亡事例）があると、なんでそういうのは保護しないで、うちのだけ、っていう、まあそういうところもなくもないんですけど、ただまあ、一時期に比べたら、そういう不信感っていうのは拭えているかなっていうのはありますね。
8	介入されたことは仕方がない	・なんか感謝の気持ちも当然ありますし、申し訳ないなという気持ちも当然ありますし。なので、なるべくしてなった、自分たちのまいた、まいてしまったことの結果がこうなったので、特に怒りだとかはありません。 ・自分の今までの行い、行動を振り返れば、こういうふうに社会というか周りから見られる今の自分であるのは仕方がないな。 ・保護されるっていうことに関しては別に。「ああ、やっちゃったな」、自分にめっちゃ反省しました、「失敗したな」って。 ・自分に原因があってなってるわけだから、保護されてるわけだから、それを帰してくれっていったところで駄目じゃんみたいな。そんなこといったら余計に駄目なんじゃないかなみたいな。だって、とりあえず反省するか何かしない限りはそれはいえなかったです。
9	関係機関への不信　関係機関がつながっていかない	・私は今まで警察に、そうじゃなくて家での日常を守ってほしいんです、っていうことをずっといってきたけれども、今度はその役場の人とのやり取りになって、どっちにお願いすればいいか分かんくなっちゃったんですよね。 ・警察はある時、こういいました。「この案件は児童相談所に移りました。なので、警察はもうとやかくいえません」。縦割り行政ですよね。丸投げ。 ・なんかその、どこに相談すればいいのかっていうことが、とにかく分かんなくなっちゃったんですよね。 ・警察は生き死にのこと、生きることのみをフォーカスしてるだけで、どう生きようが、あまりそこにこだわりはないんですよね。シェルターで生きようが、どこで生きようが。 ・もっと早期の段階で、横の、そういうのがあればいいかなとは思いますけれど、まあ無理でしょうね。
10	手続きばかりがおしつけられていく	・何がなんでも、決められたことをやるんじゃなくて、それからさらに、その児童相談所の方ももっと判断できるっていうか、もうちょっと早めるとか。融通利かしてほしいっていう感じですね。 ・まあいろいろ手続きがあるかもしれないんですけど、ちょっと長くないですか？　会わすまでに。

	生成途上のコンセプト	代表的なインシデント
10		・児相が入って子ども連れてった時も、毎日会いたいけど、手続きが踏まなきゃ会えない、会えない会えないって、手続き踏んでくれ、踏んでくれって、すんごい長いじゃないですか。
11	情報から遮断されていく	・私はもう全く違うことを想像してましたね。私と別れて、自分たちの生活を築くうえでの準備をしているものだと思っていました。 ・ただ、意思を知りたいと。どういう思いでいるのかっていう意思を知りたかったんですけど、その意思を知る術がなかった。
12	保護された理由がわからないままにされていく	・明確なご説明もなく、一番最初も、こういっちゃ大変申し訳ないんですけど、だまし討ちに遭ったような感じに感じたよね。なんで、僕なんかは……。 ・一緒に、なんかあったら相談に乗りますので、要は最初の1カ月ぐらい、1カ月か2カ月だけ、児童保護で預かって、で、3カ月ぐらいに返しますよみたいなことをいってたんですよね。 ・まずは一番最初の信頼関係っていうのが、どうしても大事だと思うんですよね。なので、もうきっちり。僕ぐらいの場合が、それ、されてなかったんですけど、まず一番最初に信頼を得るんであれば、なんでこの子どもを預かるのか、あるいは預けなきゃいけないのかっていうのを、まず、(聴きとり不可)になっちゃうと思うんですけど、理屈プラス心で説明をするというのが一番。 ・やっぱりあんときもうちょっと説明が欲しかったな。 ・説明が欲しかったです。入所するっていう目的が何かあるんであればいってほしかったかなって。一部説明が足りなかったような感じはする。
13	児相は動いてくれない	・もう危ないと思ったらすぐに保護して、後々のことも後で考えればいいんだし。それで大丈夫なら大丈夫でいいので、ただ早く行動したほうがいいんじゃないかなあと思って。 ・どんなにうちらが動いても、児相は、そんなにその時は動いてくれなかった。 ・じゃあその期間にもしもですよ、殺された、なんかあったら、じゃあ児相が責任取ってくれるんですか、っていったら取れないわけじゃないですか。じゃ警察取ってくれますか、ったら取れない訳じゃないですか。
14	これまでの子育てを否定されていく	・やはり、どうしても目的、なんで僕らはこの子どもを育てられないんだろう、って。
15	自分を責め続ける	・なんか自分だけが悪いことしちゃったって感じで、そういう思いが強くなっちゃって、自分を責めることしか無くなっちゃうみたいな感じで、自分が周りの人からいわれて、いわれるたびにますます自分が悪いことしたのかなっていうふうに、自分が悪いんだ、自分が悪いんだっていうような、自己犠牲、そんな形になっちゃうんです。

16	選択肢のない選択を迫られていく	・法的に、もうこれは決まりだから、どうにもなりませんよっていわれましたから、そこです。じゃあもう諦めるしかないですよね。で、例えばなんだっけ、裁判みたいなもの起こせますよ、って教えてくださりでもそれもほとんど意味を持ちませんといわれたから、もうそれは現実として受け止めるしかないから、そこでもう諦めました。 ・だって守らないと、子どもがまたあっちに行くの、私はすごい嫌なんですよ。もう、あんな書類にもサインしたくないし。何かあれば、法的手段を、子どもを一時保護しましたから、それに対して何かあるじゃない、最初に、預かり書のとこに、嫌だった場合は裁判所になんか……。 ・わが子をシェルターから出すという手段が、児童相談所のお世話になることしかなかったという選択肢だったので、もう、それしかなかったんですよね。
17	時間を支配されている感覚になっていく	・本当に時間とか決められるってっていうのとかは。やっぱりまあ、しょうがないんだなあっていうのはあるんですけど。
18	保護所の生活をイメージできるようになる	・すごく詳しく聞いてくれて、なんか特に食物アレルギーとかあったので、そのあたりのこととかも詳しく聞いてくれたし、子どもに対する接し方っていうのも、保育士的なというか、お泊り保育みたいな感じで行くんだよ、って私がやってたので、そのようにしてくれましたし。そこはすごく安心はしましたね。安心して、これならなんか大丈夫かなっていう感じ。 ・もう選択肢がそれしかない状態で行くんだったら、ああいうふうに安心して送り出せるような話し合いの場があったっていうのは、すごい救いでした。
19	見通しを持てることが安心につながっていく	・あれが本当の現実というか、本当のことをいってください、余計なことをいう必要はないと思います。分かりやすかったです、その通りだな、と思います。 ・安全が確保されれば子どもと一緒に住めるっていうふうにしてくれて、すごい敏速に動いてくれたのが児童相談所だけだったので、後はもう話すっていうことしかやっぱり、まあシステム上それしかできないのかな、とも思いましたけど。もう児童相談所にともかく、相談するしかないなっていう感じではありましたよね。 ・とにかく安全が確保されれば、引きとめて、無理に引き離しておく期間を延ばそうって思ってない、っていうことは、すごくよく伝わってきたんです。 ・明確な目標？　例えば、今日は2泊3日の日程やりましょう、あるいは前だったら外泊に向けてやりましょう、外食に向けてやりましょうっていう、明確な目標があればあるほど、やりたいというか、こちらのモチベーションも高くなるし、児相さんとの信頼関係というのはあるのかな。 ・ええ、ステップをね、ちゃんと示して。何もステップなしで、一体いつまで続くのかなっていう気持ちをあれするよりは、ちゃんと予定をちゃんと作っていただくと、それは分かりやすくて良かったですね。

	生成途上のコンセプト	代表的なインシデント
20	見通しが見えない不安	・今、こうなってるじゃないですか、面会行ったりしてるのに、結局いまだに帰るのが未定な状態じゃないですか。それが何かいまだに納得してない部分です。何かもう何年か先に彼らが戻ってくるのかなとか、何年も先になるのかなとか、そういう考えは出てきますよね。
21	家族、友人、知人から支えられていく	・まあでも、母とか姉とかは、まあ、ちょこちょこというか、やってもらわないとやっぱり、今一緒には住んでないんで。 ・やっぱり目の前でいろんなことが起きれば、多少はねえ、手伝わないわけにはいかないって、これが人の人情ですもん。そういう関係でいないとまずいですよね。 ・1カ月あの施設に預けられた時、私、面会行った時、行く時にはその分私が仕事できないから、誰かが入んないといけない。それを母とか弟が、忙しい中も進んで代わって、会いに行ってあげなよ、って代わってくれて、それで行けたので。直接役立ったのは、やっぱり家族ですよね。 ・じゃあ自分が今出来ることを精一杯やらなきゃと思って。で、近所の人たちにも頭下げてお願いして、事情を話して。で、お母さんたちにもわざわざ来てもらったりとか。こういうふうにしたら早く帰ってくるんじゃない？ってずっと一緒にやってもらって。 ・なんか、やっぱりいろいろ相談のってくれるようになったり、電話も結構かかってきて、大丈夫？ 平気？とか、私のそばに、つらい時ずっとそばにいてくれたんで。ほんとに、なんか周りの人ってすごいあったかいんだなと思って、自分たちだけで子育てしてるわけではなくて、みんなの協力があってしてるんだなあ、って、なんかすごいしみじみ思いましたね。 ・今まで地域の人と、一切かかわりなかったんですけど、地域の人は意外に大事だな、と思って、ほんとに。なんかあった時に、あの子たちも結構いろんな人とあいさつしてて、私は別に地域の人とかかわり持たなくても生きていけると思ってたんで。でも意外に、地域の人は大事にしたほうがいいなあと思って。
22	親族、友人、知人に非難される	・非難。そういうところに子どもを預けるっていうか、もう親としての権利を奪われたんだからねっていういい方をされました。で、心配していた分、それで心がザワザワしていた分、親としての責任が足りないんじゃないかとか。児童相談所を使うことがね、子どもと離れて子どもだけを預けて、自分が一人フリーになるっていう状態のことを、すごく非難されたっていうのは事実ですね。で……。 ・児相にお願いしたんですっていうこと一個一個話してるほど、私も、なんていうんでしょう、心が正常じゃないし、子どもと離れるっていうこと自体かなりの心を痛めたできごとであるのに、そこをまた掘り返して人にお話しできるほど、まだ復活してないっていうか。だったので、もうとにかくそういう非難は非難で、受け入れるしかないなっていう感じで、はいそうですね、っていう感じで聞いてはいましたけど。それはやっぱり一番こたえましたかね。

23	第三者に相談をしていく	・法律相談に行ったのも良かったのかなって、今思えばなんですけど。 ・当事者だけではなくて、ちょっと客観的な目で見れる存在が近くにいるっていったから、早く。 ・第三者を、早く見つけていただいて。その方の客観的な視点を早くつかんでいただければ、当事者はやっぱり、カッカカッカしてるし、あせってるし、もう目先のことしか考えていない部分があると思うので。当事者の友人なりなんなり、客観的に判断できる人間を、早く見つけていただく。
24	担当者との関係が信頼を創り始めていく	・相談員の方々、かなり親身になってやってくださったので、冷静に。皆さんとても冷静だっていうのが、私、印象深くて、全然感情的じゃない。 ・ほぼ、彼が誠実だったっていうこと。本当に良く考えてくれるなっていうのが、分かりました。彼が子どもの将来を。 ・あの時、連れてきてもらったりとか、結構やってもらえたんで。そういうことを考えたらやっぱりまあ、多少、語弊はあるんですけど、うちらのことを考えられて行動してくれてるんだなというような、そういうので。 ・その、育て方について、こういうふうにした方がいいですよ、っていうアドバイスはすごい助かりましたね。その分、あの子たちが今、その時に比べれば穏やかになってるし、それはすごい助かってますね。 ・判断していただいてからの対応は早かった。……そこはなんかすごく人間味っていうか、感じました。 ・やっぱり、いろんな連絡を密にしていただいている。 ・丁寧ですね。丁寧でなお、あとはやっぱり相性的なものがあったのかなっていう。あとは話しやすさですかね。○○さんもこの子のことをずうっと見ててくれてて、うん。 ・話してた人が自分と相性が良かったのかとか、そういうのもいろいろ、きっと人間だからあるんだろうけど、自分のこともお話ししてくださって、「親なんだから、僕だってこういう仕事してるけど、怒ることあるんですよ」みたいな。「怒っちゃ駄目って分かってても、どうしても声を荒げちゃうときだってあるし」みたいなことを話してくれると、別に、何だろう。ただただ子どもを返さないとか、子どもを保護する、子どもの立場、子どもの立場だけじゃなくて、一人の人間として普通に話をしてくださったし。
25	担当者に不信を持っていく	・まあ私に対して気付かしてくれてる言葉がそういうふうになっちゃってんのかもしれない。 ・あの、なかなか連絡が来ないとかね。いつなら電話かかってくるのかなとか、次回いつなのかとか、この前この日って先にいってたのに、なかなか答えが返ってこないとか、そういうのがあったかな、と思いますけど。 ・あんまり担当を変えてほしくないな、とかね。内容を引き継ぐというけど、うまくいかないと、いろいろまた説明するのも大変だし。 ・前任者の方を悪くいいたくはないんですけど、一番最初の担当の方が、あんまり連絡を密に取ってなかったのと、明確な目標、こういうミーティングもあんまりやらなかったし、ミーティングでは明確な目標も立ててくれなかった。そういうのがいろいろとあった。

	生成途上のコンセプト	代表的なインシデント
25		・そのたんびに毎回同じ説明をするのも、結構しんどいです。 ・つらい経験されてるんですよね、それに、また……そうですね。移動した人はそれでいいかもしれないですけど、残されたほうはやっぱりそれなりに。 ・いや。そうかもしれないけれども、心理的な面から見たりとかしたときに、いってきてるから、それって、だって、どっかの紙とか、いろんなところで学んだかもしれないし、書いてあるかもしれないっていうのもあるけれども、それっていうのがしゃくし定規でバンってやられたところで当てはまらないじゃないですか。 ・あまり何の人間味もなく、紙に書いてあるとか、教科書に書いてあることの結果だけをべらべら、べらべらしゃべったところで、多分誰の心にも響かない。 ・例えばある程度相手の話を聞いて、それを考慮したうえで話をしないと、やってきたこと、いってきたこと、知ってることをもう1回、「こうだ。ああだ」「こうだ。ああだ」っていわれても、何も響かないんです。
26	担当者以外に話せる人がいることで困難な場面を切り抜けていける	・で、なんか○○さんが困った時、すかさず○○さんが話をしてきれいに固まるみたいな。なんか○○さんにいいにくいことがあったら、○○さんに、っていうお話、出来たので。
27	アウトリーチ	・こっちが頼んでないのに勝手に来るんだけど、中には迷惑っていう人いるかもしれないけど、私みたいに忙しくて、例えばこういう勉強する暇も無いとか、そういう人には、すごいありがたいです。 ・毎月足運んでいただいて、ありがとうございました、っていうこととか。 ・もうこのままじゃ虐待しちゃうよ、っていうSOSを持ってるお母さんたちって、ほんとにいっぱいいると思うんだけど、そこにどういうふうにして切り込んで入っていくかっていうのは、これからの課題かなあって思いますよね。そこに踏み込んでほしい、って私は思う。 ・よく訪問とかに来る人は「大丈夫?」って声掛けてくれたり、結構気使ってくれる人が多いんで、一人じゃないんだなーっていう感覚です。 ・訪問に結構来てくれるんで、その辺はすごく助かります。私も心配のときに限って、○○ちゃんの様子だったり、○○ちゃんの様子だったり分かんないんで。
28	情報と助言	・まあ、子どもの(施設)の情報だとか、昔話だとか、こういう選択肢があるんだよ、だとか。そういう情報をいただいたり、あとは体のことを気遣っていただいたり、長い目で見てみなよってすごい気遣っていただいたり。前の職場でもこういうのいたから大丈夫だよってはげましていただいたり、いろんな面でお気遣いいただきました。ありがたいです。 ・私たちが気がつかないことも逆に児相の方からも提案してくれたし。で、児相の人も気がつかないところを、私たちのほうが、ね、お互いにこう話し合っていい方向へ持ってってくれたんで。

28		・人間味があってすごい話しやすくて、普通に「ああ。そうか」と思って、大人の人からの1つの意見として聴くことができたから、それはめちゃくちゃありがたかったです。 ・自分がもう、ほかが見えなくて、結局そこしか見えなくなってる状況っていうのを気付かせてくれたんだなーっていうふうに思ったし。
29	保護中の子どもと会えることが安心につながっていく	・子どもと面会できたことですね……（会えなければ）多分きっと何もできない。生活できなくなっちゃうと思う。自分はその子のことで一杯で。毎日悲しみに明け暮れてた感じですね、きっと。ずっと泣いてたと思う。 ・子どもたちの顔かな。顔を見るだけでほっとしたかな、あんときはもう。 ・○○さんが○○○○を連れて来てくれて、帰って来て「ママ」っていって飛びついてきてくれたときに本当にほっとして、「ああ。よかった」みたいな。そこまでは本当に、正直生きた心地がしないな。どうしたらいいか分からなくて、もう。
30	離れた子どもに思いを募らせていく　子どもと離れたから気づいていく	・やっぱ、別れてしまって、すごい寂しい思いをさせるかもしんない。 ・こうなって初めて分かったんですよね。親も気がつかないもんですね。もっと客観的に見ないと分からない。 ・会えなくて、考える時間も持てますし。 ・そうですね、最初はやっぱり会えなくって、うん、ちょっとつらかったですけど、でも1回離れて考える時間が持てたのは、良かった。 ・もうあの時は、かわいそうでしょうがなかったですよね。まだそこまで不安なこと考えなくて、本当にただの感情ですけど、かわいそうだな、かわいそうなことをしたな、っていうのがずうっと思ってますけど。 ・子どもたちがみじめな思いしてないかな、本当になんかずうっと。 ・（子どもからの手紙読んで）あれはほんと、つらかったですね。そういうふうに思ってたんだっていうことも、つらかったです。 ・もうこうすれば、また家族で暮らせるんだなっていうことを思いつつも、やっぱり一番心配してたのは、学校に行きたい、とにかくみんなに会いたい、先生に会いたいっていうことが、常に、いつも頭にありましたね。勉強だって遅れちゃうし、っていうことすごい心配してたし。そこは本当につらい思いさせたなあって思います。 ・私、全部子どもたちに「よく頑張ったね」って声をかけてあげたいです。……私たちよりはすごく大変な気持ちだと思います、子どもの方が。 ・○○○○が「もうママのところには戻りたくない」っていったらやばいなと思って。大嫌いなわけでもなかったし、それはすごい悲しいなと思って。
31	話し合いの枠組みがあるから話し合える	・やっぱりああいうふうに、はっきり書いたり、みなさんの意見を聞いたりっていうことで、整理はつきますよね。

資　料　283

	生成途上のコンセプト	代表的なインシデント
31		・確かに、このミーティングをやることによって、前向きにはなれたよね、若干、うん。 ・もしかしたら、この雰囲気が悪くないのかな、という気がしないでもないんですけれども。もし本当にこの雰囲気が嫌であれば、僕も多分しゃべりもしないし、なんもしないと思うんですよね。
32	合同ミーティングで話し合えなくなっていく	・すっきり、その議題っていうか、が、まとまってよかったと思いますけどね。でも、なんていうんでしょうね、まあ時間もあるんですけど、深くは結局、話せないじゃないですか。だから表面のことしか結局。 ・その通過点じゃないけど、そこが出来てるできてないの判断だから、良かったです。やっぱ具体的に目に見えて分かるので。 ・もうちょっと話す、4人だけで家族だけで話す時間を、もうちょっと長めにいただきたかったな。 ・むしろ人数うんぬんよりも、その威圧感を与えないような雰囲気を作っていただくっていうのが大事なのかなって。 ・僕はそれは威圧感を感じてないので、いいんですけど、まあもしかしたら例えば母一人子一人の場合とか、あとすっごい気の小さい方と、いくら雰囲気が良くてもそうなっちゃうと、発言できないのかな、っていう。あと、発言したくもなく、内に秘めちゃうのかなあっていう人もなくはないと思うので。
33	保護者の側から折れていく	・ちゃんとしてくれれば早く、できるだけこちらも動きますよ、ってそういうなんだろう、誠実な答えを教えてくださったので、じゃあこっちもそういう態度を見せたらお互いうまく動けるのかなと思って、こっちが折れて、ついてこうと思ってやりました。 ・私がまあ、心を開かないと駄目なのかなって。児相は児相としてやる仕事だから、進めないといけないから、それに私が反発ばっかしてたら進まないから。まあそこはもう、大人になって。
34	どうすれば、児相に信用してもらえるのか考えていく	・だから、少しでも、ちょっとずつでも児相さんの印象が良くなれば、早く戻れるのかなっていう考えは。だから、それだけの努力はしていると思いますけど。 ・だから、どうやって取り繕うかとかじゃなくて、どうやって○○○○を取り返そうかとか、連れ戻そうかとかじゃなくて、どうやったら母親として、別にあしたからも、この後からも、別に○○○○を育てることを許してもらえるのかなみたいなふうにしか考えらなくて、それは結構一晩中寝ないで反省しました。……許してもらえるっていうよりも、認めてもらえるですね。 ・警察にしろ、そういう周りの人間に私がこれ以上危害は加えないっていうことを思ってもらえなければ、単純に考えて、やっぱり、私の元だと危ないとかっていうふうにしか思われなかったら。 ・本当に反省していますっていうのを証明しなきゃいけないってめっちゃ思いました。

284

34		・○○さんと話して○○○○がってなったときに、「何で○○○○が今ここに連れてきてもらえたのかな」っていう理由も理解ができて、要するに、私が今これ以上この子に危害を加えないんだなっていうところも、そういうことを多分この人たちっていうのはいったりとか、見たりとかしてるし、何のために○○○○を保護してくれてたのかなって。連れてったっていうよりも、彼女を保護しててくれてたことの理由がすごい明確にそのときに分かったんです、理由が。
35	親子関係を取り戻していけるという期待が生まれる	・少しずつでも、親子関係を取り戻せるという気持ちがあったから、児相の方と多少話し合いの中で、ちょっと嫌な思いしたりとか、させたたりとかあったかもしれないですけど、そういう子どもを頼むっていうような考えがあったからこそ、今までついてきたのかなと思いますけど。
36	自分を励まし続ける	・子どもの将来を考える。今、を頑張れば、後はもうずっと子どもと一緒にいれる。 ・今回結構つらかったですけど、でもこれから、あの子たちの一生が始まるので。 ・つらいことがあっても、みんながいれば乗り越えて行けるだろうし。とりあえず頑張っていこうかな、と思って。 ・ただ、もう行くとこまで行っちゃった感じだったんで、自分の中で。もう後は自分がやるしかないなっていう感じで、とにかく子どもと一緒に暮らして、子どもに愛情を注いで、子どもがそれって現わしてくれるっていうか、その子どもの姿を見れば、ああお母さん頑張ってるねっていうことで、また同じような関係が築けていけるかなとも思った。 ・いい親のふりをして認めてもらう機会でもないし、さっさと、もう面談も何も全部終わりにして、この児童相談所と関係なくなるために何かするための機会でもない。
37	虐待者とされたことへの疑念	・やっぱりね、私がしたことであんなことになって、申し訳なさと、やっぱり会えないつらさ、悪いの分かってるんですけど、いわれちゃうと、なんで？っていうか。 ・自分が悪かったかなあとか思って、会えないのも、なんでだろう、どうしてだろうとずっと考えてたんで、やっぱり。 ・虐待っていうのはどこからですか、って私聞いたことがあるんですよ。叩いたら、子どもが嫌だと思ったら虐待ですよっていわれて、でも、悪いことをしたら悪いし、それはやっぱり叩いて、叩いてうちは教えたいっていうのもあって。 ・自分はこれが正しいと思ってたけど、正しくなかったんでしょ、周りからしてみれば。 ・なんで子どもが児童相談所から園に連れて行かれちゃわなきゃいけないのか、って、家族はみんないってたんですよね。なんでこのくらい、みんなよそだって、けがしたって何したって、別にあれすることもないし。

資　料　**285**

	生成途上のコンセプト	代表的なインシデント
37		・このくらいって、それは私がいくら、私が何もしてないです。指1本、今回だって触れてなくて、言葉でいっただけだから「こうだから」とか、子どもが大げさに反応しただけだからとか、それって何とでもいえるじゃないですか、こっちは。だって、それは何とでもいえるから。それを、何だろうな。第三者の人にもう警察が入って、児童相談所に保護されるってなった時点で騒いだところで、それは無意味な気がして……証明するものもないし、騒いでもしようがないっていうような感じ。 ・変ないい方じゃないけど、例えば子どもの味方に立ってる側の人たち相手にしてるときに、○○○○にそれをやられると、娘にすごいやられると、私の立場っていうのがものすごく弱いなって、そんときに思っちゃって、それはすっごい怖かったです。
38	私が行ったことは世間でいわれる虐待ではない	・私の中で、友達とかでも一般とかで、そんなもう、規則正しく生きてどうのこうのってやってる人もなかなかいないんで。 ・自分が当たり前って思ったことが虐待って疑われちゃって、それでまさかこんなことになるとは思ってもいなかった。 ・児童虐待じゃないって分かったとしても、疑っていろいろ調査して、最低でも早くこの赤ちゃんを返せるのは1カ月ぐらいかかるっていわれて。 ・なんせ、そう、虐待じゃなかったから。長かったです。 ・こんだけ、しょっちゅう会いにきて、うちはこの子をこんだけ愛情を持って育ててんの、そこまでしてやんないと。……そんなね、虐待だとか何とかっていわれるあれはない、って。 ・実際、問題はうちらに問題がないっていうことは、そこで分かってたんです。でも、もう家庭裁判所になっちゃって、もう決定が下った後だったんで、もううちらにどうすることもできない。 ・全然。私らはそういうふうにいわれてても訳分かんないんです。結局、うちらは何もしてないから。犯罪者みたいな感じにもなってるみたいな感覚しかない。
39	改めて虐待していたことを認識していく 子どもを傷つけてきたことに思いが募る	・自分一人がそういうことになってしまった原因を作ってしまった、という、一人の責任であるかのように自分を追い込んでしまった。 ・私たち二人のけんかが一番の原因だし。まあ、それさえ直せばいいのかなって。人によっていろんな理由があって、ここに来ているんだと思うんですけど、まあうちらはいけなかったんだな、と思って。 ・けんかに関して。こんなに子どもがつらい思いしてるっていうこと、一切分かってなかったんで。 ・「私が結局、子どものときにこれがあったら、私も弟も、あんなに痛い思いも、怖い思いもしなくて済んだんじゃないかな」って正直すごい思ったから、その点はすごいいいんじゃないかなって。 ・誰かに助けを求めることができたら、「怖い」って一言いえば、いっぱいいろんな大人が助けてくれるわけじゃないですか。それがすごいいいことだなって正直思いました。

39		・包丁持ったまま「てめえ、ふざけんな」みたいなこといったら、確かに誰でも怖いだろうし。
		・決めたんです。小学校だか中学だか忘れたけど、ぼっこぼこに殴られて、もう何で怒られたかも分かんないような状況になったときに、自分が子どもを産んで、自分が結婚して、もしも家庭を創るんだったら、自分と同じ思いは、これだけは絶対しないって。だって、しちゃったら、何か結局駄目な、大人に笑われる気がして、「ほらな」みたいな。何か「結局、おれらと同じだ」って。それがすっごい悔しくて、子どものときに。もう今はこんなんだけど、大人になったらきっと逃げ出せるから、そしたら絶対こんなやつらとは絶対に同じにならないぞみたいなのがすごくあって。で、そうやって思ってたのに、今回こうなって、何か自分がされてきたこと、そんときに自分が思ったことっていうのも、すっごい思い出した。
		・子どもの立場に立ったときっていうのも、何でそんな簡単なこと忘れてたのかなって思った。
		・今回のことがあったことで、児童相談所が関与して、私たちが何をしてかなきゃいけないのかなと思ったときに、私は私、彼女というよりも、私側がもう少し考え方を変えてあげなきゃいけない。だって、もちろん向こうはまだ6歳、7歳なわけだから。
		・自分が子どもだったときのことを考えると、絶対に原因はあるわけで、子どもだけが悪いんじゃなくて、親の方にも絶対間違いなく原因があったんじゃないかなって。だって、自分が何かしたときって、ぱって振り返ると、そうせざるを得ない状況っていうのが必ずあったわけ。
		・結局連れて帰るんだったら、安心させてあげないといけないし、まず。多分傷付いてるだろうから。それを彼女に見せてあげなきゃいけないし、私が。ほかの誰でもなく。そういうのはその日、それで、そこで理解できたんです。
40	これからの子育てがわからなくなる	・まあ自分の今までやってきたことが、違うっていうのも分かったんで、でも、今までと違う怒り方っていうんですか、それで子どもは伝わってるのかなって。
		・分からないですね。でも、叱り方は変えました、教わったように。なんか自分の中では、しっくりこないですね。
		・あれも指摘された部分があるんで、そこを直したいんですけれども、本当の理想っていうか、自分の中ではなんなんだろうって、まだ分かんないですね。今までやってたことは駄目なんだな、っていう部分もあったんで、そこは改善しようっていうのはあるんですけど、でも本当の理想っていうのは、なんなんだろう。
		・ただ、もう、今度は怒るのが怖くなっちゃって、もしかしたらまた出て行かれたらもうアウトだから、刺激を、こっちもしちゃいけないけど、ただ、もうどから、ただひたすらもう、つらくてつらくてしようがなくて、泣くしかできないし、冷静に話してあげようと思っても、涙が今度は止まらなくなってくるし、最初は接し方も分からなくて。

	生成途上のコンセプト	代表的なインシデント
41	これまでの子育てを振り返ることで改めて自分が大切にしてきた子育てを確認していく	・意識が変わったこと。より安全にしないといけない、子どもは思ってる以上に危ないから、より安全にしなきゃいけない。 ・子どもが、もうやだってことはできるだけしたくないし。でもやっぱりお父さんっていうのは子どもにとって、お手本であって、怖いお父さんで、私の中でいてほしいんですよ。 ・やっぱりお父さんは怖い存在で、今まで通りいてほしい。優しい時は優しい、でも怒ったりする時は怖い、で、いてほしいなって、私はそれを変えないでほしいんですよ。それが変わっちゃうとなんかお父さんって。 ・子どもが、カブトムシがほしい。カブトムシは、うちは買うものではない。採りに行くものだ。自然で。だからそういうなんか、昔はうちらが採ってたこととか、今は買う時代じゃないですか、そういうの一切、妥協がなくて。だったら採りに行こう、だったら見に行こう、ね。大変だよね。無駄に行くよね。 ・食育で魚、魚とはどんなものなのかっつって。じゃあ魚を釣りに行こうと。魚を釣りました。それをさばいて、じゃあ自分たちが釣ったんだから食べよう、とか。魚は開いてるもんじゃないんだよ、アジの開きみたいに、泳いでると。うちは、そういうのだったら、じゃあ自分で釣って自分で食べてみよう。どんなものなのかと。 ・（子育てを）やってるわけだから、やっぱり7年とかそれ。
42	新たな生活を作っていこうと思うようになっていく	・もう今、一気にちょっとドンと、自分は働かなきゃいけない、自分でやっていかなきゃいけない、っていう思いを本当に、今持ってるんです。 ・シングルマザーの人たちは普通にやってきていることを、私も自分でやりたいな、っていうのはあります。 ・その子たちの未来に向かって、どう育てるべきかっていうのは、これはやっぱり親が考える問題ですものね。 ・こうやって児童相談所の方がかかわることによって、今後のそういう安全性の問題とか、より強く意識できた、それはとても大きいこと。 ・自分の意識の改善にもつながったのかなとは思います。 ・意識が変わったこと。より安全にしないといけない、子どもは思ってる以上に危ないから、より安全にしなきゃいけない。 ・人から直接、それも児童相談所の方からいわれてやるんじゃなくて、自分からちゃんと考えないと、それができたこととか良かった。 ・離れて……、家族の、なんだろう、これからどうやって暮らしていくのかなとか、そういうふうに考えてました。 ・母親としてちょっと、なんていうのかな、これからの、帰ってきて、この子が生きやすいように、生活しやすいように、学校行きやすいようにしようと思いました。

288

42		・まあこういうことがあって、自分をもう一度見直すっていうんですか、自分の中で、今までやってたことで、駄目っていうか、なんていうかな。 ・またこういうふうになるのも、やですし、自分ももっと、自分の中でいいように変わりたいなっていうのもあるんで。 ・これからもう1回子育てをスタートさせる第一歩にはなったので、良かったのかなあと思って。 ・自分の中で自分、見つめ直している部分もあるんで、また違うふうに考えてみようかなっていうのもありますね。
43	子どもをまた、取られるのではないかという気持ちにさいなまれていく	・でも怖くてこの人、叩けないし、怒鳴れないんですよ、怖くて。 ・最初の1カ月ぐらいは、怒ることが今度はできなくなっちゃいました、怖くて。

資料2　支援者インタビューから抽出したインシデント

	生成途上のコンセプト	インシデント
1. 子どもの安全を守ることを伝え続けていく		
①	○一時保護の目的を共有していく ○保護者と心配を共有していく	・一時保護をした時点でこちらの説明とか保護の目的とか、そういったことは案外共有しやすいというか受け入れしてくれるっていうような。 ・もともとの児相が心配しているっていうところに立ち返れば、そこで、そもそもの心配なことっていうのがくっきり私にもしますし、親もやっぱりそういった理由で共有できるかなって。 ・本人の検査したら本人が落ち着きがなくってとか、そんなことがいろいろ出てくると、どんどん変わってくるようなところがあるんですけど、もともとうちが心配してるのはそこだっていうふうに、立ち返れることが次の展開には進みやすい。 ・安全を作ってほしいということにすぐに納得できなかったとしても、子どもが実際にそうされたことでどんな気持ちだったのかとか、あとは、親ももともと何となく思っていた不安な気持ち、関係性だったりとか。 ・でも、何かで気付きを。それがさっきの心配なことの共有だったりとか。 ・起きた虐待についてと、今後起こり得る心配について、明確に「これだ」っていい切れるものを用意しとくことが、落ち着けるところになってる。 ・厳しいときは本当に非常に長くかかる、厳しいっていうことはいわなきゃいけない場面っていうのはあるんですけど、でもやっぱりそこが目標なんだっていうところを示してあげるとか、そこを共有できると随分違うなっていうのは感じます。 ・最初に伝えたはずの心配がちょっとどっかにいっちゃうと、なかなか主体性も生まれないし、結局「児相はここが心配っていったんでしょ」っていう、こっちからの指導みたいになってしまうんじゃないかなっていう感じ。 ・家族にとっても分かりやすいと思うんです。児相が心配してるのは子どもの安全なんだって。その他のことは別に関知しないというか。だから、最初サインズとかって入ってきたときに、親御さんに「CSPやったほういいんじゃない」とか。「病院かかってんの」とか「薬飲んでるの」とかっていう、他のところにまでとらわれちゃうとずっと家族は再統合できないけれども、「子どもの安全のためにこうしました」っていうところに絞れば、ぶれずにお互いやれる感じがすごくあって。 ・でも、子どもの安全ということについて本当にしっかりと考えられていることであれば、その時は親御さんはそうやって思っているかもしれないけど、でもそれをすることに意味があったんだと思ってもらえるようなことだというふうに、そこは割り切って次につなげていくというようなことがどういうふうにできればいいかなを一生懸命考えることか。

		・親御さんと信頼関係を築き上げられないかもしれない し、嫌だなっと思ってる親御さんがいるかとも思うん だけど、それはそれで仕方ない。私たちがやっぱり少 なくとも子どもの安全を守るためには必要なことだと いうふうに思っている作業なので、それはそれで、全 て親御さんの主張のみではなくてみたいなところ。
		・子どもたちの安全を自分たちがっていうところです よっていうことはすごく投げ掛けても、なかなかすぐ には浸透しないと思うので、それを具体的にそういう 作業をしてもらうとか、そういう時間を持つっていう ことが大きな一歩かなっていうふうに思います。
		・病院の人に話していなかった、調子の悪かったとき のことを向こうから話してくれて、そういうのを子ど もが見たらどう思うでしょうねって聞いたら怖がるで しょう、まさにそのことを心配しているんですよね、っ てことを話せるようになる。そういう風にならないた めにだれにどんなふうに協力してもらえるかっていう、これからのことを話しができるっていう。
		・なるべく丁寧な説明、何があって、こういう、大ごと になっているのかっていうのを、ウソ偽りなく、正確 な言葉を使って説明していくっていう、あいまいな言 葉はなるべく使わない。
		・同じようなことにならないようにするための工夫を見 たいってところをお話ししていきたいんだって、そう いうことを丁寧に説明する。そして、説明責任を果た すって感じですよね。
		・最初の部分の合意形成、納得しないけれど、お前たち がそういうことをするのは分かったよっていうのが、 早くなるっつうか。
		・どんな子どもに育ってほしいのか、どんな家族を作り たいのか、そこに向けて、何があってこういうことに なっているのか、きっと、こうしたいというビジョン があるから、そこに向かおうとして。
		・要は、ことが起きた同じユニットに何の変化もなくす ぐに子どもを返すこと（をしない）話っていうのを、 合意形成していくっていうか。
		・ビジョンにむけて、起きた危害はこれですよ、そのこ とを繰り返さないために、今までそういうことがある 時にはそうならなかったっていうのはみなさん確認し ているんですよね、そのビジョンに向けて起きた危害 を繰り返さないためにどんなお手伝いができるのか、 ここでオープンにして、プランに落とし込んでいくっ ていうことをやっているっていう。
		・子どもの安全というところで、とても、漠然とした言 葉なんですが、共同責任っていうのがあるんで、聞い た限りは、起きたことはなんなのかってことも聞かし てもらいたいし、それを繰り返さないために口出しし ていかなきゃならない。
②	○児相として譲れない 子どもの安全について 本音で話していく	・本音をいってもらうためには、やっぱ、子どもの安全 につながっていくというか、そこを児相は譲らないよ うにしたほうがいいんじゃないかなって。

資　料　291

	生成途上のコンセプト	インシデント
②		・「お母さん変わらなくていい」とか「お父さんそんなに変わらなくてもいいけど、子どもの安全を守るためにどうすればいいのか」っていう、切り口っていうのは、すごく大事だと思って。 ・ちゃんと見通しを持って、「テーマは子どもの安全なんです」っていう、それがぶれないで、いい続けると。 ・「ぶれない」っていうことだけしか、もう。子どもの安全について伝え続けるって、繰り返し、繰り返し、それしかいわないっていう感じだと思うんですけど。 ・子どもの安全っていうところに柱を置くことによって、誰が「やった」「やらない」じゃなくて、「家でけがしたよね」っていう。それを、どう安全を守るかっていうことをこれから話したいんだっていうことを伝えられることによって、親の側も「ああ、そうか」っていう。 ・児相が関わる家族って、課題は1つじゃなくていろんな課題を抱えていて、心配しだしたらきりがないし、その心配を全部解決してから返そうと思ったら永遠に帰れない感じがするんだけど。関わってる中でいろんな心配が見えてきちゃうんで、今度、ちょっと議論が広がり過ぎちゃうというか。家族がやらなきゃいけないこと、児相がやらなきゃいけないことがすごく広い感じがするんだけど、「まずは安全だ」ってなったときに、もうちょっとお互い、家族も児相もやることのゴールが見えやすくなってくるなっていう気はします。 ・これからは何が必要なのかっていう、子どもの安全についてお話ししていくことが大事なんだっていう。
③	○子どもの心配を話しているんであって、犯人探しをしているのではないことを伝えていく	・「いや、ここは心配だから譲れないよ」っていうところがはっきりしているし、犯人捜しをしてるんじゃないんだっていうことがぶれずに伝えられるっていうことが。本当にスタートのところで対峙はするんだけれども、それが次の「じゃあ、どうしよう」っていうところに進めるようになってきた。
④	○不適切さを伝えていく ○親に子どもの人生であることを伝えていく	・当然、親の思いもあるので、親の思いは伝えてもいいと思うけれども、でも子ども自身の人生なんですよと。親の人生じゃないんですよ。 ・自分が聴いて感じたことをできるだけストレートというか、こう思ったとか、事実も伝えつつ、自分はこういうふうに感じたとか、こんなふうに思いもあるんじゃないかっていうのも含めて伝えるようにしているんですけど。その中で親御さんがどう感じるかっていうところも大事だろうと思っているので、できるだけストレートに事実と自分が思ったこと、感じたことは伝えるようにしています。 ・でもそこを伝えることで、少しずつ子どもの変化とか、新しい気づきにつながっていくのはまたそれがあるととても展開が変わったりとかっていうふうになってますので、そこは大事だなと。

④		・対峙したときの、伝えるべきことは何かっていうことがぶれないこと。 ・守れてなかったっていうことをあらためて親御さんに突きつけたりとか、できてないことを突きつけるみたいなことかな。「あなたは親として子どもを守れなかったんだ」みたいなことを親に突きつけてるみたいなことですかね。
⑤	○できていたことと心配なことの両方を伝えていく	・やっぱり直面しなきゃいけないやってきた事実を分かってもらうための説明。私の役割としてはそれと反面できていたことってこんなことがあったなっていうのを中心に話していくことで、少しずつ柔軟になってきたというか話の展開が変わってきたところだと思いますし。 ・できていたこと、健康的な面っていうか、も十分ある家ではあったので、そういうところに一方ではそこに注目することもあり、一方では事実の部分を伝えるところもあり、っていうところかなと思うんです。 ・何かおうちであった嫌だったりとか困ってたこととか、そこの話だけどんどん聴いてくるんじゃなくて、楽しかったこととか、うれしかったこととか、そこをバランスよく聴いてもらうというか、これからのこと考えてるかとかも含めて、どんなおうちになっていけばいいかとか。 ・親御さんこれまでどういうことしてきたかっていうところを細かく聴いて、いわゆる例外的な部分ですね、っていうのを聴いていって、そん中で多分、今まで通りでOKっていうところはそこできちんと、それは今まで通りでOKだと思いますよ、変える必要はないと思いますよってことと、ただやっぱり変えなきゃいけない部分っていうのは、こっちからこうしてくださいっていうよりは、そのことに対して、じゃどんなことが、今までと違ってどんなことができそうかとか、何が、どんな助けがあれば今までと違ったやり方ができるかっていうとこを投げかけていく。 ・やったこと自体は認められない部分もあると思うんですけど、それを全面に出して話をしてしまうと、やっぱり前にいった拒否感も強くなるだろうし、そこから先の信頼関係なんかとってもできないしっていうふうに思っていて。ただ最終的に不適切なことっていうのはどこかで話をしなければいけないというふうには思うんですけど、そこを最初に出さない。出さないというかそこに終始しないようにする必要があるんじゃないかなとは思ってるんです。 ・そこを一回経ると、もう一回心配に戻ったときに心配の話ができるんですよね。「じゃあ、さっきの話に戻りますけど」って戻ったときに、「ああ、そうか」っていうのがもう一回確認しやすくなる気がします。
2. 児相にある権威の存在を意識していく		
⑥	○組織として判断していることを伝えていく	・児童相談所の職員っていうとこでは、組織として判断して対応してるんですっていうところでの、ある意味権威っていうところが必要かな。

資　料　293

	生成途上のコンセプト	インシデント
⑦	○権威をどのように示していくのかを考えていく	・あまり権威ってこと自体は意識したことはなかった。実際そうなんでしょうけども。そこが、なるべくならば使いたくはないですけど、そういうのを使わないと、話が進まない例もあるのも事実です。
		・最低限、必要は必要かなって思いますね。あとはその権威的なところを前面にこう押し出すのか、ありながらも、そんなに前面には、必要最低限の出し方というか。
		・ただ、それを説明しながらも大事なのはとにかく、相談所と子どもの安全について話をしていくことなんですっていう。ところのほうを強調してるつもりなんですけど。
		・権力、権威ってうまく使わないといけないなと思っていて、ちょっと間違うとやっぱり人を虐げるというか、力関係になりやすいので、法的に子どもを守る意味で入らなきゃいけないっていうので権力は必要だと思うんですけど、でもその使い方は誤ってはいけないというか、すごく注意が必要なものだなって思います。
		・対等じゃないことは入口で出会うときに対等ではないということは意識しますし、こちらが伝えることっていうのが、相手はほとんど入らない状況かもしれない。緊張したりとか、権威をやっぱり感じている人はその人を脅かすので。
		・権限使って、話の土俵に、ニーズがない中で乗ってもらう、半強制的にそうなっちゃっていると思うんですけど、でも、そういう構造の中でやっていくのは、子どもに起きていることの何らかの福祉阻害、不利益みたいなのがあるとして、そういうことにならないってことに話をしていった方が、子どものためにもなるっていうか、家族のビジョンにも一致するんではない、そこのビジョンとのすり合わせってしていくのがうちらがやること。
		・権限を使って、無理やり、この話をするっていう、土俵に乗ってもらっている、構造があるっていうことをうちらが知ったうえで、あくまで権限下の中でNOといえないっていう、うちらが、こうしたらどうでしょう、こういうのはどうですか、なかなかNOといえないという構造であることを知っているうえで、当事者に聞いていくことをしないと、相手を出し抜いちゃう。
		・私たちは法律を盾にしてコントロールっていうのは事実はあるんで、その事があるのは事実なんで、それをなくフラットにするのは、面接を見える化、多くの人と共有するとか、こっちが出し抜いてものをいうんじゃなくて、家族が声を出せるように質問をしていくとか、そういうのが専門性というか、スキルとしてないと、簡単にまた上から目線になっちゃう。
		・子どもの安全については率直に話ができていたら、権限下の中にあるんだけど、お互いに意味を取りながら、話ができる。

294

3. 常に話を聴く姿勢を持ち続ける		
⑧	○常に話を聴く姿勢を持ち続ける	・端的にいえばあんまり人格障害っていう診断を付けないようにしてます、私は（笑）。 ・いつでもその人の話を聴く姿勢がこちらにありますっていうことを口でも伝えるし、態度でも示すっていうことですかね。 ・相手がいおうとしている、いわんとしていることをどこまで自分自身で聴いて、聴けているかなっていうのをいつも感じながらやっていて。 ・ああもう少しこのぐらいここを聴いておくべきだったとか、こういうふうにしたらもう少し相手にとっていい聴き方になったんじゃないかなとか、そういうことは常々感じながらやっています。 ・具体的にはすごく簡単なことなんですけど、気持ちよく帰ってもらえるっていうんですかね。気持ちよく帰ってもらえるっていうか、児童相談所に話して良かったなっていうふうに思ってもらえるのもそうですし、また話をしてみようっていうふうに思ってもらえるような終わり方というんですかね。それも気を付けているところというか、はい。 ・ただ少し、何か自分たちの話を聴こうとかっていう姿勢が、こちら側に、児相側にもあるっていうのが多少なりとも伝わってくれるのかなって。 ・抽象的な話ですが、なるべく誠実であろう、できる限り正直であろう。 ・相手の人を、言葉でいっちゃうと簡単な話ですけど、尊重しようっていうこと、それをどうやって実際にやっていくことは難しいのでしょうけど。 ・相手の立場を尊重する中で、そういう中で、そういう気持ちで考えた本当の言葉っていうか、それにした方が、こっちもここはこういう風にいっておこう、ここは、本当はこうだけどこういう風にいっておこうというよりもシンプルになって楽だ。 ・自分の中で、これはここでしか出さないようにしよう、内緒にしておこう、っていうとそれの整合性を立てるために考えなければいけなければならなくなる。 ・相手を尊重するってどういうことでしょうね。そういう風に思いながら、そういう態度がこちらにないと、相手を尊重する態度がこちらにあったうえで考えられた正直な言葉でないといけない。 ・自分が、わかっていないっていうこと、わかったつもりにならないことを念頭に置いておかなければいけないことを努力している。 ・決めつけられたらいやだろうなっていうのと、ほんとにだって、聴いてみないとわからないから聴いてみたり、決めつけないでいろいろ聴かせてもらう中で、そういうこともあったんだっていう驚きというのもあるから、そのために自分を戒める、ほら、聴いてみないとわからないよね。

資　料　295

	生成途上のコンセプト	インシデント
4. 虐待に至ってしまった事情を理解していく		
⑨	○虐待してしまう事情の理解 ○保護者がどんな思いで子育てをしてきたのかを理解していく	・親の方にもその背景とか、そこに至る経過とか、そういったことを伺っていくと、理解っていうか了解というか。 ・虐待とか不適切な行為をする親自体が、どういう生育歴があったのか、どういう育ちの中で大人になったのかという話を聴いて、そういう不適切な行為をせざるを得なかった、そういう状況下で育ってきたんであれば、そのことの受け止めをして、お父さんないしお母さんの存在というか、生きてきた歴史も含めて認めるというか受け入れる。同じ言葉ですけど、受け入れていく。 ・今やってる行為が適切じゃないので、あなた自体を否定しているわけではないと。そうせざるを得なかったとこの理由を聴かせてもらうということで、生育とかを聴いていく。 ・生育の中でつらかったことがあればつらかったこととか、親との関係で厳しいってことがあれば、厳しかったんですねとか、経済的に苦しかったら、そんな苦しいとこで生活してたんですねとか、具体的なところで起きたことで、そういう思いだったんだなっていう、感情の共有。 ・保護した時点では、自分が悪い行為をしたので子どもを引き取られてしまったっていう思いがあるので、自分は悪いことをしてないんだっていう防御の気持ちがすごく大きくなってると思うんです。 ・そればっかりの話題になってしまうと、恐らくもう取り調べみたいな形になってしまうと思っているんです。だからそうではない、本当にここにたどり着いてきたまでの状況だとか、核心に迫る。そこを遠回りするっていうのはやり方としてどうかなって思うときもあるんですけど、でもできるだけにそこだけに終始しないようにやっていくっていうことですかね。 ・やっぱりそこは、私たちが子どもの虐待の事実だけで話してしまうんだけれども、その前には親御さんと子どもとの生活、歴史とか今まで過ごしてきたさまざまなことが、その中には頑張ってきたこともあるし、苦労されたこともあるし、そういうことを抜きにして「やれてない」みたいな話になってしまうことなのかな。 ・親御さんがどんなこと考えて、今まで子育てしてきたのかっていうのは、少しでも理解したいなって思って話ししてるので。 ・その人なりの背景っていうか、どうしてそういう行動をせざるを得ないのかみたいな、流れの中でどういうきっかけとか、どういう状況の中でそれが起こってたのかとかが分かると、確かにそれはそうだよなというか、そうせざるを得なかっただろうなみたいな、すごい苦しいな、みたいな。この人がそういう中で必死にそういうことといろいろ向き合いながら、こう日々を過ごしていたんだっていうのが、やっぱりあるので。

⑨		・ここまでにくるまでどんな思いで来られたのか、複雑な思いがあったと思いますけどっていうと。 ・丁寧に、ここに至るまでの間、激動の時間、家族にとっては、そこはできるだけ、私たちがニーズのないっていうか、望んでいないところにかかわっているのか、私たちがやっているのは、どうしてかっていうのを丁寧に説明していく。説明責任、合意形成っていった部分だと思うんですけどね。
⑩	○保護者も虐待を受けてきた経過があり、ある意味、被害者であることを理解していく	・やっぱ、その人も親からの流れを受けているんで、そういったところで、その人もある意味、被害者なんだなっていう感じがするんで。そういったことは理解していかなきゃいけないだろうし、それを断ち切らなきゃいけない。 ・断ち切ることは可能だと思うし、実際にそれもできてきたと思うんで。ただそれが、やらなかったケースのほうが、「後悔してる」っていう部分はあるのかなと思うんで。だから、「その場面にきた」っていう、なるべくチャンスと捉えようとは思ってるんですけど。 ・でも、親も親で、そういうしつけしか受けてなかったりしてるんで。まあ、被害者ではあるんだなあとは思ってますけど。
⑪	○子育ての苦労を聴いていく	・いろんな場面で友達とか来てくれて、そういう人が話してくれるのは、やっぱり、「まあ、一生懸命やってたのよね、あなた」とか、結構いってくれたりするんで。そうすると、お母さんが何か涙が出てくるとかいう、よくある話で。で、「一生懸命やってたけど、ちょっとうまくいかなかった」っていう、「子育てってやっぱ、そういう難しさがあるんだ」ってことを、みんなで共有してもらえるっていうのは、すごく大事だなって思うんですけど。 ・親御さんが、ほんとどんなことを考えながらこれまで子育てをしてきた、あるいは、しつけをしてきたかっていうのはやっぱり、なるべく聴くようにはしてるので、その点、子どもがどんなふうに育ってほしくてそういう子育てをしてきたのかとか。 ・やっぱ、愚痴を聴く、子育ての難しさを聴くですかね。 ・やっぱり子どもと生活する一緒にいるっていうことの中でのもちろん苦労もあるだろうし、困り感というか自分が困っているんだっていうところを出せるようになってきたときに、相談関係じゃないですけど、話っていい方向に進んでいくんだろうなっと思うんです。 ・いろいろ不適切なやり方もあったかもしれないけど、親として努力してきたこととか、うまくはできなかったけれども、やろうとしてきたことは必ずあるはずだし、そもそも私たちが知らないことのほうが多過ぎるっていうか。
⑫	○子育てをさぼっていたわけではないことを伝え、保護者の努力をねぎらう	・子育て、うつっていうものは、お母さんがさぼってなってるわけじゃなくて、子育ての中で大変苦労してるんだってことが、なかなか普段は話ができない中でも、僕らが第三者で入ることで、結構、話が出てくるんで。

資　料　**297**

	生成途上のコンセプト	インシデント
⑫		・やっぱり、親も一生懸命やってた部分はあると思うんで、それを拾い上げながら、今やってるんで。 ・立ち居振る舞いだとか他の子どもとの関係だとか、そういったところでしつけだったりだとか、感情の表現だったりとかで、親がしっかり関わっていた部分が表れていることもあるので、そういうところをしっかり伝えるのって大事だなと思うんです。そうすると自分がやってきたことが間違えてなかったっていう部分にもつながるので、そこを認めてもらえたっていうのは親にとってはすごく大きいと思うんです。決して間違いじゃないし、やってきたことが違う方向に行っているわけではない。 ・別に人を責めているわけじゃなくて、「子育て大変ですね」っていうことの中で、「目標見つけて一緒にやっていきましょう」っていう、そういうのが、マッピングとかしながら、伝えられたときが一番あれですかね。 ・「責めてるわけじゃなくて、問題点を解決していこう」っていうふうに思ってくれてるっていうふうに、向こうがちょっと思ってもらえれば。パートナーとして。
⑬	○保護者が家族のことを隠していたいという気持ちを理解していく	・それを隠しながら児相と話をするっていう方が多いと思うんですけど。その辺をどうしても隠したというか、本当のことはこういえないけれども、でも伝えなきゃいけないっていう思いの中で話してるんで、だからそこの部分が出てこないのが、支援にたどり着けないというか。本当に必要な部分っていうのは多分それが出てきて初めてじゃ何が必要か何をするべきかっていうふうにつながっていくんだと思うんですけど、そこにたどり着けないと本当にプラスになるものっていうのは生まれてこないんじゃないっていうふうに思っているので、そこの部分を引き出すっていうのは非常に難しいなって。 ・でも隠したい気持ちも理解をしながらやれるといいのかなとも思うんですけど、恐らくそういう思いが強いっていうのがあるんじゃないかとは思ってます。
⑭	○決して否定しない	・やっぱ、友達とかは、「あなたのやってることはいいんだ」っていうことを結構いってくれてるんで。それはそれとして、やっぱり、「全てを失う、駄目だ」っていわれているわけじゃないっていうことを、理解して気づくっていうことにつながってんのかなっていう気がするんですけど。 ・最初は全てを否定されたっていうところから始まってる親御さんだったので、そこが、児相はそれだけを見てるんじゃないよっていうところにつながったんじゃないかなと思うんです。 ・恐らく否定をされたくないとか、多分自分の生活っていうのがあるわけなんで、それを否定されたくないとか、やってきたのは間違いじゃないんだって思いたいというか、そういう気持ちがすごく強い方は特に多いなって感じるんですね。

298

⑭		・何でしょう、決してわれわれはしてきたことを否定をしないっていうことが大事なんだと思います。
		・虐待をして病院に連れてきたところで否定をする、「何でやっちゃったの」じゃなくて、「よく病院に連れてきたね」っていう。明らかに不適切なんだけれどもそれをまず置いといて、連れてきたことにねぎらうっていうことができると本当のことがそこから出てくる。
		・恐らく児相に来るっていうこと自体で、もう何か調べられるとか、いろんなことを追及されるとか、そういう思いで来てるんだと思うんですけど。そういう思いを持っていて本当にそうであったら、きっともうそこから拒否感って強くなるし、信頼関係っていうのはもちろんできないと思うので。それがないっていうふうに思ってもらうことがまず第一歩かなと思うんです。そうすることでやっぱり展開も変わるし、話をしていくのも少しずつ出したくなかったものも出してくるっていうのがあるんじゃないかなと思うんです。
		・親御さんと会うときに、まあ私たちが知っているのは今この時点でのこの出来事だけれども、それまでのやっぱりそういうもっと広いっていうのかな、いろんな面を聴かないと分からないし　最初の会い方とか、会った時にいろいろ言葉の使い方とかは、かなり気を付けてはいて、親御さんを責めるような形にならないように。
		・言葉というか、親御さん自身の対応が問題とか悪いとか、そういうニュアンスで受け取られないようにっていうようないい回しを。
		・でも突然のできごとで、親御さんも少しというか絶対に、いろいろパニクってたりとか、いろんな思いがある中で来てて、そこで非難されるんじゃないかとか、いろいろそんな思いを抱きながら来てると思うんですよね。でもそこで、そういう自分たちが考えてること、前何をしたかな、聴いてもらえるっていうのは、来た時の、来所して面接室に入るまでとかの、面接始まったころの、相談所からこんなふうにされるんじゃないかとか、こうやっていろいろ注意されるんじゃないかとかっていう、自分たちが思ったのとちょっと違うなって思わせるとこあるのかな。
		・自分たちのやっていることを注意しに来たというか、あるいは何か指導しに来たんじゃないっていうところが少し伝わると、多少は、そこが分かってもらえると和らいでくれる。
⑮	○あなたのことを否定していないことを伝えていく	・やった行為は良くなかったけれども、あなたのことを否定しているわけではなくて、今後より良い関係ができるためのきっかけになればいいかなという思いでやってます。

5. 大変な子育ての中でも、できていたことを探していく

⑯	○できていたことを探していく	・親御さんの今までやってこられたことで、何か、こういう部分は良かったんじゃないかとか、頑張ってこられたことを、何だろう、一緒に共感する。認めるっていうと何か、上からな感じだけれど、こんなこと頑張ってこられたんですね、なんてお話をできるだけ、一緒にできるようにしました。

資　料　299

	生成途上のコンセプト	インシデント
⑯		・これまでの頑張ってこられたこととか、今頑張っておられることをできるだけ聴いて、「そういうこともやってきたんですよね」みたいな。
		・どうしても、「リスクをどうつぶすか」の話にいっちゃうと、「もうちょっとできている部分とかもあるんじゃないか」っていうふうなところもあるんですけど。
		・極端にいうと、「リスクを徹底的に」みたいな話になってっちゃうと、本当に疲労しちゃうんですけど、そうじゃない、安全を拾い上げながらトータルで、「ここら辺でしょ？」っていうふうなやり方なのか。
		・リスクだけじゃない、安全を拾い上げる方法じゃないと。本当、親とはどんどん、ぶつかっていくことになっていくんで。
		・やっぱり、「できてるところを大事にしながら」っていうところじゃないと、向こうとの共通の目標を持ってやっていくってこと。
		・「いや、でも、できてるんだ」っていうことを、メッセージを伝えるべきだと思うんですよね。みんなそんなに頑張れて、いい得点取れてるわけじゃないんで、そういう、その人自身のやってることは小っちゃなことでも具体的に取り出してあげて、大事だと思うんですよね。
		・「こういういいところがあったから子どもはこうやって成長しているのよ」みたいなことが、力づけてくれるっていうか。
		・家族全体像の中から、「わあ、心配」っていうところをどうしても見つけがちになってしまうので。そういうのを、いかに家族の強みを探し出してそれを伝えられるかっていうところは、気をつけないとすぐ心配探しになっちゃうので。
		・心配だけやり続けてるとただただ雰囲気の悪い話にしかならないんだけど、ちょっとでも家族の強みが見つかって、「あっ、それはできてるんですね」っていって、真ん中のうまくいってるところを出し始めると家族が和んでくるというか。「あっ、そういえばこんなこともあったんですよ」って、自分たちからも家族の強みを出してきてくれたりっていうことがあるので。その強みをお互いに出し合うことによって、その後の話に進めやすくなるなっていうのがあるので。
		・家族にとってもあの雰囲気の変わり方っていうのが。いい雰囲気になるんですよね、強み出し始めると、わっと。また、家族にとっても安心の体験になるんですかね。児相に怒られに来たっていう感じじゃなくて、家族にとってプラスのこともしてくれそうだなっていう雰囲気になる気がします。
		・家族のできているところ、「そうはいっても、安全だったこと、できてたことありますよね」っていったときに、家族自身が自分たちのいいとこ探しを始めるので。
		・流れの中で前はどうしたかとか、当然例外的な質問とかも入ったりするんであれですけど。

| ⑯ | | ・やっぱり親御さんが、保護されたときの原因となったいろんな行為だとか、辛いことあったんでしょうけど、でも日々それで全てやってたわけじゃないし、うまくいってたりとかできた部分もあるわけで、それで親御さんが持ってる力ってのを信じながら、親御さん気づいてない部分もあるでしょうから、そこを気づいてもらえるような投げかけをしながら、親御さんがそこに向ってやっていけるようにモチベーション上げるような、そういう質問だったり言葉かけをするようには意識はしていますね。
・みんなして駄目、駄目親みたいなことをいっているような、それじゃ支援にならないじゃんとかって思ってんですけど。そう。「でも親もこういうところ頑張ってるし、こういういいところあるよね」とか、「子どもがこんなふうに成長したよね」とか、「少なくとも前みたいなおっきなけががなく何とかやれてるのは、やっぱり努力があるからだよね」みたいな、そういう会話をしてくようにしてるっていうか。
・一時保護されてダメージは受けられたけれど、ちゃんと頑張っている部分を認めてもらえる。受け止めてもらえたっていう思いにつながっていたのではないかと思います。
・やっぱり親御さんの持ってるものも引き出したりとかっていうことがプロセスの1つだと思うんですけど。でも親御さんにもそういうものがあるっていうか、もともとの……。
・「いいよね」って表立って褒められることってないと思うので。そこで褒めてもらえることが家族にとってもいい体験になるのかなと思うんですけど。
・お母さんができていた時のことを話をしていく。
・家族全体像の中から、「わあ、心配」っていうところをどうしても見つけがちになってしまうので。そういうのを、いかに家族の強みを探し出してそれを伝えられるかっていうところは、気をつけないとすぐ心配探しになっちゃうので。
・ただそこには、相談所との話をしていくことが必要なんですっていう。嫌かもしれないけれども、でもそこができないと話は全然進まないし、再び一緒に暮らすっていうこと、残念だけど実現すること難しいっていうんですかね。そんなようなニュアンスの話を、割と最初の時にして、とにかくお話を一緒にしていきたいんですっていう。
・まあその子が何歳だろうがそこにいるっていうか、生きてそこにいて、もちろん、いいところもあって、子どもに会っていれば余計、こういう風にいいところもあるって思うじゃないですか、赤ちゃんでも10月10日おなかにいて、命として生まれてくるまでがあったから、そこにいるわけで、そう考えると、その子がそこにいてそういう風にいいところもあって元気でいて、それを成し遂げたそこにいる人、親だから、すごいなあと思うっていう、そういうところもあったから、そこにいるんだと、思うようにしている。 |

	生成途上のコンセプト	インシデント
⑯		・どんなふうにしてその子が育ったのかなあとか、その親御さんがどんなふうにしてきたからなのかなあとか、そういうことを想像しようと努力する。 ・例えば、すごく上手に、お箸を使って、ご飯を食べているのを見ると、この子も、こんな風にお箸を上手に使えるようになるためには誰かが必ず何かをしてきたはずだなって。 ・いきなり保護になって、なんでいきなり保護するんだって始まるようなケースなんか、リスクっていうか、マイナス面ばかりの情報が多くて、プラス面がなくて、調査保護的な意味もあるから、だから、プラス面の情報がない中で、始めなければいけない、けど、プラスっぽいというところを探して、その話からしなければならない。 ・なんか危害が起きるっていう4W1Hのことはあるとして、まあ、今回は大ごとになっている、一時保護になっている同じような4W1Hだけれど、大事にならずにすんでいるっていういわゆる例外のことですが、あるとしたら、それがいつなのか、そこに誰がいるのか、いないのか、場所はどこでなのかっていう、時間と人と場所と何がどのようにどうなっているのかっていう、同じような時でもそうならなかったのは、また、聴かせてほしいし、教えてほしい。
6. 虐待者とされたことの傷つきを支えていく		
⑰	○喪失感からの回復を支えていく	・最初保護されて、喪失感だったりそういうので来るときは、多分、子どもを中心に考えるっていうよりは、そういうふうにいい張る方もいるけれど、まず、自分の感情で、そこがつらくって、そこの回復途上というか、それがまず多分どんな人でも一番の優先じゃないですかね。 ・人によってはでもその虐待っていうのが、すごく重くのしかかって、関係性がうまく創れてきた中であったとしても、そういう認定、認定って別に何かでしているわけではないんだけど、外してくださいとか記録からなくしてくださいっていうことはおっしゃられた方もいるので、何ですかね。人間として駄目じゃないんだけれど、何か一番最低限のところに置かれちゃった気持ちはあると思います。 ・児相が関わることで、「児相が来るなんて」みたいな家族の傷つきというか、そういった体験からもう1歩、「あっ、そうじゃないのかな」っていう、「自分たち家族にもいいとこあるじゃないか」みたいな。そういう、傷つきからの回復まではいかないけれども、「児相が来て悪いことばっかりじゃないんだな」っていうところにつながるのかなって思うんですけど。 ・ゴールというのは大事なんだなあ、何を目指して、歩んでいるのかっていうのが大事なんだなあ、と思いましたね。その人なりの、家族も、逆戻りしたり、止まっているように見えるかもしれないけれど、その人なりに先に進もうとしている姿があると思う。

⑱	○虐待者であったことを感じずにはおれない	・親御さん自らが「じゃ、虐待だっていうんですね」っていうふうになっちゃう場合もあって、ずっとその言葉を引きずっていって、子どもが帰ってきても、自分の「虐待者であった自分」っていうのが、時に許せなくなるっていうふうにいってた方もいたので、人によってそれはずっと残させてしまうほどの、何ですかね、大きな影響力を持つ言葉だなあって。 ・やっぱり児童相談所のかかわりが続いているうちは、そこを薄められてても、意識せずにはいられない。 ・訪問してきたりするのっていうのは、自分がそういうことをしたからなのよねっていうような感じは持っていますよね。 ・学校は卒業すれば終わるというか、先生とのかかわりもないけど、かかわりの終わりを決めるのもある意味こちらなので、こちらが関わっているうちは、それを（虐待を）どうしても思い出さずにはいられない。 ・子どももいろいろあった子なんですけれど、ずっと子どもの、子どもに振り回されてきて、それを虐待っていわれるなんてって。この人も相当、虐待っていう言葉に何ですかね、取りつかれちゃったというか、それで苦しい、自分自身も苦しい思いをさった方なんです。 ・子どもと離れるのはまたその自分の一部を引き裂かれみたいなものすごいダメージというか。まして、あとまた自分が駄目な人間だということ、あるいは駄目な親だっていうことをまた周りから押しつけられるんじゃないかっていう、すごく恐怖みたいなものを持ってると思うんですけど。
⑲	○助けてほしい気持ちを拾い上げていく	・何ですかね、私の中ではその職権保護をした人も、どこかはそう表立っては助けてほしいなんてはいえないんですけど、やっぱり助けてほしかったっていうようなところはそういう表現はしないですけど、あるんじゃないかなーって思っていて、もう自分たちではどうにもならなくってすごく苦しんでた。 ・助けを求めないとか、いう方が多いなあと思っていて、だからいかにやっぱりつないでいくかっていうか。やっぱり子育てしていくのって大変だし、ましていろんな課題がある中でそれもしながら子育てをするって大変だから、どうやったらその人が周りの人とつながれるようにっていうのを、すごく意識すると思います。

7. 保護者の言動にチューニングしていく

⑳	○親の言動へのチューニングをしていく	・取りあえず1拍置くというか、一呼吸。そこですぐに反論というか、すぐにいい返さないように、まずは聴く。相手の出方を見るとか聴くとかっていう、取りあえず待つ姿勢を持ってないと、その場でわって反応してこっちもいい返しちゃうと、思いと違うことをいってしまうこともあるし、相手を余計いら立たせてしまうようなこともあるのかなと思うので。 ・やっぱりキャッチボールなのかな。相互の力動みたいな力関係が一緒に動くみたいなところなんですよね。 ・イエスセットみたいな話のリズムを作っていって、なんていうのか、何があったんですか、っていう方が多い。

	生成途上のコンセプト	インシデント
8. 保護者と通じ合えるタイミングを探っていく		
㉑	○本音が聞ける一瞬を探していく話し合える、通じ合える瞬間、信頼してもらえる瞬間	・どんなに立派な意見じゃなくてもいいんだけど、本当はこうしたかったんだよみたいなところだったりとか、何かふと本音が聴けたような一瞬というか、本音だったり思いだったり。 ・ずっといえなくて。まあ、対立だったのでね、余計弱みみたいなところは出さないって、頑張ってたんでしょうけれど、その辺がポロッと漏らされる一瞬っていうのが、勝ち負けじゃなくて本当に関係性っていうかね、そういう中で聴けると、そこをちゃんとこう引き出して。 ・それが自分でも、ここだったって思えるのは、後から考えれば分かるんですけど、意図して多分作っているわけではないと思うので。 ・流れが変わる。まあ全員にじゃないかもしれないですけど、子ども主体に考えることができるようになってきたなあって辺りは、流れの違いを感じる。 ・こういういろんなことがあって、まず自分の喪失感、自分自身のつらさからまず最初にくると思うんですけれど、どこかで子どもだってつらかったんだっていうところに突き当たったときに、はっきりとそうはおっしゃらないけれど、子どもも怖い思いをしたんだとか、こういうのを聴かせられて子どもも嫌だったんですかねって、疑問型であってもいっている辺りで、すごく流れの違い、今までとは違う気がする。 ・本当にそういう支援につながる本音をいってもらわないと、駄目だなあと思ってます。 ・要は本当は間違えているというか、まずいなと思っていることもあるんだと思うんですけど、そこは体裁もあってどうしてもはっきりはいえないというか隠すっていうところを、われわれが聴くことによって、ポロっと出てくるっていうんですかね。 ・瞬間で、その人を応援しようと思えたり、非難しようと思えたり、そういう感情が双方に動いている時間なのかな。 ・瞬間ですよね。でも何かやりとりの中であって気付く瞬間、気付ける瞬間とか。 ・信頼してもらえてるみたいな思いを親御さんからもいってもらったり、それが自分が感じられた瞬間とかかな。一緒にやろうと思えてもらってるみたいな。
㉒	○声をかける、電話をする、訪問するタイミングがある	・やっぱり、こういう仕事してると、そういうタイミングが、結構必要なのかなと思ってて。やっぱ、子どもの気持ちとしても大事だし、そういうシチュエーションを逃さないっていうのは大事だと思うんですけど。そうじゃないときに、いくらやろうとしても、どうにも変わらないときってあるんで。「そういう瞬間は大事にする」っていう気持ちで。嫌ですけど、逃げないようにしないといけないかなと思ってますけど。 ・そのタイミングを計るために、やっぱりすごく大事だろうなと思うのは、日常の生活支援を行う人たちの協

㉒		力だと思うんで、やっぱりこれは市町村の連携だと思うんですよ。そういう人たちの、その見立てがずれると、「そのタイミングじゃないのにな」っていうときがあるんですけど、そこのタイミングが、市町村と連携がうまくいってると、ずれないんだと思うんですね。 ・そういうタイミングが、結構必要なのかなと思ってて。やっぱ、子どもの気持ちとしても大事だし、そういうシチュエーションを逃さないっていうのは大事だと思うんですけど。そうじゃないときに、いくらやろうとしても、どうにも変わらないときってあるんで。「そういう瞬間は大事にする」っていう気持ちで。 ・「この場面においては、こういうことを期待してるから、ちゃんと声をかけてあげる」とか、「電話をしてあげる」とか、「訪問してあげる」とかですかね。
㉓	○保護者の期待に応えられるように動いていく	・一時保護されたりとか、施設入所になったりとかっていうことって、すごくお先真っ暗なことなのかなっていうふうには思うので、「あ、児相に保護されちゃった」とかっていったときに、そこで、「じゃあまたこちらから連絡します」とかっていうふうにいうプラス。 ・時間というかタイミングというのは、案外土日が入って、会議があって何とかでっていうと、動いていく日数が限られたりする印象がすごくあって、こっちはもう、いろんなことをしてるからあっという間に過ぎるんですけど、保護された側とか子どもにとっては、「まあ、子どもにとってはちょっとそういう時間があってもいいかな」っていうときもありますけど、親御さんにとっては、ちょっとタイミングとかタイムリーにとかっていうところは大切にするかな。 ・ここが問題だった、ここが原因ですっていう、突き付けられるのは、親御さんにとってどんな気持ちかなっていうと、前向きになれるような話ではないですよね。 ・あと親御さんとしても、そこ、どうにもすぐしようがない問題っていうのがあって、原因というのがあったりとかいろいろ。メンタル的な部分いろいろいわれちゃえば、それすぐ治せるわけでもなかったりとかして。
	9. 保護者の時間感覚で応えていく
㉔	○保護者が感じる時間感覚で対応していく	・スピード感が全然違うっていう。僕らが思ってるより、向こうの人が「一時保護とかしてると、すごくそういったものが遅く感じた」とか、そういう言葉がすごく身にしみて。 ・何かこう、せっかく家族としてまとまろうっていうときに、何か用事が合わなくなっちゃったりとか。そうすると、何か、その瞬間集まってもらって、ガーって集まって、「やっぱ、これで、こういうことでしょう?」っていうふうな形で、「協力しよう」っていう、そういうのは大事だと思うんで。そういうのがずれてくると、何か問題を解決しようっていう、せっかくの流れが消えちゃうときがあるんですよね。

資料 | 305

	生成途上のコンセプト	インシデント
㉔		・だから、「この局面はこのケースに対応する」みたいな感じができると、何か極論、10時間とか10日とか、1年かかるところが、子どもの負担も少なくて安全も作れて、何かすごい短縮できる場合もあるなっていうふうには思ってるんですけど。 ・保護をした場合には、どれだけスピーディーに進めるか、なるべく時間をかけないように、いわゆる保護期間を極力短く少しでも、1日でもとにかく、短くできるように、ためにっていうとこで。 ・とにかく、なるべくこちら側の問題で、何か保護期間が長くなるような形にはしないようにっていう。
10. 話し合える関係性を創っていく		
㉕	○保護者にとって、ワーカーが話を聞いてくれる人、自分のことをわかってくれる人になっていく	・お会いするときもそこら辺はやっぱり対等じゃない、相手と自分の関係性というか、対等じゃないところから始まることを意識しないといけないなあとかって思ってますけどね。 ・そのうち自分のことを分かってくれる人みたいな感じになってるような気はしますけど。 ・自分、その人の存在っていうのかな、自分自身のことを分かってもらえたみたいな。 ・関係っていうのは仲良くなることではないですよね、1つの目的に向かって進んでいることですよね。 ・だから、仲が良くないし、話し合いたくもない人と話しているとしたら、その人にとって意味のある時間でなければ、付き合ってくれない、だから、何を目指してその時間を使っているのか、何を目指しているのかをわかっていないと、とても気持ちが悪い。 ・このケースはここまでだろうな、と線を引いちゃう、こちらから限界設定をしちゃう、この人のできそうなところで、今は、ここまでできればいいかっていう、決めつけたとたんに話ができなくなっちゃう。
㉖	○話し合える関係性を創っていく ○話す気がない保護者であっても、話し合える（考えられる）所を探していく	・親にとっては思いがけないことだったということもあったので、まずは、話し合う雰囲気に持っていくっていうことが大変だったと思います。 ・少しでも話をしやすい間柄になるように、合間の訪問と電話はしょっちゅうしていました。 ・「来るな」とかもいわれましたけれど、でも、こっちが話をしていって、「いろいろ聴かせてもらわないと進まないんです」ってことをこっちもすごく思っているんだってことも伝えるためには、しょうがないっていうか、そういう手段にするしかなかったし、それで「来ても会わないからな」といわれつつも、本当に会わなかった方はいないです。 ・だからこんな形はっていう提案ができるものを持ってなきゃいけないとも思うし、あとは少し一緒に考えてみようかなっていうふうに思えるような。 ・全く話を聴く気はないっていう態度を示されても、でもどこかにそうではないものがあるんじゃないかって

㉖		いうのを諦めずにやっているっていうのもあるんじゃないかなって思うんです。 ・「あなたのやったことは虐待です」的なやりとりから（笑）、職権で保護したりとかっていうケースあるんでしょうけど、極力そういうやりとりにならないようには配慮はしてますね。とにかくどうしたら、いろいろお話ができる関係性をなるべく早く創れるだろうかっていう。 ・子どもの安全について話ができる関係性ってなるわけですけれども。 ・基本的には虐待って言葉は使わないようにしてますね。親御さんがすごい反応しやすい言葉ですし、その言葉使わないと相談所が心配していることとか、これからの話ができないのかっていうと、必ずしもそうではないので。 ・だから、そういうやりとり（保護者のがんばってきたことを聞いていくと）もそれなりにしてると、徐々に軟化はしてくれるというか、ちょっとこっちと話してもいいのかなって思ってもらえる。そんなところは、ちょっと出てくるのかなっていう気はします。 ・でも相談できる関係みたいなのができてくるっていうか、今までは一人で抱えたりどうにもならなくて違う方向、間違った方向の手段を選んでたり、あえて危ない道のほうに行ったりしていたのが、ちょっと話してやりとりして、ちょっとこうしようとか、話してるだけで違ってくるみたいに私は相手の人を見ながら思ってるんですけど。 ・「まあ、この人だったら責められない」みたいな、「こんな自分でもOKって思ってくれる」っていうところが必要かなと思うんですけどね。 ・やっぱり信頼関係がなかなかできていないところではそういう話にはならないでしょうし、こちらが本当に子どものためにっていうふうなことが伝わり切れてないと恐らくそういう本当の部分というか、本当はこうしてほしいのにとかこういうふうにしたいということが出てこないんだろうなとは思うんです。 ・要は信頼関係を創るためのかかわりっていうのを示していかないといけないかなっていうのもあって、そこを常々心掛けて。とにかく一緒にやっていくんだっていうか、子どものためにっていうところが伝わるような言葉掛けもしていますし、そこで出てくるものを期待しながら面接をしてるというか、そういうところはありますかね。 ・本当のところを話をしてもらえるような流れを創っていくっていうのが大事なんだと思うんです。
㉗	○やらされている感や、敵対感があったとしても、それでもつながっていく、つなげていく	・つながってくことかなっていうか、つなげていくことだというふうに思うんですけど、それは確かにやらされてる感だとか、これしないと返してもらえないということってあるんですけど、その中に敵対感は生まれてるかもしれないけど。

	生成途上のコンセプト	インシデント

11. わかりやすい対話の枠組みを作っていく

| ㉘ | ○保護者にとってわかりやすい枠組みを作っていく | ・共有したものを書き残すっていうことは、すごく分かりやすいかなっていうのは思っている。
・「分かりやすい仕組み」みたいなのが、ぜひ、広めてほしいなって気はします。で、やっぱり、一人一人でやるんじゃなくて、この流れは一人にさせないようなところがやっぱ、私はあると思うんで。 |
| ㉙ | ○保護者の話を視覚化して共有する | ・親子に会って、できるだけ、視覚化したものでこの先どうなっていくのかっていうのを伝えることですかね。
・やりとりは可能な範囲で視覚化する。
・親御さんに聴いたことを、これで書いたことで合ってるかって確認していったりとか、っていうことはやってますね。
・親御さんが結構、書くと見るので、またそれを見ながらいろいろ考えたりしてくれてるときもあるので、それは言葉だけのやりとりのときには、ちょっと生まれにくいものだったかなって気がしますよね。あと、書いているの見て「何かそういえば」って付け足してくれたりとか。
・過ぎちゃったりとか、こちらもそれが正確にいったこと聴いてるつもりで、ちょっと親御さんがいった、受けたものと違うということもあるわけで、そこのずれが少し修正できるのかなって気も。
・書きながら、ちょっとあとその中で、このことについていろいろ確認していきたいとかって出していってるので、結果として、どんなことしているかっていうより、親御さんとの話がそんな何か変な方向にいかないとか。
・面接を見える化していく。話したことを宙に飛ばして、消えさせてしまうのではなくて、今話していることを見える化していく。家族に立ち止まってもらって、今お話ししてくれたことってこういうことですかねえって確認していくっていう、話した内容の見える化、ビジョンも書くし、危害も書くし、あと、例外、工夫、セーフティ、ストレングスを明確化し、その中で、セーフティゴール、うちらは何を見たらおしまいにできるかっていうことを明確化していく、見える化もそうだと思うし、ですよね。
・質問していく。ツールを使っていく。ツールっていうのは、見える化していく様々なものがある。 |

12. SWの存在を意識してもらえるようになっていく

| ㉚ | ○待つ
○保護者との関係を粘る | ・間を置きますね。
・まあ、自分で考えなきゃいけないなあっていう親御さんの思いと、あと、まとめられなかったとしても、いえたことの達成感。あとはこちらが聴く姿勢で待ってるっていうことがちょっと分かってもらえるかも。 |

308

㉚		・あといつも児童相談所にその人が、例えば○○なら○○がいるとその家族に思ってもらえることをどうやってやるかっていうことなんだけど、逃げないことかなって思ったりして。
		・自分の子どものことを思ってくれてる、子どものことで悩んでくれている、いいやつか悪いやつか分かんないですけど、そんなやつですかね。
		・諦めもあるかと思うんですけど、その人を通さないと話が進まないとか何かあんのかもしれないですけど、そっちのほうが強いのかな。でもそこを含めて、一緒にやってくれる人って思えてくれたらそれがその体験がいいなとは思うんですけど。
		・面接とか、児童相談所の福祉司の専門性だとか、そこにはクライアントと支援者みたいなそういう役割はあるんですけど、その役割ではなくって、それはそれで必要なんですけど、まずはその役割の前に人と人とのつながりみたいな、そこの関係性がないと十分に専門性含めて発揮ができるところまではいけないんじゃないかっていう。
		・そう受け入れてもらえないときは、とにかくひたすら粘っておんなじような話を。
		・何としても親ともう一回どうしてったらいいのかっていう、その先。
		・私たちって子どもの安全とか子どもの幸せってよく言葉にするんですけど、親御さんにしたら、とてもきっと機関的な役割的な言葉にしか聞こえないと思うんですね。でも、そうじゃなく、ほんとにこの人は思ってくれてるんだって親御さんに思ってもらったみたいな、そんなところかな。
		・離されちゃっている親子のことであれば一緒に暮らせるために仕事をしてくれる人なんだって認知してもらう、それがわかってもらえた時っていうか。
13. 子どもと再び暮らすための見通しを持てるようにしていく		
㉛	○見通しを立てていく	・その時点での見通しといろいろ違うと思うんですけど、少し見通しを伝えていくっていうのは、相手にとっては必要かなっていうふうにちょっと思っています。
		・どうなれば帰せるのかっていうのを、どの家族に対しても、どの家族もそれさえ分かればっていうのが少しあったので、そこをできるだけ早めに明らかにするっていうふうには、してました。
		・何の話を今日するのかっていうのが、ある程度分かると話し合いの雰囲気というか、話し合いができる土壌に持っていきやすかったので。
		・返してもらえないって思って来ている方も、ほとんど皆さんそうだったので、ほっとされているし、あとちょっとそれが聴けて何か拍子抜けしたっていうか、いい意味でなんだと思うんですけれども。
		・具体的な取り組み、何をするか、どうしていくか、これをどれくらいやれば次に何があるのかみたいな見通しを持たせてあげることとか、具体的に提示してあげることだとか、それをそれぞれの役割でアプローチができることがとても主体的になっていく1つの取り組みなのかなというふうに思う。

資料 | 309

	生成途上のコンセプト	インシデント
㉛		・やっぱ、子どものメッセージなりをちゃんと見せたり、あと、それこそ、「こういう感じでやっていくんです」ってことをオープンに、将来の流れみたいなのを見せてるんで、それがすごく、相手にとっては信頼できるんじゃないかなとは思うんですけどね。 ・先の見通しが明確になれば、そこに向けてというモチベーションとかも自然に動き出すというのもその通りだなと思っていて。
㉜	○家族自らが計画を立てていく	・安全プランを家族に考えてもらうっていう時間を設けることは、その主体者にっていうところではすごく入りやすいかなと、家族にとっては進めやすいっていうか、認識しやすいかなっていうふうに思いました。
㉝	○保護された子どもがやがて帰ってくるという希望を持てるようにしていく	・いずれはやっぱり帰ってきて家族で一緒に生活をするっていう希望も持ってもらわないと、一緒に協働でっていうふうにはなっていかないと思うんですね。だからずっと預かる、われわれが奪い取ってしまうんではなくて、子どもたちは家族の元へ帰って家族で生活をするっていうのが最終的な目標なんですっていうふうに。 ・本当に保護したときって難しいと、なかなか相談できないだろうと思っていても、でも目標はそこなんだっていうのを自分自身もそう思って伝えるし、家族もそう思ってほしいというふうに期待もするっていうことは大事かなと思います。それは本当に一緒に考えようの根本的なところかなと思っていて。
㉞	○子どもにとっての光を探していく	・やっぱり、保護されただけだとお先真っ暗なので、何か少しちょっと、何か光がないと大変だろうなと思って、それは親もだし、子どももだしかなと思って。 ・子どもには「お父さんやお母さんにこの後、会って話を聴いていくね」っていうことを伝えることで、保護所の中で結構、周りと遮断されて自分に何が起こっているのか分かんなくなってくるようなことも多いと思うので、そういったところで、ちょっとそういう。「次こうするね」っていう、見通しとまでは子どもにはなかなか難しいんですけど、「次はこうするからこの後また話そうね」みたいには、ちょっと次の、次と次ぐらいまでは、ちょっと伝えます。
14. 家族の願いを聴いていく		
㉟	○幸せになりたいという気持ちをはなしてもらう（家族の願いを聴いていく）	・その人なりにこう、「幸せになりたい」みたいなものがあるから、それはやっぱりいってもらいながら、「そこと今との距離感みたいなのをつかんでもらう」っていうのは大事かなって。 ・家族と一緒に、子どもも一緒に、安全について考えていくっていうところは、それまであまり私がいた相談所の中でなかったですよね、家族の願いをきちんと確認していくとか。

| ㉟ | | ・とにかくまず、家族が今までどんなこと考えながら子育てしてきたのかとか、今の状況をもってこれからどうしていきたいのかって当たり前のことなんですけど、その当たり前のことなんかもちょっと、前はできてなかったわけです。
・子ども、どんな大人になってほしいのかとか、その手の質問をすると、ワーッて攻撃的だったりとか、ちょっときつい口調だった親御さんが、少し和らぐんですよね、そういう話するとき、やっぱり。
・それは何か悪い話をすることではないので、何か自分が考えてたこと、自分がちょっと大事に思ってること伝える場になるでしょうから。
・お母さんは一緒に暮らしていきたいって思って、そういわれた時に困っちゃうなと、子どもたちだって、親と一緒に安定した親御さんと暮らしていきたいって思っているし、児童相談所だって一緒に暮らしてほしいと思っているし、子どもの面倒を見たくないっていわれるよりもずっとずっと、ありがたい話、お母さんがずっと子どもと暮らしたいって思ってくれて良かった、これ、ほんとのことですよね。
・子どもにどんな風にになってほしいかって、思うことって、きっとどんな親御さんにもどうせ子どものことなんか考えていないじゃないかって思われちゃったりしている人もいるかもしれないけれど、でも、聴いてみないとわからないなあって。
・その子のためにどんなふうになるのか、どんな生活を送ってほしいのか、どんな大人になってほしいのか、どんな子ども時代だって思ってほしいのか。
・自分がそういう願いを持っているなんて、普段は意識していないかもしれないけれど、意識してないだけで、きっと、あるんでしょうね。意識するのは、子どもが生まれた人か。結婚式とかは考えるかもしれないけれど、聴かれることでずっとしまっていて、ほこりをかぶってしまっていたものが、そうそう、そういうこと（家族の願い）を思っていた人間なんだよって。
・最初はビジョンてあいまいだけれど、そうですよね、っていう、明るく、楽しい家族を創ろうとしていろいろやってこられたんだけど、今回は大ごとになっている。でも、家族のビジョンに向けてやれているときもあるし、どんな努力をされているのか、そんな話も聞かせてもらいたいし、そんなことはおそらく続けていっていいと思うし、それだけやっていてうまくいっていないっていうことがあったとしたら、今回のことはそういうことだと思う。
・明るく楽しく、笑顔が絶えない家族って漠然としているけれど、そこに向かうために、子どもの安全ということをベースにしながら、じゃあ、何ができていればよいのか、そこに近づくための目標というか、プランになっていくのだと思う。
・家族のビジョンに向けてやっていくのは、やっぱり自分達なんだよな、っていう話になっていくそのビジョンが、それが実現できるのは、私たちではなくて、家族ですよ、って。 |

	生成途上のコンセプト	インシデント

15. 親の中にある子どもに対しての何となく不安な気持ち、関係性に触れていく

| ㊱ | ○親の中にある子供に対しての何となくの不安な気持ち、関係性に触れていく | ・安全を創ってほしいということにすぐに納得できなかったとしても、子どもが実際にそうされたことでどんな気持ちだったのかとか、あとは、親ももともと何となく思っていた不安な気持ち、関係性だったりとか。
・褒めるっていうより、何かやっていることをそれこそ共有する。認めるのとはまた違うと思うんですけれど。 |

16. 虐待を方法の誤りとして理解していく

| ㊲ | 方法の誤りの理解に気づいていけば、繰り返さないことを話し合える | ・それは方法としては良くなかったっていうことのところまでたどり着けば。
・もともとの気持ちのところに沿った、良い関係になる方法みたいのを親と話し合ってく。そういう作業ができるのかな。
・「自分たちがやってきたことは間違ってました」っていう人は、ないですね。そういう人はいないけど、今回起きたことについては確かに不適切だったっていうことはいえるかな、家族と。そこは、「あっ、そっか」っていう感じはありますけど。
・「自分たちがやってきたことは全て間違ってました」っていうふうにおっしゃる家族はいないので。児童相談所が関わるきっかけとなった、子どもに対して行った何らかの出来事については、考え方が違ったとかやり方が違ったっていうような振り返りはするかなっていう気はします。
・とにかくこちらとして同じことをまた繰り返されるのは、本当に親御さんにとっても子どもにとっても望ましいことでないし、そのことについて誰かが幸せになるわけでもないから、今までと違ったやり方を考えていったほうがいいっていうことと、そこに対して一緒に考えていきたいんだっていう。
・あなたは駄目だからとかっていうことじゃ全然ないんで、もうでも今のこの状況はお互いにとってよくないね、だからどういうふうにしたらいいのかそこを一緒に考えたい。とか、何が状況を難しくしていて、っていうのも、話をできるようになってくるとよく分かるんですよ。 |

17. 保護者と共有できるものを作っていく

| ㊳ | ○ワーカーが子どもに実際会う中で、子どもの大変さを共有していく
○実際に子どもに会って、子どもの行動を見てわかることを伝えることで、保護者の表情が変わっていく | ・あとは逆に落ち着かないとか大変な部分を見せる子どももいるので、実際にそれを見て自分もその子どもに対応することで直接感じることができれば、今度はそれが親の大変さを共感できるというか、こんなに大変だったんだな、これは家の中で生活してると大変なことが多いんだろうなっていうのを感じ取れたときに、それをストレートに伝えることで、そこを分かってくれたんだなっていうふうになる。 |

㊳		・実際に子どもに会って子どもの行動を見ないと分からないところなので、それを伝えたときに少し表情が変わるとかっていうのは場面としてはたくさんあると思います。
㊴	○子どもの幸せ、自立を親との協働の目標にしていく（児相にやらされているという感覚がなくなる）	・僕らの目的は、やっぱ、子どもたちを幸せにっていうか、自立させることなんだっていうことを、親とやっぱ、共通の目標が持てれば、すごくやりやすいんですけど。
㊵	○親とSWで共通のものを創っていく	・親と私との共通のものを創ることができる。 ・アイテムというか、出来事というか。そういうことがあったんだっていう、その親が生きてく中で、自分の中で抱えていたものだったりとか、土台になっていたものとか、そういうところで育ってきたんですね、いうところで理解して肯定していく。 ・家族のことを知っているのは、家族なので、そこを含めて、いろいろ聞かせてほしい、考えていくところを一緒に、創っていけたらいいと思っているっていって、考えてもらう質問をたくさんの切り口から、投げかけていく。
㊶	○対峙しているときでも、対峙だけじゃなくて、その中に相互の理解が芽生えたりもしていく	・対立してでもっていう場面ももちろんあるんですけど、でもできるだけ対立の中でものを考えるんではなくて、何か協働してやれるものっていうふうなことを、どんな場面でも考えてやっているっていうのはあるのかなと思います。 ・そういった人であっても、どこか何か一緒に考えられるっていうようなポイントというか、そういう場面があると信じてやっている。 ・多分対峙を想定したときには、対峙だけじゃなくてその中に理解だとか、でも理解をしつつ、でもやっぱりまた戻って変な感情になったりとか、それをあらためて自分の中で感じられる時間なのかな。なんだろう。 ・上から目線みたいなところをずっと持ち続けているのは、教えてもらえたって思えることで改められるみたいな。やっぱり対等ではない児童相談所の児童福祉司みたいな役、肩書きみたいなのがずっと背負っている。
㊷	○児相が求めていることと、保護者が願っていることが一緒なんだとわかっていく	・こういうことを児童相談所は願ってるとか、こういうふうに児童相談所もしたいっていうところが、お互い同じなんだ、が分かると、じゃあ今何をやっていくかの話し合いは割と進みやすいですかね。

18. 児相の介入を出会いとして肯定的な意味にとらえなおしていく

㊸	○児相の介入はショックでも、見つめ直すことができる機会であったと思っていく	・児相が来たときには本当にショックだったけれども、今回こうやって、家族について見つめ直したことでいいこともあったんだって、最後にいってもらえると、家族の中で児相が来たことによっていい変化が起きたんだなって感じる。 ・児相が関わる中で、自分たちがプラスの体験をすればそうやって持ち直していくとか、回復といっていいかは分からないですけど、いい捉え方をしてもらえるのかなっていう感じもします。

資　料　313

	生成途上のコンセプト	インシデント
㊸		・児相が関わってどうでしたかっていう中では、第三者が入ったことでいろいろ整理することができたと。自分の中でいろんなことに気づくことができたっていうことなのかなっていうふうに思えるので。
㊹	○保護者と児相の出会いをチャンスにしていく	・「保護して」っていう話になると、やっぱりそこはもう、ぶつかるチャンスで、問題点を再認識する。この家族に起きてることを、やっぱり、その場面で見なきゃいけないっていう、そういうところにきてるとこになってるんで、そこで、すごいチャンスだと思うんですよね。 ・自分たちがかかわったことで。親にとっても子にとっても不幸なことに、私たちのかかわりのせいで、双方がよくない状況になって、そこからもう後戻りできないみたいなことにしちゃ、それは全く意味がないというか、本末転倒なので。
㊺	○子どもを引き取っていくという動機を子どもの安全につなげていく支援を進める	・帰してもらう営みが安全につながるような、私たちの力の発揮どころがそこにあるのかなっていうふうに思っていて、対峙する親御さんの気持ちは、帰ってきて安心感て一番生まれると思うので、それまでの過程の中ではなかなか全信頼を児童相談所においてなんてのは成り得ないと思うんですね。やっぱり子どもと一緒に生活することで親御さんの安心感だとかが一番達成されるとこだと思うので、そこまでにたどり着くのに子どもの安全ということを考え、安全というのは親御さんの元で安全に暮らすっていうことを貫き通すみたいなことになるのかなって。そこに私たちのほんとに専門性だったり、支援のもともとの基本の「つなぐ」っていうことが大切な、重要なことになるのかなっていうふうに思っていつつ。
19. 子どもと離れたことで、子どもが見えてくる		
㊻	○感情が激しすぎて自分の行為が見えない	・今起きていることの感情がものすごく大きかったのかな。そのことで、自分のやっている行為が見えなかったり、振り返ったりするってことができなかったと思うので、自分の行為を見つめ直す時間をつくることができた。そのきっかけとして、面接があったり、電話でのやりとり。
㊼	○子どもと離れたことで客観的に考えていく	・物理的に子どもと離れる、物理的・時間的に離れることで客観的に考えることができた。 ・離れている間って、やっぱり考える時間が増えるので、まずは直面して考えて、で、大抵の方は、じゃあ、何をすればいいのか、返してもらえるのか、っていうような思いになって、納得はしないけれど、返してもらうためには話し合いをしなければならないっていう気持ちになっていく。 ・ここに今自分がいて、それを遠くから見るみたいな、そういうようなことができるようになるのに、すごく時間が短縮されるっていうかやっぱり今までやってきた自分の行動が、振り返ってもらわないと。

㊽	○子どもとの距離が、近すぎて見えなかったものが、離れることで見えてくる	・見方っていうか、知らなかったことを知るっていうのかな。近いと見えないものが、ちょっと離れて、間に何かを経由することで見えたっていう感じかな。 ・子どもを個として見る体験なのかなっていうか。一緒に暮らしてると、親子の関係って自分に近い存在っていうか、所有物というといい過ぎな感じなんですけど。親子が近過ぎると、子どもの主体性というよりも親の思う通りにさせたいとか、多分、そういう近いがゆえのいろんなものがあると思うんですけど。 ・ちょっと距離を置くことによって、子どもを1人の人間として子どもが出してきた意見をちゃんと聴ける、体験することによって「あっ、子どもにも意志があるんだ」じゃないですけど、「子どもはこう考えてたんだ」っていう。親子であっても、子どもの意見とか権利とかっていうものを見ないといけないというか、そういう体験になるのかなという気がします。
20. 子どもの思いを保護者に伝えていく		
㊾	○子どもの辛い体験が保護者に伝わっていく ○子どもの思いを保護者に伝える（子どもの思いが保護者に伝わっていく、子どもの願い）	・やっぱりお子さんにとって、それはつらいことだっていうことが、そのころには少しは伝わってるかなと思いますけど。 ・お子さんの様子を皆さんすごく気にされるので、保護所での様子とか、お子さんがどういう思いでいるのかっていうのは伝えてました。 ・子どもの思いを聴いて、本当にそんなこと思ってんのかっていわれる方もいたけれど、でも実際、思い当たることもあったのか、家にいるのもつらかったのかなって少し共感してもらえるようなところもありました。 ・自分の喪失もつらかったんだけれど、ずっといえないでいた子どもを何か、思いやる気持ちが出てきたりとか、あとは、全くそういうのに本当に気づかなかったんだけれど、何となく自分でも気づけるような話をされたことで、苦しい思いをさせてたっていうことに思い当たる。 ・経過を全部手紙に書いて送ってたんですね。そういう中で、最初は何か丸めて捨ててたらしいんだけれど、そこんちに妹がいて、お父さんに、「でもこういうことが書いてあるよ」っていっていってくれたみたいで。途中から読むようになって、それで子どもの今の状況っていうのを知ることができて、何かこうずっと会わずにいたのも、さすがにっていうか、仕事の余裕もできたんですけど、このままだと確かに退所後困るっていうふうに自分でも思ったらしくて、その辺がある意味粘ったってところですかね。粘ったというところで。お父さんの気付きというか、それも本当に「認めます」っていい方じゃなくて、「本当はあいつもつらかったんじゃないかなあ」みたいな、それが本音がポロッと出た瞬間だったんです。

資料　315

	生成途上のコンセプト	インシデント
㊾		・子どもがつらかった。自分がつらいとか、自分がやっぱり奪われたし、生活上のことも奪われた。お父さんいわく、家事の担い手にもしちゃってたので、その辺からまあ。あと、きょうだいの中も引き裂いたってこともいいたかったみたいなので。すごい家庭がめちゃめちゃにされたんだけれど、だけど、今になって思えば、子どもがやっぱりつらかったんじゃないかっていう本音をポロッといって。 ・親に子どもの本当の気持ちを理解してもらうっていう作業が、やっぱすごく大事だなっていうふうに、今考えていて。 ・「今が悪いわけでもなくて、できなかったところがあって、それは僕たちが思ってるんじゃなくて、子ども自身が思ってて、それにあなたたちはどうするんですか」っていうことが伝わりゃいいと思ってて。 ・「子どもが、当事者がそういうふうにいってるんです」っていうふうに。そういったものを見せ続けながら、大事じゃないかなって思うんですけどね。 ・モチベーションってやっぱり子どもがどう思っているっていうところだとか、あとは子どもがやっぱり家にっていう思いがあればあるほどそこは強くなっていきますし。とにかく子どもに話を聴くとモチベーションっていうのはかなり上がる、「よしっ」ていうような気持ちにはなるので。 ・どんなに対立してても、どんなに親にいろいろと攻撃というか否定されたり非難されたりしても、やっぱり子どもに会って子どもの話を聴くと、忘れることはないですけど、でもやっぱりもう少し続けてみようとか、対立ではなく何とかならないかなっていうふうな思いにはなるので、そこはすごく大事だなっていうふうなのはどんなケースでもやっぱり思っています。 ・なんかこんなにまあ、深刻に受け止めていたんだってことが分かることもあれば、願いだったりっていうこと、こんなことを子どもが願ってたんだってことだったり、ああこういう努力を子どもなりにしてたんだってことだったり。その日常の生活と背景が分かるというか、あ、こういうことからこうだったんだなみたいなのが親の中で結び付くみたいなんですけど。 ・家族の願い、親御さんの願いってのもあるでしょうし、それはそれで尊重しながら、でもやっぱり子どもの願いっていうところがあるわけで、きちんとそこを親御さんに理解してもらって、親御さんにもそこ〈聴き取り不能〉子どもの願いを、親御さんもどう実現していけるのかってことで。 ・児童相談所がそこに入ることで、子どもの意見を反映させられるからできるのかな。単に離れただけだと、多分そうじゃないんだと思うんですけど。離れて、児童相談所が介入したことによって、子どもの意見を客観的に聴けたりとか、子どものことを客観的に見ようとしたりとかっていう感じになるのかなと。

316

(50)	○子どもの思いが伝わることで保護者が主体として考えていく	・子どもがどうしたいのか、子どもはどういう思いなんですよっていうことを伝えることで、より自分で考えて、不適切なところは気づいてというか、自分がそれはこの部分は良くなかった、でも今後はこういう関わりをしようっていう自主的な思いの中で、児相に押しつけられたわけではない、今後の子育てみたいのを考えていくことができるんじゃないかなと。
(51)	○子どもにとっての親とのよい体験を、親に伝えていく	・子どもの感情の部分、それが怖かったとか、逆にうれしかったっていうとこもあればうれしかったっていうとこも含めて伝えると、子どもはそのことに対してそういう感情を持ったんだなって。うれしかったって感情があれば、そういうことをしてあげれば子どもはうれしいって思うんだなっていうのが分かってく中で、それがより将来、本人がどう生きていくのかっていうところを支えていく気持ちにつながるんじゃないかなと。
(52)	○保護された子どもの今を知り、安心していく	・そうですね。思ったより悪い状況で暮らしていないっていうのと。
21. 親の思いを子どもに伝えていく		
(53)	○子どもの字で、子どもの言葉で書かれているものが保護者の心を動かしていく	・子どもの字で、子どもの言葉で書かれているものを、早い時期に見せるっていうのがすごく大事だと思うんです。 ・児相が多分、「子どもはこういってますよ」っていうと全然納得できないんだけれども、子どもが書いたものを見ると「あっ、なんかいつもこんなこと書いてるよね」っていうことが書いてあったり、「あっ、こんなことを家族の強みとして思っててくれるんだね」とか。 ・親から見た、「子どもは多分こう思ってるんだろう」っていう中で普段は生活してるのかなと思うんですけど。実際に子どもが書いたものっていうのを見たときに、「ああ、本当はこう思ってたんだ」っていう、子どもの本当の気持ちが伝わるっていうのかな。 ・子どもの書いたものって力があるのかな。絵が入ってたり、子どもの汚い字が書いてあったりとか。「あっ、漢字間違えてる」とかいいながらも子どもが書いたんだっていう。すっと入るんですよね。そういうツールを使うことによって親と子の間をつなぐじゃないですけど。 ・書いたものにとらわれちゃうのか、字面にとらわれるのかなと思ったら、「いつもこういう書き方するよね」とか「また漢字間違ってるよ、この子」とか、意外と全体をまず親は捉えるんです。それから中身に入っていく感じがすごくあって。そこって、「あっ、なんか親子なんだな」じゃないんですけど。 ・「いつもこういうこと書くのよ」とか「いうのよ」とか。好きな食べ物とかが書いてあったりすると、「あっ、そうそう。この子これ好きなんです」とか。「はいはい、読めばいいのね」じゃない、親の捉え方というか受け入れ方はあるなっていうのはちょっと。

	生成途上のコンセプト	インシデント
(53)		・子どもの気持ちも聴いた。児相の心配も聴いた。「じゃあ、子どもの安全って何ですか」とか、「じゃあ、われわれは何をこれからやっていけば子どもは帰って来るんですか」っていう。ただその話の土台に乗らずに、「もうやらないから返せ」みたいな話ではなくて、子どもが心配なことも分かったから、これからどうしたらまた一緒に暮らせるのかっていう、自分たちが何かやればいいのかなっていうほうに家族が向く感じがします。 ・子どもの気持ちとか意見って、私がその子どもと面接したりとかして、こういう話とか、あるいは子どもと面接したものを見せたりして、こんな考えを持っているとか、こういうふうにできたらいいと思ってるって子どもは思ってるとか、今こんな様子だとかっていうと、「こんなふうに子どもが考えてると思いませんでした」とか、「あの子どもはこんなふうにいうんですね」とか、知らなかった子どものまあ要はすれ違ってたっていうか、お互いの思いとか気持ちがうまくかみ合ってなかったっていうか、そういうところなんかも見えてきたり。 ・親が子どもにどんな風になってほしいと思っているのかっていう願いを探したり、助けたり、それが、児相の願いでもある。 ・子どもにとってやっぱり、子どものためにっていう願いを子どもが知るってことはすごく大きな事だろうなって。
(54)	○親の気持ちを子どもに伝えていく	・何回か面接していく中では、お父さんこういう気持ちだったよとかお母さんこういう気持ちだったんだよっていうところを伝えながら、でもやってきた行為はあなたにとってはつらいことだったよねとか、児相から見ても、あんまいい行為じゃなかったよね。 ・親子の関係っていうところでは、その子どもにとって親は唯一の関係なので、虐待をしてきたというマイナスのイメージのとこだけではなくて、そこに思いがあったんだというところを伝えた上で、君の人生だから、その後これからどうするっていう。 ・虐待をされたっていうマイナスのイメージだけではなくて、思いの中で不適切な行為をしたけれども、自分のことを思って、こういう関わりをしようと思ってたけど、間違った方向をしてしまった。
22. 本当はどうしたかったのかを聴いていく		
(55)	○もともとあった子どもへの思いを思い出していく	・どんなに自分本位であっても、それが子どものためにって考えてたんだっていう部分はあるので、そこを確認できるっていうのは親御さんにとっても大事なことだと思うんです。 ・じゃ次からはちょっともう少しこうしてね、みたいな話なっていくので。和らぐっていうか、親御さんのそういう話の内容も変わってきたりもしますよね。最初の時体罰肯定して、必要だっていってた人も、でも少し、「そっか」みたいな感じになったりとか。

⑤		・多分、本来的に親御さんも、手を上げたりしないで、子育てできるんなら、そうしたいっていう思いはあるでしょうから、その辺のやりとりを要はしていってるんで。 ・親御さん中では、いろいろやむを得ずそこに至ってたって部分もあるんでしょうから。 ・子どもが傷つくってことは、親も望んでいることじゃないんじゃないかという辺りで、だからその辺一緒に考えていきたいってことを、繰り返し伝えて。
⑤	○保護者の意図と行動がずれていく	・親はその子に良かれと思ってやるしつけが行き過ぎてしまうことで、不適切な行為につながる。それが、もともとしつけをしてこうっていうところの意図とずれててしまって、不本意な結果になっている。 ・親がうまくいかないっていう気持ちが大きくなっていく中で、どうしたらいいだろうっていう葛藤の気持ちが、焦りとか慣りになったりとか、そういう形で子どもに向けられてしまうことがある。 ・今うまくいかないということで、もともとはどうしたかったのかっていうところが見にくい。 ・今の、子どもに対する虐待、不適切な行為をしているという自分の行いと、もともとのその思いっていうののずれの中で。 ・ただ、やり方は正しくなかったよね。正しくなかったことについては、児童相談所が、「それはちょっと方法が良くなかったですね」っていうふうに親に伝える。 ・今回やってしまったことも、どうしたかったからこういう手段を取ったのかっていうところの、どういうふうに育てたかったのかとか、どういう家族になりたかったのかっていうところは、多分、そこは変わらないと思うので。そこまでの道のりを、「あっ、じゃあ、今までのやり方じゃないやり方を考えていかなきゃいけないんだな」っていうことは、思うんじゃないかなと思うんですけど。 ・本当はこうじゃ、こんなことになるはずじゃなかったっていう思いもいっぱいあるだろうし。だから聴かせてもらわないと分からないし、こちらも聴いてくとすごく分かってくる、と。 ・子どもを引き取るためにはやらざるを得ないっていう部分からきっと始まるんだと思うんですけども、どっかで主体者となっていくんだと思うんですけど。そこはどういうプロセスでやらざるを得ない、従わざるを得ない、なぜならば子どもが返ってこないからというところから、でも子どもの安全に向かって主体者になっていくっていう。そこにどういうことが起きて主体者になっていくんでしょう。あるいはそれは偽りの主体者なのか。
⑤	○保護者の思っていることを引き出していく	・いかにこう思っていることを引き出せるかですかね ・対峙する方たちってどうしても表面的なところは出てくるんですけど。本当に思っていること、現実的なと

資料　319

	生成途上のコンセプト	インシデント
㊖		ころっていうのはなかなか出し切れないというか出さないっていう場面も多いと思うんですね。それをどうやって引き出していくかっていうのもケースワークの1つだなって思っていて、その方法って何かないんだろうかっていうのを感じながらやっていたんです。
㊗	○子どもへの思いを語る	・話を聴いていくと、子どもについての思いとか、これまでのそういう経過とか自分の病気のお母さんとかも多いんですけど、そういうことを、何ですかね、話さない人はいないですよね。 ・子どもの気持ちみたいなのを、ダイレクトにしっかり受け止めることが大事だろうなあと思ってて。やっぱり、いいこともあるし、悪いこともあるし、その両方を受け止めていくべきだろうなと思って。
㊘	○もともとの行為の理由と一時保護がつながる(親としてほんとはこうしたかった)	・親御さんとして、本当はこうしたかったっていうところにつながっていって、その辺りから、少し、話のなんですかね。親がより主体的になりかけてくるんじゃないかなあって、いつもその辺りで感じてますけれど。 ・「本当だったら叩かなくって、こいつも普通にいうことを聞いて」みたいな感じになるので、そこをできるだけ聴いていって、ちゃんとそうなるような生活にしていくためにはっていうのがイコール安全を創る
23. 疎遠だった親族とつながっていく		
㊙	親子関係に第三者が入ることで整理していく	・第三者が入ってくると、何ていうんでしょうね、ちょっと荒れた部分がちょっと変わるというか。 ・周りの人。まあ親族とか、親が持ってるインフォーマルな人たちもそうですし、あとフォーマルな人たちともつないでいくっていうことです。 ・再発しないもっとひどいことになっていかないために、親御さんが誰の協力を得て、同じようなことにならないための仕組みをこれから考えていくのかってことも、何があったら連絡をとれるのか、オープンにしていけるのか。 ・団体戦交渉みたいな、児相と家族、担当と、お父ちゃんとか、個人戦でなくて、団体戦じゃないけど、家族別に面接することもあるけど、家族みんなできてもらってお話をする機会を設けたり、うちらもいろいろな職種が入る。 ・セーフティパーソン、支援してくれる、同じようなことを繰り返さないために手伝ってもらえる人があったら、じゃあ、お母ちゃん連れてきていいよっていう感じで、団体戦交渉みたいな、より多くの人でミーティングしていく、そして、見える化していく。うちらが投げかけていくことを確認しながら、進んでいく。 ・オープンにしていく、仕組みを自ずと、作っていくような、仕掛けっていうかなんていうか、団体戦交渉ってそんな感じがするんですけど。

320

⑥		・オープンになっていくと嘘はつけなくなってくる。いや、そんな話聞いていないよっていうことをセーフティパーソンからいわれるし、参加しているいろんな人の角度で、事柄が見れる視点が、いっぱい増えてくるという視点があるので、ウソがつけなくなってくる。 ・いったいわない、あんたらにいわれたからやったんだという風になりにくい構造を創る、そのためにも、より多くの人の参加とミーティングができた方が、いい感じに。
⑥	○集まってくれた親族が、改めて何が心配であるのかを考えていく	・初動のところで他の親族とかが来た家族って、みんなが「ああ、そうだ。そこを心配だからこうしたんだ」っていうのを思ってくれるので、初動のところがすごく大事かな。 ・両親がたとえ主体性がなくても、その周りの親族が支えようっていう主体性が出てきたり。その辺が大事かなって。 ・やっぱり親族が駆け付けてくれる家族っていうのは動きが速いというか、その後のプランを創るのも速い、地域にネットワークができるのも速いし。「両家の親族が集まりました」みたいな。 ・子どものことっていうとみんな分かりやすいというか、集まりやすいというか。いろいろ家族の抱える課題ってたくさんあるんだけれども、「いや、でも子どもが安全に生活するためだよね」っていうと「あっ、そうだ」って、ちゃんとみんなが納得し合えるというか。
⑥	○親族が保護者をいたわっていく	・親族なんかもいれば、そこら辺の部分は、お母さんのなぐさめというか、「まあ、よくやってたじゃないか」っていう話になる場所にもなるんで。
⑥	○しょうがない、誰かに頼っていこうと思うようになっていく	・「まあ、しょうがない、支援を付けよう」とかいうことに納得してくれる場合もあるし、「他の誰かが、サポートしてくれなきゃいけないんだ」っていうことに。まあみんな、一生懸命自分たちでやってるんだと思うんですけど、それだけじゃなくて、いろんな人にやってもらったほうがいいんじゃないかっていう話だと思うんですけど。
⑥	○みんながサポートしてくれていることを保護者が実感していく	・実際に楽になっていくっていうとか、不安をみんながサポートしてくれるっていう具体なことが、本当に起きているかっていう、感じないといけないと思う。 ・安全プラン創ってもらって、みんなが「子どものためにはこうだよね」っていった以上はっていうところもあるし。やっぱり、日ごろからつながってる人なんで、まあまあ、役に立つっていったら失礼ですけど、子どものことも考えてくれたりしてるし。だから、そういう言葉だけじゃなくて、そういう人の力を借りながら、その子育てをみんなでやっていくみたいなところに、風穴あけるというのが、すごく違うところだと思いますけどね。

資　料　321

	生成途上のコンセプト	インシデント

24. 友人・知人を支援者としてつなげていく

| ⑥⑤ | ○保護者を支援してくれる友達がいることで、気持ちが整理されていく | ・お母さんたちとかお父さんたちを支援してくれる、共通な友達とか、そういう人たちがいるかいないかは、さらに大きいなあっていう。そこの人がいるかいないかで、そこが、「自分たちがどういう立場にあるのか」っていうのが気付くのに、「スピード感が全然違うな」って感じがしてるんですけど。親よりも、そういう人たちですかね、何か第三者的な。
・バランスいい人だとなおさら、「子どもが、こう思ってるんだからしょうがないよね」みたいなことをいってくれるのが大きいなあって。で、日常の中でもいろいろ相談できているんだろうと思うんですけど。非常にそういういろんな事柄を話すことで、自分の気持ちが、あらためて整理されていくんだろかなあっていう気がするんですけど。そういう友達がいる人はいいですよね。 |
| ⑥⑥ | ○子どもに対しても、親に対してもサポートが得られやすい地域を創っていく | ・まあいろいろ問題はガチャガチャありながらも、でもまあ何とかなるみたいな。そういう地域っていうか、そういうおうちの周りの環境を整えるっていうか、子どもに対しても親に対しても、サポートが得られやすくするっていうのかな |

25. これまで話せなかったことを話せるようにしていく

⑥⑦	○家で話せないことを話し合える場を創っていく	・言葉で、「父親に話せなかったんですけど、だんだん、この場だったら話せる」みたいな、ちょっとずつ。 ・何かしていかなきゃいけない」っていうことを理解してもらえる場になってるなってのは、思いますけどね。 ・普段は話せないようなことが、児相が入ることで、ホワイトボードなんかも使いながら、普段はやりとりできないようなコミュニケーションがそこで。 ・お母さんのことを認めてもらう作業がちゃんとできたのがよかったかなって、「お母さん一生懸命やった」ってことを、まずみんなでこう、理解しながら。さっきと同じなんですけど、「うまくいかなかったことはあったんだけど、その裏には結構それと同じくらい頑張った」ってことを、まず認めてあげる作業をしたのが、何かこう、「次につながっていくのかな」みたいな。
⑥⑧	○話し合いが保護者にとって心地よい体験になっていく	・話し合い、長く時間かかっちゃったりもするんだけど、話し合っていること自体は心地良いこと。認められることでもあるし、時に自分で答えなきゃいけないからそこはストレスかもしれないけれど、全体を通して悪い体験とは思わない。 ・自分の、頑張ってきたことももちろんなんだけど、こうしたいっていう意見が認められる。
⑥⑨	○自分の言葉で話せたことの達成感を感じていく	・マッピングみたいなものを使って、「今どこにいるのか」っていう。そういう、「ロードマップ」ってよくいってるじゃないですか、あの通りだと思うんですよね。「自分がどんなとこにいて、どうしたいのか」っていう、自分の言葉でいってもらうっていうことが一番で。

| ⑥ | | ・「自分のゴール」みたいな、「幸せ」みたいなものは、自分なりの言葉で「こうしたい」っていうのは、やっぱ、いってもらう必要があるかなって感じですかね。 |
| ⑦ | ○家族の秘密をミーティングを通じて出すことができるようになっていく | ・児童相談所が関わるケースって、ご夫婦でも人が間にいないと話ができないとか、秘密がいっぱいあっていえてなかったこととかっていうのが、ミーティングなんかをすると人がいることによって出せるっていう場になって、お互いの理解が進んだりっていうこともある。 |

26. その家族だけの物語を聴いていく

| ⑦ | ○その家族ごとのストーリを大切にしていく | ・興味を持つこと。表面的な、児相だから、仕事だからこうっていう紋切り型ではなくて、その家族その家族で違う、ヒストリーだったりテーマだったりっていうところを大事にして関わっていかないと。「親子支援チーム入って」っていって、入ってミーティングやって終わりとかではなくて、その家族に何が必要なのかっていうことを個々に考えていかないと。
・意味のあることができるようにするには、家族に対して、きちんと個々の家族の興味を持っていくっていうか。「この家族はどうかな」っていうのを見ていかないといけないのかなっていう。
・その人自身がどんなふうに向き合えるといえばいいのかな。少しでも明日頑張って生きてみようとか、そんなことが思えるようなことなのかな。
・将来とか未来とか、明日なのかあさってなのかっていうのもあるんですけど、今の現状からどう次に何とかしようとか、何かしようとか思えるような気持ちになってもらえるかみたいなところを少し押し上げる。押し上げるというかな、支えるじゃないな、ちょっと上げられるような役割なのかなというふうに思います。
・だから対峙している親御さんに対しても、何かができるって、最初に話に戻るんですけど、できるということよりも、一緒に今日より明日とかあさってとか、何年か先とかそんなことが一緒に取り組めることがいいなと思えているんですかね。
・母親としてとか父親としてこう見ちゃいがちなんですけど、でも母親じゃないその人みたいなところもあるじゃないですか。あるいは父親じゃないその人っていうか。そもそもその人がどういう考え方だったり何を大事に生きていて、どんなことをやっぱり大切にしているのかみたいな。親としてだけでない、もともとのその人っていうかに。
・あの面接のときに、その普段はお母さんって、あのお母さんはこうですねって大体どの人にもそうやっていうんですけど、話の中身とか出てきたことによっては、名前で呼んで話をしているんです。その母役割じゃないでの話だったり、その人自身の話が出てきたときはその人の名前で、なんとかさんは、みたいなことをいったりしているんです。 |

資　料　　**323**

	生成途上のコンセプト	インシデント

27. 家族自身が、安全の計画を創ることを支えていく

| ㉒ | ○解決のために自分たちで動いた、何かをしたという体験になっていく

○家族が、自分たちで動いていくことが、家族の主体性につながる | ・今のところ、主体者に全くなれなかった人っていうのはなかったと思います。途中で挫折しかかったりとか、逃げたくなっちゃったとしても、来てくれてお話ができるときは、主体者で有り得たと思います。
・家族だけでは解決できなかったこととか話し合えていなかったことが、児童相談所が入ったことによって、まず家族の中で話題にできるとか話し合えるようになって。解決のために自分たちが動いたっていうか、何かをしたっていう体験があるのかな。
・そういう自分で考えるっていうことが、やらされてるんじゃないんだ、自分たちで考えるんだっていうことが、その後の継続性につながっていくと思うので。そこはそこで尊重しないと、家族の主体性みたいなものよりも「あっ、児相にいわれたからしばらくこれやればいいのね」っていう感じになっちゃうと、従来型のソーシャルワークになっちゃうのかなっていう気がします。
・「もうやりません」では、どうやら児童相談所は帰してくれなくて。子どもはこういうふうに、家庭でこうしたいっていうことを希望してるっていう話を聴いたときに、「じゃあ、これから家族としてどうすればいいのかな」っていう。どんな家族を作っていけばいいのかなっていうことについて、考えるようになる気がするんです。
・一緒に話し合って、まあ比率がこちらのほうが大きかったところなんかが、だんだん親が自分で考えて「こうしてみようかと思う」とか、こんなこと、こっちがいわなくても、「こんなことしてみました」とか、「えー、すごいじゃん」みたいなの、「どうしてそれそうやって思いついたんですか」みたいなところとか、「いや、こうでこうでこうだから」みたいな。何かすごく主体的に自分ができることを、自分で考えて行動していくようなことが増えていく気がするんです。
・主体的に行けるっていうか、その、自身が思っている子どもへの願いとか、…親御さんの願いがかなうような、主体的にやってもらわないと続かないですよ。
・立てたプランがうまく回っているということがどうしたら知ることができるのかっていうモニターの入れ方、どうしたら可能になるのかっていうことを踏まえてプランを作っていってもらうという感じなんですけど、これは難しい。
・その検証作業をいろいろな角度からオープンにしていく、さらに、立てたプランが起きた危害っていうか、福祉阻害が起きないこととどうやってつながるという意味付けした時、どういう風に考えられるのか。
・プランを作っていくとき、俺のことを心配していないのっていわれることがあるんだけど、「そうです」っていえる関係があれば本当はいいと思うんです。 |

324

(73)	○家族の生活の見本は示さない	・例えばを出しちゃうと、例えばってこちらが出したことの道筋でしか家族が考えてこなくなっちゃうなっていうのがあって。 ・あんまりこちらがヒントを出したり安全プランの道筋を出し過ぎちゃうと、児相のストーリーになっちゃうんだなっていうのがある。 ・家族はもしかしたらもっと他の案を持ってるかもしれない。その可能性を狭めちゃうという気がするんです。 ・家族が持ってる可能性みたいなもの、個を出さない方向に持ってっちゃうというか、「児相にいわれた通り頑張って出しました」みたいな感じになっちゃうと、家族主体でやってもらってるようで今まで通りの、児相が「やりなさい」「やりました」っていうことになっちゃうのかなっていう。
(74)	○支援者から（安全を作っていくことのヒントを）出しすぎないようにしていく	・やり過ぎちゃうというか。本当は家族が考えて主体になっていくっていうことが必要なのは分かっているんですけど、どうしてももうちょっとそこは自分たちが考えてもいいのになというところも伝え過ぎちゃうっていうんですかね。 ・ヒントになってくれればいいんですけど、逆にそれに頼っちゃうというか、丸々それでいきますっていうふうになると、それは主体ではないかなって思ったりする場面もあって、少しいい過ぎちゃったかなっていうふうなことはあるんですけど。 ・あんまり自分がヒントを出し過ぎないっていうか。結構、沈黙が待てなくて。 ・どんな案でも家族がまず出すっていうことが大事なんだなっていうとこ。
(75)	○どうなりたいかを自分で創っていく	・今後どうなっていきたいかとか、子どもの安全作りにもつながるんだけど、どういうことをすればいいのかっていうところをこっちが押し付けるんじゃなくて、自分で創っていける。 ・話し合いではあるんだけれど、どっちかっていうと自分の意見をいって、それをみんなでまとめていく作業。
(76)	○保護者が決めたことは進んで進めていく	・自分で決めたことならやるかなあって。それは自分自身もそうですけど、人にいわれると何か、意地でやるとか逆に意地でやらなくなっちゃうこともあるけれど、自分で決めたことだと、多少手を抜いても、そういう方向に向かっていくんじゃないかなという思いも込めて。
28. 思いもよらない家族の力を知っていく		
(77)	思いもよらない家族の力を知っていく	・思いもよらないというか、あんまり予想できないことをご家族が提案してくることっていうのがあって。 ・それなりに家族で出せるんだなって。「あっ、この家族で出せるんだ」じゃないんですけど、そういう体験をすると、「多分駄目だろうな」っていう姿勢で入っちゃうと待てないけど、どんな家族でも「出せるかもしれない」「出してもらわないと」って思ってると、ちょっと待てるかなっていう。

	生成途上のコンセプト	インシデント
⑦		・意外とこちらの予想に反して力を発揮してくれる家族もいるので、そこは待とうっていうのはあります。 ・あんまり先入観持ち過ぎずというか、割とフラットな感じで親とやりとりするようにしてたりとか。それで親の話聴いていくと、結構いろんな話が聴けたりとか、こちらが考えてる以上のこと、すごく考えてたりしてるっていう経験を結構してきたので。 ・なんか、オープンになるっていうか、時に感じるんだと思うんです。家族しか知りえないことを教えてもらえたり、場合によったら、家族のネガティブな話っていう、こんな時はやばいときもあるんだよな、っていったらマイナスに評価されちゃうこともオープンにいってくれた時に、それを聞いたから、相手もその話をしたらすぐにかえせませんねって、いわれない安心感がある。そんな話を聞かせてもらえたら、これもまた、ありがたいことだと思う。 ・何でもない、どうでもいい話でも、ちょっとした家族の話をしてくれたりして、家族だけの味わいみたいなものを共有できたときに、ああ、なんか、こんなことまで話してくれて、うれしいなって。
29. 保護者が、家族のビジョンに近づいていると感じていることを支援者が知っていく		
⑱	○日々の大変さの中で、忘れていた、家族の夢を思い出していく	・自分でも忘れてましたみたいな、そういえばそういうふうに思ってたんですって、その何年、今毎日の喧騒の中でそのことは全然忘れてたけれどもって。その話をした時にすごーくお母さんの顔、表情っていうかがが明るくなって、それまですごい下向きっていうかふさぎ込んで話すような、泣いたりしながら話してる状況だったのが、そんな話が出て、私もすごいいい話だなって思って。 ・忘れかけていたその人のもっと良さというか、いろんな思い出とか夢とかそういうのがふぁって出てくることとかあるんですよね……。
⑲	○保護者が思い描いていた未来に近づいていく 保護者は、家族の未来の姿を考えていくようになり、それに向かって何ができるのか考えていく	・話し合いとかの結果、思い描いていたものに少し近づいているというふうに思えたことで。……元の生活……。完全に、その保護された前の生活かは分からないけれど、少なくとも話し合いをした結果の、自分のこうありたいというのにより近づく形での元の生活。 ・それを質問したときに、多分、普段生活していて、あんまりこういう家族になりたいとかって、日常の中でそんなに立ち止まって考えないと思うんですけど。児相がそうやってそのゴールを聴いたときに、「えっ」っていいながらも、「ああ、そういえばこんな家族になりたいです」とかっていうのが出てくるんだなっていうのはあって。それが出せたときに、「じゃあ、そこに向かって何ができるのかな」っていう。考えるんですかね。 ・起きたことにピンポイントにしたときに、例えば、しつけをしたかったとか、こういうふうに育って欲しかったから厳しくしたんだっていう、そのピンポイン

| 79 | | ・トの目標なんでしょうけど。でも、「じゃあ、これから何しようか」っていったときに、もう一回あらためて、「じゃあ、どういう家族になりたいですか」っていうのはもうちょっと先の希望というか、広い意味での家族の目標とかっていう感じなのかなっていう。
・ちょっと先の未来を提示することで、「あっ、じゃあ、そこまで行くにはどうしよう」っていうのは家族が考えるっていうのかな。 |

30. その人なりの方法でやれることを探していく

| ⑧ | ○子どもも親も幸せになれる道を探していく | ・子どもだけがとか親だけがじゃなくて、お互いに幸せになれる方法、道を見つけていけたらと思います。 |
| ⑧ | ○その人なりの方法でやれる方法があることを探していく | ・その人なりの方法で、うまくやれる方法が絶対あると思うんで、まあ、それを探せばいいだけの話だと思ってますけど。
・自分なりの目標を、自分なりの地図を自分なりで創って、そこにじゃあ、「僕らの支援は何か、必要なものは何なのか」っていうのを提案してくっていうことで、その人なりの地図の中で完成ができて、で、それにあとは向かっていくだけだと思うんで。 |

31. 保護者がやらされているのではなく、やろうとする部分が増えていることを感じていく

| ⑧ | | ・ほんとに、あそこをマッピングして合同ミーティング重ねてっていう、そういうやりとり重ねていくことで、主体者になっていってくれたっていう印象があります。
・家族でお話をしていくっていうところが、あの家はほんとに合同ミーティングの中で、家族の時間、家族で話し合う時間を設けて、私たちはそこから退席してっていうことを重ねた中で主体……。
・そういう格好からっていうのは変ですけども、そういった時間とか場所とか機会とか具体的なもので取り組みを、自分たちがっていうふうに取り入れていくきっかけになったような印象があります。
・対話ができて、結果として引き取りにならなかった子もいるので、そこは親御さんのゴールと違ったので、もしかしたら、自分の思い描いたゴールと違ったら、主体者になり得なかったって感じるかもしれませんね。だけど、こちらの思いとしては、思い描いたゴールではないところに入ってしまったとしても、そこに一緒に考えていく道筋に、その方の話も聴きながら、その方の意見も反映しながら、やっていった道筋の中では、主体者だったっていうふうに思えるし、思いたいです。
・(保護者が主体者になるためには) 話し合いの土壌に、一回でもいいから入ってもらって、対話によって何かあちらの考えだったりを引き出せたというところで、初めて思えますかね。
・主体者になってくのは多分、その人が将来どうなりたいかっていうか、やっぱり希望というか、どんな親子でどんなふうになっていたいか。 |

資料　327

	生成途上のコンセプト	インシデント
⑧	○対話が保護者を主体者にさせていく	・「バラバラだった家族が今は一緒に生活して、これからは、一緒に生活して話し合いをして、これから何かあっても話し合い、話ができると思う」っていうふうにいってくれたところで、やっぱりそこが一番大切なのであって、お母さんやお父さんをとっちめることではないんだなっていうところがすごく、何ですかね、ちょっと、何か変ないい方ですけど。「あ、これが、このために家族に主体的にやってもらうっていうことは必要なんだな」っていうふう。 ・児相の人はどうということではなくて、続けていくためには、この子にこうなってほしいとか、どんな親でありたいとか、どんな親と思ってもらいたいとか、どんな家族であってほしい、そういうものと何か、やっていくことと一致していれば、その人が叩かないでやっていくことではなくて、いろんな仕組みが作られたときに、それを続けていくことが、自分の願いに叶うことにつながっていくんだと思えれば、誰かの手を借りるといことだとかう、いわれたからやるというのじゃなくて。 ・そこまで行くのは大変忙しいのかもしれないけれど。
32. 保護者が自分はこれでよいと思うようになっていく		
⑧	○自分自身の歴史の肯定的振り返りをしていく	・自分が育ってきた環境もそうですし、自分が自分の親から受けてきたものも間違いではないっていうのを、やっぱり維持したいというか持っていたいっていうのもあるんじゃないかなっていうふうに思う場面が多いです。
⑧	○こんな自分でよいんだと思えるようになっていく	・自身の歴史みたいなのも振り返られたっていうのは、いいのかなとは思うんですよね。で、その中に、肯定的な振り返りみたいなものがあるっていうのは、やっぱ、本人にとっても助かるし。
⑧	○保護者自身が自分のやってきたことはこれでよかったと思えるようになっていく	・割と投げかければ、「あ、そっか、結構自分がやってきたことがOKだったんだ」っていうのが分かれば、あと、一部分だけ少し考えれば、もう少し見直していけばいいんだっていうような発想になってくれると、主体的に動いてくれるのかなって気はしています。
33. 保護者が、自分たちにもできることがあると自身を取り戻していく		
⑧	○保護者がやれることがある、出来ることがあると期待を抱き続けられるような対話を進めていく	・違う方法というんですかね。今までとは違う方法があるんじゃないかっていうふうなところに考えられるようなっていうんですかね。今まではこれが正しい、これが絶対だって思ってるからこそ対立が出てくると思うんですけど、そうではなくて、他にも方法があるとかやれるものがあるんじゃないかっていうふうに思えるような形で終われると、また話してみようかなとかっていうふうになると思うんです。 ・自分たちができるんだっていう気持ちになってもらわないと、そこにたどり着くのは難しいかなと思っていて。どうしてもやらされるとか、児相にいわれたからとか、そういうふうになっていってしまうと思うんです。

⑧⑥		・だから自分たちがやれるんだっていう自信までいかなくても、そういう気持ちを持ってもらえると、主体っていう部分が出てくるかなと思うんです。 ・ああそれでいいんだと、まあ、ちょっと効力がある。ないよりあった方がいい、それが見えてくると、拍車がかかってくる。これでいいんだなあ、ということが明確になればいいとすればそういう時にはこういう人の協力が得られればオッケーだった、とかってのも、結構、出てきやすくなるっていうか。
⑧⑦	○自分たちが少しずつ変わっていく感覚を実感していく	・家族がちょっとずつ変わっていってるって体感してもらうのが、やっぱりでかいですよね。

34. こうあらねばならないというとらわれから解放されていく

⑧⑧	○自分の子どもだから、こうしなければいけないというとらわれから解き放たれていく	・自分の子どもなんだから自分のいうことを聞かなければいけないんだとか。そういった、とらわれてるものから放てるのかなっていうような感じ。子どもの立場に立った見方ができない人が、ちょっと子どもの立場からの見方を体験するのかなって気がします。
⑧⑨	○子どもが帰ってくることで、日常が帰ってくる	・子どもがやっぱり手元に戻ってきて、以前と変わった部分があるかもしれないけれど、ある意味日常が回復されたっていうことで、子どもとの関係も関わりの中で回復していっているっていうふうに思われてると思います。
⑨⓪	○子どもが元気になっていく姿を見て、親もよい方向に進んでいることを実感する	・子どもが幸せになっていったりとか、元気になっていったりとか、学校で、結構活躍したりとか。そういう場面を見ることが増えてくると、まあ、親もすごくよくなってくるし、そこらへんはやっぱ大きいと思いますね。
⑨①	○SWとして子どもの視点に立ち続ける	・子どもの側の視点っていうところに立つ、立ち続けるっていうところがすごく、私の中ではいつも課題だなっていうふうに思っていて。 ・この家族を何とか一緒に、元の家族に戻したいっていう思いが持てると、そのために何が必要かとか、ここで何をするべきかっていうところが少しずつ見えてくることっていうのは多いかなと思うんです。 ・根本的にはこの家族を何とかしたいっていう思いを強く持つことが必要かなとは思います。 ・ただ最初のところっていうのはケースワーカーがそういう強い気持ちを持つことが大事だし、それがなければ話が進んでいかないと思うんです。 ・でも原点というか基本はそこで、子どもの気持ちだったり様子だったりっていうところを一番大事にするべきところなのかなって。それが自分のやっぱりモチベーションになってます。
⑨②	○保護者の持っている次の展開を期待していく	・子どもへの思いとか、はい。次の展開とかへの期待みたいなところとかがあるんじゃないかってとこですかね。 ・できればいい方向に、今より少しでもいい方向にならないかなっていう。

資　料　329

	生成途上のコンセプト	インシデント
㉝	○両親間のパワーバランス	・母の「あるがまま」を受け止めてもらう作業をしながら、父にどう子育てに関わってもらうかっていうのがすごく大きいテーマだと。 ・自分たちで話していくうちに、自分たちの問題、夫婦の問題なんだなっていうことに結構気づいてくれれば、割と解決してくなっていう感じはするんですけど。 ・お母さんのいっていることを明確化していくと、結果的には「自分一人大変」みたいなことになっていくんで。そうするとやっぱり、お父さんが、「いやー、俺も手伝わなきゃいけない」みたいな形になっていくというか。
㉞	○子どもを引き取ってもとの暮らしを回復したい	・まあ、子どもを手元に置いて、元の暮らしを回復したい。親御さんにとってのまあ、日常ですかね。 ・子どもを育てたいとか、そういう気持ちを持ってるか、持ってないかとか、そういった部分をもっと軸にしてほしいなーっていう気はするんですけど。気持ちを重視にしながら、リスクをどう回避していくかっていう。
㉟	○普通にしたいという意味を聴いていく	・聴ける限りはちょっと粘って聴いていきますね。特に「普通ですよ」とか「当たり前じゃないですか」みたいないわれる人には、「普通」や「当たり前」についてこう粘って聴いたりとか。
㊱	○ソーシャルワーカーとしての子どもへの思いを保護者に伝えていく	・僕らも「子どものこと考えている」っていうメッセージを伝え続けていけば、そこに結局つながると思うんですけど。 ・別にこのままずっと別に引き離していたいわけではないし、できればまた一緒にご家族で仲良くというか、その家族、望んでいる姿でそこを実現させたいとは思っているっていう。
※未分類		
㊲		・児相が来たっていうのが、駄目な親じゃないけど、悪いことしちゃったみたいな。自分たち家族は駄目なんだっていう捉え方になるのかなって。 ・まずは人は回復する力があるんだっていうことと、もともと不幸せになろうと思っている人はいないっていう性善説みたいなポリシーが私の中にはあって。
㊳	○断ち切れない親子関係がある	・親は親。そこの関係は断ち切れない。 ・子どもも、親のことをやっぱり一番に思っている。 ・子どもと一緒に生活したいっていう思いが絶対にある……親子関係は主体者である子どもや親が決めることだと思うので、そこを切り離したままの支援ってあり得ないし、私は親権停止にすごい悩んだのはそこが一番大きいんです。
㊴	○困難を乗り切っていった相談の蓄積を保護者に伝えていく	・児相でいろんな経験をさせてもらっていて、いろんなケースと関わっていて、やっぱり同じような場面の同じような悩みだとか同じようなことを抱えている方たちに出会ってきているので、それをどう切り抜けてきたというか、越えてきたのかっていうことがたくさんあればあるほど、そういうポイントっていうのは増えるのかなと思っていて。

⑩	○質問を投げかける	・投げかけて質問を、で、お母さんがやっぱりそれに対して、その場で考えていろいろアイデアを出したりとか、また宿題として持ち帰ってもらって、次回来るまでに、夫婦で話し合ってもらって、一応こんなことを考えたりとかっていう。
⑩	○SWから自己開示していく	・不適切な行為とか虐待行為とかっていうのは、誰でもそういう行為をやり得る可能性があるんだと。自分自身もそういう思いになることがあるんだということを結構伝えること。
⑩	○親子の同じ思いが見えてくる	・お互い同じ方向というか、同じ思いの共通するところがその中で見えてきたりすることがあるので、同じ思いだったんじゃないっていうことで。
⑩	○一緒に作業をしていく	・ほんとに、そこまで持っていくためにも、ほんとに一緒に話をしてっていうことのプロセスはもちろんあるんですけれども、でも、その人、その親なりの取り組みはしてもら（うことで）……やらされてる感が前面に出てはないと思います。
⑩	○親子関係に第三者が入ることで整理していく	・介入っていうか仲介ですかね、今の私のいいたかった意図は。親と子の間を仲介したことによっていい距離感というか。 ・でもそこには、そもそも周りから否定的な目を向けられていたり、も、実際あるので、こちらが間に入ってその親のやっぱり違う側面の話をしたりとか、周りがもう親を見る目を少しこう変えるというか、そういう働き掛けもしますし。

資料　331

資料3

子ども虐待対応において不本意な一時保護を体験している
保護者と対峙する場面での
児童相談所ソーシャルワーカーの意識調査

　アンケート調査にご協力いただきましてありがとうございます。
　この調査は、子ども虐待対応において、不本意な一時保護（職権
による同意によらない一時保護）を体験した保護者との（子どもの
安全づくりのための）「協働」関係構築に関する支援者の意識調査を
目的として行われます。質問肢は、既に行われた保護者からのイン
タビュー等を基に作成されています。回答に、正しい、間違いはあ
りませんので、思ったとおりにお答えください。また、様々なケー
スに対応しておられる皆様にあっては、答えに迷うこともあるかと
思いますが、皆様の意識に一番近いものをお答えください。
　回答いただいたアンケートは統計的に分析し、学術論文として公
表させていただきます。その際は、個人が特定される情報は一切出
ないことをお約束します。アンケートは20分程度で完了するもので
す。多忙を極める現場ですが、何卒ご協力いただきますようお願い
いたします。
　なお、本調査の実施については神奈川県児童相談所所長会議、同
課長会議の承認を得て、さらに東洋大学倫理委員会の承認を得たう
えで、7月6日の5県市課長・係長会議、7月11日の5県市所長会
議にてご協力を依頼させていただいています。重ねて、ご協力をお
願いいたします。

平成28年9月1日
鎌倉三浦地域児童相談所　支援課長
鈴木　浩之

〈問い合わせ先〉
子ども支援課　鈴木浩之
電話　046-828-7050
E-mail:suzuki.f1hm@pref.kanagawa.jp

質問 4

　不本意な一時保護を体験し、ともすれば対立的な関係になりがちな家族と、子どもの安全を目標を共有し、保護者と児相が「協働関係」を構築するためには何をすればよいのか、あなたの経験とお考えを教えてください。

質問 5
　(1) 性別　①男性　②女性

　(2) 年齢　　　　　　　歳

　(3) 職種　①児童福祉司　②児童相談員　③児童心理司　④課長（補佐も含む）、係長　⑤保健師　⑥看護師　⑦その外（　　）
　(4) 児童相談所経験年数　　　年
　　　※何年目かをお答えください。4月からの勤務は1年です。
　(5) 所属自治体での経験年数　　　年

　質問は以上です。今一度、記入漏れがないかご確認ください。貴重な時間をいただきまして、ありがとうございました。

質問1　次の質問は、子ども虐待対応に伴う児相の危機介入により、不本意な一時保護をされた保護者と向き合うときの支援者の考え、態度を示しています。どの程度の家族にあてはまるかお答えください。	ほとんどの家族に当てはまらない	2割程度の家族に当てはまる	4割程度の家族に当てはまる	6割程度の家族に当てはまる	8割程度の家族に当てはまる	ほとんどの家族に当てはまる
1　保護者の怒りは、子どもを奪われたやむをえない感情だ。	1	2	3	4	5	6
2　保護者は子どもを引き取るために児相の指導に表面的に従おうとしている。	1	2	3	4	5	6
3　保護者の判断よりも、児相としての専門性に基づくアセスメントを優先する。	1	2	3	4	5	6
4　頼れる人はいないと訴える保護者にも、支援者がねばれば支援する親族、知人が見つかる。	1	2	3	4	5	6
5　対立していても、話し合いさえできれば、保護者と、子どもの安全づくりの協働はできる。	1	2	3	4	5	6
6　保護者が虐待を不適切な行為であったと認めることができなければ、親子関係の改善は難しい。	1	2	3	4	5	6
7　児相が指導したとしても、保護者は子育てに譲れない信念を持っている。	1	2	3	4	5	6
8　児相の行った一時保護の判断は、少し、やりすぎだ。	1	2	3	4	5	6
9　保護者は、この先どうなってしまうのか、見通しの見えない不安の中にいる。	1	2	3	4	5	6
10　保護者は、子どもを返してもらうために本心を話そうとしない。	1	2	3	4	5	6
11　保護者と子どもとの関係は、自主的な解決ができないほどに悪循環の中にいる。	1	2	3	4	5	6
12　保護者は保護された子どもが自分を拒むのではないかと不安を抱いている。	1	2	3	4	5	6
13　保護者は一時保護されたことを不運なことだと思っている。	1	2	3	4	5	6
14　保護者は、暴力以外の方法で子どもと関わることがあるのであれば、それを教えてもらいたいと思っている。	1	2	3	4	5	6
15　児相に対して不信感を持っている保護者でも誠実に対応すれば保護者とのラポール(関係)はできる。	1	2	3	4	5	6
16　保護者と児相の関係は、児相の権威によって成立している。	1	2	3	4	5	6
17　一時保護の告知は権威のある人がすべきだ。	1	2	3	4	5	6
18　子どもの未来を心配しない親はいない。	1	2	3	4	5	6
19　保護者は保護された子どもに、時事ようを説明し謝罪したい気持ちを持っている。	1	2	3	4	5	6

20	虐待とされたことも、もともとはこうあってほしいという親の思いから始まったものである。	1	2	3	4	5	6
21	保護者を追い詰めたのは、保護者の語りをありのままに聴いてもらえる機会がなかったからだ。	1	2	3	4	5	6
22	保護者には、子どもとの関係をやり直す潜在的な力がある。	1	2	3	4	5	6
23	親族のかかわりを拒んでいる保護者も、本心ではかかわりを望んでいる。	1	2	3	4	5	6
24	支援者の子どもを思う気持ちは、保護者に伝わっていく。	1	2	3	4	5	6
25	保護者は保護された子どもの気持ちを理解しようとしている。	1	2	3	4	5	6
26	対峙している保護者であっても、どこかで助けを求めている。	1	2	3	4	5	6
27	おせっかいでも出向いていく支援（アウトリーチ）が、保護者との関係を作っていく。	1	2	3	4	5	6
28	保護者はどこかで、児相の介入が親子関係をやり直すきっかけになったと思っている。	1	2	3	4	5	6
29	保護者はきっかけがあれば、子どもの安全を創る主体者となれる。	1	2	3	4	5	6
30	保護者に、どんな親になりたいのかを聴くことで、未来のイメージを持つことができる。	1	2	3	4	5	6
31	子どもといったん離れたことで、保護者の子どもの理解が進む。	1	2	3	4	5	6
32	保護者は一時保護されたことによって自己の子育てを否定されたと思っている。	1	2	3	4	5	6
33	保護者から罵倒されることも話し合いのプロセスである。	1	2	3	4	5	6
34	もっと、警察や司法の権限を強化して対応すべきだと思う。	1	2	3	4	5	6
35	保護者との対話の中で、子育てや親子関係の本心を話してくれる瞬間がある。	1	2	3	4	5	6
36	対峙している保護者も、実は児相と折り合えるところを探している。	1	2	3	4	5	6
37	保護者は児相へに対しての怒りから振り上げたこぶしを降ろせなくなっている。	1	2	3	4	5	6
38	児相の介入によって、保護者はこれからどのように子育てすればよいか迷っている。	1	2	3	4	5	6
39	虐待を正当化する保護者も内心では、子育てに不安を感じている。	1	2	3	4	5	6
40	結局、児相の指導が終われば元の親子関係に戻ってしまう。	1	2	3	4	5	6
41	確執があるとされる親族も、実は、家族を応援したいと思っている。	1	2	3	4	5	6

		ほとんどの家族に当てはまらない	2割程度の家族に当てはまる	4割程度の家族に当てはまる	6割程度の家族に当てはまる	8割程度の家族に当てはまる	ほとんどの家族に当てはまる
42	保護者が希望を持てるのは、保護者自身が自らの肯定的側面を認められるからである。	1	2	3	4	5	6
43	保護者は、一時保護の責任は自分にあると思っている。	1	2	3	4	5	6
44	保護者は再び一時保護されないための子育てを模索している。	1	2	3	4	5	6

質問2 次の質問は、子ども虐待対応に伴い、まさに不本意な一時保護を体験している保護者と対峙するときに、あなたが優先的に取り組もうとすることと、実際それをどの位、実行できているのかをお聞きします。左側の回答欄は設問についての優先度、右側の回答欄は設問に対しての実施度です。いずれもお答えください。	不要か、いつでも良い	優先しない	どちらかというと優先しない	どちらかというと優先したい	優先的に取り組みたい	最優先に取り組みたい	不要か、できていない	ほとんどできていない	どちらかといえばできていない	どちらかといえばできている	ほとんどできている	常にできている
1 権威的な対応と受容的な対応を複数職員で分担し、対応する。	1	2	3	4	5	6	1	2	3	4	5	6
2 関係機関との連携をなるべく早く構築する。	1	2	3	4	5	6	1	2	3	4	5	6
3 保護者との信頼関係をつくる。	1	2	3	4	5	6	1	2	3	4	5	6
4 保護者とこれから起きる可能性がある、子どもの未来の危険について共有する。	1	2	3	4	5	6	1	2	3	4	5	6
5 親子関係をやり直す期待を高める支援をする。	1	2	3	4	5	6	1	2	3	4	5	6
6 譲れないものは譲れないとして、常に毅然とした態度をとり続ける。	1	2	3	4	5	6	1	2	3	4	5	6
7 保護者が納得できるまで保護者の主張、訴えを聴く。	1	2	3	4	5	6	1	2	3	4	5	6
8 保護された子どもの思いを保護者に伝える。	1	2	3	4	5	6	1	2	3	4	5	6
9 一時保護の根拠を説明する。※一時保護を説明する役割にない方は、その役割を担った場合を想定してお答えください。	1	2	3	4	5	6	1	2	3	4	5	6
10 対話を継続するための話し合いの枠組みを構築する。	1	2	3	4	5	6	1	2	3	4	5	6
11 子どもが安全に暮らすプランを家族自身に作ってもらうよう支援する。	1	2	3	4	5	6	1	2	3	4	5	6
12 保護者の怒りを受け止める。	1	2	3	4	5	6	1	2	3	4	5	6
13 家庭復帰までの見通しをなるべく早く示す。※家庭復帰が困難と判断されるケースは除きます。	1	2	3	4	5	6	1	2	3	4	5	6

資　料　337

		不要か、いつでも良い	優先しない	どちらかというと優先しない	どちらかというと優先したい	優先的に取り組みたい	最優先に取り組みたい	不要か、できていない	ほとんどできていない	どちらかといえばできていない	どちらかといえばできている	ほとんどできている	常にできている
14	一時保護の同意を得る。 ※一時保護の同意について関与しない場合もチームとしての立場でお答えください。	1	2	3	4	5	6	1	2	3	4	5	6
15	子どもの安全な未来の状態（目標）を保護者と共有する。	1	2	3	4	5	6	1	2	3	4	5	6
16	子どもを含めた話し合いの場を作っていく。	1	2	3	4	5	6	1	2	3	4	5	6
17	子どもの立場になって、考えてもらうよう支援する。	1	2	3	4	5	6	1	2	3	4	5	6
18	親族や友人などのインフォーマルネットワークを組織する。	1	2	3	4	5	6	1	2	3	4	5	6
19	担当者と行き詰ったときの第三者的職員の存在を確保する。	1	2	3	4	5	6	1	2	3	4	5	6
20	子育てのスキルを高めるためのペアレントトレーニングなどを行う。	1	2	3	4	5	6	1	2	3	4	5	6
21	保護者のニーズは何かを教えてもらう。	1	2	3	4	5	6	1	2	3	4	5	6
22	保護者がなるべく早く子どもと会える機会を創る。	1	2	3	4	5	6	1	2	3	4	5	6
23	保護者自身の行為（虐待）を振り返ることの支援をする。	1	2	3	4	5	6	1	2	3	4	5	6
24	児相がこれからの行う調査事項を保護者に示す。	1	2	3	4	5	6	1	2	3	4	5	6
25	一時保護所等の生活をイメージできるように保護者に説明する。	1	2	3	4	5	6	1	2	3	4	5	6
26	児相の有する法的権限を説明する。	1	2	3	4	5	6	1	2	3	4	5	6
27	家族の夢や願い、希望を聴く。	1	2	3	4	5	6	1	2	3	4	5	6
28	保育園などの所属を確保する。	1	2	3	4	5	6	1	2	3	4	5	6
29	可能な限り子どもに関わる情報（保護所での子どもの様子、心理テスト等の結果など）を保護者と共有する。	1	2	3	4	5	6	1	2	3	4	5	6

30	児相以外の第三者からの助言（客観的な視点）を保護者が得ることを働きかける。	1	2	3	4	5	6	1	2	3	4	5	6
31	通告された事実を保護者と共有する。	1	2	3	4	5	6	1	2	3	4	5	6
32	子どもへの思いを保護者からひきだす。	1	2	3	4	5	6	1	2	3	4	5	6
33	保護者の子育てアイデンティティの混乱これまでの子育てを否定されどうすればよいか混乱している状態に対する支援を行う。	1	2	3	4	5	6	1	2	3	4	5	6
34	保護者から虐待に至った背景、事情を聴く。	1	2	3	4	5	6	1	2	3	4	5	6
35	子育ての中でうまくいっていることを教えてもらう。。	1	2	3	4	5	6	1	2	3	4	5	6
36	より良い子育てについて家族に助言をする。	1	2	3	4	5	6	1	2	3	4	5	6
37	家族の潜在的な力に注目し、引き出す。	1	2	3	4	5	6	1	2	3	4	5	6
38	家庭復帰後の見守り体制を創る。	1	2	3	4	5	6	1	2	3	4	5	6
39	子育ての苦労を聴かせてもらう。	1	2	3	4	5	6	1	2	3	4	5	6
40	保護者を治療する専門機関を紹介する。	1	2	3	4	5	6	1	2	3	4	5	6
41	保護者の中にある子どもに対しての不安な気持ちを聴く。	1	2	3	4	5	6	1	2	3	4	5	6
42	家族を支援する友人、知人を紹介してもらう。	1	2	3	4	5	6	1	2	3	4	5	6

資　料　　339

質問3 不本意な一時保護をされた保護者と（子どもの安全づくりを目標としての）協働関係を作っていこうとするときに、それを困難にさせているのはどんな理由からでしょうか。	全く思わない	思わない	あまり思わない	やや思う	思う	強く思う
1　ほとんどの場合、司法の関与がなく児相の指導だけでは保護者は動かないから。	1	2	3	4	5	6
2　保護者は子どもを引き取ることが目的であり、児相とは表面的なかかわりにとどまってしまうから。	1	2	3	4	5	6
3　対立する保護者と、いつも平静に対応することは難しいから。	1	2	3	4	5	6
4　子どもが保護された理由を保護者が理解していないから。	1	2	3	4	5	6
5　児相内で危機介入の役割と家族支援の役割が分担できていないから。	1	2	3	4	5	6
6　家族をサポートする親族がいないから。	1	2	3	4	5	6
7　家庭復帰を検討するとき、市区町村との共通理解が得られないから。	1	2	3	4	5	6
8　危機介入とその後の支援を同一機関で担うことは難しいから。	1	2	3	4	5	6
9　保護者の怒り、攻撃性が強すぎてなかなか話し合いにならないから。	1	2	3	4	5	6
10　支援職員が保護者との対話スキルがないから。	1	2	3	4	5	6
11　子どもが保護所の生活に耐えられず、家に戻りたいというから。	1	2	3	4	5	6
12　保育園などの確保ができないから。	1	2	3	4	5	6
13　学校、保育園、幼稚園等から家庭復帰に際しての強い懸念が示されるから。	1	2	3	4	5	6
14　ほとんどが刑事告発されない現状では保護者の振り返りを促すことはできないから。	1	2	3	4	5	6
15　保護者の子育てについての一方的な認識を払拭することが難しいから。	1	2	3	4	5	6
16　子どもの安全づくりにおいて保護者のモチベーションをつくっていくことができないから。	1	2	3	4	5	6
17　子どもの親に対する拒否感が強く、話し合いができないから。	1	2	3	4	5	6
18　複数職員で対応すべきときに、一緒に動いてくれ職員がいないから。	1	2	3	4	5	6
19　地域で家族を見守る人がいないから。	1	2	3	4	5	6

20	（要対協等の）ネットワークミーティングで心配ばかりが語られるため建設的なカンファレンスにならないから。	1	2	3	4	5	6
21	攻撃的な保護者を話し合いの席についてもらう術がないから。	1	2	3	4	5	6
22	保護者の児相に対しての相談動機がないから。	1	2	3	4	5	6
23	児相のチームメンバーに自分の考えをうまく伝えられないから。	1	2	3	4	5	6
24	子どもが不安定で、これ以上保護所で生活することが難しいから。	1	2	3	4	5	6
25	担当数が多すぎて対応しきれないから。	1	2	3	4	5	6
26	保護者が経済的に厳しく、又、サポートする人がいないから。	1	2	3	4	5	6
27	関係機関による家庭訪問を臨機に対応するのが難しいから。	1	2	3	4	5	6
28	今以上に親権停止・喪失を発動しなければ保護者は指導に従わないから。	1	2	3	4	5	6
29	保護者が虐待の事実を認めない場合で、事実認定だけしか主な論点にならないから。	1	2	3	4	5	6
30	担当者が解決の見通しを持つことができないから。	1	2	3	4	5	6
31	子どもにとって保護所での生活が心地よく、保護所の退所を望まないから。	1	2	3	4	5	6
32	職場内で、適切な助言を得られないから。	1	2	3	4	5	6
33	保護者の精神的不安定さがあるが、治療につながらないから。	1	2	3	4	5	6
34	市区町村の組織内での連携が不十分なため、意思の統一が図られないから。	1	2	3	4	5	6
35	子どもを保護するのはもっぱら警察が行えば、児相との対立は軽減されるが、それができていないから。	1	2	3	4	5	6
36	危機介入によって保護者が一度不信感を抱くと、関係を作り直すことが難しいから。	1	2	3	4	5	6
37	所としての判断が不明確で、一貫していないから。	1	2	3	4	5	6
38	家族が地域から孤立しているから。	1	2	3	4	5	6
39	児相に様々な権限を与えられても、児童福祉機関としての性格から、これらを使いこなせないから。	1	2	3	4	5	6
40	保護者が虐待の理由を、子どもの問題行動であるとし、保護者自身の課題に目を向けないから。	1	2	3	4	5	6
41	支援者が子どもとの関係を作れないから。	1	2	3	4	5	6

資　料　341

		全く思わない	思わない	あまり思わない	やや思う	思う	強く思う
42	子ども自身が保護されたことについて納得していないから。	1	2	3	4	5	6
43	児相内の他職種で意見がまとまらないから。	1	2	3	4	5	6
44	保護者が家庭訪問を受け入れないから。	1	2	3	4	5	6
45	要対協が形骸化していて支援方針の検討がなされないから。	1	2	3	4	5	6
46	保護者と信頼関係を結ぶことが難しいから。	1	2	3	4	5	6

［著者紹介］

鈴木浩之（すずき　ひろゆき）
立正大学社会福祉学部准教授
2019年3月まで神奈川県児童相談所等に主として児童福祉司として勤務
臨床心理士　社会福祉士　博士（社会福祉学）
Gundersen National Child protection Training Center（司法面接）ファカルティ
Signs of Safety ®Licensed Trainer（サインズ・オブ・セーフティアプローチトレイナー）
主な業績
「日本社会福祉学会学術賞（2020年度）」本書。
「地方公務員が本当にすごい！　と思う地方公務員アワード2018」授賞（2018年）。
日本社会福祉学会学会賞奨励賞〈論文部門〉「子ども虐待に伴う不本意な一時保護を経験した保護者の「折り合い」のプロセスと構造——子ども虐待ソーシャルワークにおける「協働」関係の構築」（『社会福祉学』第57巻2号掲載、2017年10月）。
『子ども虐待対応におけるサインズ・オブ・セーフティ・アプローチ実践ガイド——子どもの安全(セーフティ)を家族とつくる道すじ』菱川愛、渡邉直、鈴木浩之編著(明石書店、2017年11月)。
『ファミリーグループ・カンファレンス入門——子ども虐待における「家族」が主役の支援』林浩康、鈴木浩之編著（明石書店、2011年12月）。

子ども虐待対応における保護者との協働関係の構築
——家族と支援者へのインタビューから学ぶ実践モデル

2019年11月25日　初版第1刷発行
2023年12月25日　初版第2刷発行

著　者　　鈴　木　浩　之
発行者　　大　江　道　雅
発行所　　株式会社　明石書店

〒101-0021 東京都千代田区外神田 6-9-5
電　話　03（5818）1171
ＦＡＸ　03（5818）1174
振　替　00100-7-24505
https://www.akashi.co.jp

組版　　有限会社秋耕社
装丁　　明石書店デザイン室
印刷・製本　モリモト印刷株式会社

（定価はカバーに表示してあります）　　　　ISBN978-4-7503-4934-3

JCOPY 〈出版者著作権管理機構　委託出版物〉
本書の無断複製は著作権法上での例外を除き禁じられています。複製される場合は、そのつど事前に、出版者著作権管理機構（電話 03-5244-5088、FAX 03-5244-5089、e-mail : info@jcopy.or.jp）の許諾を得てください。

子ども虐待対応における サインズ・オブ・セーフティ・アプローチ実践ガイド

子どもの安全を家族とつくる道すじ

菱川愛、渡邉直、鈴木浩之 編著

A5判/並製/292頁 ◎2800円

家族を「変える」のではなく、家族と「協働」し、子どもの安全をつくっていくサインズ・オブ・セーフティ。その理論を最新の知見を含め紹介するとともに、実際の事例を参画した家族からコメントをもらう形で解説するとともに。明日からの実践に新しい展望をもたらす一冊。

●内容構成●

はじめに [鈴木浩之]

第1章 サインズ・オブ・セーフティ・アプローチの理論と方法 [菱川愛]

第2章 サインズ・オブ・セーフティ・アプローチの実践
[中尾賢史/高橋かすみ/星香澄/橋本純/小林智紀／糸永悦史/山中庸子/岡本亮子/岡野典子]

第3章 サインズ・オブ・セーフティ・アプローチのスタートアップ
[足利安武/野口幸/渡邉直]

ファミリーグループ・カンファレンス入門

子ども虐待における「家族」が主役の支援

林浩康、鈴木浩之 編著

◎2500円

子ども虐待対応の多職種・多機関連携

事例でわかる 互いの強みを活かす協働ガイド

佐藤和宏、鈴木浩之、妹尾洋之、新納拓爾、根本顕 著

◎2500円

子ども虐待事例から学ぶ統合的アプローチ

ホロニカル・アプローチによる心理社会的支援

中板育美、佐野信也、野村武司、川松亮 著

千賀則史、定森恭司 著

◎2800円

子ども家庭の理解と支援

要保護児童対策地域協議会における 民生委員・児童委員、自治体職員のみなさんに伝えたいこと

川畑隆 著

◎2200円

虐待された子どもへの治療【第2版】

ロバート・M・リース、ロジェル・F・ハンソン、ジョン・サージェント 編

亀岡智美、郭麗月、田中究 監訳

医療・心理・福祉・法的対応から支援まで

◎20000円

小児期の逆境的体験と保護的体験

子どもの脳・行動・発達に及ぼす影響とレジリエンス

J・ヘイス=グルード ほか著 菅原ますみ ほか監訳

◎4200円

日本の児童相談所

子ども家庭支援の現在・過去・未来

川松亮、久保樹里、菅野道英、田中哲、長田淳子、中村みどり、浜田真樹 編著

◎2600円

一時保護所の子どもと支援【第2版】

児童相談所 ガイドライン・第三者評価・権利擁護など多様な視点から子どもを守る

和田一郎、鈴木勲 編著

◎2800円

〈価格は本体価格です〉